침례교회 목회 매뉴얼

한국침례신학대학교출판부

발간사

목회는 우리 주 예수 그리스도가 우리에게 명하신 가장 귀하고 중요한 사명입니다. 예수님이 지상에서 마지막으로 남기신 말들 가운데 유독 세 번이나 강조해서 베드로에게 당부하신 말씀은 곧 "내 양을 먹이라"(요 21:15-17)입니다. 주님의 양을 먹이는 일, 곧 목양(牧羊)을 위해 우리는 신학생으로, 사역자로 부르심을 받았습니다. 우리는 하나님의 어린 양을 보호하고, 치고, 먹인다는 '목양'(牧羊)이라는 단어, 그리고 양들이 모인 교회를 보호하고 이끈다는 의미에서 '목회'(牧會)라는 용어를 사용합니다. 하나님의 어린 양들이 모인 교회, 곧 에클레시아를 하나님 뜻에 합당하게 이끌고 보호하기 위하여 주님은 우리를 교회를 이끄는 '목회자'(牧會者)로 부르셨습니다.

목회자의 사명은 막중합니다. 사탄이 우는 사자처럼 우리를 삼키려고 배회하는 이 험한 세상에서 하나님의 백성을 지키고, 양육하고, 성장시키고, 번성하게 해야 하는 엄청난 사명입니다. 목회는 그 임무가 막중한 만큼 다른 어떤 일보다도 더 귀중한 사명이라는 사실 또한 분명합니다. 많은 목사님들이 그 숱한 고생에도 불구하고, 그 힘든 여정에도 아랑곳하지 않고, 다시 맡을 수만 있다면 얼마든지 목회의 길을 기꺼이 다시 걷겠노라고 고백하시는 모습을 보면 정말 목회자의 길은 세상에 둘도 없이 고귀하고 기쁜 길이라는 공감을 나눌 수 있습니다.

이처럼 귀하고도 엄중한 목회를 준비하기 위해서는 참으로 많은 노력이 필요합니다. 열심만으로도 부족하고, 지식만으로는 더 부족하며, 기도와 봉사, 설교와 상담, 인격과 관계 등 모든 필요한 요소와 조건들이 골고루 구비되고 조화되어야만 성공적인 목회가 가능해 질 것입니다. 요즘 유행하는 말로 한다면 성경지식으로부터 세상지혜에 이르기까지, 뜨거운 영성으로부터 폭넓은 인성에 이르기까지 모든 항목들이 융-복합하고 퓨전(fusion)되어서 창조적 목회를 가능케 하는 종합예술이 곧 목회라고 할 수 있을 것입니다.

21세기 급변하는 사회에 더욱 효과적으로 대응하고, 거듭 확신 있게 복음을 전하는 목회자를 세우기 위해 목회 지침서가 필요하다는 생각을 오래 전부터 품어 왔습니다. 마침 침례신학대학교 개교 60주년을 맞이하는 2014년이 목회를 위한 가이드북을 출판할 적기라는 계획을 가지고 실천신학 교수를 중심으로 준비하기 시작하였습니다. 여러 교수님들과 목회자분들이 적극 참여하여 이론과 실천을 겸비한 목회 지침서를 계획하였고, 오랜 준비와 노력을 통한 결과로 탄생한 「목회 매뉴얼」을 이제 자신 있게 목사님들에게 선보입니다. 침례교회의 목회관을 정립하고 예배와 교회행정에 그리고 교회의 사회봉사 사역을 위해 꼭 필요한 실질적인 지침서가 되리라는 자신과 소망을 담고 있는 저서입니다.

군대 다녀온 사람들은 흔히 "FM과 같다"는 말을 많이 합니다만, FM은 field manual, 즉 '야전(野戰)교범(敎範)'의 의미입니다. 전투에 임하는 병사들의 지침을 밝혀놓은 책자라는 뜻일 것입니다. 「목회 매뉴얼」은 바로 일선 목회자들을 위한 FM, 곧 영적 야전교범이 되기 원합니다. 침례의식으로부터 추모예배까지, 예배당입당예배부터 이사예배까지 실천 목회에서 필요한 모든 예배와 의식에 대한 가이드라인을 찾아볼 수 있을 것입니다. 심지어 날로 증가하는 국제결혼예식에 대한 지침도 담겨져 있습니다.

마지막으로 이 책을 위하여 수고하신 모든 교수님들과 귀한 설교 말씀을 나누어 주신 목사님들께 다시 한 번 큰 감사를 드립니다. 「목회 매뉴얼」은 이론과 실천, 산학협동의 좋은 본보기라고 자부하면서 발간사를 마칩니다. 감사합니다.

2014년 5월
침례신학대학교 총장 배국원

서 문

　기독교 신앙은 성령 하나님의 감동하심과 성경의 진리를 통하여 형성됩니다. 신앙은 하나님의 계시에 대한 인간의 응답이기 때문입니다. 믿음은 들음에서 나는데 하나님의 말씀을 들을 때 성령님께서 깨닫게 하심으로 믿음이 생깁니다. 믿음이 없이는 하나님을 기쁘시게 못하니 믿음을 갖는 것은 하나님의 형상대로 창조된 모든 인간의 본분입니다.
　믿음을 가진 사람은 그 믿음을 말과 글과 음악과 행동과 가능한 모든 수단을 통해 표현합니다. 그렇게 표현되는 것을 신앙고백이라고 합니다. 사람들은 서로의 신앙고백을 확인하며 공감하고 같은 신앙고백을 가진 사람들과 함께 합니다. 같은 신앙고백을 가지며 서로에 대해 소속감과 유대감을 가지고 모이는 공동체적 무리를 교회라고 합니다.
　교회는 하나님께서 친히 세우신 기구이며, 사람들이 모여 결성하는 조직입니다. 그러므로 교회는 거룩한 사명과 타당성 있는 과업을 성취하기 위한 적절한 조직과 합당한 질서 그리고 규범을 필요로 합니다. 교회는 성경의 교훈을 바탕으로 교회가 처한 시대적 상황과 교회를 구성하는 사람들의 문화적 특성을 따라 적실성 있는 매뉴얼을 가져야 합니다.
　교회의 매뉴얼은 성도 개인과 교회가 함께 따름으로 조화를 이룰 수 있는 안내서입니다. 이 책은 교회의 창립으로부터 교회의 조직과 운영, 예전과 사회봉사 그리고 실무적 회의법에 이르기 까지 교회생활의 모든 국면을 담아내는 그릇으로 그리고 나침반으로서 가치를 갖습니다.
　침례교회 목회 매뉴얼을 작성하기 위하여 먼저 배국원 총장님의 제안에 의해 개교 60주년 기념 출판위원회가 전반적인 기획을 하였고, 실천신학 교수들을 중심으로 하여 침례교회 목회 매뉴얼 편찬위원회가 구성되어 책의 내용과 저술 등에 관한 계획을 하였습니다. 내용 구성과 저술을 위해 침례신학대학교 교수님들이 협력했으며, 목회 현장에서 목양에 애쓰는 목사님들께서도 귀한 마음을 더해주셨습니다. 먼저 이명희 교수께서 침례교회의 목회적 특성에 대해 정리하였고, 이어 박영철 교수께서 교회설립부터 교회

기관의 조직과 운영에 대한 설명을 해주었습니다. 그리고 박영철, 이명희, 이현모, 양병모, 문상기, 안희열, 최현서, 이형원 교수님들이 예배와 예식에 대하여 각각의 원리와 지침 그리고 순서를 예시하였고, 여러 목사님들이 설교문을 제공해 주었습니다. 또 교회의 사회봉사에 대하여 권지성 교수님과 오인근 교수께서 정리해주었고, 마지막으로 김병권 교수님이 교회에서의 회의법에 대해 설명하였습니다. 이 모든 저술을 위해 편찬위원들은 수시로 모여 기도하면서 논의하면서 진행했습니다. 그리고 김용민 박사께서 원고 정리와 교정을 담당해 주었습니다.

이 매뉴얼이 목회 현장에서 수고하시는 목회자들과 교회의 지도자들과 성도들 그리고 미래의 목회를 위해 준비하는 신학도들에게 큰 유익이 되기를 기대합니다. 아울러 이 매뉴얼이 결코 완전한 것은 아니며 사용하는 사람에 의해 얼마든지 수정보완 됨으로 말미암아 더욱 풍성해질 수 있을 것입니다.

오직 주 예수 그리스도를 위하여! 한 길로 달려온 60년을 가슴에 안고, 다가오는 100년을 한 꿈으로 달려갑시다.

2014년 5월
침례교회 목회 매뉴얼 편찬위원 일동

예배와 예식 서문

　기독교 신앙은 예배로 시작하여 예배로 귀결된다. 예배는 그 범주에 있어서 우선 생활예배를 꼽을 수 있고, 개인예배, 가정예배, 회중예배 그리고 특별예배로 나누어 생각할 수 있다. 생활예배는 구원받은 하나님의 자녀가 모든 것을 하나님의 영광을 위하여 하고 무슨 일이든지 주님께 하듯 하는 생활을 통하여 하나님의 뜻을 이루어감을 통하여 자신의 삶을 산제사로 드리는 것을 말한다. 즉 신자의 생활 자체가 하나님께 드리는 제물이 되어야 함을 강조하는 것이다. 그러므로 무슨 일을 하든지 다 하나님의 영광을 위하여 하고, 항상 하나님 보시기에 심히 좋은 모습으로 살아야 한다.
　개인예배는 하나님의 자녀들이 개인적으로 하나님과의 인격적 교제를 가지는 것을 말한다. 흔히 개인 경건의 시간(QT) 형태로 많이 이루어지고 있다. 말씀과 기도를 통하여 하나님과의 개인적인 교통함을 갖는 것이다. 그리고 삶의 여정 속에서 순간순간 하나님의 사랑과 은혜를 체험하게 될 때에 찬송과 감사로 예배하는 것을 의미한다.
　가정예배는 모든 가정이 정기적으로 하나님 앞에 가정 제단을 쌓는 것을 의미한다. 성경적인 가정 개념은 단지 혈연관계로 맺어진 협의의 가족 개념이 아니라 한 곳에서 삶을 함께 하는 공동체적인 의미가 있다. 성경에서는 종과 나그네를 포함하는 모든 동거인들을 가정 개념으로 보고 있다. 그런 의미에서 가정예배라 함은 가족들의 예배를 포함하여 종종 함께 모이는 그리스도 안에서의 영적인 가족들의 모임, 즉 구역이나 목장 혹은 셀 모임 등 소그룹 공동체의 예배도 포함할 수 있을 것이다.
　회중예배란 교회 공동체가 정해진 때와 장소에서 계획된 순서를 따라 의식적으로 행하는 예배를 말한다. 보통 주일예배로 불리며, 침례의식과 주님의 만찬 의식이 포함된다. 주일예배의 중요성을 인식하고 주일성수 신앙을 확립해야 한다.
　특별예배는 안수예배나 파송예배, 취임예배, 봉헌예배 등 특별한 계기에 행하는 예배로서 특별한 순서가 포함된다. 특별예배는 예배로서 예배답게 행해져야 한다.

　예배와는 구별하여 예식이 있다. 예식은 하나님을 믿는 성도들이 인간 생활에 있어서 당하게 되는 여러 가지 중요하고 의미 있는 일이 있을 때 갖는 신앙적 모임으로서 예배와 비슷하지만 엄격한 의미에서 예배라고 부르지 않는 것이 좋겠다. 기독교 정신에 입각하여 하나님 앞에서 인간의 중대한 일들을 치른다는 마음으로 집행하는 모임으로서 주로 통과 의례와 관련한 것들이다. 결혼예식, 장례예식, 추모예식 등이 있다. 그리고 여러 가지 식이 있을 수 있다. 기념식, 축하식 등이다. 목회자는 모든 모임을 예배로 진행하기보다는 성격을 잘 분별하여 예배로 할 것인지, 예식인지 아니면 식인지를 구별하여 인도할 필요가 있다.

　침례교회 목회 매뉴얼에서 제시하는 예배와 예식은 이러한 의미에서 주간예배, 절기예배, 예식, 가정예배로 분류하여 각각에 대한 원리와 지침 그리고 순서예시에 이어 참고할 수 있는 설교문을 두 개씩 제시하였다. 침례신학대학교의 여러 교수님들과 목회현장에서 수고하시는 목사님들께서 협력해 주셨다.

차 례

발간사	3
서문	5
예배와 예식 서문	7

제1부 침례교회의 목회적 특성   15
  1. 기독교 목회의 이해   15
  2. 목회자의 기본 임무   18
  3. 침례교회 목회의 영적 유산들   22
  4. 침례교회 목회의 목적   26
  5. 침례교회 목회의 특징   31

제2부 교회창립과 기관 설립 안내   35
  1. 교회창립의 성서적, 신학적 배경   37
  2. 교회창립의 유형   40
  3. 창립하는 교회의 유형   41
  4. 교회창립을 위한 준비과정   42
  5. 교회의 기관설립에 관한 지침   47
  6. 교회창립예배   50

제3부 예배와 예식 안내   69
주간예배   73
  1. 주일예배   75
  2. 수요기도예배   85
  3. 목장예배26)   91
  4. 침례의식   100
  5. 주님의 만찬 의식   110

교회절기예배   123
6. 신년주일예배   125
7. 진급예배   132
8. 종려주일예배   139
9. 부활주일예배   145
10. 성령강림주일예배   154
11. 어린이주일 예배   161
12. 어버이주일 예배   168
13. 사역자주일예배   174
14. 맥추감사주일예배   180
15. 추수감사주일   185
16. 성경주일예배   192
17. 성탄예배   198
18. 송년주일예배   204
19. 송구영신예배   210

특별예배   217
20. 교회창립예배   219
21. 교회창립 기념예배   224
22. 예배당 입당예배   231
23. 안수(임직)예배   237
24. 취임예배   248
25. 파송예배   254

예식　　　　　　　　　　　　261
26. 출생예식　　　　　　　　263
27. 백일예식　　　　　　　　269
28. 첫돌예식　　　　　　　　276
29. 헌아예식　　　　　　　　283
30. 성인예식　　　　　　　　289
31. 약혼 예식　　　　　　　296
32. 결혼 예식　　　　　　　303
33. 국제결혼예식　　　　　　311
34. 회갑예식　　　　　　　　318
35. 칠순예식　　　　　　　　324
36. 임종예식　　　　　　　　329
37. 입관예식　　　　　　　　335
38. 장례예식　　　　　　　　342
39. 하관예식　　　　　　　　348
40. 이장예식　　　　　　　　354

가정예배　　　　　　　　361
41. 가정예배　　　　　　　　363
42. 이사예배　　　　　　　　369
43. 개업예배　　　　　　　　374
44. 추석예배　　　　　　　　379
45. 설날예배　　　　　　　　384
46. 추모예배　　　　　　　　390
47. 환자심방예배　　　　　　395

제4부 교회사회복지목회 안내 　　　　401
　　1. 교회사회복지의 개념　　　　403
　　2. 교회사회복지의 주체　　　　405
　　3. 교회사회복지의 대상　　　　412
　　4. 교회사회복지의 방법　　　　416
　　5. 교회사회복지의 실제　　　　425

제5부 침례교 정신과 교회 회의 진행법 　　435
　　1. 침례교 정신의 발현으로서의 교회 회의　　437
　　2. 교회 회의에 대한 기본적 이해　　442
　　3. 교회 회의의 실제　　　　445

제1부
침례교회의 목회적 특성

1. 기독교 목회의 이해
2. 목회자의 기본 임무
3. 침례교회 목회의 영적 유산들
4. 침례교회 목회의 목적
5. 침례교회 목회의 특징

제1부 침례교회의 목회적 특성

이 명 희

교회의 사명은 교회가 왜 존재하느냐에 대한 질문에서 근본적인 대답을 찾아야 한다. 교회의 목적은 주 예수 그리스도의 사업을 계속하는 거룩한 기구로서 이 땅에 존재하는 것이며, 교회의 사명은 교회의 목적을 이루어 하나님 나라를 확장하는 것이다. 예수님께서 이 땅에 오신 목적은 구원의 복음을 전파하시며, 하나님의 진리를 가르치시고, 온전치 못한 것들을 고치심으로 하나님 나라를 세우시는 것이었다. 교회는 바로 그와 같은 사명을 가지고 존재하며, 목회는 교회가 그러한 목적과 사명을 지닌 존재가 되도록 일깨우고 이끌어 나가는 일련의 과업을 말한다.

1. 기독교 목회의 이해

1) 기독교 목회의 기원

기독교 목회는 기독교를 기독교답게 하고, 기독교회를 교회답게 하며, 기독교인을 성도답게 하는 과정이다. 목회는 하나님께서 친히 이루어가시는 과업으로서 하나님의 창조와 연관된다. 하나님은 거룩한 목적 하에 천지를 창조하셨고 인간을 창조하셨다. 인간이 타락함으로 창조의 본 목적에서 멀어지게 되었을 때 하나님은 구원의 계획을 통해 회복시키시며 종말적 영광을 향해 우주적 역사를 섭리 가운데 주권적으로 이끌어 가신다. 이렇게 인류를 향한 하나님의 거룩한 과업은 "창조-타락-구원-회복-영광"의 과정 속에서 이루어 가시는 하나님의 목회로 나타나고 있다.

기독교 목회는 거시적으로 볼 때 하나님의 창조 목적과 세계 구속을 향하신 하나님의 거룩한 경륜 속에서 이루어진다. 그런데 하나님께서는 하나님의 백성을 향한 하나님의 목회를 친히 역사에 개입하시고 활동하심으로 펼치기도 하시지만 대부분의 일을 사람을 통해 하신다. 성경은 하나님께 쓰임 받은 특정한 개인을 하나님의 사람이라고 한다. 그러므로 하나님께서는 자신의 목회를 하나님의 백성을 통해 이루시며, 하나님의 사람을 통해 이루신다. 하나님의 사람들은 하나님의 부르심을 받아 세워진 일꾼들로서 이스라엘 백성이 하나님의 백성으로서의 본분을 다하도록 하나님의 말씀을 전하기도 하고, 백성을 다스리기도 하며, 가르치고 인도하는 역할을 하였다. 구약성경이 제시하는 완전한 하나님의 사람 모델은 메시아이다. 메시아는 기름부음 받은 자로서 하나님의 구원자이며 온전한 목자의 모형이다. 구약이 계속적으로 언급하는 "그 날"은 메시아가 출현하는 때이다. 약속된 메시아로 오신 분이 바로 예수님이시다.

2) 예수님의 목회

예수님은 거룩하신 신적 권세와 능력을 가지신 하나님의 아들로서 사람의 몸을 입고 이 땅에 오시어 하나님 아버지께서 이루도록 하신 일을 이루심으로 하나님을 영화롭게 하셨다(요 1:14; 17:4). 예수님은 구원의 길을 여시고 완전한 목자로 오셨다. 예수님은 잃은 양을 찾아 구원하기 위해 오셨고, 목자 잃은 양 같이 방황하는 백성을 인도하시는 선한 목자로 오셨다. 예수님은 하나님 나라의 복음을 선포하시고 하늘의 진리를 가르치시며 약한 자를 고치심으로 목자의 사역을 펼치셨다(마 4:23; 9:35). 예수님은 큰 목자이시고(히 13:20), 선한 목자이시다(요 10:11, 14). 예수님은 친히 생명의 떡이 되시어(요 6:48) 사람들을 생명의 양식으로 먹이셨고 목마른 자들을 친히 생수로 마시게 하셨다(요 4:10). 예수님은 길과 진리와 생명이 되시어 백성들을 영생으로 인도하셨다(요 14:6).

예수님은 이 땅에 계시는 동안 많은 사람들을 이끄시고 돌봐주셨지만 특별히 열두 제자에게 집중하셨다. 예수님은 그들에게 하나님 나라의 복음을 가르치셨고(마 4:17), 하나님 나라의 비밀을 알려주셨으며(막 4:11), 하나님 나라의 진리를 말씀하셨다(마 5-7장). 그리고 영적 전쟁을 수행하기 위한 영적 권세를 덧입혀 주셨고(막 3:13-19), 때가 되었을 때에 제자들에게 지상 명령(요 13:34-35)과 지상 사명(마 28:19-20; 막 16:15; 눅 24:46-48; 요 20:21; 행 1:8)을 주시고 사도로 파송하셨다. 예수님의 지상 사역은 모든 성도와 영적 지도자들의 모본이다(벧전 2:21). 그러므로 모든 주님의 일꾼들은 주님의 발자취를 따라야 하고 그 분을 본받아 살아야 한다. 목자장이신 예수님은(벧전 5:4) 제자들을 불러 동역자로 세우시고 목자의 사명을 하게 하셨다. 목사는 주님께서 맡겨주시는 양 떼를 인도하는 목자이고, 양들의 영혼을 지키는 감독이며, 양들을 치는 장로이다(행 20:28).

3) 전교회의 목회

하나님께서는 자신의 사역을 인간을 통해 이루신다. 하나님께서는 하나님의 백성으로 이스라엘 민족을 선택하셨다. 그렇다고 다른 인류를 외면하시거나 무시하신 것은 아니다. 이스라엘을 택하신 것은 그들을 "제사장 나라"로 삼아 그들을 통해 온 인류를 인도하시기 위함이었다(출 19:4-6). 이스라엘은 그 자신들만 복을 받고 하나님의 영광을 위해 사는 것이 아니라 세상의 모든 족속들이 다 하나님 창조의 목적을 성취하고 하나님의 영광을 위해 살도록 제사장으로서의 역할을 하도록 택함을 받았다.

신약성경은 구원받은 하나님의 자녀들을 가리켜 "왕같은 제사장"이라고 부른다(벧전 2:9). 일부 열심 있는 신자만이 아니라 모든 신자가 제사장이다. 이것이 바로 전신자제사장 직분 교리이다. 이스라엘이 제사장 나라로서 이스라엘 백성 한 사람 한 사람이 제사장이었던 것처럼 교회의 모든 성도 한 사람 한 사람이 제사장으로서 그 직분을 감당해야 한다.

목회는 교회적 활동이다. 즉 목회는 교회의 구성원들인 교회회원 또는 교회회중 모두의 활동이라는 뜻이다. 우리는 이것을 "전신자 목회"라고 부른다. 그러나 교회의 중요성을 인식할 때 "전교인 목회"라고 하는 것이 좋다. 전교인의 목회는 "목회자의 목회"와 "평신도의 사역"으로 나누어 생각할 수 있다. 평신도 사역이란 교회의 모든 회원들이 각자에게 주어진 은사를 따라 그리스도의 몸인 교회의 지체로서 책임과 역할을 담당하는 사역을 말한다. 이스라엘 백성들이 제사장 나라로서의 역할과 책임을 다하도록 성별된 제사장들이 봉사했던 것처럼, 평신도들의 사역이 효과적으로 성취되도록 그들을 준비시키는 사역(equipping ministry; 구비목회)이 목회 지도자들의 과업이다. 목회 지도자 중에서 모든 교회회중을 책임성 있는 성숙한 평신도 사역자가 되도록 가르치고 훈련하여 세우기 위해 전적으로 생애를 드린 사람을 성별된 목회자라고 한다. 그래서 일반적으로 목회자라는 말은 성별된 목회자를 지칭하는 용어로 사용되고 있다.

성별된 목회자는 하나님의 사람으로서 특별한 소명에 의해 목회자로 부르심을 받으며, 하나님의 부르심에 대한 확신을 가지고 헌신하여, 통상적으로 소정의 신학훈련과정을 이수한 후 교회와 교단적인 인준을 받아 목회 사역에 임하게 된다. 목회자는 하나님께서 위임해주신 지도력을 가지고 교회를 통해 이루시려는 하나님의 뜻을 성취하기 위해 교회를 이끌어 나간다. 교회는 목회자의 지도력을 인정하고 지도를 받아 교회의 사명을 이루도록 협력해야 한다. 교회는 전신자의 목회를 강조하면서 동시에 성별된 목회의 가치를 충분히 인식해야 한다.

2. 목회자의 기본 임무

그리스도께서 교회에 성별된 목회자들을 주시는 이유는 전신자들이 교회의 전체적인 공동의 목회를 인식하고 성취할 수 있도록 그들을 인도하고 봉사하게 하기 위함이다. 성별된 목회자들은 분리된 특권계급으로 교회 위에 서는 것이 아니다. 전 교인을 준비시키는 과업은 성별된 목회자들의 임무로서 모범과 가르침과 후원함을 통해 이루어진다.

1) 목회자의 자격
목회자의 자격은 신약성경 여러 곳에서 발견된다. 도덕적인 신뢰성을 얻어야 하고, 회중의 생활을 지도하기 위한 능력을 자신의 가정에서 증명해야 하며, 숙련된 교사와 유능한 설교자이어야 하고, 성숙한 기독교인이어야 하며, 허물이 없어야 한다. 그리고 영적으로 성숙해야 하고, 영적인 활력, 모범적인 인격 그리고 교리적인 건전함을 갖추어야 한다.
성별된 목회가 남성에게만 제한되는가 하는 문제는 다양한 견해가 있다. 신약교회에 여자들이 여 선지자, 여 집사로 봉사한 것을 의미하는 것으로 보이는 성경구절이 있다(고전 11:5 이하; 행 18:26; 21:9; 롬 16:1). 반면에 하나님의 창조 질서에 근거하여 여자가 남자에게 복종해야 한다고 함으로써 교회에서 여성의 목회적 지도력을 제한하는 것처럼 보이는 구절들이 있고(고전 14:34-35; 딤전 2:11-15), 감독의 자격으로 "한 아내의 남편"(딤전 3:2)이라고 언급한 것에 기초하여 반드시 남성이어야 한다고 주장하기도 한다. 아마도 이런 성구들의 가장 만족할만한 해석은 여자들이 성별된 목회에서 남자들을 지도하는 것이 아니라 다른 여자들과 아이들을 지도하는 것이 타당하다고 보는 것이다. 하지만 여자들이 일정부분 교회를 목회적으로 섬기는 것을 전적으로 제한하기는 어렵다.

2) 성별된 목회자의 주요한 임무

교회의 기능은 예배, 선포, 교육, 봉사, 교제이다. 이러한 교회의 기능은 전교인의 목회를 통해서 완성된다. 그리고 전교인의 목회는 성별된 목회자들이 전교인의 목회를 돕는 목회를 통해서 성취된다. 다시 말하면 성별된 목회자들의 임무는 전교인들이 그들의 사역을 이행하도록 준비시키고 앞장서 인도하는 것이다. 목회자는 그리스도께 부름 받아 특별한 목회적 과업을 수행하기 위하여 세워지고 보냄을 받는 일꾼을 의미하는 "사도," 하나님의 말씀을 전하는 설교의 기능을 수행하는 "선지자," 구원의 복음을 명백하게 선언하도록 소명 받고 헌신한 "복음 전하는 자," 하나님의 양떼를 보살피며 거룩한 진리로 그들을 가르치는 "목사와 교사"의 기능을 갖는다. 영적 지도자인 목회자는 회중을 올바른 방향으로 인도하는 키잡이 역할을 하는 "다스리는 사람"이다.

성별된 목회자들은 이러한 직분자의 개념을 내포한 일꾼으로서 전도, 예배 인도, 설교, 기도, 교육, 목회적 돌봄, 상담, 심방, 봉사, 행정 등의 사역을 펼친다. 특히 교회의 모든 목회지도자를 대표하는 담임목사는 주일 예배를 인도하며 설교를 담당하고, 새신자를 양육하고, 침례를 베풀며, 주님의 만찬을 집례하는 등의 사역에 책임을 진다. 담임목회자는 다른 사역자들과의 좋은 팀웍을 이루면서 사역을 해야 하고 평신도 지도자들과의 협력 관계를 유지해야 한다.

부 교역자는 담임목회자의 지도력에 순복하면서 자신에게 맡겨지는 목회적 과업을 성실하게 수행해야 한다. 특히 하나님의 종이면서 동시에 담임목회자를 돕는 종임을 기억하고 겸손함으로 배우며 사역해야 한다. 부 교역자는 자신의 사역을 잠시 거쳐 가는 과정으로 여기지 말고 하나님의 소명으로 알고 최선을 다해야 한다. 담임 목회자를 섬길 때는 주님께 하듯 하는 정성스런 마음으로 임해야 한다.

이러한 목회 지도자들에 의해 행해지는 독특한 활동은 평신도들로 하여금 그들의 거룩한 봉사를 이행하도록 준비시키는 자(equipper)로서 봉사하는 것이다. 에베소서 4장 11-12절에 성별된 목회자들의 직무를 분명히 볼 수 있다. 여기서 "온전케 한다"는 말의 의미는 "준비시킨다" 또는 "무장시킨다"는 말인데, 예수님께서 제자들을 부르신 것과 연관되어서 신약성경에서 처음 사용되었다. 마태복음 4장 21절에서 이 단어는 "그물 깁는 것"으로 번역되었다. 즉 어부가 그물질을 한 후 다시 그물을 던지기 위하여 손질하는 행위로서 그물을 다시 던져 고기를 잡기 위해 준비되도록 하는 것이다. 여기서 성별된 목회자들의 직무가 성도들이 교회 안에서와 교회 밖에서 거룩한 봉사의 활동하도록 필요한 준비를 갖추게 하는 것임을 알 수 있다. 그런 의미에서 기독교 목회자의 기본 임무는 "하면서 하게 하는 자"이다.

3) 목회자의 상징적인 역할

목회자는 신앙 공동체를 세우는 지도자로서 목회하는 자이다. 침례교회의 대표적인 목회신학자 웨인 오우츠(Wayne E. Oates)는 목사가 목회를 실행할 때 가지는 상징적 역할을 다음과 같이 설명하였다.[1]

(1) 하나님의 대표자

사람들은 그들이 우정, 격려, 지도, 화해 그리고 죄책에서의 해방 등을 요구할 때에 목사를 찾는다. 그 이유는 목사는 하나님의 사람이며, 목사는 사랑하는 하늘의 아버지와 모든 도덕적 의의 중심이 되시는 하나님의 임재를 상징하기 때문이다. 목사는 구속과 화해의 소개자이며 하나님과 교제하는 실천자이기도 하다. 그러므로 목사는 자기 교인들의 전인적인 구원에 관여해야 한다. 하나님의 대표자인 목사는 온전한 신앙인격과 신앙양심을 나타낼 수 있는 사람이며 나타내야 하는 사람으로 여겨지고 있다.

어떤 목사들은 종종 하나님을 대표하기 보다는 오히려 하나님을 대리하려는 유혹을 받는다. 목사가 지닌 권위가 하나님으로부터 오는 것인데, 그것을 자신에게서 나온 것으로 여긴다든지, 목사의 역할의 상징을 하나님의 실재와 혼돈하는 것은 목사가 겪는 최대의 시험이다. 목사가 자기의 권위를 하나님의 절대주권으로 대치시켜 교인들에게 영적인 학대를 가해서

---

1) Wayne Oates, 「기독교 목회학」, 김득룡 역 (서울: 생명의말씀사, 1974), 28-37.

는 안 된다. 목회자는 자신의 목적을 이루기 위하여 사람들을 교묘히 조정하거나 이용해서도 안 된다. 목회자가 교인들을 위한다는 명목으로 교인들을 대신하여 결정을 내리거나 하나님의 뜻이라고 강요하는 것은 잘못이다. 이것은 교인들의 자유를 빼앗는 것이다. 목회자는 교인들이 결정을 잘 하도록 돕는 존재이다. 목회자에게 도움을 요청하러 오는 사람 중에는 목회자를 신격화하려는 경향이 있다(행 14:8-18 참조). 그러나 그런 유혹에 넘어가는 것은 스스로 하나님의 권위를 도적질하는 것이다.

(2) 예수님을 기억나게 하는 자

사도 바울은 "내가 그리스도를 본받는자 된 것 같이 너희는 나를 본받는 자 되라"(고전 11:1)고 했고, "형제들아 너희는 함께 나를 본받으라"(빌 3:17)고 했다. 목회자는 목회 대상자들의 인격 속에 예수 그리스도를 심어 주는 자가 되어야 한다. 그러기 위해서 목회자는 교인들에게 본이 되어야 하고 안내자가 되어야 한다. 목회자는 자기 백성을 통치하는 군주가 아니다. 자기 양떼를 사랑하는 인정받는 목자가 되어야 한다. 목사와 교인들은 사랑으로 하나가 되는 긴밀한 관계로 결속되어 있어야 한다. 목자란 양떼를 이끌고 가는 사람이다. 목회자는 목자로서 양떼를 몰고 가는 것이 아니다. 목회자는 교인들에 대하여 사랑과 신뢰의 관계에서 교인들이 자발적으로 따르도록 할 수 있어야 한다. 예수님께서 말씀이 육신이 되셨듯이 목사는 목회상의 제반관계에서 그리스도의 인격을 전하는 통로가 됨을 알아야 한다.

(3) 성령님의 도구

성령님은 항상 우리의 목회에 함께 하신다. 우리의 목회에 성령님의 인도를 신실히 따르는 것은 모든 목회관계에 성령님의 임재와 역사가 있기를 기대하는 것이다. 자신이 성령 하나님의 도구라는 생각을 가진 목회자는 자신의 모든 사역이 인간적인 일이 아니라 영적인 것으로 알아 지식이나 술수가 아닌 기도와 믿음으로 이루어 가게 될 것이다.

성령님은 예수님께서 위임하신 일을 수행하도록 언제나 함께 계시는 동역자이시다. 성령님은 그분의 인도함을 받아 목회사역을 수행하는 목회자는 성령님의 도구가 되어 사람들에게 이해심 깊은 친구이며, 위로자 이시고, 교사이다. 그러므로 목회자는 신앙적 진리를 가르쳐야 한다. 그리고 생활의 문제와 숨은 죄를 들추어내어 치유하는 일을 해야 한다.

(4) 개교회의 대표자

목회자는 특정한 회중을 상징하며 대표한다. 목회자는 다른 공동체에 대해 자기 회중을 대표함은 물론이거니와 자신이 목회하는 공동체에 소속된 교인을 보호해야 한다. 목회자는 소속 교회내의 개인적 및 사회적 유익을 동시에 대변하는 일을 한다. 이 일을 잘하기 위해서 목회자는 자기 교회의 역사, 전통, 행습을 잘 알아야 한다. 이렇게 교회의 사정을 잘 알 때에 교인들과 함께 공동운명에 기꺼이 자신을 맡기고 충성스럽게 일할 수 있다. 그리고 목회자는 회중들의 생각과 경향성을 계속 새롭게 평가할 수 있어야 한다.

(5) 불신자의 목자

목회자는 교인들을 돌볼 뿐만 아니라, 불신자들과 지역사회에 대한 목자이기도 하다. 목회자는 상징으로서, 해석자로서, 복음 전도자로서 직분을 다한다. 불신자들이 기독교 공동체와 기독교 신앙에 대해서 냉담하고 무관심하며 또 의심할지도 모르며, 기독교 신앙을 직접적으로 적대하고 거절할지도 모른다. 그러나 목회자는 그 사람들에게 어느 정도 도전적이며 능력 있는 방법으로 복음을 증거할 책임이 있다. 목회자는 불신 세상에 대하여 하나님의 존재와 능력과 사랑을 증거할 수 있어야 한다. 기독교와 교회에 대해 적대하는 불신자에게는 권위 있게 일깨워주고 왜곡된 생각을 가진 사람들에게도 관용으로 대화하며 복음을 전해야 한다. 목회자는 굳세게 서서, 낙심된 자나 의심하는 자나 불신자에게 명확한 신앙과 영적인 진리와 영원한 약속을 보여 주면서 그들과의 관계를 바르게 하고 복음을 전해야 한다.

3. 침례교회 목회의 영적 유산들

침례교회는 신약성경이 가르치는 바를 실현하는 이상적인 교회상으로 신약교회를 추구하는 교회이다. 우리는 침례교회들이 각 시대마다 교회가 존재하는 지역에서 신약교회상을 구현하고자 노력하고 있다고 믿는다. 초대교회, 재침례교회, 영국침례교회, 미국침례교회 그리고 한국의 대한기독교회 등을 대략 침례교회 목회에 영향을 끼친 교회들로 꼽아볼 수 있다. 그들이 남겨준 목회적 유산을 생각해보자.

1) 초대교회의 목회

초대교회 시대는 대략 예수 그리스도의 때로부터 1세기 말까지의 기간을 말한다. 예수님께서 직접 부르시고 양육하신 사도들이 활동하던 시기이다. 초대교회의 모습은 신약성경 사도행전과 서신서 등을 통해 발견된다. 초대교회들 중에는 바람직하고 성공적인 교회도 있었지만 동시에 그렇지 못한 교회도 있었다.

사도들은 예수 그리스도께서 그들에게 직접 보여주신 모본을 따라 사역하였다. 그들의 사역은 복음을 전파하고, 교회를 개척하며, 제자를 세우는 것으로 정리할 수 있다. 복음전파는 예수님께서 이 땅에 오신 목적이라고 강조하신 것 중 하나이다. 친히 십자가 고난과 부활을 통해 구원의 계획을 완성하셨고 제자들을 보내시어 그 복음을 전파하라고 명령하셨다. 초대교회 사도들은 예수님의 명령을 따라 여러 지역에 흩어져 복음을 전했다.

사도들은 그들이 가는 곳에서 복음을 전하여 신자를 얻으면 그들을 모아 교회를 세웠다. 그렇게 세워진 교회들은 그 교회가 있는 지역의 복음화를 이루기 위한 구심점이 되었다. 초대교회의 사명은 복음을 전파하여 지역 신앙 공동체를 이루고 그를 통하여 하나님 나라를 확장하는 것이었다.

2) 재침례교회

침례교회의 기원에 대한 여러 학설 중 사료에 근거한다는 역사학의 관점에서 본다면 영국분리주의 기원설이 유력하나, 영성과 신앙정신의 측면에서 본다면 재침례교 영혈설이 상당히 설득력을 가지고 있다. 16세기 종교개혁의 불길이 점차 확산되어가던 시절 독일과 스위스에서는 유아세례를 받았거나 영세를 받았던 사람들이라도 성장하여 자신의 믿음을 고백하면 침례를 받아야 한다고 주장하는 사람들이 생겨났다. 가톨릭 교회와 프로테스탄트 교회들은 그들을 재침례교도라고 불렀다. 물론 재침례교도로 불린 사람들 중에는 폭력적이거나 종말론적인 신앙에 심취하여 비현실적인 사상이 빠진 왜곡된 신앙인들도 있으나, 우리가 말하는 재침례교도란 신령주의적, 종말론적, 폭력적 재침례교도들이 아닌 복음적 재침례교도를 말한다. 그들은 박해를 피해 유럽의 여러 지역으로 흩어졌는데, 핍박 가운데서도 성장을 계속하였다. 그들의 성경중심적 신앙관과 신자침례와 침례 받은 사람들만으로 이루어지는 교회론 그리고 제자도의 실천과 지상사명 성취정신 등을 침례교회에 유산으로 물려주었다.

3) 영국침례교회

17세기 초기 영국에서 발흥한 일단의 분리주의자들은 국교회를 부정하면서 모본교회를 세우고자 했다. 그들은 박해를 받아 화란으로 일시 피난했다가 다시 영국으로 돌아와 1612년에 침례교회를 세웠다. 영국에서의 침례교회는 1644년에 이르러 등장했는데, 그들은 자신을 "침례 받은 그리스도의 교회" 또는 "원시의 모본에 따라 모인 침례 받은 회중"으로 불렀다. 그들 중에는 칼빈주의적 신학을 가진 특수침례교회와 알미니우스주의적 신학을 가진 일반침례교회가 있었는데 이 두 교회들은 점차 하나로 통합되기에 이르렀으나 칼빈주의적 신앙이 지배적이었다.

영국의 특수침례교회는 하나님의 특정한 개인에 대한 구원에 있어서의 선택과 예정을 강조했다. 즉 택함을 받은 자만이 설교나 전도적 권고를 받을 수 있다고 보아 일반에게 전도하려는 노력을 기울이지 않았고 따라서 영적인 능력과 숫자에 있어서 급격한 쇠퇴를 가져왔다. 영국 일반침례교회 지도자인 테일러(Dan Taylor)는 한 집회에서 개심한 후 전도활동을 펼치면서 성경연구 모임을 결성했고, 침례를 받은 후 일반침례교회를 개척하였는데, 그의 지도력 하에 1816년 외국선교회가 조직되어 인도 선교를 시작하였다. 특수침례교회는 앤드류 풀러(Andrew Fuller)의 지도력으로 역시 복음 사업에 대한 열심을 회복하였다. 그 열매 중 하나가 윌리엄 캐리(William Carey)였다. 그는 복음을 듣지 못한 잃어버린 영혼들에게 누군가가 복음을 가져가다 주어야 한다는 부담감을 가지고 헌신하였다. 영국에서의 특수 일반 침례교회들 사이의 분열은 1891년 해결의 출발을 이루었다. 극단적인 하나님의 선택론도 내려놓고 극단적인 교리적 자유주의도 양보하면서 침례교 연합(Baptist Union)을 이루었다. 영국침례교회는 교리적 다양성 수용, 복음선교적 활동, 정교분리 정신, 신앙의 자유정신 등을 우리에게 물려 주었다.

4) 미국침례교회

유럽대륙에서 신앙의 자유를 갈망하던 일단의 침례교도들이 아메리카로 이주하였다. 1631년 로저 윌리암스는 로즈 아일랜드를 신앙자유지역으로 선포하였다. 신자의 침례, 침수침례, 회중정치, 민주적 행정, 신앙의 자유 등을 주장하면서 동부 여러 지역에 침례교회들이 세워졌고 점차 교회 수도 늘어나게 되었다. 1707년 필라델피아에서 최초의 침례교 지방회가 결성되었다. 그 후 1814년 국내외 선교사업을 위해 3년 총회가 결성되었고, 1845년 남부에 있는 침례교회들이 복음전파를 위한 신성한 노력에 전 교회들의 힘을 도출해내고 선교운동의 발전을 위한 공동 관심사에 대해 논의하고자 회합체를 결성하였는데 이것이 남침례교단의 시작이 되었다.

초기 남침례교인들은 목회에서 설교의 자리를 중요하게 생각하였다. 브라더스(Broadus)는 설교를 목사의 으뜸가는 사역이라고 단언했다. 그는 강력한 설교를 통하여 교회가 성장하고 그 결과 교회가 조직적으로 안정되며, 경배와 예배 형식이 굳게 자리를 잡아가고, 그렇게 되다 보면 설교가 쇠퇴하며 교회의 영적인 목적들이 상실되고, 침체의 과정을 겪으면서 다시금 갱신의 필요성이 대두되고, 다시금 강력한 설교가 싹이 트고, 교회의 새로운 성장이 시작되는 등 순환적인 형태로 기독교 사역의 역사가 계속된다고 분석했다. 그는 설교의 기능을 강조한 나머지 심지어 교회의 각종 행사들, 심방이나 상담, 예배계획 등의 목회적 책임들을 "설교의 경쟁상대자들"로까지 여겼다.

멀린스(Mullins)는 침례교회가 영혼의 능력을 강조한다고 전제하면서 모든 신자들이 교회 내에서 동등한 특권을 요구할 권리를 가진다고 하여 철저한 민주적 교회 정치의 기초를 놓았다. 그는 권위가 교회 내의 한 사람이나 소수의 사람들에게 집중되는 것을 마땅치 않게 생각했다. 캐럴(B. H. Carroll)은 복음전도가 교회의 주된 사역이라고 주장하면서 선교와 복음전도 활동에 있어서 목사의 지도력을 특별히 강조하였다.

다빈스(Dobbins)는 20세기 후반기의 새로운 시대적 상황에 입각하여 교회 지도력을 제고하려는 노력을 기울였다. 그는 목회 사역의 중심축을 조직과 행정에 맞추었다. 그는 목사가 무엇보다도 유능한 행정가가 되어야 한다고 강조했다. 그 이유는 그 점이 목사의 모든 사역 전체에 영향을 끼칠 수 있기 때문이라고 지적하였다. 20세기는 다수 전문화된 사역자 팀 개념이 발전된 시기였다. 이런 목회의 개념은 "예수 그리스도의 모든 명령을 수행하기 위하여 함께 일하는 동역자들에 의해 고무되고 지도되는 활발한 회중"을 세우는 것이었다. 목사직의 전문화와 함께 이룩한 또 다른 발전은 목회적 돌봄에 대한 강조였다. 오우츠(Wayne Oates)는 위기의 목회, 상담과 목양을 위한 신학적 배경, 하나님의 상징적 대리자로서의 목사의 역할 등을 강조하였다. 그는 정신의학과 정신분석학, 심리학 등으로부터 상당한 지원을 받고자 했다. 미국침례교회는 신앙의 자유, 세계선교사명, 협동정신 등을 우리에게 전해주었다.

5) 대한기독교회

한국의 침례교회는 1889년 캐나다에서 온 펜윅(Malcolm C. Fenwick) 선교사의 사역으로 시작된 것으로 본다. 펜윅은 원산을 선교본부로 삼아 만주와 시베리아까지 복음을 전했고, 1901년 공주와 강경을 중심으로 사역하던 엘라 씽 선교회를 인수하면서 전국적인 사역을 전개하였다. 펜윅 선교사와 그에 의해 양성된 전도자들에 의해 개척된 31개 교회들이 1906년 강경에 모여 대한기독교회를 조직하였다. 펜윅 선교사는 신약성경을 독자적으로 번역하여 보급하였고 "만민의 좋은 기별"이라는 복음전도 책자와 "복음찬미"라는 찬송가를 발간하였다. 이후 일제의 압제로 인해 교단명을 동아기독대로, 다시 동아기독교로 바꾸었다. 그러나 신사참배를 거부하던 교단은 끝내 1944년 교단해체령을 당하여 교단의 지도자들이 투옥되고 중요 자료와 모든 문서를 상실하고 말았다. 하지만 철두철미한 성경 중심적이고 복음전도 중심적이며 비타협적이고 순교적인은 신앙정신은 한국침례교회의 소중한 영적 유산이 아닐 수 없다.

4. 침례교회 목회의 목적

목양의 기본은 양떼를 돌보는 것인데 영육 간에 양식을 배불리 먹이고, 연약한 양들을 품에 안아 위로하고 안정시키고, 기운 내서 일어나 걷도록 해주는 것이다(사 40:11). 목회는 양들에게 긍정적인 변화가 일어나도록 하는 일이다. 목사는 여러 가지 목회활동을 통해 양떼를 변화시키는 목회를 펼친다. 목회의 다섯 가지 목적은 양들에게 일으켜야 할 변화의 내용이다.

1) 불신자에게 전도한다.

목회의 첫 번째 목적은 불신자에게 복음을 증거 하여 신자가 되게 하는 복음전도 사역이다. 복음전도 사역은 불신자를 신자되게 하는 일련의 과정이다. 전도는 예수 그리스도를 모르는 사람들에게 복음을 증거하여 구원의 신앙을 갖게 한다. 이것은 단번에 이루어질 수도 있고(사건으로서의 전도) 장기간에 걸쳐 단계적으로 이루어질 수도 있다(과정으로서의 전도).

전도사역은 전도 전 사역과 복음제시 사역 그리고 결신 직후에 하는 전도 후 사역으로 나누어 볼 수 있다. 전도 전 사역이란 전도 대상자를 물색하여 관심과 기도 가운데 그 사람과의 관계를 형성하는 것을 말한다. 이를 위해 의미 있는 만남과 대화의 기회를 만들어야 한다. 전도 대상자가 구원의 도리에 대한 필요성을 충분히 인식하고 있다고 여겨질 때 복음을 제시하여 결신에 이르도록 안내한다. 이것이 복음제시 사역이다. 복음을 제시하는 방법은 다양하다. 전도 대상자에게 가장 어울리는 방식으로 복음을 제시하는 것이 필요하다. 결신하면 즉시 전도 후 사역을 실시해야 한다. 결신자를 새신자 훈련 과정으로 안내한다. 새신자 훈련 과정은 적어도 2-3개월간 진행하는 것이 좋다. 그것은 구원의 확신, 하나님, 성령님, 예수님, 교회, 예배, 성경, 침례 등을 통해 신앙생활의 첫 걸음을 돕거나 그 사람의 신앙 결신 여부가 진실한지를 입증하는 기회가 되기도 한다.

주어진 양들만을 대상으로 목회하기 보다는 우리 밖에 있는 주님의 양들을 찾아 우리 안으로 인도하는 것이 목회자의 우선적인 과업임을 인식해야 한다. 그러므로 목회의 출발은 잃어버린 자들을 찾아 복음을 전하여 구원받아 하나님의 자녀가 되게 하는 전도사역으로 부터 시작된다.

2) 교회로 인도한다.

목회의 두 번째 목표는 구원받은 신자들을 교회 공동체 가운데로 인도하는 것이다. 결신자들을 믿음 안에서 굳게 하며 그들을 교회로 모으는 것이 신약성경에 기록된 최초의 전도자들의 목표였다. 교회로 인도한다는 것은 교회에 회원으로 등록시키는 것을 말한다. 교회회원으로 등록하는 데는 크게 세 가지 방법이 있다. 침례, 이적 그리고 신앙 진술이다.

(1) 침례에 의한 방법은 가장 기본적이고 바람직하다. 성도들과 교회는 가능한 방법으로 불신자에게 복음을 전하여 결신에 이르도록 안내하고, 그에게 전도한 사람이나 그 사실을 알게 된 사람은 교회에 보고하고 교회 목회자 혹은 집사가 신앙 상담하여 구원받은 신앙을 확인해야 한다. 그리고 목회자의 책임 아래 교회가 정한 절차에 따라 새신자 훈련과정을 수료하도록 안내한다. 새신자 훈련과정을 성공적으로 수료한 후 교회회중 앞에서 개인구원간증으로 자신의 신앙을 고백하고 교회회중의 동의를 얻어야 한다. 그리고 교회규약에 있는 "교회회원의 언약"에 서명하게 하고 침례를 베풀고 교회회원으로 받아들인다.

(2) 이적(移籍)이란 다른 교회에서 이사 등의 타당한 이유로 교회의 적을 옮기고자 할 때 교회회원권을 부여하는 것을 말한다. 어떤 신자가 교회 이적을 희망할 때 목회자는 본인과 상담하여 이적하고자 하는 의사와 사유를 확인해야 한다. 만약에 이적 사유가 불분명하거나 타당하지 않다고 여겨지면 거듭 상담하여 원 교회로 돌아가도록 지도해야 하고 다른 해결책을 찾도록 안내해주어야 한다. 그리고 이적의 사유가 타당하다고 여겨지면 먼저 소속했던 교회로부터 "이적증명서"를 전달 받는 것이 필요하다. 교회는 정중하게 이적 희망을 통보하고 그 사람의 교적을 옮겨줄 것을 요청하는 것이다. 이적증명서에는 침례에 관한 사실, 교회회원권에 관한 내용, 교회직분에 관한 내용, 교회훈련 받은 내역, 교회 봉사내역 등이 포함되어야 한다. 이적증명서가 도착하면 그에 근거하여 목회자가 본인과 다시 한 번 신앙상담을 하고 새신자 훈련과정을 수료하도록 안내한다. 기존 신자에게도 새신자 훈련과정을 수료하도록 하는 것은 교회회원의 동질성을 유지하기 위함이다. 수료 후 교회회중 앞에서 개인구원간증과 이적 사유에 대해 진술하고, 침례를 받지 않았다면 침례를 받게 하고, 교회회중의 동의를 얻고 "교회회원의 언약"에 서명함으로 교회회원으로 받아들인다.

(3) 신앙 진술이란 어떤 교회의 회원으로 있다가 교회를 떠난 지 오래되

었거나 이적을 하고자 하나 어떤 사정으로 인하여 "이적증명서"를 발급받지 못할 경우에 해당하는 것으로서 본인의 신앙 진술에 근거하여 교회회원으로 등록하는 것이다. 이때는 세심한 주의가 필요하다. 목회자는 신앙상담을 하여 예수님을 주님으로 믿는 것이 분명한지 여부와 이적증명서를 발급받을 수 없는 사유에 대하여 구체적으로 확인하고 타당하다고 여겨질 경우 새신자 훈련과정을 수료하도록 한다. 그리고 나서 이적의 경우와 마찬가지로 교회회중 앞에서 구원받은 신앙을 고백하고 신앙 진술을 한 후 교회회중의 동의를 얻어 "교회회원의 언약"에 서명하고 교회회원으로 가입하게 한다.

3) 제자로 훈련한다.

교회목회의 기준과 모범은 예수 그리스도의 사역이다. 예수님은 인간의 모습으로 오시어 이 땅에 계시는 동안 목회를 하셨고 부활승천하시면서 그 사역을 교회와 제자들에게 위임하셨다. 예수님은 자신의 사역을 계속하도록 제자를 훈련하시고 교회를 세우셨다. 제자로 훈련한다는 것은 그리스도인의 기본적인 생활을 훈련하며 교회의 건전한 교인으로서의 사명을 다하는 성도로 양육하는 것을 의미한다. 침례교회의 경우, 예수 그리스도를 주님으로 영접하고 침례를 받음으로 교회의 회원으로 등록한 모든 성도를 "그리스도의 제자"로 알고 그들을 위한 제자훈련 프로그램을 가동한다. 제자훈련은 신앙적인 생활 훈련이므로 일정기간 동안 정해진 커리큘럼을 이수하면 수료하는 성격이 아니다. 제자훈련은 교회의 회원이 된 이후 주님 앞에 갈 때까지 일생 동안 지속적으로 시행된다.

교회는 교회회원을 성숙한 그리스도인으로 세우기 위하여 생활 전반에 관한 삶의 원리들을 제시하며 훈련시킬 책임이 있다. 개인생활의 훈련은 개인경건시간 훈련을 비롯하여 그리스도의 주재권, 하나님의 말씀을 섭취하는 삶, 기도하는 삶, 전도하는 삶 그리고 교제하는 삶 등을 포함한다. 가정생활 훈련은 부부의 사랑, 부모의 책임, 부모-자녀 관계, 가정 예배, 가정 사역 등에 대한 훈련이다. 교회생활의 훈련은 교회의 사명을 이해하고 교인의 책임, 청지기 생활, 교회의 역사 등에 대한 교육을 말한다. 그리고 사회생활 훈련은 직장 생활, 학교생활, 친구 관계, 이웃 관계, 사회봉사, 시민의식 함양 등이 포함된다.

4) 일꾼을 세운다.

교회는 일꾼 공동체이다. 목회자는 각 성도들이 제자로 훈련된 후 각자에게 주어진 사명을 위해 움직이는 일꾼이 되게 해야 한다. 일꾼이란 자신의 은사를 계발하여 교회를 통해 하나님 나라의 확장을 위해 일하는 하나님의 백성을 말한다. 하나님의 백성들은 세상 속에서 사도적 사명감을 가지고 살아야 한다. 목사는 우선적으로 그리스도를 전파하여 각 사람을 권하고, 모든 지혜로 각 사람을 가르쳐 각 사람을 그리스도 안에서 완전한 자로 세워야 한다(골 1:28). 그리고 교회의 지체로서 제자된 성도들을 "온전케" 하여 봉사의 일을 하게 해야 한다(엡 4:12). 성도들은 복음의 일꾼이며(골 1:23), 그리스도의 일꾼이고(골 1:7), 교회의 일꾼이다(골 1:25). 즉 복음으로 말미암아 복음을 위한 일꾼으로서, 그리스도와의 인격적 관계 속에서 세워지고, 교회를 통해 일하는 일꾼이다.

5) 사역자로 세운다.

주님에 의해 일하도록 보냄을 받은 일꾼을 사도라고 부른다. 하나님의 경륜은 하나님의 일꾼들의 하는 일을 통해 이루어진다. 하나님의 백성은 사역자, 즉 사도적 일꾼(apostolic worker)으로 세워져야 한다. 사역자는 예를 들면 삶의 목적과 의미를 복음과 하나님 나라에 맞추어 사는 사람이다. 목회자들이 대표적인 사역자이고, 안수집사, 교회학교 교사, 각 기관의 핵심적 임원진, 목장사역의 목자 등을 일컫는 말이다.

모든 그리스도인은 예수 그리스도의 사업을 계속해 나갈 책임이 있다. 어떤 직업을 가지고 있든지, 어느 곳에서 살든지, 무엇을 하든지 항상 사역자로서의 의식을 가지고 살아야 한다. 모든 하나님의 백성은 하나님께서 주신 것들을 누리면서 하나님께서 기대하시는 결실을 맺어야 한다. 하나님께서 각 사람들에게 주신 재능과 물질과 지식과 경험과 지위와 관계와 생명 등 모든 것을 통해 결실을 맺어야 한다. 목회자는 성별된 사역자로서 살면서 교회회원들과 일꾼들이 영적으로 더욱 성장하여 사역자로서의 삶을 살도록 인도할 책임이 있다.

5. 침례교회 목회의 특징

1) 성경적인 목회

침례교인들은 성경의 사람들이라고 불릴 만큼 성경에 대하여 강한 헌신을 나타낸다. 침례교회의 목회는 사람들에 의해 만들어진 어떤 신조나 법 또는 전통보다도 하나님의 말씀에 근거하여 목회를 이루어나간다.

성경은 기독교의 경전으로써 하나님의 말씀이다. 기독교의 교리와 행습은 모두 성경에 기초하여 세워진다. 기독교에서 가장 관심 가져야 할 것은 어떤 사안이 '성경적'이냐 '비성경적'이냐이다. 기독교인 개인과 교회가 말하고 행동하는 바가 성경의 교훈과 성경에 제시하는 원리에 입각하여 위배됨이 없어야 한다. 그러므로 목회자는 성경적인 목회를 펼치도록 해야 한다.

기독교 교회는 믿고 행하는 일체를 성경에 최고의 권위를 두어야 한다. 전통, 이성, 경험 등을 무시해서는 안 되지만 심리학이나 철학 또는 인간의 어떤 사상에 근거하기보다는 성경의 가르침을 존중히 여기며 성경 진리에 더욱 충실해야 한다. 그러므로 목회자는 성경을 성실히 연구하여 설파해야 하고, 교회는 성경 진리를 교육하기에 소홀해서는 안 된다. 교회의 강단은 성경 진리가 선포되는 곳이어야 한다. 교회가 아니어도 할 수 있는 일을 하기 위하여 교회라야만 할 일을 소홀히 하면 안 된다. 목사가 교회 강단이 아니어도 들을 수 있는 말을 하기 위해 교회 강대상에서라야 할 수 있는 말을 소홀히 한다면 그것은 심각한 직무유기이다.

2) 복음적인 목회

복음은 성경의 중심 주제이며 기독교의 핵심 메시지이다. 모든 인간은 타락했고, 구원받아야 하는 존재이다. 복음은 죄인인 인간을 구원하시기 위하여 하나님께서 성취하신 구원의 도리이다. 인간은 자신의 죄인 됨을 회개하고 인간의 죄를 사하시기 위하여 십자가에 못 박혀 죽으시고 장사지낸 바 되었다가 사흘 만에 부활하신 예수 그리스도를 믿고 영접해야 한다. 복음은 교회가 아니면 누구도 대신 증거해주지 않는 진리이다. 기독교 목회는 성경만이 증거하고, 기독교 교회만이 외칠 수 있는 복음적인 목회에 우선적인 관심과 힘을 집중해야 한다.

복음적인 목회는 칭의-성화-영화로 이어지는 구원 과정을 중요시 한다. 구원의 복음은 단지 칭의구원으로 만족하지 않고, 영화구원을 기다리기만 하는 것도 아니고, 성화구원을 중요하게 여긴다. 진정한 구원은 단절될 수 없는 연속성을 갖는다. 복음적인 목회는 성화를 강조한다.

교회의 모든 사역은 복음에 맞춰져야 한다. 교회는 구원받아야 할 죄인들에게 복음을 전파해야 할 책임이 있다. 이를 위하여 교회는 복음전도 사역과 사회봉사 사역을 펼친다. 복음전도와 사회봉사는 결코 나눌 수 없는 연관성을 갖는다. 구원은 하나님 나라로의 진입을 의미하며, 하나님 나라는 사회적이고 윤리적인 면을 포함한다. 구원의 복음은 믿음을 갖는 사람에게 사회적인 변화를 나타내도록 요구한다. 구원받은 사람은 세상 속에 육화되어 존재해야 한다. 우리는 성육신적 하나님 나라를 실천하는 복음과 구원의 의미가 구현되는 목회를 펼쳐야 한다.

3) 전교인 목회

침례교회는 일찍이 전교인 목회에 대한 인식을 가지고 있었다. 많은 교인들은 목사가 전문적인 사역자이기 때문에 목사만이 사역자요, 목사만이 목회를 위해 훈련되고 준비된 사람이라고 여기고 있다. 그리고 교회의 모든 사역에 대한 책임이 목사에게만 있다는 생각이 너무 깊이 뿌리 박혀 있다. 하지만 "교역자 중심"의 목회론이 "교회공동체 중심"의 목회론으로 나아가야 하고, 더 나아가 "하나님 나라 중심"의 목회론으로 전환되어야 한다. 현재까지는 일반적으로 교회의 많은 사역들이 소수의 사람들에게만 집중되어 있고 상당수의 사람들은 소외되어 있었다. 그러다 보니 교회는 계급적인 구조 속에서 비효율적으로 운영되어 온 것도 사실이다.

전신자제사장직분 교리가 충분히 실천되기 위해서는 교회 사역의 여러 영역들에서 패러다임의 전환이 일어나야 한다. 평신도는 교회의 자원적인 사역자로서 목회자들과 더불어 교회의 사명 성취를 위해 함께 봉사해야 할 사람들이다. 평신도 사역은 전신자제사장직분 교리의 기초 위에서 이루어진다. 전신자제사장직분 교리란 모든 신자들이 믿음으로 예수 그리스도를 통해 하나님께 직접 나아갈 수 있다는 것뿐만 아니라 모든 신자들이 각자에게 주어진 은사를 사용함으로 특별한 사역을 담당함으로서 책임성 있는 사역자가 되어야 함을 의미한다.

4) 소그룹 목회

교회는 신앙 공동체이다. 공동체는 상호간에 소속감과 유대감 그리고 친밀감과 서로에 대한 책임감으로 상호돌봄을 나누는 모임이다. 교회가 하나님의 가족으로서의 공동체적 본질을 유지하는데 소그룹은 꼭 필요한 통로이다. 소그룹은 구역이나 목장 또는 셀 등으로 그 형태를 달리하여 나타났는데, 무엇이라 부르던 교회의 최소 공동체가 되어야 한다. 교회의 한 조직에서 그치는 것이 아니라 그 자체로서 사역을 위한 독립적인 기능을 갖도록 하는 것이 좋다. 효과적인 소그룹 사역을 위해 리더 양성이 중요하다. 리더는 교사이자 멘토이며 그리고 코치로서의 역할을 한다.

5) 협력목회

협력이란 자신의 정체성을 상실하지 않으면서 선한 공동의 목적을 위해 자원을 공유하는 과정이다. 침례교회의 협력은 지방회와 총회로 잘 실현된다. 지방회는 보다 넓은 지역에서의 협력 사업을 위해, 그리고 총회는 전국적인 협력 사업을 위해 개교회들의 자원적인 에너지를 효율적으로 사용하는 장치이다. 개교회 혼자서는 할 수 없는 사업을 지방회와 총회는 협력을 통해 잘 담당할 수 있다. 교회를 개척하는 일, 기관을 설립하여 운영하는 일, 신학교와 병원 그리고 복지 단체 등을 설립 운영하는 일 등등 많은 일을 할 수 있다. 미국 남침례교회가 시행하는 협동프로그램(cooperative program)은 협력 목회의 좋은 모델이 될 수 있다. 모든 침례교회들이 자신의 재정의 일정부분을 따로 떼어 협력 사업을 위해 드려야 하고, 교단적인 협력 사역에 기꺼이 참여해야 한다.

나가는 말

목자이신 주 하나님을 떠난 영혼들은 목자 없는 양 같이 유리하며 방황하게 된다. 예수님은 방랑자들과 같이 무리지어 갈 바를 알지 못하는 "무리"를 불쌍히 여기시고 그들을 잃은 양으로 보시고 친히 목자가 되어 주셨다. "무리"란 아무런 이유도, 의미도, 목적도, 방향도 없이 모여 있는 사람들을 뜻한다. 그들을 일깨워 방향성 있는 존재로, 존재 의미를 가진 사람들로, 움직임이 있는 사람으로 변화시키는 것이 목회사역이다. 목회란 방랑자를 순례자로 만들어 그들의 여행길에 동행하면서 길을 안내하는 과업이다. 때로는 앞장서서 "나를 따라오라"고 외치기도 하고, 어떤 때는 "저리로 가라"고 방향을 제시해주기도 해야 한다. 이때 가장 중요한 것이 방향을 잡는 것이다. 방향을 잡을 때 필수적인 것이 나침반인데, 가장 위험한 것은 "거짓 나침반"을 들고 길을 나서는 것이다. 목회자는 자신이 들고 있는 것이 혹시 잘못된 나침반은 아닌지 거듭 확인해야 한다. 그렇다면 목회자의 손에 들려 있어야 하는 나침반은 무엇일까? 그것은 두 말 할 것도 없이 성경이다. 우리는 성경을 들고 목회를 펼쳐야 한다.

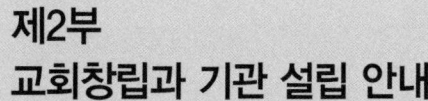

제2부
교회창립과 기관 설립 안내

1. 교회창립의 성서적, 신학적 배경
2. 교회창립의 유형
3. 창립하는 교회의 유형
4. 교회창립을 위한 준비과정
5. 교회의 기관설립에 관한 지침
6. 교회창립예배

제2부 교회창립과 기관 설립 안내

박 영 철

들어가는 말

오늘날 교회가 너무 많다는 소리가 들린다. 아파트 단지 입구에서 온 사방을 둘러보면 수십 개의 교회들이 보이기 때문에 오늘날 더 이상의 교회창립은 불필요하다는 말을 어렵지 않게 들을 수 있다. 하지만 단순 수치상 우리나라 인구의 1/5도 안 되는 사람들이 기독교인들이며 그중에서도 진정으로 중생한 그리스도인의 숫자가 훨씬 더 작다고 본다면 교회는 얼마든지 더 창립되어야 한다고 믿어진다. 교회창립이야말로 최상의 전도전략이라는 어떤 교회성장학자들의 말을 굳이 인용하지 않더라도 복음화를 이루는 주체가 교회라는 점에 비추어볼 때 교회는 여전히 지속적으로 창립되어야 한다.

그토록 중요한 교회창립의 신학적, 성서적 배경을 공고히 하고 그에 걸맞는 교회창립의 적절한 절차와 방법을 밟아가는 일은 매우 중요하다. 또한 창립된 교회가 교회로서의 기능을 수행하기 위해 기본적이고도 필수적으로 갖추어야 할 기관들을 설립하는 일에 관한 안내지침이 절실히 필요하다. 본 장에서는 이에 관한 균형 잡힌 지침을 제공하는 것을 목적으로 한다.

1. 교회창립의 성서적, 신학적 배경

교회창립의 신학적 배경은 교회 그 자체가 창세전부터 하나님께서 마음에 품으셨던 하나님의 비밀이며 하나님의 꿈이라는 어마어마한 신성한 기원을 가진다. 그리고 이 하나님의 꿈과 계획을 알았던 예수님께서는 아버지의 뜻에 순종하여 세상에 오셨고 그의 지상사역 중간시점에 이르렀을 때 그분이 세상에 오신 뜻을 분명히 밝히셨다. "이 반석 위에 내 교회를 세우리니…"(마 16:18). 이 말씀은 예수님께서 베드로의 신앙고백을 들은 직후 자신이 세상에 오신 목적을 밝히는 가운데 하신 말씀이다. 여기에서 예수님께서는 자신이 세우려는 교회를 "음부의 권세가 이기지 못하는" 권세를 가진 교회임을 천명하셨다. 그리고 이렇게 지난 2천년동안 교회는 어둠의 주관자인 사탄의 세력을 제어했으며 또한 앞으로도 교회가 악한 세력을 완전히 굴복시킬 것임을 천명하신 것이다. 이렇게 세상에 오신 목적을 밝히신 후에 예수님께서는 그 목적을 성취하는 일에 매진하셨고 드디어 십자가에서 죽으시고 사흘 만에 부활하셨다. 그리고 자신이 승천한 후에 세워지게 될 교회를 위해 성령님을 보내서서 모든 진리 가운데로 인도하시고 그리스도의 몸으로서의 교회를 건강하게 세워가는 일을 하시겠다고 약속하셨다.

사도 요한도 후일에 교회에 대한 이와 같은 하나님의 뜻을 이해하고 그의 복음서 요한복음 17장에서 예수님의 위대한 기도를 기록하는 가운데 다음과 같이 언급했다. "아버지여, 아버지께서 내 안에, 내가 아버지 안에 있는 것이 그들도 다 하나가 되어 우리 안에 있게 하사…"(21절). 여기에서 요한은 우리의 상상을 초월한 예수님의 기도, 즉 교회를 삼위일체 하나님 속으로 초대하는 기도를 소개하고 있다. 요한의 복음서와 서신서에서 자주 반복적으로 읽을 수 있는 것으로서 우리가 주님 안에, 주님이 우리 안에, 아버지께서 아들 예수님 안에, 예수님이 아버지 안에 거하시는 것에 관한 것이 바로 교회의 본질과 하나님의 계획과 뜻에 관한 것들이다.

사도 바울도 교회를 세우는 것이 하나님의 뜻이며 이는 창세전부터 하나님께서 계획하신 것이라는 것을 깨닫고 흥분을 금치 못한 가운데 다음과 같은 언급들을 표현하기를 주저하지 않았다. "영원부터 만물을 창조하신 하나님 속에 감추어졌던 비밀의 경륜…"(엡 3:9). "곧 영원부터 우리 주 예수 그리스도 안에서 예정하신 뜻대로 하신 것"(엡 3:11). 사도 바울이 기록한 서신서들은 모두가 한결같이 교회를 세워가는 것과 관계된 내용들이 그 주된 메시지이다.

교회는 보이지 않는 우주적인 교회만이 아니라 가시적인 그리스도의 몸으로서 각 지역에 세워지는 개교회가 바로 그 몸이다.[1] 따라서 교회는 그 본질 실현에 충실하는 한, 보다 많은 교회들이 창립되어 성장하고 건강해 지는 것이 필요하다. 특히 침례교회는 교회를 보이지 않는 우주적인 교회만을 의미하는 것이 아니라 실질적으로 각 지역에 설립되는 개교회를 하나의 자율적인 인격체로서 그 교회의 머리가 예수 그리스도이며 회중을 이루는 모든 교회회원들이 지체로서 한 몸을 이룬다고 믿는다. 개교회주의를 주장하는 이유가 바로 여기에 있으며 개교회가 하나의 독립적인 그리스도의 몸이므로 그 지역교회에 군림하거나 통치할 어떤 상위조직이나 어떤 인간도 존재할 수 없다.

더욱이 교회의 본질이 하나님의 가족이라는 관점에서 볼 때 교회가 대형화되는 것보다는 실질적으로 가족관계를 경험할 수 있도록 구조화하는 것이 필요하다. 이러한 경험은 교회가 소그룹화 할 때 가능하므로 교회는 소그룹들이 활성화될 수 있을 만큼의 단위로 세워지는 것이 바람직하다고 믿어진다. 예루살렘 교회는 비록 하루에 3천명, 5천명, 날마다 구원받는 사람들이 더해졌고, 허다한 무리가 그리스도의 도에 복종하여 교회에 많은 믿는 사람들이 생겨났지만 그들은 대개의 경우 전체 교회로 모이지 않고 각 집에서 모여 사도들의 가르침을 받았으며 떡을 떼고 교제하며 기도하기에 전혀 힘썼던 모습을 보여준다. 그렇게 첫 교회부터 각 집에 모이는 작은 그룹의 모임들이 적극 활용되었던 것이다.

사도행전에서 누가는 교회가 어떻게 각 곳에 세워졌는지를 기록해 주었다. 오순절 이후 사도들 뿐 아니라 교인들이 나가 복음을 전함으로써 세워진 교회들을 언급하고 있으며, 특히 사도 바울의 선교여행을 중심으로 어떻게 교회가 각 곳에 세워졌는지를 보여주었다. 1차 선교여행에서는 버가, 비시디아 안디옥, 이고니온, 루스드라, 더베 등지에서 복음을 전한 후 그곳들에다 교회를 세웠다. 2차 선교여행에서 바울은 1차 선교여행에서 세운 교회들을 재차 방문하여 교회들을 견고케 했으며, 더 나아가 유럽으로 건너가 빌립보, 데살로니가, 베뢰아, 아덴, 고린도 등지에 교회를 세웠다. 사도행전에서의 교회는 로마에까지 세워진 모습을 보여준다. 그리고 예수님께서 말씀하신 바와 같이 지난 2천년 동안 그토록 교묘하고도 악랄하게 사

---

[1] 침례교회는 개교회가 그리스도의 몸임을 철저히 믿으며 개교회의 자율성을 믿는다.

탄의 공격을 받았음에도 불구하고 여전이 성장해왔고 또 주님 오실 때까지 계속 성장하게 될 것이다. 교회창립은 이러한 신학적, 성서적 바탕이라는 확실한 근거를 가지고 이루어지는 것이다. 이제 교회창립의 준비과정부터 실제적인 측면들을 다루기로 한다.

2. 교회창립의 유형

교회는 다양한 동기에 의해 창립될 수 있다. 그 동기가 어떤 형태이든 모든 경우에 반드시 확인해야 할 것은 교회창립이 성령님께서 주도하신 것인가이다. 아무리 동기가 좋고 목적이 좋다할지라도 교회창립의 동기가 주님 자신으로부터 온 것이라는 확신이 없다면 그것은 인간적인 야망이나 포부에 지나지 않을 수 있다. 교회창립은 단순히 창립에 앞장서는 목회자뿐 아니라 주변의 수많은 사람들의 전폭적인 헌신을 요구하는 것이기에 반드시 하나님의 분명한 부르심에 대한 확신이 기초가 되어야 한다. 교회창립에 대한 하나님의 부르심의 확증은 성경말씀에 기초해야 한다. 그럴 때 교회를 세워가는 과정에서 경험하게 되는 어려움과 고통을 견디고 끝까지 달려 나갈 수 있게 된다. 이러한 확신에 근거한 교회창립의 유형은 다음과 같이 세 가지로 분류할 수 있다.

1) 목회자 또는 일단의 그리스도인들이 교회를 창립하는 유형

이 유형은 지금까지 한국교회가 보아온 대부분의 형태이다. 1960년대 이후 한국교회가 역사상 괄목할만한 수적 성장을 이루어온 것이 바로 이 형태의 교회개척을 통해서라고 해도 과언이 아닐 것이다. 전도사 또는 목사가 교회개척의 소명을 받고 신학교를 졸업한 후 자신의 가정은 물론이고 허리를 졸라가며 목회자의 모든 역량을 쏟아 붓고 헌신적으로 교회를 개척하는 유형을 일컫는다. 대부분의 경우 목회자 부부가 어느 누구의 도움 없이 창립하는 경우가 여기에 해당한다. 그러나 교회가 없는 지역에서 소수의 그리스도인들이 교회의 창립 필요성을 느끼고 창립하는 경우도 여기에 해당한다. 물론 이 경우 그들은 특정 목회자에게 자신들과 함께 교회를 창립하기를 요청함으로써 교회창립의 구체적인 준비과정에 들어갈 수 있다.

2) 모교회로부터 지원받아 교회를 창립하는 유형

이 유형 역시 목회자가 단독으로 교회를 창립하되 자신이 부사역자로 사역하던 교회 또는 자신과 관계성을 가진 교회가 모교회가 되어 교회를 창립하는 경우를 말한다. 비록 모교회가 예배처소를 마련하는 일에 재정 지원을 해주고 일정기간동안 개척교회 목회자의 생계비의 일부를 지원해 주는 도움을 줄 수 있지만 이 두 번째 유형 역시 첫 번째의 그것과 대동소이하다.

3) 모교회로부터 분립되어 교회를 창립하는 유형

이것은 가장 이상적인 교회창립 방법으로서 교회가 교회를 창립하는 유형이다. 영어로는 전통적인 방식의 교회개척을 church planting이라 하는데 묘목을 심는 것에 빗대어 표현한 용어이다. 그러나 교회의 분립개척은 church trans-planting으로 표현하는데 이는 묘목이 어느 정도 자란 것을 이식(移植)시키는 형태에 빗댄 표현인 것이다. 환언하면, 한 교회가 교회개척을 통하여 지교회 또는 자매교회를 세우는 형태의 창립을 의미한다. 이 경우 모교회가 교회창립의 모든 주도권을 가지고 진행하게 되며 창립되는 교회의 목회자를 세우고, 교회가 사용할 물리적 공간, 시설, 필요한 소요경비와 목회자 생활비도 책임을 지며, 모교회 교인들 중에서 50-300명을 창립되는 새 교회의 개척멤버로 파송하기도 한다. 오늘날 이러한 유형의 창립의 사례가 점차적으로 증가하는 추세를 보이고 있어 고무적이다.

3. 창립하는 교회의 유형

창립하는 교회의 유형은 크게 두 가지로 구분할 수 있다. 첫째는 전통적 방식으로서 우선 예배처소를 마련하고 기존교회의 조직과 기구들을 통해 전도하며 양육해가는 방식의 개척을 말한다. 그러나 오늘날 웬만한 도시의 경우 상가의 홀을 예배장소로 사용하기 위해 전세 또는 월세로 빌리는 일이 거액의 자금을 필요로 하여 부담이 크기 때문에 과거와 같이 이러한 방식의 교회 창립은 쉽지가 않다.

둘째는 셀 교회형태의 방식이다. 셀 교회로 창립할 경우 예배처소가 별도로 마련되지 않는다 할지라도 교인들의 숫자가 이러한 규모를 넘어가지

전까지는 소수의 사람들이 가정집 안방이나 거실 등에서 작은 그룹으로 개척을 시작할 수 있다. 가정에서 모이는 셀은 교인들의 관계성을 수립하는 일에 일차적 관심을 쏟으며 교인들의 숫자가 늘어남에 따라 여러 개의 셀을 만들 수 있다. 그리고 일정 수준에 이르면 교인들이 함께 적절한 크기의 예배처소를 마련함으로써 교회의 성장에 박차를 가할 수 있다.

교회를 창립할 경우 주체가 되는 목회자 또는 모교회가 어떤 형태의 교회를 창립할 것인지를 결정하고 그 형태의 교회에 적절한 준비와 절차를 밟아가야 한다. 이러한 준비 과정에서 주의할 사항은 하나님의 인도하심보다 앞서 가지 않도록 해야 한다는 점과, 믿음을 가지고 적극적으로 장애물들을 극복해야 한다는 점이다. 하나님의 인도하심보다 앞서 가지 말아야 한다는 것은 창립시기, 장소 등의 결정에 있어서 감당할 규모 이상으로 지나치게 무리하지 말아야 한다는 의미이다. 실질적으로 새로운 아파트 단지가 생기면 그 주변에 수십 개의 교회들이 생겨났다가 불과 2-3년이 못되어 소수의 교회들만이 살아남는 현상은 처음부터 하나님의 인도하심보다 앞서나간 결과로 볼 수 있다. 또 다른 한 가지 주의할 사실은 교회 개척을 준비하는 과정에서 사탄은 교회가 세워지는 것을 가장 싫어하기 때문에 다양한 형태로 교회가 창립되는 것을 방해하려고 덤벼드는 것이 당연한 일이라는 사실을 염두에 두고 믿음으로 과감히 준비과정을 직면해야 한다. 이 두 가지 주의할 사항은 상호 충돌되는 것처럼 보이기도 하지만 그렇기 때문에 더더욱 성령님의 인도하심에 민감해야 하며 많은 기도와 믿음을 절대적으로 필요로 한다.

4. 교회창립을 위한 준비과정

교회창립을 위한 준비과정은 교회를 세우시려는 주님의 뜻과 그 뜻에 자신을 부르신다는 소명의 확신으로부터 시작하여 창립예배에 이르기까지의 전 과정을 의미한다. 그리고 이 과정 전체가 하나님의 구체적인 인도하심을 경험하는 간증이 있는 준비과정이 되어야 한다. 분명히 교회창립은 매우 어려운 과업이지만 그 과업 수행에 하나님이 함께 하시며 인도하심을 경험하는 일은 큰 격려와 확신을 가져다준다.

1) 교회창립 소명의 확신

하나님께서 교회를 세우도록 인도하심은 다양한 각도로부터 올 수 있다. 대부분의 경우 창립에 대한 부담감을 가지고 있는 목회자에게 말씀하심으로부터 시작되기도 하며, 교회에 말씀하심으로써 시작되기도 한다. 뿐만 아니라 특정한 상황에 의해 교회창립에 대한 주님의 인도하심이 시작되는 등 다양한 형태로 교회창립에로의 부르심이 이루어질 수 있다. 하지만 하나님의 인도하심이 어떠한 형태로부터 시작되었든지 중요한 것은 교회창립에 대한 하나님의 인도하시는 분명한 말씀이 있어야 한다. 교회를 창립하여 개척하는 일은 결코 평탄하기만 한 일이 아니다. 그것은 마귀의 공격과 방해가 집요하게 퍼부어지는 어렵고 험난한 일이다. 그러한 일이 있을 때마다 교회창립에 대한 주님의 말씀을 붙잡음으로써 그것들을 극복할 수 있게 되는데 붙잡을 약속과 부르심의 말씀이 없다면 어려움이 극심할수록 교회를 개척하는 목회자가 흔들릴 수밖에 없다.

말씀의 확인이 없으면 어려움이 닥칠 때 흔들리는 것은 목회자뿐만 아니라 목회자의 가족이나 교인들 역시 마찬가지이다. 목회자가 약속의 말씀을 붙잡고 든든히 서는 모습을 통해 함께 어려움을 겪는 가족들과 교인들도 그 말씀으로 말미암아 견고하게 설 수 있다. 교회창립에 대한 하나님으로부터 오는 말씀은 단순히 교회를 세우라는 하나님의 부르심일 뿐만 아니라 그것은 약속의 말씀이며 새로운 비전을 부여해주는 말씀이 되기 때문에 교회창립에 대한 말씀을 붙잡기 위해 심각하게 기도하는 일에 집중해야 한다.

2) 모교회의 선정

교회창립은 결코 혼자의 힘만으로 될 수 없다. 비록 교회를 창립하는 일이 창립에 대한 소명을 받은 목회자로부터 창립이 시작된다 할지라도 그것의 실현은 교회와 동료 사역자들과 지방회 그리고 관계된 교인들의 인도와 지원을 통해 이루어진다. 따라서 교회를 창립하려는 목회자는 우선적으로 자신이 속한 교회나 또는 창립과 밀접히 관계된 교회를 모교회(母敎會)로 선정하는 일이 필수적이다. 개교회를 모교회로 선정하기 어려운 상황일 경우는 지방회가 그 역할을 대신할 수도 있다.

교회를 창립하려는 목회자는 우선 자신이 속한 교회에 교회창립에 대한 하나님의 부르심을 알리고 모교회가 되어줄 수 있는지의 여부를 타진해야 한다. 물론 이러한 일은 동시적으로 교회에도 하나님의 인도하심이 있을 경우 보다 용이하게 될 수 있지만 교회가 아무런 계획이나 관심이 없을 경우 갑자기 타진하는 것은 당황스러운 일이 될 수도 있다. 따라서 교회를 개척하는데 관심이 있는 목회자들은 자신이 속한 교회의 담임목사를 통해 개척에 대한 관심을 교회에 알림으로써 교회에 관심을 촉구하고 진지하게 기도하며 하나님의 인도하심을 구하도록 함이 필요하다.

창립할 교회의 모교회가 되어줄 것을 결정하게 되면 교회창립을 준비하는 목회자는 모든 준비과정을 교회와 의논하고 교회의 조언을 받으면서 진행해야 한다. 모교회의 역할은 단순히 행정적으로 돕거나 경제적으로 도움을 주는 정도에 그치는 것이 아니라 실질적으로 교회가 교회를 개척하는 관심을 가지고 기도와 다양한 형태의 도움을 주는 역할을 할 수 있다. 교회창립이 이루어질 지역선정으로부터 시작하여 지방회의 협조뿐 아니라 해당 지방회에 가입하거나 지방회의 도움을 받는 일 등에 있어서 모교회의 기도와 관심과 후원은 절대적으로 필요하다.

특정한 교회를 모교회로 세울 수 없을 경우 지방회가 직접적으로 모교회 역할을 할 수도 있다. 이 경우 개척하려는 목회자는 자신이 창립할 교회가 위치한 지역의 지방회장이나 총무 또는 전도부장(또는 교회개척을 주관하는 부장)을 접촉하여 자신에게 주신 교회창립에 대한 하나님의 부르심과, 그 부르심에 순종할 수 있도록 준비한 자신의 모든 상황을 말하고 지방회가 모교회 역할을 해주기를 청원할 수 있다. 그리고 지방회는 적절한 절차를 거쳐 결정한 후 결과를 통보해준다. 지방회에 도움을 요청할 경우 종종 해당 지방회에 속한 특정 교회가 모교회로 자원할 수도 있다. 간혹 교회를 개척하려는 목회자가 지방회의 규약 등에 의하여 자신의 의도와 상반되는 경우를 당할 수 있는데 이 때 충분한 협의를 통해 원만히 해결하도록 힘써야 한다.

3) 창립할 교회의 지역선정

교회창립에 있어서 어디에다 교회를 창립할 것인지는 매우 중요한 절차이다. 지역선정에 있어서 우선적으로 생각할 것은 하나님이 원하시는 지역이 어디인가이지만 그것과 아울러 중요한 것은 모교회와의 거리, 해당 지방회 소속교회들과의 거리 그리고 타교단 소속교회들과의 거리 등 지리적 요건이다. 이러한 지리적 요소는 불신자들의 입장에서도 생각해야 할 부분이 있다. 교회들이 과도히 밀집해 있는 모습은 전도대상자인 불신자들에게 자칫 거부감을 불러일으킬 수도 있기 때문이다.

지역선정에 앞서 모교회와 구체적으로 의논하는 것이 바람직하다. 자신이 개척할 지역과 장소를 미리 정해놓고 모교회의 인준을 받는 식이 되지 않게 해야 하는데 이는 준비하는 모든 과정을 모교회와 함께 함으로써 사전에 불필요한 문제들을 예방할 수 있기 때문이다. 그렇지 않을 경우 자신이 미처 생각하지 못한 요인 때문에 자신이 정한 위치와 모교회가 그 위치에 동의하기 어려운 문제가 발생할 수 있다.

모교회와 함께 교회의 위치선정이 이루어지면 즉시로 지방회와 상의하는 것이 필요하다. 비록 가시적으로 해당지역에 다른 침례교회가 없다할지라도 그 지방회에 소속된 다른 교회가 이미 그 지역의 어떤 건물을 매입했거나 또는 전세계약을 한 상태일 수 있기 때문이다. 그러한 상황을 알지 못한 가운데 건물에 대한 전세계약부터 마치게 되면 후에 곤란한 문제가 발생한다. 이러한 문제는 비록 건물 매입이나 전세뿐 아니라 대지를 구입하여 건축을 준비 중인 교회가 있을 경우도 발생할 수 있으므로 지방회에 확인하는 절차가 필요하다.

4) 가입할 지방회와의 상의와 협조

지방회는 개척할 교회의 상위기관이 아니다. 비록 교인들이 얼마 없는 개척교회라 할지라도 회중으로 구성된 개교회는 독자적인 자율성을 가지므로 그 누구나 어떤 조직으로부터 간섭받거나 명령을 받지 않는다는 사실을 항상 염두에 두어야 한다. 지방회는 협동사역을 위해 조직된 일종의 협의회이다. 그렇다 할지라도 지방회 소속 교회들의 질서 있는 협조와 협동을 위하여 일정한 규약과 질서가 있기 때문에 창립되는 교회의 목회자가 지방회와 긴밀하게 상의하고 협의하는 것은 매우 중요하다. 지방회는 개척하는 교회의 가입과 그 교회의 총회인준에 있어서 행정적으로 책임을 지는 입장이며, 해당교회 목회자의 목사 안수에 있어서 자격여부를 심사하는 일을 하기 때문에 그러한 관계의 첫 단추라 할 수 있는 교회창립 과정을 지방회와 상의하고 협조를 구하는 일은 매우 중요하다.

지방회와 상의하고 협조를 구할 일은 위치 선정에서부터 시작하여 개척할 지역에 관한 보다 세밀한 자료나 상황파악에 필요한 정보 등을 구하는 일, 지방회에 가입하는 절차, 창립예배일자와 교회창립예배 준비 그리고 목사안수 시취에 관한 안내 등이다. 대개의 경우 지방회의 목회자들은 목회사역에 있어서 선배들이기에 그들로부터 지속적으로 목회에 필요한 다양한 지식과 정보를 얻을 수 있으며 그들의 풍부한 경험들로부터 유익한 많은 것들을 배울 수 있다. 또한 선배 목회자들의 관심과 사랑은 개척교회의 어려운 과정을 겪는 목회자에게 큰 위로와 격려가 될 수 있다. 이러한 점을 생각하고 교회를 창립하는 목회자는 겸손한 자세로 선배목회자들로부터 배울 수 있어야 한다.

5) 함께 교회를 창립할 멤버 확보
　교회개척에 있어서 함께 할 창립멤버를 얻는 일은 매우 고무적이고 교회개척을 보다 원활하게 진행시킬 수 있게 해준다. 따라서 교회 개척을 구체화시키기 전부터 함께 교회를 창립할 멤버를 기도로 구하는 것이 필요하다. 교회창립에 대한 부담감을 주신 사람들을 만나 뜻을 나누고 준비과정에서부터 본격적으로 개척하는 모든 과정을 함께 하는 멤버를 얻는 일은 개척교회를 시작하는 목회자에게는 천군만마를 얻는 것과 같다.

6) 교회창립을 위한 재정확보
　교회창립에 있어서 많은 재정이 필요한 것은 두 말할 나위가 없다. 모교회로부터 뿐만 아니라 지방회나 국내선교회 등과 같은 곳으로부터 지원받을 수 있는 모든 가능성을 확인하고 가능한 방안이 있다면 적극적으로 신청하여 필요한 비용 중 일부라도 도움을 받을 수 있도록 해야 한다. 그 외에도 개인적으로 선교적 차원의 후원자들을 모집하는 방법도 강구할 수 있다.

7) 창립예배 준비
　교회창립예배는 모교회 및 지방회와 긴밀히 상의하여 적절한 날자와 시간 등을 결정하고 창립예배의 사회, 설교, 기도, 격려사, 축사 등의 예배순서를 맡을 사람들을 정하고 그분들에게 정중하게 순서를 맡아줄 것을 부탁한다. 예배의 사회는 대개의 경우 모교회의 담임목사가 맡으며 그 외의 순서는 개척교회 목회자를 진심으로 축복해줄 수 있는 선배목사에게 부탁한다. 여기에는 지방회 선배목사들이 포함될 수 있다.

교회 창립은 그 지역 주민들에게도 적절한 방법으로 알리는 것이 필요하다. 이는 잠재적인 전도대상자들인 지역주민들에 대한 전도의 기회를 가질 수 있는 의미를 가진다. 누군가라도 예수 믿는 일에 관심을 가지거나 또는 교회를 다니려는 마음을 가질 때 교회가 창립된 것을 기억한다면 교회를 찾아올 수도 있기 때문이다. 또한 교회창립을 축하하기 위해 참석하는 내빈들에게 작은 선물을 준비할 수도 있으나 교회창립에 많은 비용이 소용되는 점을 감안하여 생략해도 무방하다.

5. 교회의 기관설립에 관한 지침

전통적으로 침례교회의 기관들로는 교회학교, 제자훈련, 여선교회, 형제회, 교회음악부 등이 있다. 개척교회의 경우 교인들이 많지 않기 때문에 교회가 성장해감에 따라 필요에 의해 한 기관씩 설립해가는 것이 바람직하다. 그러나 교회를 창립하여 시작할 때 반드시 우선적으로 고려하고 준비할 기관들로는 교인들을 교육하고 훈련할 교회학교와 제자훈련부, 예배 경험과 관계된 교회음악 그리고 여선교회와 형제회(남전도회) 등이 있다.

1) 교회학교와 제자훈련부

교인들에게 체계적으로 성경을 가르칠 수 있기 위하여 교회학교 조직이 필요하다. 이를 위해 우선적으로 교회학교의 목적과 기능의 한계를 정해야 한다. 교회학교를 단순히 성경을 가르치는 기관의 성격으로 규정한다면 성경교육과 관계된 사항만 고려하면 될 것이다. 하지만 교회학교반에 교회의 주된 전도기관 기능까지를 포함시킨다면 그러한 목적들을 달성할 수 있는 구조로 조직해야 마땅하다.

교회학교를 조직함에 있어 신중하게 고려할 또 다른 사항은 모든 연령층의 교인들을 위한 기관이 되도록 조직해야 한다는 점이다. 대부분의 경우 성경교육이 어린이들을 대상으로 하는 것으로 국한되기 때문에 주일학교로 불려지는 경향이 있는데 어린이로부터 노년층에 이르기까지 모든 교인들을 교육대상으로 삼을 경우 주일뿐 아니라 주중에도 오전, 오후, 저녁 시간대 등을 폭넓게 활용하여 구조화하는 것이 필요하다.

교회학교 설립에 있어 반드시 계획해야할 사항은 커리큘럼이다. 성경을 가르칠 때 어떤 교재를 사용할 것인가와 얼마동안 가르칠 것인지를 구체적으로 계획을 세워서 일관성 있고 지속성 있는 교육이 이루어지도록 해야 한다.

한편, 교인들에게 제자훈련을 실시하기 위해 제자훈련부를 설립할 수 있다. 제자훈련이란 배운 성경말씀대로 살 수 있도록 삶을 훈련시키는 것을 의미한다. 성경을 배우고 알았다고 그대로 산다는 말이 아니므로 지상명령에서 말한 바와 같이 "가르쳐 지키게 하는" 일이 제자훈현이다. 현실적으로 한국교회가 장년들을 위한한 교회학교도 마련되지 못한 상황이 보편적이므로 성경교육과 제자훈련을 상호교대적으로 실시할 수 있도록 두 가지를 동시에 실시할 수 있는 성경훈련학교를 설립하는 방식이 보다 현실적일 수 있다.

2) 성가대 또는 찬양사역팀

교회에 성가대를 설립할 것인지에 관한 목회자의 분명한 철학적 결단이 필요하다. 전통적인 방법으로 예배시간에 성가대를 세워 특별찬송을 하도록 할 것인지, 또는 찬양사역팀을 세워 전체 회중들의 찬양을 인도하도록 하는 방식의 예배를 구상할 것인지에 따라 그에 합당한 조직을 설립해야 한다. 성가대를 조직하려면 어느 정도의 교인 숫자가 확보되었을 때 가능하며 지휘자, 반주자, 각 파트의 멤버 등을 세워야 한다.

한편, 성가대를 세우지 않고 전체 회중이 함께 찬양하는 방식의 예배를 구상한다면 소수의 인원으로 구성되는 찬양사역팀을 세울 수 있다. 이 경우 찬양인도자, 반주자, 싱어 등이 세워져야하며 인도자는 예배에 사용될 찬양 선곡에 있어 목회자와 긴밀히 상의하여 예배 주제와 흐름에 맞도록 준비할 수 있어야 한다.

3) 여선교회와 남전도회(형제회)

미국 남침례교회에서의 교인들에 대한 선교교육과 선교사역지원 역할은 여자 교인들의 경우, 여선교회(Women's Missionary Union)가 감당하며 남자 교인들의 경우는 남전도회(Brotherhood Commission)가 감당한다. 하지만 대부분의 한국교회들은 이 두 기관의 주된 역할을 교회봉사에 두고 있다. 이 기관들의 설립에 앞서 그 기관들의 설립목적을 분명하게 규정하는 일부터 해야 한다. 또한 다양한 형태로 교회사역을 보조하며 교회의 필요한 분야에 대한 봉사를 위해 설립되어야 한다. 여선교회나 형제회의 설립은 일정 수준의 교인들이 생겨났을 때 시작하는 것이 바람직하다.

4) 목장 설립

교회가 셀(목장) 교회로 세워질 경우, 개척 초기부터 목장을 설립하는 것이 바람직하다. 물론 이 경우 최초의 원형 셀은 담임목회자가 목자의 역할을 감당해야 한다. 이 최초의 원형 셀은 그 안에서 경험하면서 교인들이 목자로 성장하여 목장사역을 감당할 때 그들이 경험한 것이 언제나 기준이 된다. 개척 당시 최초의 교인 각자 각자가 후일에 목자가 될 것을 예상하면서 담임목회자와 모든 것을 함께 하는 시간들을 가지는 것이 매우 중요하다.

대개의 경우 남자보다는 여자 교인들이 더 많기 때문에 담임목사가 목자 사역을 하면 목회자의 부인을 부목자(예비목자)로 세워 목장이 분가할 경우 여자 목장에 대한 책임자가 될 수 있도록 함이 좋다. 셀 교회의 경우 사실상 담임목회자의 부인은 교회의 여자 교인들을 위한 교회의 최고 리더십의 위치에 있음이 바람직하다. 이는 여자 교인들의 삶의 여러 문제들을 구체적으로 돕고 상담하는 일이 보다 원활하게 이루어질 수 있기 때문이다.

5) 법적 단체로서의 법적 공인

창립된 교회가 법적 실체로 인정받는 것이 필요하다. 개인이 인감을 만듦으로써 법적으로 책임 있는 존재로서 책임과 의무와 권리를 행사할 수 있는 것과 마찬가지로 교회도 사회 속에서 법적 존재로서 인정받고 책임지며 권리를 행사할 수 있으려면 법적으로 공인된 단체임을 인정받아야 한다. 교회가 법적 존재로서 인정받는 방법은 두 가지이다. 첫째는, 교단 총회의 종교재단에 가입하는 방법이다. 이를 위해서는 교회가 우선적으로 지방회에 가입되어야 하며, 이어서 총회에 가입해야 한다. 총회에 가입할 때 교회의 부동산 등을 기독교한국침례회 유지재단 명의로 등기할 수 있게 된다.

둘째는, 창립된 교회가 독자적으로 종교단체로 등록함으로써 법적 존재로서 인정받는 방법이다. 이를 위해서는 교회가 헌장과 규약이나 이에 상응하는 정관 등을 마련하여 사무처리회를 거쳐 해당관할 세무서에 제출하여 등록신청을 해야 한다. 교회로부터 종교단체 등록신청을 받은 세무서는 종교단체등록증과 함께 비영리사업단체 등록번호를 부여하게 되는데 이것들이 교회가 부동산을 취득, 증여, 매매 등에 필요한 근거서류로 사용된다. 뿐만 아니라 교회가 교인들의 연말정산에 필요한 헌금증명서를 발부하는데도 이것들이 필요하므로 창립하는 교회는 반드시 법적 존재로서의 종교단체등록과 비과세를 위한 비영리사업단체 등록번호를 받아야 한다.

6) 교회헌장과 규약

교회의 헌장과 규약은 교회의 정체성과 목적을 선언하고 교회의 자유로운 활동을 보장하며 다른 교회나 단체들과의 관계를 규정해준다. 또한 헌장과 규약은 교회가 지향하는 목적을 달성하기 위해 운영되는 방식을 규정한다. 교회헌장과 규약은 창립 때부터 준비하거나 또는 작은 규모라 할지라도 회중이 형성되었을 때 제정하는 것이 바람직하다. 교회에 포함될 사항으로는 전문, 명칭, 기본신앙진술, 교회운영과 다른 단체와의 관계, 교회와의 약속 등이다. 규약에 포함될 사항으로는 교회회원권, 교회임원과 위원회, 교회기관, 교회협의회, 의식, 교회모임, 재산관리, 재정, 개정 등이다.[2]

6. 교회창립예배

앞서 언급한 모든 준비가 이루어지면 실질적으로 교회창립예배를 드린다. 이를 위해 창립되는 교회는 예배 순서를 맡은 분들은 물론이고 해당지역 주민이나 기타 관계된 분들에게 정중하게 창립예배에 초청장을 발송하는 것이 필요하다. 예배를 위해 세밀한 준비를 해야 하는데 예배장소를 깨

---

2) 부록의 교회헌장과 규약 모델을 참조하라.

꿋하게 준비하고 예배에 참석하는 분들이 예배장소를 찾는데 어려움을 겪지 않고 안내받을 수 있도록 안내위원들을 도로와 주차장에 배치하여 안내하는 일을 해야 한다. 교회창립예배에서 그 교회가 창립된 배경과 하나님의 뜻에 대한 재확인을 통해 재헌신의 결단이 이루어질 수 있도록 함이 필요하다. 이를 위해 설교 담당자나 격려사나 축사를 담당하는 분들에게 교회창립의 배경과 과정을 미리 말씀드리고 설교나 기타 언급을 준비할 때 고려할 수 있도록 사전에 알리는 것이 도움이 될 것이다.

창립예배는 간결하면서도 감동적인 예배가 될 수 있도록 사전에 철저히 준비하고 점검함이 필요하다. 예배시간이 지나치게 길지 않도록 구상하는 것이 좋고 축가나 축주 등 교회창립을 진심으로 축하하는 특별순서를 마련하는 것도 의미가 있다. 축하하기 위해 참석한 사람들이 새로 세워지는 교회를 위해 헌금하는 순서를 마련함으로써 구체적으로 교회창립에 동참하게 하는 것도 바람직하다.

나가는 말

교회는 창세 전에 하나님께서 계획하신 하나님의 꿈이다. 그리고 그 하나님의 계획을 실현하기 위해 예수님께서 아버지의 뜻에 순종하여 세상에 오셨고 지상 사역동안 그 목적을 향해 달려가셨다. 성경대로 십자가에서 죽으시고 성경대로 사흘 만에 부활하시고, 승천하신 후 10일 만에 성령님께서 오순절 날 마가의 다락방에 강림하심으로써 그 교회가 역사의 지평 위에 드디어 그 모습을 나타냈다.

오순절 이후 하나님은 역사 속에서 교회들을 각 곳에 세우시고 창세 전부터 계획하셨던 교회의 완성을 향해 계속 많은 교회들을 세우시고 교회의 완성과업을 교회들에게 위탁하셨다. 뿐만 아니라 하나님은 교회 가운데 거하시며 보이지 않는 그리스도의 가시적 몸으로 세상에 계시하셨다. 보이지 아니하시는 영적 존재로서의 하나님이 교회라는 가시적 존재로 세상 속에 자신을 나타내신다.

교회에 주신 새 계명은 서로 사랑하라는 것이다. "새 계명을 너희에게 주노니 서로 사랑하라. 내가 너희를 사랑한 것 같이 너희도 서로 사랑하

라. 너희가 서로 사랑하면 세상 사람이 너희가 내 제자인 줄 알리라"(요 13:34-35). 이 새 계명에서 예수님께서는 교회가 예수님께서 사랑하신 수준의 사랑이 통용되는 사랑공동체가 되라고 하셨다. 또한 그러한 사랑공동체가 되면 그 사랑의 모습을 보고 세상이 교인들이 예수님의 제자인 것을 알게 된다고 말씀하셨다. 세상은 사랑공동체로 세워진 교회를 보기 원한다. 그렇기 때문에 교회는 각 지역에 지역교회를 세우고 교회다운 교회를 세우는 일에 최선을 다해야 한다. 교회창립은 하나님의 대명령에 순종하는 일이며 구체적인 현장이다.

부록 1: 교회헌장과 규약 모델

헌장(憲章)

전 문
우리는 성경의 신앙원리들을 보존하고 견고하게 하며, 우리 공동체를 질서 있게 운영하기 위하여 이 헌장을 제정, 공포한다. 이 헌장은 교인 각자의 자유와 우리 교회와 다른 교회들과의 관계에 있어서의 자유를 보장해 줄 것이다.

제1장 명칭 및 위치
우리 공동체는 기독교한국침례회 ○○○○교회(영문표기: ○○○○ Church of Korea Baptist Convention)라 칭하고 ○○시 ○○○로 ○○길에 둔다.

제2장 목적
우리 교회는 모든 교인들이 그리스도의 주재권에 복종하고, 복음전파의 사역을 감당하며, 영적 가족공동체로서의 교회본질을 회복하는 교회가 되어 지역사회 주민들을 대상으로 복음 전파와 교육 사업을 행하며 다음과 같은 목적들을 가진다.

(1) 우리는, 하나님을 경험하며, 하나님의 성품을 이해하고, 하나님의 인도하심에 순종하여 하나님께 예배드리는 공동체가 된다.
(2) 우리는, 동행하시는 성령님을 체험하며 기도에 전념하는 교회가 된다.
(3) 우리는, 일상생활 속에서 예수님을 닮아가는 것을 목적으로 하는 교회가 된다.
(4) 우리는, 예수님을 증거하기 위하여 하나님의 능력으로 충만한 역동적인 유기체가 된다.
(5) 우리는, 사회에서 하나님의 백성다운 삶을 살 수 있도록 교육과 훈련에 힘쓴다.

(6) 우리는, 지역사회와 세계 속에서 헌신적으로 사람들을 섬기는 교회가 된다.
(7) 우리는, 하나님의 가족을 이룬다.
(8) 우리는, 하나님 및 동료 신자들과 의미 있는 영적 교제를 누리는 공동체가 된다.

제3장 기본 신앙의 진술

(1) 성경은, 하나님께서 하나님이 어떤 분인지와 인간에게 어떤 계획을 가지셨는지를 알리기 위해 성령님의 역사로 기록, 편찬, 보존되어 온 기독교 신앙의 유일한 권위이다.
(2) 우리 공동체는 [침례교인의 신앙과 메시지]에 수록된 교리적 성명에 동의한다.
(3) 우리 공동체는 성령님의 감화 감동으로 죄인임을 회개하고 예수님의 십자가에서의 완전하고 영원한 대속(代贖)의 죽으심 그리고 부활로 하나님이시며 주님이심이 증명되었음을 믿고 침례 받은 신자들의 모임이다.
(4) 우리 공동체의 특별한 의식은 신자의 침례와 주님의 만찬이다.
(5) 우리 공동체는 신앙생활의 이상과 행습에 있어서 성경의 원리를 따른다.

제4장 교회운영과 다른 단체와의 관계

우리 교회의 행정권은 회원권을 가진 모든 교인들에게 있다. 우리 교회의 회원 자격은 규약 제1장에 규정한다. 교회를 성경적으로 운영하기 위하여 다음의 기본 원칙들을 재확인한다.

(1) 개인 신앙양심의 자유를 인정한다.
그것이 성경적인 구원관을 왜곡하는 이단사상에 근거한 것이 아닌 한, 그리고 교회의 덕을 해치지 않는 한, 신자들의 다양한 신앙표현과 신학적인 견해들을 이해하고 수용한다.
(2) 전신자제사장주의를 천명한다.
신자는 누구나 동등한 자격으로 하나님과 교제하며, 다른 사람에게 신앙적 예속을 받지 않는다. 전신자제사장주의는 '모든 신자들은 사역자'라는 개념으로서 모든 신자들은 전도하고 사람들을 돌보며 교회운영에 참여하는 사역자로서의 의무가 있다. 교회행정은 회중 민주주의로 한다. 구체적인 시행방법은 규약에 상술한다.
(3) 개교회주의를 채택한다.
우리 교회는 다른 교회들, 지방회, 총회와 상호간의 상담과 협력의 관계를 유지한다. 그러나 어떤 다른 교회나 단체도 우리 공동체를 행정적으로 지배하거나 간섭할 수 없으며, 우리 교회도 다른 교회단체에 대하여 그러하다.
(4) 우리 교회는 지방회인 ○○○○지방회와 총회인 기독교한국침례회에 가입하여 상호간의 협동사업을 위해 협력하고 지원한다.

제5장 교회와의 약속

모든 교인들이 예수님의 주재권에 절대복종하며, 사역자로서의 사명을 감당하며, 영적 가족공동체로서의 사랑하는 교회 본질을 실현하기 위해 우리는 지금 하나님과 교회 회중 앞에서 엄숙하고도 즐거운 마음으로 상호 지킬 약속을 맺는다.

(1) 우리는, 예수님께서 보여주신 모본을 따라 사랑 안에서 동거하며, 교회의 발전을 위하여 양육과 훈련에 적극적으로 참여함으로써 지식과 성결을 더하고, 형제애로써 서로 돌보고, 서로를 위해 기도하고, 질병과 고통 속에 있는 다른 사람들을 위안하고, 우리 교회의 예배와 의식과 교리와 규범을 지속하고, 기쁘고 감사한 마음으로 드리는 헌금을 통해 목회를 지원하고, 교회의 경비를 조달하고, 가난한 자를 구제하고, 전 세계의 복음화에 기여할 것을 약속한다.
(2) 우리는, 개인적으로 하나님과의 조용한 시간을 충실히 가지며, 가정예배를 드리고 우리의 자녀들을 하나님께서 가르치신 교양과 훈계로 양육하고, 친척과 친지들의 구원을 도모하며, 사회생활에서 신중을 기하고, 모든 처사에 공정하며, 약속과 시간을 성실히 지키고, 언행에 모범이 되어 지나친 잡담, 험담, 농담을 피하고, 쉽게 격노하지 않고 항상 화해할 준비를 갖춰 지체함 없이 화목할 것을 약속한다.
(3) 우리는, 술이나 마약, 담배를 사용하지 않으며, 각종 악과 오락중독, 퇴폐문화의 생성을 막기 위하여 자체적으로 교육하며 사회적으로 대응할 것을 약속한다.

부록 2: 교회 규약 예시

○○ 침례교회 규약(規約)

제1장 교회 회원권

제1조 총강
우리 교회는 예수 그리스도의 주권 아래 있는 독립적이고 민주적인 회중 정치제도(會衆政治制度)의 침례교회이다. 회원권을 지닌 회원들로 구성된 우리 교회는 신앙생활의 모든 영역에서 독자적 자치권을 가진다.

제2조 회원의 자격
(1) 다음의 신앙고백과 헌신이 있는 경우 우리 교회의 회원이 될 수 있는 자격이 있다.
    가. 우리 교회가 실시하는 소정의 교육과정을 성실히 수료한 신자
    나. 죄인임을 회개하고 부활하신 예수님을 인생의 주님으로 영접한 신자
    다. 침례를 받은 신자
    라. 공동체를 통한 성령님의 역사를 인정하여 주중의 셀 모임에 정기적으로 참석하기로 헌신한 신자
(2) 타교회의 교인이 담임 목회자 추천서와 함께 이명된 경우 구원간증문을 제출하고 자격 검증이 된 경우 회원권이 주어진다.
(3) 다른 교회 교인 중에서 우리 교회 전임 목회자로 추천된 자가 회중의 결정으로 전임 목회자가 되었을 때는 동시에 회원권이 주어진다.

제3조 회원권의 결정
제2조의 회원자격을 가진 신자가 교회에 교인카드와 구원간증문과 "교회와의 약속"에 서명한 서류를 제출하면, 교회회원권 위원회의 검토를 거쳐 교회 회원들에게 공지한 후 회원 2/3 이상의 찬성을 득한 경우 회원으로 결정된다. 회원권에 대해 결정된 사항이 교회에 공고될 때부터 회원권이

발효된다.

제4조 회원의 종류
우리 교회는 교회운영방침의 성숙한 결정을 위해 회원을 정회원과 준회원으로 분류한다.
(1) 정회원
   제2조와 제3조의 내용을 만족하는 19세 이상의 회원을 정회원과 준회원으로 분류한다.
(2) 준회원
   가. 제2조와 제3조의 내용을 만족하는 19세 미만의 회원을 준회원이라 한다.
   나. 제2조와 제3조의 내용에 준하는 회원 자격이 있으나, 개인적인 사정(입원, 출산, 육아, 출장, 단기유학, 단기연수)으로 사무처리회 출석이 장기적으로(1년 이상) 여의치 않은 회원은 사정이 바뀔 때까지 준회원이 된다. 다시 정회원으로 복귀하는 경우, 교회회원권 위원회와 본인의 상의를 거친다.
   다. 우리 교회 파송선교사는 외지 체류기간과 관계없이 준회원이 된다.
   라. 준회원은 사무처리회에 참석할 수 있으나 의결권이 없다.

제5조 회원의 권리
모든 회원은 교회 생활의 모든 영역에서 일반적인 권리들을 소유하며, 질의, 토의, 제안할 권리와 교회의 모든 의식과 행사에 참여할 권리가 있다. 그러나 사무처리회에 제출된 안건에 대해 투표할 수 있는 권리와 교회 주요 직무의 책임자가 될 수 있는 권리는 정회원에 한하여 주어진다.

제6조 회원의 의무
모든 회원은 주인의식을 지닌 교회 공동체 구성원으로서 다음의 기본적인 의무를 기꺼이 감당한다.
(1) 회원권이 주어지면 가능한 시일 안에 다음의 신앙훈련과목을 이수하여 교회행정과 침례교단의 특성을 확실히 이해한다(침례교회의 역사,

셀 교회 정신, 침례교회행정).
(2) 사무처리회에서 결정해야 할 모든 교회의 안건들을 신중히 검토, 토론, 의사 개진하고 기도함으로써 안건들에 대한 주님의 뜻을 분별하여 성숙한 결의를 표현한다.
(3) 모든 회원은 사역자로서의 책임을 깨닫고 자신의 은사와 재능과 사명감에 알맞은 일을 찾아 봉사한다.
(4) 모든 회원은 교회의 프로그램과 행사에 항상 적극적으로 참여하고 다른 사람의 참여를 독려한다. 특히 주일예배와 성경훈련학교 그리고 목장 모임에는 특별한 사정이 있는 경우를 제외하고는 정기적으로 참여한다.

제7조 회원권의 정지와 복권

(1) 우리 교회 회원권은 다음의 경우에 정지된다:
    가. 사망한 경우
    나. 다른 교회로 이동하여 이명증서를 발송한 경우
    다. 제2조 회원의 자격 중 한 가지라도 결격사유가 확인된 경우
    라. 유학, 직장연수, 파견근무 등의 이유로 1년 이상 교회를 떠나게 된 경우
    마. 회원이 타당한 이유 없이 1년 이상 교회에 출석하지 않는 경우
    바. 제8조의 징계 규정에 의해 회원자격이 박탈된 경우
(2) 회원권이 정지되었던 사람은 다음과 같이 복권될 수 있다.
    가. 유학, 직장연수, 파견근무가 끝나 돌아오면 즉시 복권된다.
    나. 제7조 (1)항 마, 바목(目)의 사유로 회원권이 정지된 사람이 다시 회원이 되기를 원하는 경우에는 그의 회개와, 징계사유가 없어진 증거를 교회회원권 위원회와 목자가 확인하고 평가한 후, 본인의 신청으로 제3조의 절차를 따라 복권될 수 있다.

제8조 징계

우리 교회의 징계의 목적은 문제를 초래한 회원을 돕기 위한 모든 가능한 조치를 취하여 대상자를 바르게 교도하는데 있다. 회원이 비윤리적이거나

비기독교적인 행위를 반복하거나, 회원으로서의 교회와의 약속을 반복적으로 위반하거나, 또는 교회 운영을 적극적으로 방해하는 경우 회원권이 정지 될 수 있다. 그러나 일정 기간의 통고와 청문 그리고 회개를 위한 사랑의 권면이 있은 후에라야 한다. 회원이 다른 회원의 과오를 발견한다면, 마태복음 18장 15-17절 말씀의 원리를 따른다: 먼저 개인이 그 사람을 권면하고, 그래도 상황이 계속되면 두 세 사람의 증인과 함께 권면하고, 그래도 상황이 계속되면 사무처리회에서 전교인에게 상황을 알리고 이 자리에서 공개적으로 사과하고 회개하지 않으면 회원권이 정지된다.

제2장 교회임원과 위원회

제1절 총강

제 9조 정의
교회임원이란, 행정에 있어서 대내외적인 교회를 대표하는 사람을 일컬으며 다음의 사람들을 교회 임원이라 한다. 담임 목회자, 부목회자(목사, 전도사), 목자, 재정위원장, 안수집사. 이들의 임기정년은 만○○세로 한다.

제 10조 자격
우리 교회의 임원이나 교회위원회 위원으로 봉사하는 사람은 반드시 우리 교회의 정회원이어야 한다.

제2절 교회임원

제 11조 담임 목회자
(1) 담임목사는 본 교회를 대표하며 본 교회의 업무 전반을 통괄한다. 담임 목회자는 우리 교회 목회의 지도자로서 우리 교회가 성경적인 교회로서 그 사명을 다할 수 있도록 부목회자들과 목자들과 집사들과 함께 복음을 선포하고, 교인들과 지역사회의 다른 사람들을 돌보는 일을 지도하는 책임을 가진다.
(2) 담임 목회자는 우리 교회의 회중과 기관들과 부목회자들과 목자들이

각기 맡은 바 과업을 수행하도록 지도한다.
(3) 담임 목회자의 직책이 공석일 경우 다음의 절차로 새로운 담임 목회자를 선출한다.
    가. 담임 목회자를 세우기 위해 사무처리회에서 담임 목회자 선정위원회를 구성하고 담임 목회자 선정위원회는 그들이 선정한 담임 목회자 후보자를 교회에 추천한다.
    나. 최종결정을 위한 사무처리회가 열리기 4주 전까지 담임 목회자 선출에 대한 투표 공고를 한 후, 사무처리회에서 투표로 결정한다.
    다. 담임 목회자는 사무처리회에서 투표를 실시하여 출석 정회원 3분의 2 이상의 찬성으로 결정한다.
    라. 이렇게 선출된 목회자는 본인의 사임요청이나 교회의 사임요청이 받아들여져 그 직책이 종료될 때까지 우리 교회의 담임 목회자로 봉사한다.
(4) 담임 목회자 본인이 사임하고자 할 때는 교회협의회에 최소한 12주 전에 통보하여야 한다. 통보받은 교회협의회가 사임요청을 접수하기로 하면 담임 목회자 사임을 결정하기 위한 사무처리회를 소집한다.
(5) 담임 목회자의 사임을 교인들이 요청하고자 할 때는 교회 정회원의 2분의 1이상의 서면 요청이 교회협의회에 제출되어야 한다. 이 경우 부목회자 또는 목자 대표(또는 안수집 사장)가 교회협의회장 직책을 대행한다. 소집된 사무처리회의 의장은 정회원 중에서 출석 정회원의 다수결로 임시 지명한다. 담임 목회자의 사임을 결정하기 위해서는 투표를 실시하여 출석 정회원 4분의 3이상의 찬성이 있어야 한다. 담임 목회자 사임 효력은 사무처리회 결정 이후 즉시 발효된다.
(6) 담임 목회자 유고시 다음의 순서로 직무를 대행한다.
    가. 부목회자
    나. 목자대표(또는 안수집사장)

제 12조 부목회자(들)

부목회자(들)는 교회가 필요로 하는 바에 따라 세운다. 각 직책에 대한 책임업무와 업무수행의 규정은 별도로 정한 바에 따른다. 부목회자의 인선과 사임에 관한 방침은 교회협의회가 정한다.

제 13조 사무처리회 의장
사무처리회 의장은 담임목회자가 맡는 것을 원칙으로 하며 담임목사 유고 시 부목회자 또는 목자대표(안수집사장)가 임시 의장직을 맡는다.

제 14조 재정부장
(1) 재정부장은 목자 중에서 선출하며 임기는 3년으로 한다. 재정부장은 연임이 가능하다.
(2) 재정부장은 매년 자신을 제외한 1명 이상의 회계와 함께 재정에 관한 업무를 관장한다. 회계는 소정의 방침에 따라 우리 교회의 재정을 관리하며, 매분기마다 교회에 서면으로 항목별 회계보고를 한다. 회계의 보고와 기록은 교회협의회에 의해 분기별로 점검받는다. 회계는 검토가 끝난 후, 연말 회계 보고서를 작성하여 사무처리회에서 교회의 인준을 거친 후 그 기록을 교회의 영구 기록으로 보관한다.

제15조 안수집사
우리교회는 정회원이 된 지 5년 이상이 경과한 만 45세 이상의 남자로서 교회의 정규모임과 목장 모임에 적극적으로 참여하며 교인들에게 모범이 되는 자를 안수집사를 세워 목회자를 도와 교회 사역의 주도적 역할을 감당케 한다. 안수집사는 다음의 절차에 따라 선발한다.
(1) 교회협의회에서 해당자들을 찾아 본인에게 의사를 타진하여 안수집사가 되기를 원하는 자들을 선정한다.
(2) 사무처리회의 투표 결과 참석회원 2/3 이상의 찬성을 득한 자로 한다.

제3절 위원회
제16조 총강
우리 교회는 회중의 결정에 따라 필요한 상임위원회와 임시위원회를 설치한다. 상임위원회에는 재정위원회, 교회회원권위원회, 인선위원회, 예배위원회, 선교위원회, 재산관리위원회, 주방위원회 등을 둘 수 있고 임시위원회에는 규약수개정위원회, 담임목회자 선정위원회, 건축위원회 등을 둘 수 있으며 위원들은 만 30~72세의 회원으로서 회원 된 지 1년이 경과한 회원 중 사무처리회에서 선출한다. 각 상임위원회 위원들의 임기는 3년으로 한다. 임시위원회의 임기는 해당위원회의 임무를 완수했을 때까지로 한다. 위원회에 결원이 생겼을 경우 교회협의회에서 보궐한다. 각 위원회의 업무와 운영지침은 우리 교회의 실정에 맞게 목회자들이 위원회와 상의하여 별도로 정한다.

제3장 교회기관

제 17조 총강

우리 교회는 기본 프로그램의 효과적인 운영을 위해 조직을 구성하고, 이를 기관 또는 프로그램 조직이라 부른다. 목회사역을 위해서는 특별한 기관을 구성하지 않는다. 모든 기관들은 교회의 감독 아래 있으며, 모든 기관의 일꾼들은 교회에 의해 선출되고, 기관장들은 정기적으로 교회협의회로 모인다. 각 기관의 과업은 다음과 같다:

(1) 목회사역
   가. 신자와 불신자에게 복음을 선포한다.
   나. 교인과 지역사회의 사람들을 돌본다.
   다. 선교의 사명을 완수할 수 있도록 교회를 지도한다.

(2) 성경교육과 제자훈련: 성경훈련학교
   가. 사람들에게 그리스도를 증거하고 교회회원이 되도록 인도한다.
   나. 교인들에게 성경을 가르친다.
   다. 새신자들을 제자로서 사역할 수 있도록 훈련한다.
   라. 새신자들이 책임감 있는 교회회원이 되도록 신앙생활의 방향을 제시한다.
   마. 교회회원들에게 기독교 신학과 침례교 교리, 기독교 윤리, 교회사, 교회행정 및 조직을 가르친다.
   바. 지도자들을 훈련시킨다.
   사. 교회의 일과 교단의 일을 이해하고 지원한다.

(3) 교회음악: 교회음악부
    가. 회중예배의식에서 음악적인 경험을 제공한다.
    나. 교회음악을 가르치고 음악적인 기능을 훈련시킨다.
    다. 음악을 통해 전도하고 봉사할 수 있도록 교인을 지도한다.
    라. 교회의 일과 교단의 일을 이해하고 지원한다.

제4장 교회협의회

제18조 총강

교회협의회는 목회자와 목자와 기관장들과 위원장들로 구성되며, 필요시 각 기관들도 자체 협의회를 구성한다. 교회협의회는 교회의 모든 사역 및 행사를 기획, 조정, 평가하며, 사무처리회에 상정할 안건에 대한 구체적인 연구를 각 위원회에 위촉하여 보고받은 후 연구된 안건을 검토하여 수정, 보완 후 사무처리회에 상정한다. 교회협의회의 의장은 담임목사이며 사무처리회에서 위임한 사항들을 심의, 의결한다. 교회협의회는 매월 1회씩 모임을 갖는다.

제5장 목자

제19조
(1) 목장이란, 주님의 몸된 교회에 헌신한 회원들로 구성된 작은 그룹을 뜻한다.
(2) 목자란, 각 목장의 목회를 책임지는 지도자를 뜻한다.
(3) 담임목회자는 기존의 목자들과 교인들의 평가와 추천을 참고로 하여 훈련받은 일꾼대상자 중에서 새로운 목자를 세운다.

제6장 의식(儀式)

제20조 정의
여기서의 의식(儀式)이란, 매주 정기적인 예배의식 이외에 교회가 행하는 특별한 의식을 가리킨다.

제21조 침례(浸禮)
우리 교회는 십자가에서 대속의 죽임을 당하시고 부활하신 예수님께 자신이 죄인임을 회개하고 예수님을 인생의 주님으로 고백한 후 침례의 상징적인 의미를 깨달은 사람이면 누구에게나 침례를 줄 수 있다.

(1) 침례의 방법은 전신을 물 속에 잠그는 침수(浸水)로 한다.
(2) 거동이 불편한 노약자와 장애인의 경우 침수를 대신하여 관수(灌水), 또는 산수(散水)로 침례를 행할 수 있다.
(3) 특별한 경우를 제외하고는, 우리 교회가 공식적으로 회중 앞에서 행하는 침례식은 담임목회자가 주례하는 것을 원칙으로 한다. 침수의 집례는 다른 사람이 해도 무방하다.

제22조 주의 만찬(主의 晚餐)
우리 교회는 주의 만찬을 필요에 따라 수시로 실시한다. 전체 회중이 참여하는 경우의 의식은 담임목회자가 집례한다. 주의 만찬에는 신앙고백이 있는 신자들만 동참한다.

제7장 교회모임

제23조 예배의식(禮拜儀式)
우리 교회는 전 회중이 한 마음으로 하나님께 대한 찬양과 감사를 표현하기 위해 매주일 정기적으로 예배의식 모임을 가진다.

제24조 기도모임
(1) 월요일부터 토요일까지 새벽에 자발적인 정기 기도모임을 가진다.
(2) 수요일 저녁에 중보기도를 위한 모임을 가진다.

제25조 성경훈련학교모임
(1) 주일 오후나 주중에 성경훈련학교 모임을 가진다.
(2) 성경훈련학교에서 이수한 모든 과목들은 개인별 학적부에 기록, 보관한다.
(3) 성경훈련학교 운영을 위한 학칙은 별도로 정한다.

제26조 목장모임
매주 1회씩 각 목장별로 지정된 요일과 장소에서 정기적으로 모임을 가지며, 격월로 1회씩 전체 목장들이 연합 목장 모임을 갖는다.

제27조 사무처리회
(1) (사무처리회의 임무) 본 회는 다음의 사항을 심의, 의결한다.
   본 교회의 예산의 심의
   본 교회의 결산의 심의
   본 교회 규정의 제정 및 개폐
   본 교회의 선교 및 교육활동에 관한 심의
   본 교회의 운영상 필요한 중요 사항
(2) 우리 교회는 1월에 정기 사무처리회를 가진다.
(3) 임시 사무처리회는 담임 목회자가 시급히 필요하다고 판단했을 때, 소집할 수 있다.
(4) 모든 사무처리회의 정족수는 정회원의 2분의 1 이상이다.

제28 회의진행
모든 회의 진행은 통상 회의법에 따른다.

제8장 재산관리

제29조 정의
여기서 재산이라 함은 유가증권을 제외한 재물(장비)와 부동산을 가리킨다.

제30조 재산의 소유
우리 교회는 교회의 사명을 효과적으로 수행하기 위하여 필요한 재산을 소유한다. 소유재산에 관한 서류는 담임목사의 책임 아래 보관한다.

제31조 재산의 관리
(1) 우리 교회의 재산은 교회협의회가 평가하고 관리한다.
(2) 부동산의 매수와 매도 및 증여는 본 교회 교회협의회 회원들의 만장일치의 합과 사무처리회의 4분의 3 이상의 찬성으로 인준을 받아 집행한다.
(3) 본 교회의 해산 시 본 교회의 재산은 교회 등과 같은 유사단체에 기증한다.

제9장 재정

제32조 예산
우리 교회의 재정위원회는 담임 목회자, 각 기관장, 각 위원회 위원장의 도움을 받아 매년 수입과 지출에 대한 항목별 예산을 수립하여 사무처리회에서 인준을 받도록 한다. 우리 교회의 회원은 우리 교회의 운영과 사역에 필요한 경비 조달의 책임을 진다.

제33조 재정
본 교회의 재정은 다음으로 충당한다.
(1) 헌금
(2) 사회유지의 찬조
(3) 기타수입

제34조 회계업무
수입된 모든 자금은 교회 회계가 계산하여 헌금일지와 회계장부에 기록한다. 모든 자금을 원활히 관리하기 위한 회계업무절차는 재정위원회에서 규정한다.

제35 회계연도
우리 교회의 회계연도는 1월 1일부터 12월 31일까지로 한다.

제11장 개정

제36조 총강
(1) 우리 교회의 헌장과 규약은 사무처리회에서 개정이 가능하다. 개정안을 문서화하여 사무처리회 1개월 이전에 의안으로 상정할 수 있도록 모든 정회원들에게 그 문서를 배부한 후, 사무처리회에서 의결한다. 교회 헌장은 출석 정회원 4분의 3 이상의 찬성으로, 규약은 출석 정회원 3분의 2 이상의 찬성으로 개정된다.
(2) 이 규약은 제정과 수·개정에 관한 건이 사무처리회에서 통과된 직후부터 효력을 발생한다.

부 칙

제1조(세칙) 본 규정 시행에 있어 필요한 세칙은 담임목사가 이를 따로 정한다.

제2조(해산 및 규정의 개폐) 본 교회의 해산 및 규정의 개폐는 사무처리회의 결의에 의한다.

제3조(시행일) 본 규정은 ○○○○년 ○월 ○일부터 시행한다.

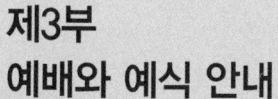

제3부
예배와 예식 안내

주간예배
교회절기예배
특별예배
예식
가정예배

제3부 예배와 예식 안내

　기독교 신앙은 예배로 시작하여 예배로 귀결된다. 예배는 그 범주에 있어서 우선 생활예배를 꼽을 수 있고, 개인예배, 가정예배, 회중예배 그리고 특별예배로 나누어 생각할 수 있다. 생활예배는 구원받은 하나님의 자녀가 모든 것을 하나님의 영광을 위하여 하고 무슨 일이든지 주님께 하듯 하는 생활을 통하여 하나님의 뜻을 이루어감을 통하여 자신의 삶을 산제사로 드리는 것을 말한다. 즉 신자의 생활 자체가 하나님께 드리는 제물이 되어야 함을 강조하는 것이다. 그러므로 무슨 일을 하든지 다 하나님의 영광을 위하여 하고, 항상 하나님 보시기에 심히 좋은 모습으로 살아야 한다.

　개인예배는 하나님의 자녀들이 개인적으로 하나님과의 인격적 교제를 가지는 것을 말한다. 흔히 개인 경건의 시간(QT) 형태로 많이 이루어지고 있다. 말씀과 기도를 통하여 하나님과의 개인적인 교통함을 갖는 것이다. 그리고 삶의 여정 속에서 순간순간 하나님의 사랑과 은혜를 체험하게 될 때에 찬송과 감사로 예배하는 것을 의미한다.

　가정예배는 모든 가정이 정기적으로 하나님 앞에 가정 제단을 쌓는 것을 의미한다. 성경적인 가정 개념은 단지 혈연관계로 맺어진 협의의 가족 개념이 아니라 한 곳에서 삶을 함께 하는 공동체적인 의미가 있다. 성경에서는 종과 나그네를 포함하는 모든 동거인들을 가정 개념으로 보고 있다. 그런 의미에서 가정 예배라 함은 가족들의 예배를 포함하여 종종 함께 모이는 그리스도 안에서의 영적인 가족들의 모임, 즉 구역이나 목장 혹은 셀모임 등 소그룹 공동체의 예배도 포함할 수 있을 것이다.

　회중예배란 교회 공동체가 정해진 때와 장소에서 계획된 순서를 따라 의식적으로 행하는 예배를 말한다. 보통 주일예배로 불리며, 침례의식과 주님의 만찬 의식이 포함된다. 한국교회가 주일예배 중심으로 발전되어 온 것이 사실이다. 그러다보니 주일예배 지상주의에 빠졌다. 즉 주일예배만 참석하면 다른 날이야 어떻든지 상관이 없고 또 교회의 다른 모임이나 기능에는 무관심해도 무방하다는 분위기가 팽배해졌다. 그 결과 왜곡된 주일성수 개념과 생활과 분리된 기독교 신앙관이 형성되었다. 이것은 성경의 가르침과 매우 동떨어진 모습이다.

특별예배는 안수예배나 파송예배, 취임예배, 봉헌예배 등, 특별한 계기에 행하는 예배로서 특별한 순서가 포함된다. 특별예배는 예배로 행해져야 한다.

예배와는 구별하여 예식이 있다. 예식은 하나님을 믿는 성도들이 인간 생활에 있어서 당하게 되는 여러 가지 중요하고 의미 있는 일이 있을 때 갖는 신앙적 모임으로서 예배와 비슷하지만 엄격한 의미에서 예배라고 부르지 않는 것이 좋겠다. 기독교 정신에 입각하여 하나님 앞에서 인간의 중대한 일들을 치른다는 마음으로 집행하는 모임으로서 주로 통과 의례와 관련된 것들이다. 결혼예식, 장례식, 추모예식 등이 있다. 그리고 여러 가지 식이 있을 수 있다. 기념식, 축하식 등이다. 어떤 때는 예배와 식을 연결하여 거행할 수도 있을 것이다. "교회창립 30주년 기념예배와 축하식," "회장취임예배와 축하식," "학위취득 감사예배와 축하식," "팔순 감사예배와 축하잔치" 등등이다. 목회자는 모든 모임을 예배로 진행하기보다는 성격을 잘 분별하여 예배로 할 것인지, 예식인지 아니면 식인지를 구별하여 인도할 필요가 있다.

주간예배

1. 주일예배
2. 수요기도예배
3. 목장예배
4. 침례의식
5. 주님의 만찬의식

1. 주일예배

A. 원리

　기독교 신앙의 대표적인 표현은 주일예배일 것이다. 주일(主日)이란 주님의 날이란 의미인데 주 예수님께서 고난을 받으신 후 장사 지낸 바 되셨다가 사흘 만에 부활하신 날로서, 주님께서 부활하신 날이다. 안식 후 첫날인데 안식일이 토요일이므로 일요일이 주일이다. 구약의 십계명 중 네 번째 계명은 안식일을 기억하여 거룩하게 지키도록 명하고 있다. 그래서 구약의 이스라엘 백성은 안식일에 성전에서 제사를 지내며 예배하는 일 외의 다른 일은 하지 아니하고 온전히 쉬는 구별된 날로 거룩하게 지켰다.
　신약의 성도들과 교회는 구약의 하나님의 백성들이 안식일을 온전하게 지켰던 정신으로 주일을 지킨다. 물론 주일이 안식일은 아니다. 또 주일 지키는 것을 계명으로 여기는 것도 지나치다. 그러나 주일은 구별된 날로 지켜져야 한다. 믿음의 선조들은 주일을 거룩하게 지키는 주일성수를 신앙생활의 첫 덕목으로 꼽았다. 그래서 주일이면 직장 출근도 하지 않고, 가게 문도 닫고, 놀이 행사도 삼가고, 온 가족이 교회에 가서 성경을 배우고, 예배하고, 성도의 교제를 나누고 휴식하는 시간을 가졌다.
　주일을 지키는 근거는 1) 예수 그리스도께서 안식 후 첫날인 주일에 부활하셨기 때문이다. 주일은 주 예수 그리스도의 부활을 기념하고 경축하는 날로서 온 교회가 모여 부활하신 주 예수님을 찬양하며 경배하는 날이다. 2) 사도들과 제자들은 안식 후 첫날에 부활하신 주 예수님을 만났다(눅 24:1). 3) 초대교회 성도들은 주간의 첫날인 주일에 모여 예배 하였다(행 20:7). 4) 교회의 역사는 주일이 교회의 정규적인 공적 회중예배일임을 증거하고 있다.
　현대사회에 접어들면서 주일성수 신앙이 예전 같지 못한 것 같다. 주일에 직장 일을 하는 경우도 있고, 사업하는 성도들도 가게 문 닫기가 여의치 않은 것 같다. 국가시험 등 사회적 행사가 주일에 개최되기도 한다. 또

주말을 이용하여 여행을 가거나 여가 활동을 하는 문화가 확산되면서 주일성수는 더욱 위협을 받고 있다. 교회는 성도들의 주일성수를 돕기 위하여 주일 이른 시간에 예배 시간을 개설하기도 하고, 오후 예배를 저녁이 아닌 낮 시간에 진행하는 경우가 많다. 사회적 상황에 따라 불가피 한 면도 없지 않으나 순전한 주일성수 신앙의 유지보존을 위하여 깊이 고려해야 할 것이다.

주일예배를 잘 하기 위해서 예배자는 준비를 잘 해야 한다. 적어도 토요일부터 기도로 주일을 준비하며 입고 갈 옷, 바칠 헌금 등을 준비하고, 설교자와 예배 인도자를 위해 기도해야 하며, 예배 시간 15분 전에는 도착해야 한다. 예배자는 성경책과 찬송가를 꼭 가져가야 하고, 예배에는 열심히 적극적으로 참여해야 한다.

주일예배는 통상 정해진 순서가 있고 담당자와 약간의 내용을 바꾸는 방식으로 진행한다. 그러나 주일예배의 역동성과 다양성 증진을 위해 보다 적극적인 사고가 요구된다. 전통적으로 예배는 "예배로 나감-말씀 선포-주님의 만찬-파송"의 사중구조로 구성되는 데, 이사야 6장에 나오는 이사야의 성전예배를 근거로 하여 "계시와 인식-영광 찬양-반성과 고백-사죄와 감사-말씀선포-응답과 헌신-파송과 축복"의 일곱 단계를 주일예배의 준거틀로 삼기도 하고, 로마서 15장 9-13절을 근거로 하여 "하나님께 영광-감사와 찬송-함께 즐거워함-하나님을 찬양함-소망의 메시지-축복"으로 구조를 세울 수도 있다. 여기서는 사중구조와 이사야 모델 두 가지를 근거로 한 주일예배 순서를 제시하고자 한다.

B. 지침

1) 주일은 부활하신 주 예수님을 찬송하며 즐겁게 경배하는 날이다. 주일예배는 그런 의미가 깃들어 있어야 한다.
2) 예배자는 꼭 성경과 찬송가를 가지고 예배에 가야 한다.
3) 헌금은 미리 준비하여 정해진 방식으로 드린다. 예배 중에 헌금할 수도 있고, 예배당 입구에 연보궤를 두어 예배당에 들어오면서 넣게 할 수도 있다. 그러나 드려진 헌금을 예배 중에 봉헌하는 순서를 꼭 가져야 한다.

4) 헌금은 감사의 표시일 수도 있고, 헌신의 표시일 수도 있다. 의미를 살려 순서를 진행한다.
5) 주님의 만찬과 침례 의식을 주일예배 중에 할 수도 있다. 여기에 제시된 주일예배 순서는 주님의 만찬을 함께 시행할 경우이다. 하지 않을 때는 생략하면 될 것이다.
6) 예배 순서와 내용은 예배 구분에 따라 표현 방식이 달라질 수 있다. 예배를 계획하는 사람은 창의력을 가지고 예배자들의 능력에 맞게 얼마든지 바꾸어 시행할 수 있다.
7) 반성기도, 감사기도 등을 담당한 기도 담당자는 해당 내용의 기도만 한다. 또 기도 담당자가 기도 전에 임의로 성경구절을 읽는 경우가 있는데 삼가야 한다. 기도는 하나님께 드리는 것이기에 사람 들으라고 하는 설교조가 되어서는 안 된다. 기도의 마침은 "기도드립니다"로 하는 게 좋다.
8) 광고는 생략되어야 하며, 그 내용을 사역적인 관점에서 "교회사역 나눔"으로 함이 좋다.
9) 축도는 하나님의 복을 가져다주는 주술적인 행위가 아니다. 하나님의 복 주심이 있기를 빌어주는 축복의 기원으로서 예배를 마치며 사명을 향해 파송받아 나가는 예배자들을 향한 축복어린 인사라고 할 수 있다. 만약 하나님께 복주시기를 기도하기를 원한다면 "예수님의 이름으로 축복하며 기도합니다"라고 하면 될 것이다. 축도의 마침은 "축원합니다"라고 하면 될 것이다.
10) 예배 순서가 매주일 같을 필요는 없다. 아래 표에서 예배 구분은 준거 틀로서 삼고 그에 맞게 예배 순서는 말, 노래, 기도, 행동, 침묵 등 다양한 표현 방식을 사용할 수 있으니 예배 계획자는 다양한 표현 방식을 창의적으로 적절하게 선택하여 예배를 계획하면 좋다.

C. 예배순서

#1.

예배로 나감	예배부름[1] 영광찬송[2] 성경낭독[3] 반성기도[4] 감사찬송[5]	············· ······· 찬송가 ······· ······ 성경구절 ······ ············· ······· 찬송가 ·······	사회자 담당자 낭독자 담당자 다같이
말씀 선포	설교본문낭독 음악메시지[6] 설교 응답찬송	······ 설교본문 ······ ············· ······ 설교제목 ······ ······· 찬송가 ·······	 찬양대 설교자 다같이
주님의 만찬	주님의 만찬 초대[7] 주님의 만찬 기도[8] 떡을 나눔[9] 잔을 나눔[10] 성도의 교제[11]	······ 만찬제정사 ······ ············· ············· ············· ·············	주례자 담당자 다같이 다같이 다같이

1) 초대의 말, 음악, 성경낭독, 영상 등 적절한 방식으로 예배하러 모인 회중을 예배로 초대함
2) 하나님의 영광을 찬송함
3) 반성을 위한 성경말씀을 낭독함
4) 한 주간의 삶을 돌아보며 반성하고 죄를 자백하는 시간으로 회중이 함께 반성의 시간을 갖고 대표자가 기도함
5) 용서 받은 회중이 하나님 은혜에 감사함
6) 찬양대에 의해 준비된 설교 주제와 관련된 특별 음악
7) 주님의 만찬의 의미와 만찬 참예를 안내함
8) 주님의 만찬 진행과 참예하는 사람을 위해 기도함
9) 분병위원의 봉사로 진행
10) 분잔위원의 봉사로 진행
11) 만찬을 나눈 몸으로서의 공동체적 교제

파송	교회사역나눔[12]		담당자
	찬송[13]	········· 찬송가 ·········	다같이
	파송메시지[14]		담당자
	축도[15]		담당자

#2.

계시와 인식	찬송[16]	········· 찬송가 ·········	다같이
	예배부름[17]		사회자
영광 찬양	성시교독[18]		다같이
	기도[19]		담당자
반성과 자백	묵상기도[20]		다같이
사죄와 감사	사죄의 약속말씀[21]		담임목사
	주기도 노래[22]		다같이
	감사기도[23]		담당자

---

12) 교회 내외적인 사항들을 사역적 관점으로 소개함
13) 사명을 위한 파송의 의미가 담긴 찬송을 부름
14) 한 주간의 삶을 위한 사명을 일깨워주고 격려함
15) 사명을 위해 흩어지는 예배자를 축복함
16) 주일예배에 맞게 곡을 선정함 - 예배자를 환영하고 예배의 대상이신 하나님이 어떤 분이신지를 나타내는 내용
17) 예배하러 모인 회중을 예배로 초대함 - 예배자들을 환영하며 특별한 방문자 등을 소개하고, 초대의 말이나 성경낭독 등 적절한 방식으로 예배로 초대함
18) 교독문 중에서 선정함 - 하나님의 영광을 찬송하는 말씀을 낭독함
19) 하나님의 영광을 찬양하는 기도를 함
20) 지난 주간을 돌아보며 - 한 주간의 삶을 반성하며 죄를 자백함
21) 로마서 8장 1-2절 등 죄사함에 관련된 성경구절을 제시함 - 죄를 자백한 예배자들에게 하나님의 말씀으로 보혈의 공로를 통하여 죄가 사해졌음을 다시 한 번 선언함
22) 기도하는 마음으로 노래함
23) 용서 받은 회중이 하나님 은혜에 감사함

말씀과 초청	설교본문낭독 음악메시지[24] 설교 초청[25]	·········설교본문········· ·········설교제목········· ·········찬송가·········	인도자 찬양대 설교자 설교자
응답과 헌신	응답찬송 헌금봉헌		다같이 다같이
주님의 만찬	주님의 만찬 초대 주님의 만찬 기도 떡을 나눔 잔을 나눔 성도의 교제	·········만찬제정사·········	주례자 담당자 다같이 다같이 다같이
파송과 축복	교회사역나눔 파송찬송 파송메시지 축도	·········찬송가·········	담당자 다같이 축도자 축도자

D. 설교

#1. 창에 걸터앉은 사람(행 20:7-12)

주일예배는 신앙생활과 교회생활의 가장 기본이다. 주일예배는 기독교의 표지가 되었다. 마을마다 있는 예배당에 예수님을 주님으로 섬기는 사람들이 모여 하나님께 예배하는 것은 초대교회 이래로 이어져온 기독교의 전통이다. 본문에 보면 드로아에서 성도들이 함께 모였다. 한 주간의 첫날에 떡을 떼기 위하여 모인 자리에서 사도 바울의 강론이 있었는데, 그 자

---

24) 찬양대에 의해 준비된 설교 주제와 관련있는 특별 음악
25) 설교 메시지에 대한 응답을 촉구함

리에 참석한 유두고라는 청년이 창문에 걸터앉아 있다가 그만 떨어져 죽었고, 온 교회의 기도 가운데 다시 살아난 사건이 본문의 내용이다. 문제의 청년 유두고, 창에 걸터앉은 사람이 문제의 인물이었다. 오늘날에도 그런 사람이 있다. 창에 걸터앉은 사람, window Christian이 문제이다. 본문이 우리에게 주는 메시지가 무엇인가?

1. 교회는 한 주간의 첫날에 모인다.

한 주간의 첫날은 요즈음 달력으로 하면 일요일이다. 개역성경에는 '안식 후 첫날'이라고 했다. 안식일은 토요일이다. 하나님께서 엿새 동안 천지를 창조하시고 마지막 날 일곱째 날에 안식하셨기에, 하나님의 백성들도 엿새 일하고 일곱째 날에 쉰다. 이것은 구약에서 말하는 율법의 상징으로 볼 수 있다. 그러나 복음은 반대이다. 먼저 예수 그리스도 안에서 죄사함 받고 쉼을 얻고 감사함으로 일하는 것이다. 성도들이 한 주간의 첫날에 모인 것은 그 날이 바로 주 예수님께서 부활하신 날이기 때문이다. 한 주간의 첫날 주일은 부활하신 예수님께서 제자들에게 나타나신 날이다(요 20:1, 19, 26). 제자들은 한 주간의 첫날 모여서 부활하신 예수 그리스도 주님을 예배했다. 주일은 주님의 날이다. 주일에는 예배하고, 기도하고, 교제하고, 휴식하고, 말씀을 배우고, 주님을 생각하면서 주님을 중심으로 지내야 한다.

2. 교회는 떡을 떼기 위하여 모인다.

떡을 뗀다는 것은 예수님께서 잡히시던 밤에 제자들에게 나누어 주셨던 떡과 잔을 기억하며 주님을 기념하는 것이다. 주님의 만찬을 행함으로 십자가 복음을 상징적으로 기억하는 것이다. 떡은 우리의 죄를 위해 채찍에 맞으시고 가시관을 쓰시고 십자가에 못 박히시고, 옆구리에 창을 받으심으로 자기 몸을 희생제물로 주신 상하신 예수님의 몸을 상징하는 것이다. 잔은 우리 죄를 사하시기 위하여 흘리신 예수님의 물과 피를 상징하는 것이다. 말씀이 육신이 되어 우리에게 오신 임마누엘 예수님, 우리 죄를 위하여 십자가에 못 박히시고 고난을 당하신 예수님, 운명하실 때 테텔레스타이 '다 이루었다'고 외치시면서 구원의 길을 완성하신 주님, 지성소에 들어가는 새롭고 산 생명의 길을 열어주신 예수님(히 10:19-20), 예수님 때문에, 예수님을 위하여, 예수님과 함께 모이는 것이 예배이다. 그러므로 주일예배로 모였을 때 주 예수님의 십자가와 부활의 복음을 기억하며 구원의 믿음과 주님의 제자됨을 확인해야 한다.

3. 교회는 강론을 듣기 위해 모인다.

강론이란 성경의 이야기를 통해 예수님의 복음을 듣는 것이다. 믿음은 들음에서 난다(롬 10:17). 우리는 영혼의 양식을 위해 말씀을 먹어야 한다(마 4:4). 성도는 하나님의 말씀으로 살아야 한다. 거룩한 성도의 삶은 하늘의 만나를 먹어야 가능하기 때문이다. 그렇기 때문에 주일예배에서 가장 많은 시간은 강론을 위한 시간이다. 목회자는 강론을 위하여 정성스럽게 말씀을 준비하고, 예배자들은 열린 마음으로 옥토 심령을 가져 강론을 잘 듣고 60배, 100배의 열매를 맺어야 한다.

4. 그런데 "창문 성도"가 문제다.

유두고라는 청년이 죽는 사건이 발생했다. 예배 시간에 청년 하나가 창에서 떨어져 죽은 것이다. 죽었다. 왜? 떨어져서. 왜 떨어졌는가? 졸다가. 왜 졸았는가? 창에 걸터앉았다가. 예배에 창에 걸터앉은 사람이 있다. 창이란 안도 아니고 밖도 아닌 곳이다. 안도 들여다보면서 밖도 즐길 수 있는 곳이다. 교회에도 이런 사람이 있다. 믿는 것도 아니고 안 믿는 것도 아니고, 예배의 자리에는 나와 참석은 하고 있지만 마음은 밖에 있어 예배에 참여는 하지 않는 사람이 바로 윈도우 크리스천이다. 우리의 신앙과 교회 생활이 창에 걸터앉아 있는 것은 아닌가? 뜨겁든지 차든지 미지근하지 말라(계 3:15-16)는 말씀에 귀를 기울이자. 떨어져 죽었던 유두고가 다시 살아난 것처럼 우리도 하나님의 은혜로 살아나자.

함께 다짐하자. 주일성수하자. 주일예배 실패하면 한 주간이 빡빡하다. 주일성수 성공하면 한 주간이 빵빵하다. 창에서 내려오자. 떨어지기 전에 내려오자. 졸지 말고 내려오자.

#2. 말씀 들은 사람의 책임(행 13:42-49)

오늘 본문은 사도 바울 일행이 비시디아 안디옥에서 전도할 때의 이야기이다. 안식일에 회당에 들어가 하나님의 말씀을 선포하였는데, 그는 하나님께서 아브라함을 택하신 것으로부터 시작하여 출애굽, 가나안 정복, 사무엘, 사울, 다윗 왕의 이름을 거론하면서 하나님의 역사를 요약하고, 다윗의 자손으로 오신 죄 없으신 예수님이 십자가에 못 박혀 돌아가시고 부활하심으로 약속된 메시야이심을 증거하였다. 교회는 선포되는 하나님의 말씀과 성령님의 역사하심 위에 세워진다. 기독교의 역사는 곧 말씀의 역사이며, 교회부흥은 그 교회 강단에서 선포되는 말씀의 능력에 의해 좌우된다. 그러나 아무리 능력있는 말씀이 선포되고 풍성한 말씀이 증거된다 하더라도 그 말씀을 듣는 사람들이 그 말씀에 부응하지 않는다면 아무런 역사도 기대할 수 없을 것이다. 중요한 것은 선포되는 말씀 앞에 말씀을 듣는 사람들이 말씀 듣는 사람의 책임을 다하고 있느냐 하는 것이다. 말씀 들은 사람의 책임은 무엇인가?

1. 잘 듣고 믿고 순종하여 실천할 책임

비시디아 안디옥 교회 사람들은 말씀을 듣고 기뻐하면서 다 믿었다(행 13:48). 예수님께서 마태복음 13장에서 씨 뿌리는 자 비유로 알려진 이야기를 통해 뿌려지는 씨는 말씀이며 네 종류의 밭은 곧 말씀 듣는 사람의 마음이라고 하셨다. 즉 말씀을 듣는 사람들의 마음 밭이 어떠해야 하는지를 교훈하신 것이다. 좋은 밭이 되어 말씀을 받아 결실하는 복이 있기를 바란다. 어린아이 같이 순진하고 순수한 마음으로 하나님의 말씀을 받아야 한다(살전 2:13). 말씀을 듣고 준비하면 산다. 듣고도 순종치 아니하면 죽는다(겔 33:30-32). 말씀을 들을 때에 믿음을 화합하여 듣자(히 4:2). 믿음이란 하나님의 말씀이 진리이며 그대로 되리라고 받아들이는 것이다(롬 4:18-22).

2. 들은 말씀을 인하여 감사하고 찬송할 책임

말씀 들은 사람들은 하나님의 말씀을 찬송했다(행 13:48). 들은 말씀을 인하여 말씀을 주신 하나님께 감사하자(시 119:171; 56:4, 10). 참된 찬양은 하나님과 하나님의 말씀에 대한 노래이다. 말씀 없는 찬양은 생명력이 없다. 또 말씀을 전해주는 목사님께도 감사하자. 솔직히 목사님도 성도들이 말씀을 들은 후에 '은혜받았습니다' 하고 인사해줄 때 힘이 난다. 아무런 반응도 없고 피드백이 없으면 흥이 안 난다.

3. 듣고 깨닫고 간직한 말씀을 자랑하고 전파할 책임

다음 안식일에는 온 성이 거의 다 하나님의 말씀을 듣고자 하여 모였다(44절). 어떻게 그런 일이 가능했겠는가? 그전 안식일에 하나님의 말씀을 들은 사람들이 한 주간 동안 무엇을 했겠는가? 하나님 말씀의 능력은 말씀을 들은 사람들의 손발과 입술을 통해서 나타난다. 주의 말씀이 어떻게 그 지방에 두루 퍼질 수 있었을까? 다른 사람에게 들은 말씀을 자랑하자. 전파하자.

4. 다시 말씀 들을 시간을 기대하며 준비할 책임

그들은 다음 안식일에도 이 말씀을 해달라고 요청하였다(42절). '목사님 다음 주에도 귀한 말씀 기대합니다.' 이런 마음으로 말씀들을 준비해야 한다. 마음 준비를 하자. 설교자를 위해 기도하자. 설교자도 한 인간인 것을 이해하라. 설교자도 기도와 격려 그리고 후원이 필요하다.

주일예배에 있어서 설교만 중요한 것은 아니나, 설교는 매우 중요한 요소이다. 예배자들은 말씀을 잘 듣고 순종해야 하고, 들은 말씀을 인하여 감사하고 찬양하면서 널리 자랑하며 전파하고, 다음 주일예배를 기대하는 마음을 가져야 한다. 그렇게 할 때 말씀이 이끌어가는 성도의 삶을 살 수 있다.

2. 수요기도예배

A. 원리

　수요예배는 전통적으로 기도회이다. 그러나 기도회로서의 성격이 점차 사라져가고 간소한 예배가 되어버린 것 같다. 그래서 기도예배로서의 수요 모임을 활성화시켰으면 한다. 현대 목회에서 중보기도의 필요성은 점점 중대되고 있다. 매일 모이는 새벽기도회를 개인기도의 시간으로 한다면 수요일 모임을 교회적인 중보기도 모임으로 삼아 기도예배로 진행하자. 기도예배는 다음과 같은 요소들로 이루어진다. ① 찬송: 기도예배 때의 찬송은 기도와 연관된 것을 주로하며 그 외 교제와 경배를 주제로 한 찬송을 부른다. ② 말씀: 기도사역을 격려하고 동기를 부여할 수 있는 말씀을 증거해야 할 것이다. 설교말씀을 통해 기도제목을 발견하고 기도의 약속의 말씀이 되도록 하면 더욱 좋다. 그러므로 기도예배에서의 설교는 기도제목을 제시하는 것으로 마무리되어야 한다. ③ 기도제목 나눔: 중보기도는 기도제목을 나눔으로부터 시작된다. 억지로 할 수는 없지만 자발적으로 기도제목을 선뜻 나눌 수 있는 분위기를 만들자. ④ 기도하기: 기도회 인도자의 지도를 따라 적절한 방법으로 기도제목들에 대한 기도가 이루어지도록 한다. 아무리 적은 기도제목이라도 소홀히 여겨지지 않도록 해야 한다. 그리고 개인기도 시간을 갖게 한다.
　기도제목은 교회적으로 나누어지고 전파되어야 한다. 기도주보를 만들어도 좋을 것이고, 이메일이나 카톡, 밴드, 문자 메시지 등으로 나누는 것도 좋을 것이다. 하지만 기도제목을 공개해도 좋은지를 반드시 본인에게 확인해야 한다. 기도예배 시간은 복수로 개설하는 것이 필요하다. 현대 사회의 복잡성으로 기도예배가 한번만 있다면 참석하지 못 할 수 있다. 수요기도예배는 기도를 위하여 모이는 것이다. 그러므로 또 다른 예배가 되지 않고 기도하는 예배가 되게 해야 한다.

B. 지침

1) 수요기도예배의 순서는 기도를 촉진하기 위한 것이어야 한다. 찬송, 설교 등이 기도를 격려하고 기도할 기도제목을 발견하도록 돕는 것이어야 한다.
2) 수요기도예배의 순서는 찬송과 말씀 그리고 기도로 간결하게 진행하여 실제로 기도할 시간을 충분히 주도록 한다. 수요기도예배 전체시간이 한 시간이라면 찬송에 15분, 설교에 20분, 기도에 25분을 사용하는 것이 좋다.
3) 기도하는 시간에는 모이는 숫자가 20명 미만일 경우에는 "기도제목표"를 사용하여 각자의 기도제목을 적어 내도록 하고, 담당자가 그것을 읽어줌으로 소개하고 기도하게 한다.
4) 모이는 숫자가 20명 이상일 경우 소그룹으로 나누어 모일 수 있으면 각자가 "기도제목표"에 적어낸 기도제목을 담당자가 읽어주면서 기도하게 한다.
5) 소그룹으로 나누어 모이기가 어렵거나 모이는 숫자가 많을 경우 교인들이 제출한 기도제목을 전체적으로 소개하면서 기도하게 한다.
6) 기도예배 인도자는 교회, 교단, 사회, 세계 등을 위한 공동기도제목을 소개하고 기도하게 한다. 기도제목을 소개한 후 관련 있는 성경말씀을 읽어주고 약속의 말씀으로 붙잡고 기도하도록 하는 것도 좋다.
7) 공동기도 시간을 마친 후 모두 함께 주님 가르쳐주신 기도를 함께 하고 이어서 개인기도제목을 가지고 기도할 수 있는 시간을 준다.
8) 기도 시간에는 음악을 연주하거나 녹음된 음악을 사용하여 기도에 도움이 되는 분위기를 만든다.

C. 예배순서

전 주	··	연주자
찬 송	···················· 364, 369장 ····················	다같이
기 도	··	담당자

성경낭독	설교본문	사회자
설　　교		설교자
공동기도		담당자와 회중

인도자 또는 담당자가 기도제목을 제출하도록 안내하고 기도제목을 소개하면서 기도하게 한다. 이어서 공동 기도제목을 제시하고 회중은 기도제목에 따라 합심하여 기도한다.

주 기 도		다같이
개인기도	설교제목	다같이
찬　　송	찬송	다같이
축　　도		담당자

D. 설교

#1. 네게 무엇을 줄꼬(대하 1:1-13)

　수요일 모임은 전통적으로 기도를 위한 모임이다. 기도는 구원받은 성도의 특권이며 책임이다. 기도 없이는 생명력 있는 신앙생활을 이룰 수 없다. 보통 기도는 인간이 하나님께 구한다. 이것 주세요, 저것 주세요. 이렇게 해주세요 저렇게 해주세요…. 그런데 본문에서는 하나님께서 먼저 솔로몬에게 물으셨다(7절). 하나님께서 원하시고, 기뻐하시는 기도가 있다. 우리의 기도가 하나님께서 먼저 내가 무엇을 주면 좋겠느냐 구해라 하시는 기도가 되어야 한다. 솔로몬이 왕이 되면서 왕위가 견고해지고 심히 창대하게 되었다(1절). 어떻게? 하나님이 함께 하시니. 그때 솔로몬은 하나님 앞에 나가 특별한 제사를 드리면서 기도하였다. 지금 우리에게 기도가 필요하다. 우리에게, 우리 가정에, 나의 학업에, 우리 교회에, 우리 나라에 기도가 가장 필요한 때다. 하나님께서 어떤 사람에게 "구하라 내가 주겠다"고 하시는가?

1. 하나님께 성심껏 예배하는 사람에게 기도하게 하신다.
　솔로몬이 회막을 찾았다. 일천번제를 드렸다. 그가 할 수 있는 최선을 다해 풍성하게 드렸다. 번제는 자신의 헌신을 드리는 것이다. 하나님 뜻대로 살고, 하나님 원하시는 대로 행하겠다는 표시이다. 그날 밤에 여호와께서 나타나시어 '구하거라. 무엇을 줄까?' 하셨다. 오늘 밤이 그런 밤 되기를 바란다.

2. 하나님께서 자신의 삶을 주관하심을 믿는 사람에게 기도하게 하신다.

8절에서 "주께서 나로 … 되게 하셨사오니" 했다. 나의 나 된 것은 하나님의 은혜이다. 나의 주인은 주 하나님이시다. 주 하나님께서 나의 주관자이시다. 하나님 원하시는 대로 인도하신다. 9절에는 "주께서 나로 왕을 삼으셨사오니" 했다. 주님이 나를 이렇게 만드셨다고 믿는 믿음을 가진 사람에게 구하게 하시고 이루어 주신다.

3. 하나님의 약속을 붙잡고 아멘 하는 사람에게 기도하게 하신다.

9절에 보면, 솔로몬이 기도하면서 다윗에게 허하신 것, 하나님께서 말씀하신 사항을 이제 이루어주시기를 간구하는 내용이 있다. 기도는 자신의 생각이나 주장을 펼치는 것이 아니라, 하나님의 약속을 붙잡고 아뢰는 것이다.

4. 하나님의 백성을 위해 필요한 것을 먼저 생각하는 사람에게 기도하게 하신다.

솔로몬은 부귀, 재물, 명예 등등 그 자신을 위한 것을 구하지 아니하고 지혜를 구했다(10절). 자신보다 백성을 위한 것을 먼저 구했다. 이것을 중보기도 우선이라고 한다.

5. 하나님의 일을 잘 감당할 사람에게 기도하게 하신다.

솔로몬은 이스라엘을 치리하였다(13절). 이스라엘 통치는 하나님께서 그에게 맡기신 과업이었다. 자신의 과업을 잘 이루어 가는 사람의 기도를 들으신다. 달란트 비유를 보면 많이 남길 만한 사람에게 많이 맡겨 주셨다.

예수님은 제자들에게 기도를 가르치시면서 명하셨다. "구하라, 찾으라, 두드리라." 기도 응답은 기도하는 사람에게 주어진다. 교회는 기도하기 위해 모여야 하며, 모여서 기도해야 한다. 우리가 기도하기 전에 하나님께서 먼저 기도하라고 다가오시는 사람이 되어야 한다. 기도하기에 앞서 기도할 수 있는 사람이 되어야 한다.

#2. 기도하는 교회다운 교회(행 2:42)

성도라면 누구나 자신의 시간을 구별하여 예배에 참여한다. 특히 수요예배는 다른 예배보다 기도가 중심이 되는 예배이다. 오늘은 사도행전 1-2장에 나타난 기도의 모습을 통해서 우리의 기도가 어떤 모습이어야 하는지에 대해서 살펴보고자 한다. 사도행전 1-2장은 세 번의 기도를 묘사하고 있다. 첫 번째는 1장 14절의 기도로 예수님께서 부활하신 이후 첫 기도하는 모습이며, 두 번째는 2장 4절의 기도로 오순절날 제자들이 모여 성령의 충만함을 받는 모습이며, 세 번째는 2장 42절의 기도로 처음으로 신자가 된 사람들의 기도이다.

1. 기도하는 사람은 하나님의 말씀을 기억하고 순종하게 된다(1:14-26).
사도행전 1장 14절에 나타난 기도는 그들을 향한 하나님의 말씀을 기억하고 순종하는 계기가 되었다. 기도하던 사람들 가운데 일어난 베드로는 유다에 대한 이야기를 한 후 "그의 거처를 황폐하게 하시며 거기 거하는 자가 없게 하소서"라는 시편 69편 25절의 말씀과 "그의 직분을 타인에게 취하게 하소서"라는 시편 109편 8절을 기억해낸다. 그리고 유다를 대신하여 예수님의 부활을 증언할 사람을 세우자고 제안한다. 기도하던 사람들은 그날 제비뽑아 맛디아를 세운다. 이렇게 기도하는 사람은 하나님의 말씀을 기억하고 순종하는 모습을 지니게 된다. 특히 하나님의 말씀은 그들의 사명과 관련이 있다는 점에서 더욱 의미가 있다.

2. 성령이 충만한 사람은 성령이 말씀하게 하심을 따라 말한다(2:1-4).
오순절 날 신자들이 다 같이 한 곳에 모였다. 그때 성령이 각 사람들 위에 임했고, "그들이 다 성령의 충만함을 받고 성령이 말하게 하심을 따라 다른 언어로 말하기를 시작"했다. 그들이 모여서 무엇을 하고 있었는지는 모르지만 그들이 모였을 때 성령이 임했고 곧이어 모두가 성령이 충만하게 되어 성령이 말하게 하심을 따라 말하기 시작한 것은 분명하다. 성령은 우리가 모인 곳에 임하시고, 우리 안에 충만하게 거하시어 우리를 주장하신다. 1장의 내용을 볼 때 그들은 한 곳에 모여 기도하고 있었을 가능성이 높다. 기도하는 사람은 성령이 충만하여 성령이 말씀하게 하심을 따라 말한다.

3. 신자는 기도하는 사람이다(2:42).

신자들이 성령의 말하게 하심을 따라 다른 언어로 말하기 시작했을 때 삼천이나 되는 사람들이 하나님께로 돌아왔다(행 2:21). 놀라운 사실은 이 사람들이 곧바로 "사도들의 가르침을 받아 서로 교제하고 떡을 떼며 오로지 기도하기를 힘"썼다는 점이다(행 4:22). 우리는 이 사람들을 초신자라고 이름붙일 수 있다. 그리고 우리가 초신자에게 기대하는 것은 교회라도 잘 나오는 정도이다. 그러나 사도행전의 초신자는 그렇지 않다. 초신자가 아니라 그냥 신자이다. 교회에 언제 나왔느냐가 아니라 신자이기에 그냥 기도하는 사람이다.

수요예배는 기도의 예배이다. 오늘 본문의 말씀처럼, 신자는 기도하는 사람이기에 기도해야 하고, 기도하는 사람은 성령이 임하여 충만하기에 성령의 말하게 하심을 따라 말하고, 그 가운데 하나님의 말씀을 기억하여 따른다. 그리고 이러한 신자의 모습은 사람을 하루에도 삼천이나 더하게 할 수 있는 힘이 있다.

3. 목장예배[26]

#1. 목장 셀 모임

A. 원리

　목장예배에 대한 정확한 표현은 목장 모임이다. 목장 모임은 목장 구성원 모두가 일주일에 한 번 함께 모여 예배하고 간증을 나누고 사역을 위해 기도하는 시간을 가지는 것으로 이루어진다. 영적 가족 모임으로서의 목장모임은 목장가족들이 함께 모여 가족시간을 가지는 것을 의미한다.
　초대교회로부터 초기기독교시대의 교회는 지역교회 전체가 한 자리에 모여 예배드린 형태가 아니라 각 집에서 모여 예배드리는 형태였다. 이에 관하여 성경은 "날마다 마음을 같이하여 성전에 모이기를 힘쓰고 집에서 떡을 떼며 기쁨으로 순전한 마음으로 음식을 먹고"(행 2:46)라고 기록해준다. "아굴라와 브리스가와 그 집에 있는 교회"(고전 16:19), 빌레몬에게 쓴 편지에서의 "네 집에 있는 교회"(몬 1-2절) 등과 같은 언급들은 대부분의 초대교회들이 특정인의 집에서 모임을 가졌음을 보여준다. 이는 실질적으로 교회가 모일 수 있는 자유도 없었고, 모일 건물을 가질 수도 없었던 사실에 기인한다. 그럼에도 불구하고 기독교 첫 270년의 역사는 그 어느 시기와도 견줄 수 없는 폭발적인 교회성장을 보여준다. 이는 집에서 모인 작은 그룹들 속에서 교인들이 상호 관계를 맺고 교제를 나눌 수 있었기 때문이었다고 믿어진다. 역사적으로도 313년 콘스탄틴 황제의 기독교 공인 이전에는 그러한 혹독한 핍박에도 불구하고 기독교는 급속도로 지중해 일대를 복음으로 물들였다.
　목장모임은 예배, 교제, 사역, 리더십 개발, 전도, 기도 등으로 이루어진

---

[26] 전통적 교회의 경우 구역예배가 셀 교회의 목장모임에 해당하므로 여기서는 두 경우를 제시하겠다.

다. 교회 속의 작은 교회로서 하나의 목장은 교회가 가지는 모든 기능들을 가진다. 따라서 목장 예배 또는 모임을 준비하는 목자나 책임자들은 이러한 기능들이 적절히 수행될 수 있도록 구상해야 한다.

목장모임은 크게 네 부분으로 구성된다. 그 네 가지는 영어단어의 첫 글자들을 모아 4W로 부른다. 환영(Welcome), 예배(Worship), 말씀(Words) 그리고 사역(Works)이다. 환영의 시간에는 일주일 만에 모인 서먹한 분위기를 부드럽고 자연스럽게 적응할 수 있게 할 목적으로 얼음깨기활동(Ice-breaking)을 가진다.

예배는 목원들과 하나님과의 교제를 이루는 시간으로서 목자 또는 찬양임무를 부여받은 목원이 목장모임 시간에 부를 찬송들을 미리 선곡, 준비하여 예배시간에 찬양을 인도한다. 주로 찬양을 통해 이루어지는 예배는 목원들로 하여금 하나님께로 향하는 태도를 개발시키는 시간이기도 하다.

말씀 나눔의 시간은 목자가 설교를 하는 시간이라기보다는 목원 각자가 지난 한 주간동안 설교나 경건의 시간에 하나님께로부터 받은 말씀을 붙잡고 산 경험을 나누는데 비중을 둔다. 자신들이 경험한 말씀을 나누는 가운데 영적 교제가 이루어지는 시간이며 피차의 나눔을 통해 집단학습이나 집단치유가 이루어지는 시간이기도 하다.

사역 시간은 전도대상자들을 접촉한 결과들을 나누며 함께 그 영혼들을 구원할 수 있도록 기도제목을 나누고 기도하는 시간으로 마친다.

B. 지침

1) 환영의 시간은 15분 정도로 한다.
2) 환영의 시간에 사용할 '얼음깨기 활동'은 단순히 목원들이 긴장을 풀 수 있는 수준에서 준비하면 된다.
3) 예배시간에 부를 찬송들을 목자 또는 책임 맡은 사람이 사전에 선곡해 오도록 한다.
4) 찬송은 가급적 반주를 활용한다.
5) 찬송은 특정 주제, 예를 들면 하나님의 성품과 속성 중 하나를 택하여 그 주제에 관한 곡들을 선정하는 것이 좋다.
6) 말씀 나눔은 지난 주일 설교, 한 주간 동안 읽은 성경말씀을 묵상하고

삶에 적용한 내용들을 중심으로 간증형식으로 나눈다.
7) 말씀을 나누는 동안 목자는 성령께서 누군가의 간증을 통해 목원들에게 무엇을 말씀하시려는지에 귀를 기울이고 간단히 메모해 두었다가 다시 그 주제에 대한 토의를 요청할 수 있다.
8) 2-3명으로 구성된 전도소그룹별로 지난 한 주간 동안 접촉한 전도대상자의 반응 등을 보고하고 함께 기도하는 시간을 가진다.

C. 예배순서

환영(Ice-breaking)	···	다같이

"초등학고 시절에 가장 당황스러웠던 사건 한 가지를 말해봅시다"
"자신의 이름의 뜻을 말해봅시다" 등과 같은 얼음깨기활동 시간을 가질 수 있다(15분 내외).

말씀 나눔의 시간	············ 364, 369 ············	다같이

"지난 한 주간동안 묵상하고 삶에 적용한 말씀들을 간증합시다. 우선 지난 주일 설교에 관한 간증에 이어 매일 읽은 말씀에 대한 간증을 해주십시오"
(1시간-1시간 30분).

사역의 시간	···	다같이

"각 전도소그룹이 지난 한 주간동안 접촉한 전도대상자의 상태와 반응을 보고해 주시고 함께 기도하는 시간을 가집시다"(20-30분).

#2. 목장구역예배

A. 원리

목장예배는 셀 교회의 목장 모임에서 행하는 것을 전제로 하지만 아직까지는 전통적으로 구역예배를 지속하는 교회들이 많기 때문에 구역예배에서 사용할 수 있도록 제안한다. 한국교회들의 구역예배 제도는 감리교의 속회 모임을 본받아 모든 교단 교회들이 활용해온 것으로 믿어진다.

감리교의 속회(class) 제도는 요한 웨슬리(John Wesley)에 의해 시작되었다. 모라비안 교도들의 도움을 받아 진정한 회심의 경험을 한 웨슬리는 모라비안 교도들의 본거지인 모라비안 지방(오늘날 독일과 체코 국경지대 일원)에 위치한 헤른후트(Hernhut)를 방문하여 그들이 교인들을 훈련시키는 방식을 배워왔다. 그것들 중 진지한 그리스도인의 삶을 살기 원하는 3명의 교인들을 한 조로 편성하여 밴드(band) 모임을 갖도록 했으며 이 밴드 모임은 예상대로 매우 영적으로 수준 있는 교제가 이루어지게 되었다. 이에 웨슬리가 모든 교인들이 이러한 질적 교제를 할 수 있도록 방법을 찾고 있었다. 때마침 교회건축비 모금을 위해 교인들을 10명 단위로 편성하여 조장이 매주 교인들을 방문하여 한 페니씩 수금을 하도록 했다. 그러나 수금이 잘 안 되는 조장은 그 이유를 설명하는 가운데 교인들의 영적 상태를 돌보는 일까지 할 수 있겠다는 아이디어가 떠올라 단순히 수금만하는 조장이 아니라 영적 상태를 돌보는 일까지 할 것을 요청한 것이 속회로 발전하게 되었다.

속회운동은 산불과 같이 영국과 미국으로 번져갔고 우리나라에 감리교회가 들어오면서 속회모임을 타교단 교회들이 받아들임으로써 한국의 모든 교회들이 구역예배 제도를 활용하게 되었던 것이다. 또한 성서적으로는 초대교회 교인들이 각 집에서 모인 것이 구역예배의 성서적 모델이 되기도 한다.

구역예배에서는 구역원들이 일주일에 한 번씩 모여 전통적인 예배형식의 모임을 가지며 기도, 찬송, 말씀, 교제 등의 순서로 예배를 진행한다. 이 구역예배는 일차적으로는 예배와 교제를 목적으로 하지만 목장개념을 적극 반영함으로써 보다 적극적으로 전도 조직으로 확대할 수도 있다.

B. 지침

1) 교회가 전체적으로 구역예배 지침을 제공해주면 그것을 중심으로 인도하는 것이 좋다. 그렇게 함으로써 모든 구역예배 모임에서 같은 주제로 통일성을 기하는 효과를 가질 수 있다.

2) 구역예배공과 또는 성경공부 교재를 사용하여 구역예배를 준비하는 것도 좋은 방법이다. 이 경우 공과나 성경공부 교재선정은 구역장이 하는 것보다 교회가 전체적으로 정하는 것이 바람직하다.
3) 주일 설교를 중심으로 토의질문을 교회가 마련하여 제공하는 방법도 바람직하다.
4) 구역예배는 1시간-1시간 30분 정도로 가지는 것이 좋다.

C. 예배순서

전 주	연주자
예배의 부름	인도자
"지금부터 목장(구역)예배를 시작하겠습니다"	
찬 송	다같이
"다 같이 찬송가 ○○○장을 부릅시다"	
기 도	담당자
"오늘 구역예배를 위해 ○○○ 자매가 기도 인도하겠습니다"	
찬 송	다같이
"찬송가 ○○○장을 부릅시다"	
말 씀	인도자
* 구역공과 책이나 성경공부 교재가 있을 경우: "지난 주에 이어 오늘은 제○과를 공부하겠습니다"	
* 교회가 주일 설교를 중심으로 토의문제를 제공해줄 경우 지난 주일 설교본문을 함께 읽고 주일 설교의 내용들을 상기시킨 후 토의 주제를 다룸.	
찬 송	다같이
"찬송가 ○○○장을 부릅시다"	
헌 금	다같이
헌금기도를 드림	
광 고	인도자
축 복 기 도	인도자

(구역장 또는 구역원이 대표로 할 수도 있고 구역원들이
짝을 지어 서로 축복기도를 해줄 수도 있음)

D. 설교

#1. 닫힌 마음엔 사랑이 최고입니다(고전 13:1-13)

목장 모임은 성도의 교제를 이루는 중요한 통로가 된다. 목장 모임을 위해 가장 필요한 것이 무엇일까? 바로 열린 마음이다. 목장 모임에 참석한 사람들이 서로에 대해 마음을 열고 적극적으로 참여하지 않는다면 목장 모임의 가치는 살아나지 않는다. 오늘 본문의 말씀은 사도 바울이 고린도교회를 향해 보낸 편지이다. 바울은 이 편지를 통해서 마음 닫은 이를 향해 자신이 할 수 있는 최선이 무엇인지 동시에 마음을 닫은 이가 할 수 있는 최선이 무엇인지를 이야기하고 있다. 교회에서, 목장에서 마음을 닫고 있는 이들을 어떻게 대해야 하는지, 그리고 마음 닫은 이들은 자신의 마음을 열기 위해 어떤 태도를 가져야하는지, 그것은 바로 사랑의 마음이다.

1. 사랑이 없으면 모든 것이 무가치하다(1-3절).
바울은 사랑이 없으면 무가치한 것 세 가지를 말하고 있다. 첫 번째는 사람의 방언과 천사의 말을 하는 것이다. 두 번째는 예언하는 능력이 있어 모든 비밀과 모든 지식을 아는 것과 모든 믿음이 있는 것이다. 세 번째는 다른 사람을 위해 내게 있는 모든 것으로 구제하고 내 몸을 불사르게 내어주는 것이다. 이 세 가지는 매우 가치 있는 것임에 틀림이 없다. 그러나 그 속에 '사랑'이 없다면 이 모든 것이 무가치하다. 우리가 교회에서 아무리 이런 저런 일을 한다 해도 그 안에 '사랑'이 없다면 무가치하다. 그러므로 동기가 사랑이어야 하고, 방법이 사랑이어야 하며, 목적도 사랑이어야 한다.

2. 사랑은 온전한 것이 올 때 제일이 되는 것이다(8-13절).
방언보다는 예언이 낫다. 그러나 예언이 폐할 때가 오는데, 그때가 바로 온전한 것이 올 때이다. 이때 우리는 장성한 사람이 되어 어린 아이의 일

을 버리게 되고, 희미하게 보던 것을 분명하게 보게 되며, 부분적으로 알던 것을 온전히 알게 된다. 또한 바울은 믿음, 소망, 사랑의 영원성을 이야기하면서도 그 중에 제일이 사랑이라고 말한다. 이 말은 방언이나 예언도 그 날이 되면 의미를 잃게 되고, 남아 있는 것 중에서도 사랑이 최고라는 뜻이다. 그러므로 우리는 교회에서 어떤 은사보다 사랑을 중요하게 생각하고, 믿음과 소망보다도 사랑을 먼저 생각해야 한다.

3. 사랑이란 실천하는 것이다(4-7절).

그러면 사랑은 무엇일까? 바울이 말하는 사랑은 모두 '동사'로 되어 있다. 즉 사랑은 추상적이고 관념적인 것이 아니라 오직 '실천'해야 하는 것이다. 사랑은 생각하는 것에서 그치는 것도, 말로 그치는 것도 아니고, 실천해야 한다. 사랑은 표시하고 표현하기 전에는 진정한 사랑이 아니다.

교회에 마음 닫은 이들이 있다. 특히 나눔을 위해 모인 목장 모임에서 마음을 닫고 있다. 누군가가 이들의 마음을 닫게 했다는 것이면서 동시에 이들이 스스로 마음을 닫기로 선택했다는 의미이다. 결국 마음을 닫게 한 자나 마음을 닫은 자나 모두 그 안에 사랑이 없기 때문이다. 우리가 아무리 가치 있는 일을 해도 그 안에 사랑이 없으면 아무 것도 아니다. 우리가 아무리 믿음과 소망이 있어도 사랑만 못하다. 사랑은 감정도 생각도 아닌 의지에서 비롯된 행동이다. 사랑은 말이 아닌 행함이다. 바로 이 사랑이 닫힌 마음을 연다. 우리 모두 사람의 마음으로 서로에 대해 마음을 열고 진정한 가족 공동체를 이루어 나가자.

#2. 살아 있는 교회(행 4:31)

교회는 마치 세상이라는 바다 한 가운데 떠 있는 배와 같다. 엔진이 고장이 난 배는 바다 위에 떠 있을뿐 그 기능을 제대로 발휘할 수 없다. 그저 바람이 부는대로, 파도의 움직임을 따라 떠다닐 뿐이다. 만약 교회가 이러하다면 그것은 살아 있는 교회가 아니다. 살아 있는 교회는 엔진이 살아 있다. 배의 엔진은 사람으로 따지면 사람의 심장과 같다. 심장이 살아 있는, 살아 있는 교회는 어떤 모습일까? 우리 목장은 심장이 살아 있는, 살아 있는 교회인가?

1. 보고 들은 것을 말하지 않을 수 없는 교회(21절)

서기관과 성전 맡은 자와 제사장들은 "예수 안에 죽은 자의 부활이 있다"고 말하는 베드로와 요한을 불러 심문했다. 그러나 성령이 충만한 베드로와 요한의 말과 부활의 증인들 때문에 더 이상 비난할 수 없게 되자 그들을 위협하여 "예수의 이름으로 말하지도 말고 가르치지도 말라"고 한 뒤 놓아주었다. 이때 베드로와 요한은 그들 앞에서 이렇게 말했다. "하나님 앞에서 너희의 말을 듣는 것이 하나님의 말씀을 듣는 것보다 옳은가 판단하라 우리는 보고 들은 것을 말하지 아니할 수 없다." 이들처럼 성령의 충만함으로 보고 들은 것을 말하지 않으면 견딜 수 없는 교회가 살아 있는 교회이다.

2. 하나님의 말씀을 전하게 해달라고 기도하는 교회(29절)

풀려난 베드로와 요한은 그들이 겪었던 일을 동료들을 찾아가 말한다. 이때 그 이야기를 들었던 모든 사람들은 제사장들과 장로들의 위협에 굴하지 않고 "주여 이제도 그들의 위협함을 굽어 보시옵고 또 종들로 하여금 담대히 하나님의 말씀을 전하게 하여 주시오며 손을 내밀어 병을 낫게 하시옵고 표적과 기사가 거룩한 종 예수의 이름으로 이루어지게 하옵소서" 라고 하나님을 향해 기도한다. 이렇게 예루살렘교회는 교회 밖에서 경험한 하나님을 교회 안에서 간증하며, 어떤 위협에도 담대히 하나님의 말씀을 전하려고 했다. 이런 교회가 살아 있는 교회이다.

3. 담대히 하나님의 말씀을 전하는 교회(31절)

예루살렘교회는 그들이 보고 들은 것을 전하지 않을 수 없는 교회였으며, 어떤 상황에서도 하나님의 말씀을 전할 수 있기 위해 기도하는 교회였다. 뿐만 아니라 실제로 하나님의 말씀을 담대히 전하는 교회였다. 예루살렘교회가 기도하기를 마쳤을 때 그들이 모인 곳이 진동했으며, 모두가 성령으로 충만하게 되었고, 교회 밖으로 나가 하나님의 말씀을 전했다. 이러한 예루살렘교회의 모습은 살아 있는 교회의 원함과 기도와 실천이 무엇이어야 하는지를 보여준다.

살아 있는 교회는 사도행전 4장에 나타난 예루살렘 교회의 모습처럼, 하나님의 말씀을 전하고자 하는 갈급함이 있고, 이를 위해 간절히 기도하고, 실제로 하나님의 말씀을 전하는 교회이다. 우리 목장이 진정한 교회의 모습을 지니고 있다면, 하나님의 말씀을 전하지 않고는 견딜 수 없는 마음이 있어야 하고, 이것을 위해 기도해야 하고, 실제로 하나님의 말씀을 전해야 한다. 그래야 살아 있는 교회이다.

4. 침례의식

A. 원리

침례교회는 주님의 만찬과 함께 침례를 의식으로 여긴다. 의식이란 구원의 복음의 의미를 담고 있는 것으로서 예수 그리스도께서 친히 제정하시고 초대교회가 교회의 행습으로 보존하여 실천한 특별한 예배 행위를 말한다.

침례는 예수 그리스도를 믿고 구원을 체험한 사람이 공중 앞에서 자신에게 이루어진 구원을 공개적으로 고백하는 것이고 교회적으로 인정하는 것이다. 침례의 형태는 "죽음-장사-부활"을 의미한다. 우리의 죄를 위한 그리스도의 죽으심과 장사됨과 부활하심의 신앙고백이며, 우리 자신의 옛 사람도 그리스도와 함께 죽고 장사되었으며 그리스도와 함께 새로운 피조물로 살아났음을 고백하는 것이고, 예수님 재림 전에 우리의 육체가 죽으면 비록 흙으로 돌아갈지라도 예수님 재림하실 때 영광스런 몸으로 살아날 것에 대한 신앙고백이다.

침례는 신앙의 고백이기 때문에 오직 구원의 믿음이 있는 사람에게만 침례를 주고, 어린 아이에 대한 침례는 삼가고 자기 신앙을 고백할 때까지 기다려야 한다. 침례를 통해 공동체의 일원으로 가입한다. 침례 받는 것에 동의하는 것은 그 사람을 공동체의 교제권 안으로 받아들이는 것을 의미한다.

침례는 그리스도의 몸인 교회의 한 지체로서의 사명을 수여하는 의식이다. 즉 침례 받음을 통해 제사장적 책무를 담당하는 직분자로 임명되는 것이다. 그러므로 침례 받은 사람만이 교회에서 공식적인 직분에 임명될 수 있다. 침례를 받음으로 교회 회원이 될 수 있으며, 그리스도의 몸인 교회의 지체로서 주님의 만찬에 참여할 수 있게 된다.

침례 방식은 침수례이다. 왜냐하면 이것이 죽음, 장사 그리고 그리스도와 함께 신자의 부활을 상징하기 때문이다. 예수 그리스도께서 친히 받으신 침례 형식도 침수침례였고, 예수님께서 그러한 방식으로 침례를 주라고 명령하셨으며, 초대교회 사도들에 의해서도 행해졌다면 어떤 이유에서도 침례 방식을 바꿀 근거가 없다. 이미 세례를 받은 사람의 경우에는 새신자 훈련 과정을 통해 침례의 의미를 충분히 교육한다면 신자 스스로가 침례를 받고자 신청하게 될 것이다.

침례를 베풀 수 있는 사람의 자격은 침례를 받은 사람으로서 교회로부터 침례 베풀 권위를 위임 받은 사람이어야 한다. 보통 침례를 베푸는 권위가 안수 받은 목사에게 있는 것으로 여겨지고 있지만 여러 가지 목회적 상황에 의해 꼭 그렇게 하기가 어려운 경우도 있다. 교회의 영적 지도자로서 침례를 베풀도록 권위를 인정받는 사람이라면 누구나 침례를 베풀 수 있다. 다만 다른 교회들과의 교제에서 덕을 세우는 것도 중요하기 때문에 굳이 목사안수 받지 아니한 사람이 침례를 줌으로서 시비 거리를 제공하지 말고, 기관에서 사역하는 안수 받은 목사나 지방회 내의 다른 안수 받은 목사에게 침례를 부탁하는 것이 좋을 것이다.

침례를 베풀기 전에 새신자 훈련 과정을 성공적으로 마치도록 해야 한다. 침례 장소는 침례탕이 좋고, 침례탕이 없으면 강이나 호수 또는 바다 등 물이 있는 곳이면 가능하다. 교회는 침례복과 탈의 시설, 수건 등을 준비해야 한다. 침례를 위해 따로 모일 수도 있고 예배당에서 침례를 베풀 수 있다면 주일예배의 일부로 행할 수 있다.

침례교회는 예배당 전면 강단 뒤편에 침례탕을 설치하는 전통을 가지고 있다. 그러나 대부분의 예배당에 침례탕을 설치하기가 어렵다. 강대상을 침례탕으로 설계하여 평소에는 강대상으로 사용하다가 침례를 행할 때에는 강대상 뚜껑을 열고 앞판을 옆으로 밀어내면 유리벽으로 둘려 쌓인 침례탕이 보이도록 만들 수도 있다. "침례두멍"을 강단 바닥에 설치하는 방법도 있다. 건물 옥상 한켠에 설치하여 이용하는 것도 좋다.

B. 지침

1) 즉각적 침례와 충분한 예비 기간을 갖는 것 사이에 긴장이 있지만 일반적으로 3-6개월 정도의 준비기간이 필요하다고 본다. 교회는 침례 청원자를 위해 일정 기간 동안의 새신자 훈련 과정을 개설하여 구원의 확신

과 신앙생활에 필요한 기본 사항들에 대한 교육과 훈련을 받게 하고 자신의 신앙 간증이 진실한 것임을 입증할 수 있는 기회를 갖도록 하는 것이 좋다.
2) 침례가 죄를 씻어주거나 구원의 은혜를 제공해 주는 의식이 아니라 구원의 믿음을 공적으로 고백하고 인정하는 신자의 침례임을 확실하게 설명하라.
3) 침례 의식을 진행하면서 간단한 신앙고백을 하도록 하는 것이 좋다.
4) 교회는 침례복과 수건 등을 준비하고 수침자는 갈아입을 옷을 준비해 오도록 한다.
5) 수침자가 물속에 들어가는 것을 두려워할 경우 걱정하지 않도록 잘 안내하고 수건으로 코를 막아준다.
6) 주례자는 수침자가 물속에 완전히 잠기도록 침례를 베푼다.
7) 침례를 받은 후 축하하는 시간을 갖고 교회 회원으로 받아들이는 절차를 진행해야 한다. 이때 꽃다발 등을 준비하며 축하하고, 믿음의 가족이 됨을 환영한다.

C. 의식순서

#1. 주일예배에 함께 침례 의식을 진행할 경우

침례의식안내 ·· 집례자
"침례는 예수님께서 친히 침례받으심으로 모범을 보이셨고, 명령하셨으며 초대교회가 시행하던 행습입니다. 침례는 예수 그리스도를 주님으로 믿는 사람의 신앙고백에 기초하여 교회가 시행하는 의식입니다. 침례를 받음으로 교회의 가족으로 가입하게 됩니다. '그러므로 너희는 가서 모든 민족을 제자로 삼아 아버지와 아들과 성령의 이름으로 침례를 베풀고 내가 너희에게 분부한 모든 것을 가르쳐 지키게 하라.' 주님 명을 따라 침례를 베풀도록 하겠습니다."

수침자 소개와 간증 ·· 수침자
수침자를 소개하고 간단하게 예수님을 주님으로 믿고

침 례 문 답	있음을 간증하게 한다. ··· 주례자

○○○씨께 묻습니다. 동의하시면 큰 소리로 "예"로 답해주시기 바랍니다.
1. 예수님께서 ○○○씨를 구원하시기 위하여 십자가에서 죽으시고 장사지낸 바 되셨다가 부활하셨음을 믿습니까?
2. 성경 66권을 하나님의 말씀으로 믿으십니까?
3. 예수 그리스도를 주님으로 인정하십니까?
4. 침례를 받으신 후 교회회원으로서의 책임과 사명을 다하시겠습니까?

회중에게 묻습니다.
여러분은 예수님을 주님으로 믿는 ○○○씨에게 침례 베푸는 것에 동의하시고 기꺼이 믿음의 가족으로 받아들이겠습니까?

수　　　침	··· 주례자

"예수님을 주님으로 믿는 ○○○에게 성부와 성자와 성령의 이름으로 침례를 베푸노라."
(주례자는 한 손으로 수침자의 손을 잡고, 다른 손을 수침자 머리 위에 들고 선언한다)

찬　　　송	············ 270, 282장 ············ 다같이

(수침자가 옷을 갈아 입는 동안 찬송을 부른다)

기　　　도	··· 주례자

(수침자가 회중에게 돌아오면 주례자가 기도한다)
"거룩하신 주 하나님, 예수님을 믿고 구원받은 ○○○ 형제에게 주님의 명령을 따라 침례를 베풀었습니다. 이제 믿음의 가족이 되었으니 주님의 제자로 성장하게 하시고, 서로 사랑하며 섬기고 교회의 사명을 함께 이루어가도록 인도하여 주옵소서. 예수님의 이름으로 기도합니다. 아멘!"

환　　　영	··· 다같이

"침례 받아 믿음의 가족이 된 ○○○형제를 축하하며

	환영합시다."	
헌 금	··	다같이
	헌금기도를 드림	
찬 송	····························· 288장 ·····························	다같이
축 도	··	담임목사

#2. 침례 의식을 따로 행할 경우

전 주	··	담당자
	(반주자가 전주를 연주하든지, 229, 250장 등을 회중찬송으로 부를 수 있다)	
예배의 부름	··	집례자
	"이제부터 침례 의식을 위한 침례 예배를 시작하겠습니다. 다같이 경건한 마음으로 예배에 참예 합시다."	
찬 송	····························· 252장 ·····························	다같이
기 도	··	담당자
성 경 낭 독	····························· 설교본문 ·····························	주례자
설 교	····························· 설교제목 ·····························	주례자
침례의식안내	··	집례자
	"침례는 예수님께서 친히 침례받으심으로 모범을 보이셨고, 명령하셨으며 초대교회가 시행하던 행습입니다. 침례는 예수 그리스도를 주님으로 믿는 사람의 신앙고백에 기초하여 교회가 시행하는 의식입니다. 침례를 받음으로 교회의 가족으로 가입하게 됩니다. '그러므로 너희는 가서 모든 민족을 제자로 삼아 아버지와 아들과 성령의 이름으로 침례를 베풀고 내가 너희에게 분부한 모든 것을 가르쳐 지키게 하라.' 주님 명을 따라 침례를 베풀도록 하겠습니다."	
수 침 자 소개와 간증	··	수침자
	수침자를 소개하고 간단하게 예수님을 주님으로 믿고 있음을 간증하게 한다.	

침 례 문 답	··	인도자

○○○씨께 묻습니다. 동의하시면 큰 소리로 "예'로 답해주시기 바랍니다.
1. 예수님께서 ○○○씨를 구원하시기 위하여 십자가에서 죽으시고 장사지낸 바 되셨다가 부활하셨음을 믿습니까?
2. 성경 66권을 하나님의 말씀으로 믿으십니까?
3. 예수 그리스도를 주님으로 인정하십니까?
4. 침례를 받으신 후 교회회원으로서의 책임과 사명을 다하시겠습니까?

회중에게 묻습니다.
여러분은 예수님을 주님으로 믿는 ○○○씨에게 침례 베푸는 것에 동의하시고 기꺼이 믿음의 가족으로 받아들이겠습니까?

수 침	··	주례자

"예수님을 주님으로 믿는 ○○○에게
성부와 성자와 성령의 이름으로 침례를 베푸노라."
(주례자는 한 손으로 수침자의 손을 잡고, 다른 손을 수침자 머리 위에 들고 선언한다)

찬 송	················· 270, 282장 ·················	다같이

(수침자가 옷을 갈아 입는 동안 찬송을 부른다)

기 도	··	주례자

(수침자가 회중에게 돌아오면 주례자가 기도한다)
"거룩하신 주 하나님, 예수님을 믿고 구원받은 ○○○ 형제에게 주님의 명령을 따라 침례를 베풀었습니다. 이제 믿음의 가족이 되었으니 주님의 제자로 성장하게 하시고, 서로 사랑하며 섬기고 교회의 사명을 함께 이루어 가도록 인도하여 주옵소서. 예수님의 이름으로 기도합니다. 아멘!"

환 영	··	다같이

"침례 받아 믿음의 가족이 된 ○○○형제를 축하하며 환영합시다."
(수침자는 회중 앞에 나와 서고 박수로 축복하고, 꽃다발을 전하며 축하한다.)

| 찬　　송 | ……………………… 288장 ……………………… | 다같이 |
| 축　　도 | ……………………………………………………… | 담임목사 |

D. 설교

#1. 침례의 의미(마 28:18-20)

그리스도인이 된 우리에게는 하나님께서 허락하신 두 가지 의식이 있다. 하나는 주님의 만찬이고 다른 하나는 침례이다. 침례의식은 예수 그리스도를 우리의 유일한 주님으로 고백하며 이 땅에서의 삶 속에서 새로운 사람, 즉 그리스도인이 된다는 감격이 있는 예전이다. 침례의식은 평생에 한 번 있는 놀랍고 감격이 있는 예전이다. 예수님은 제자들에게 모든 민족을 제자로 삼아 침례를 주라고 명령하셨다. 침례는 어떤 의미가 있는 의식인가?

1. 침례는 죽음-장사-부활을 상징한다.

침례의 헬라어 원어인 "밥티조"는 '잠긴다, 담근다'는 뜻이다. 침례는 복음의 핵심인 "죽음-장사-부활"을 가장 잘 나타내는 상징적 행위이다. 물속에 잠기는 것은 죽음이며, 물속에 머무는 것은 장사이고, 물 밖으로 나오는 것은 부활이다. 우리는 침례를 통해 예수 그리스도의 죽음에 동참하여 세상에 대해, 죄에 대해 그리고 이전 삶에 대해 죽는 것이다. 그리고 물에서 나오는 것은 새생명으로 거듭나는 것이며, 그리스도 안에서 그리스도와 함께 새로운 삶을 산다는 선언이다. 이제 침례 받은 우리는 더 이상 이전의 우리가 아니다. 침례 받은 우리는 거듭나서 그리스도와 함께 사는 새로운 삶을 시작한다. 고린도후서 5장 17절에서 "누구든지 그리스도 안에 있으면 새로운 피조물이라"라고 말씀하고 있는데, 이는 우리가 이제 새사람이 되었다는 뜻이다.

2. 침례는 교회 회원 가입 절차이다.

예수님은 침례를 주어 제자로 삼으라 하셨다. 즉 침례는 제자 공동체인 교회에 가입하는 필수적인 통과 절차인 셈이다. 교회는 예수 그리스도의 보혈로 진홍빛 같던 죄가 흰 눈같이 정결하게 되었다는 믿음으로 구원받은 신자가 침례를 받고 모인 믿음의 가족 공동체이다. 우리는 침례를 받음으로 예수 그리스도의 삶과 십자가의 죽음 그리고 부활에 동참함으로써 이제 우리의 인생은 우리의 것이 아니고 예수 그리스도의 것이라는 믿음을 우리가 속해 있는 예수님의 공동체와 세상에 선포하는 것이다. 우리는 침례를 받음으로 교회의 지체가 되어 예수님께서 보여주셨던 하나님 나라의 원리로 이 땅에서 살아가는 작은 예수, 그리스도인이 되어 성령 안에 살아가는 그리스도 제자가 된다.

3. 침례는 제자도의 출발이다.

우리는 침례 받음으로 제자도를 향한 첫 발걸음을 내딛는다. 예수님은 가르쳐 지키게 하라고 명하셨다. 예수님께서 친히 가르쳐주신 모든 교훈이 제자도를 위한 진리이다. 우리는 침례를 받음으로 제자의 길을 출발한다. 이전 옛 사람의 생활방식을 물속에 장사지내고 새로운 피조물로서 새로운 가치관과 새로운 마음으로 살아야 한다. 우리에게는 더 이상 정죄함이 없다(롬 8:1). 더 이상 사탄 마귀의 유혹을 받을 이유가 없다. 우리는 승리한다. 예수님이 우리의 새로운 주님이 되신다. 이제 우리는 세상에 예수님의 이름을 선포하며 고백하는 공동체인 교회를 통하여 거룩한 삶, 하나님 나라를 추구하는 제자됨의 인생을 살아가야 한다.

침례는 신자의 영적 장례식이며, 새로운 피조물로서의 출생을 상징한다. 우리는 예수 그리스도와 함께 장사되었다. 그리고 예수님과 함께 다시 살아났다. 이제 우리는 사나 죽으나 주님의 것이 되었다. 성령님께서 침례 받은 분들의 새로운 출발을 도우신다.

#2. 그리스도 예수와 합한 자(6:1-11)

침례는 중요한 기독교의식 가운데 하나이다. 침례는 삼중적 의미를 지니고 있다. 첫 번째는 복음의 증거이다. 침례는 그리스도께서 우리의 죄를 위하여 죽으시고 장사되었다가 다시 살아나신 것을 의식을 통해 증거한다. 두 번째는 그리스도와의 연합이다. 침례는 그리스도와 함께 죽고 그리스도와 함께 장사되었다가 그리스도와 함께 다시 살아나 이제 새로운 사람이 되었음을 나타낸다. 세 번째는 소망의 표현이다. 침례는 앞으로 우리가 죽어서 장사되겠지만 주님께서 다시 오시는 그 날에 부활할 것이라는 소망이 담겨 있다. 오늘 본문은 이 가운데 두 번째와 연관이 있다.

1. 침례는 그리스도 예수와 합하여 죽은 것이다(3절).

본문은 죄와 은혜의 맥락 안에 위치하고 있다. 바울은 은혜를 더하게 하려고 죄에 거할 수 없으며, 죄에 죽은 우리가 그 가운데 더 이상 살 수 없다고 주장한다(1-2절). 그리고 이러한 사실을 설명하기 위해 침례를 예로 든다. 바울은 우리의 침례가 "예수와 합"한 것이고, 특히 우리가 "그의 죽으심과 합"하였다고 주장한다(3절). 이러한 바울의 주장은 우리의 침례가 "그의 죽으심과 합"한 것에서 "그와 함께 장사"되었다는 사실까지 나아간다. 뿐만 아니라 그 이유가 우리를 "새 생명 가운데서 행하게 하려 함"이라고 말씀하고 있다.

2. 침례는 그리스도 예수와 합하여 부활한 것이다(5절).

바울은 침례를 통해서 우리와 그리스도 예수와의 연합을 주장하면서 그의 죽으심과 장사됨 뿐만 아니라 그의 부활과도 연합되어 있다고 주장한다. 그의 죽으심과 장사됨에 합했으면 당연히 그의 부활에도 연합되었다는 주장이다. 특히 여기서 바울이 강조하는 것은 우리가 그와 함께 죽었듯이 그와 함께 살 것이며, 사망이 우리를 주장하지 못할 것이라는 분명한 주장이다. 그 이유는 우리의 옛 사람이 예수와 함께 십자가에 못 박혀 죽었기 때문에, 우리가 더 이상 죄에게 종노릇하지 않기 때문이다.

3. 그러므로 우리는 죄에 대하여 단번에 죽고 하나님께 대하여 살아 있어야 한다(10-11절).

바울이 침례를 통해서 우리가 죽어 장사되었다고 주장한 것은 죄에 대한 죽음을 가리킨다. 또한 바울이 침례를 통하여 우리가 살았다고 주장한 것은 하나님께 대한 삶을 가리킨다. 10절에서 바울은 그리스도가 죄에 대하여 단번에 죽었고, 그처럼 우리도 죄에 대하여 죽은 자로 여겨야 하며,

그리스도가 하나님께 대하여 살아 계시니 우리 또한 하나님께 대하여 살아 있는 자로 여겨야 한다고 말한다. 결국 침례가 의미하는 것은 죄에 대한 죽음과 하나님에 대한 삶이다. 그러므로 우리는 은혜를 더하게 하려고 죄에 거할 수 없다. 이미 우리는 죄에 대하여 죽어 장사된 자이기 때문이다.

오늘 침례 받는 분들은 이 말씀을 기억해야 한다. 우리는 그리스도 예수와 함께 죄에 대하여 이미 죽어 장사된 사람들이다. 또한 우리는 그리스도 예수와 함께 하나님께 대하여 산 자들이다. 그러니 더 이상 은혜를 더하려고 죄에 거하지 말고 하나님께 대하여 살아야 한다. 우리는 죄에 대하여 죽은 자요 하나님께 대하여 산 자이다. 이것이 바로 그리스도와 연합하여 침례 받은 자의 삶이다.

5. 주님의 만찬 의식

A. 원리

주님의 만찬 의식은 침례와 함께 주님께서 분부하신 두 가지 교회의 의식이다. 의식은 주님의 복음을 상징하는 것이다. 여러 명칭이 사용되고 있으나 침례교회는 전통적으로 "주님의 만찬"이라고 불러왔다. 성만찬이라 하기도 하나 이때 중세교회의 성례전주의를 연상시킬 수 있으므로 유의해야 한다.

주님의 만찬은 십자가에 달리신 예수 그리스도를 상징한다. 주님의 만찬은 그리스도의 희생의 반복이 아니라 과거에 한번 바쳐진 희생을 영적으로 상징하는 것이며, 은총과 구원의 수단이 될 수 없다. 떡은 찢기신 몸을 의미하며 포도주는 흘리신 피를 상징하고, 이를 행함으로써 그분의 죽으심을 기념한다. 또한 그리스도와의 연합을 확인하고 교회 다른 지체들과의 연합을 고백하는 의미를 가진다. 한 몸을 먹고 한 피를 마시는 한 가족임을 고백하는 것이다. 교회는 주님의 만찬을 통해 종말론적으로 이루어질 천국의 식탁을 미리 맛볼 수 있으며, 참여자들의 믿음과 삶을 강화시켜주는 계기를 제공한다. 주님의 만찬은 복음을 가시적으로 선포하는 통로가 되기도 한다.

주님의 만찬은 주님이 친히 제정하신 것으로(마 26:26-30) 교회는 주님이 오실 때까지 계속하도록 명령을 받았다. 정기적으로 행해야 하며, 한 달에 한번 하는 것이 좋고, 미리 광고하여 참석자들이 마음으로 준비하고 오도록 해야 한다. 떡과 잔을 나누는 방식은 예배당의 구조 등을 참조하여 효과적인 방식으로 하면 된다. 주님의 만찬을 위해 따로 모일 수도 있고 주일예배 때 예배 순서에 포함시킬 수도 있다.

주님의 만찬의 집례는 안수 받은 목사가 하는 것이 원칙이나 목사로 안수 받지 아니한 사람이 담임목회하는 교회의 경우 교회가 용납하고 소속 지방회에서 공감한다면 담임목회자가 집례할 수 있을 것이다. 하지만 덕을 세우기 위하여 교회를 잘 알고 목회자를 잘 아는 안수 받은 목사를 초대하여 집례 하도록 하는 것이 좋다. 주님의 만찬 집례자가 가운을 입는 것은 문화적 측면에서 이해할 수도 있겠으나 화려한 장식이 없는 단정한 옷을 입고 집례하면 충분하다.

주님의 만찬에 참여하는 사람은 누구나 할 수 있다는 공개만찬, 오직 소속 교인만 참여할 수 있다는 폐쇄만찬 등의 견해가 있으나 개교회 회원들을 중심으로 하여 방문자라도 예수 그리스도를 주님으로 믿고 하나님 나라의 백성된 신앙을 고백하며 침례(세례)를 받은 사람으로서 원한다면 주님의 만찬 의식에 참예할 수 있다고 생각한다. 교회는 교회 규약에 주님의 만찬에 참여하는 사람의 자격에 대하여 명시적으로 규정해 두어야 한다.

떡과 잔을 나누는 방식에 대하여 항상 같은 방식으로 시행할 것이 아니라 여러 가지 방식을 다양하게 사용하는 것이 좋다. 주님의 만찬에 참여하는 숫자가 적으면 한 사람씩 앞으로 나와 떡과 잔을 받는 방식도 있고, 혹은 열 명 정도씩 앞으로 나와 집례자가 전해주는 떡과 잔을 받는 방식도 있다. 떡을 미리 적당한 크기로 잘라 놓는 방식도 있고 만찬 참여자가 스스로 떡을 떼어 받는 방식도 있다. 회중이 보는 앞에서 집례자가 떡 덩어리를 쪼갬으로 그리스도의 몸이 상하심을 상징적으로 보여줄 수도 있다. 잔의 경우도 미리 작은 잔에 따라 두었다가 잔을 받는 방식도 있고 큰 잔 하나를 돌려가면서 마시는 방법도 있다. 어떤 방식으로 하든지 간에 주님의 만찬의 의미가 확연하게 드러나야 할 것이다.

주님의 만찬 상은 예배당 중앙부에 두어야 한다. 초대교회에서는 만찬이 예배의 중심이었고, 만찬 상이 예배당의 중심이었다. 주님의 만찬이 거행되지 않는 때에라도 항상 접시와 잔을 비치해두는 것도 좋다.

B. 지침

1) 주님의 만찬을 행할 때 참여자는 하나님의 은혜를 묵상하고 그분의 가르침에 대한 순종으로 성숙함을 입증할 때에 하나님의 지속적인 임재를 깨닫고 복을 받게 된다.
2) 의식 그 자체에 내재된 신비한 능력이 있는 것이 아니다. 성령님의 임재하심을 통하여 하나님의 은혜를 경험할 수 있다.

3) 주님의 만찬 의식의 분위가 엄숙하고 무거운 분위기가 되어야만 하는 것은 아니다. 초대교회 때는 고난 받고 부활하신 예수님에 대한 생생한 기억으로 인하여 주님의 만찬이 잔치와 기쁨과 경축이었다.
4) 주님의 만찬은 과거를 바라보면서 동시에 미래를 내다보는 것이기도 하다. 주님의 만찬이 상징하고 있는 과거의 사건과 함께 그 과거가 있었기에 보장되는 미래에 대한 기대와 확신에 기초한 새로운 다짐과 각오 그리고 헌신과 함께 능력 부어짐이 있음을 믿어야 한다.
5) 주님의 만찬에 사용되는 떡과 잔은 시중에서 판매하는 일반 제품을 구입하여 사용하는 것보다는 만찬용으로 판매되는 것을 사용하거나 설탕을 넣지 않은 백설기 등을 교회에서 만들어서 사용하는 것이 좋다. 그리고 알콜 성분이 들어있는 포도주보다는 포도주스를 사용하는 것이 좋을 것이다.
6) 목회자는 주님의 만찬이 거행되는 날에는 설교 전체를 통해서 혹은 적어도 설교의 결론 부분에서 주님의 만찬의 의미를 설교해야 한다. 그리고 주님의 만찬을 나눌 때 하는 제정사를 잘 정리하여 회중에게 증거해야 한다.

C. 의식순서

#1. 주일예배의 한 부분으로 주님의 만찬을 행할 경우

주님의 만찬 의식 제정사	집례자
주님의 만찬은 주님께서 잡히시던 밤에 제자들과 함께 나누신 마지막 만찬에서 시작되었습니다. 예수님은 친히 떡과 잔을 들어 축사하시며 떼어주시고 마시라 하셨습니다. 떡은 예수님의 상하신 몸을 상징하는 것이며, 잔은 예수님께서 십자가에서 흘리신 보혈을 상징하는 것입니다. 우리는 떡과 잔을 통하여 우리를 위하여 십자가를 지신 예수님을 기념합니다.	

"내가 너희에게 전한 것은 주께 받은 것이니 곧 주 예수께서 잡히시던 밤에 떡을 가지사 축사하시고 떼어 이르시되 이것은 너희를 위하는 내 몸이니 이것을 행하여 나를 기념하라 하시고 식후에 또한 그와 같이 잔을 가지시고 이르시되 이 잔은 내 피로 세운 새 언약이니 이것을 행하여 마실 때마다 나를 기념하라 하셨으니 너희가 이 떡을 먹으며 이 잔을 마실 때마다 주의 죽으심을 그가 오실 때까지 전하는 것이니라. 그러므로 누구든지 주의 떡이나 잔을 합당하지 않게 먹고 마시는 자는 주의 몸과 피에 대하여 죄를 짓는 것이니라. 사람이 자기를 살피고 그 후에야 이 떡을 먹고 이 잔을 마실지니라"(고전 11:23-28).

주님의 만찬 기도		담당자

"오 사랑의 주님, 오늘 저희로 주님의 만찬 의식을 행하게 하시니 감사합니다. 주님의 상하신 몸과 흘리신 보혈을 생각하며 기념하오니 구원의 은혜를 더욱 깊이 간직하게 하시고 주님과 함께 하는 제자의 길을 온전히 걸어가도록 인도하여 주옵소서. 예수님의 이름으로 기도합니다. 아멘!"

떡을 나눔		주님의 만찬 위원

(주님의 만찬위원들이 떡을 나누는 동안 적당한 음악을 연주하고, 집례자는 아래 성경구절을 낭독한다.)

"예수께서 떡을 가지사 축복하시고 떼어 제자들에게 주시며 이르시되 받아서 먹으라 이것은 내 몸이니라 하시고"(마 26:26)

	또 떡을 가져 감사 기도 하시고 떼어 그들에게 주시며 이르시되 이것은 너희를 위하여 주는 내 몸이라 너희가 이를 행하여 나를 기념하라 하시고(눅 22:19)	
	(떡을 나누는 동안 음악을 연주하고, 떡을 받은 사람은 다 나눌 때까지 묵상하며 기다리고, 다 떡을 받았는지 확인한 후 다함께 먹도록 한다.)	
잔을 나눔	···	주님의 만찬 위원
	(주님의 만찬위원들이 잔을 나누는 동안 적당한 음악을 연주하고, 집례자는 아래 성경구절을 낭독한다.)	
	"또 잔을 가지사 감사 기도 하시고 그들에게 주시며 이르시되 너희가 다 이것을 마시라	
	이것은 죄 사함을 얻게 하려고 많은 사람을 위하여 흘리는 바 나의 피 곧 언약의 피니라"(마 26:27-28).	
	저녁 먹은 후에 잔도 그와 같이 하여 이르시되 이 잔은 내 피로 세우는 새 언약이니 곧 너희를 위하여 붓는 것이라(눅 22:20)	
	(잔을 나누는 동안 음악을 연주하고, 잔을 받은 사람은 다 나눌 때까지 묵상하며 기다리고, 다 잔을 받았는지 확인하고 다함께 마시도록 한다.)	
성도의 교제	···	다같이
	(주님의 만찬 의식에 참예한 회중은 그리스도의 몸인 교회의 지체로서 서로 사랑과 신뢰로 섬기는 형제자매입니다. 다함께 "사랑합니다"라는 인사말로 교제의 악수를 나누겠습니다.)	
	〈주일예배의 파송 순서를 진행한다〉	

#2. 주님의 만찬 의식을 따로 행할 경우

전 주	······································· (반주자가 전주를 연주하든지, 229, 149 장 등을 회중찬송으로 부를 수 있다.)	다같이
예배부름	······································· "이제부터 주님의 만찬 의식을 위한 주님의 만찬 예배를 시작하겠습니다. 다같이 경건한 마음으로 예배에 참예합시다."	담당자
찬 송	················ 143장 ················	담당자
기 도	·······································	담당자
성경낭독	············ 설교본문 ············	담당자
주님의 만찬 의식 제정사		집례자

주님의 만찬은 주님께서 잡히시던 밤에 제자들과 함께 나누신 마지막 만찬에서 시작되었습니다. 예수님은 친히 떡과 잔을 들어 축사하시며 떼어주시고 마시라 하셨습니다. 떡은 예수님의 상하신 몸을 상징하는 것이며, 잔은 예수님께서 십자가에서 흘리신 보혈을 상징하는 것입니다. 우리는 떡과 잔을 통하여 우리를 위하여 십자가를 지신 예수님을 기념합니다.

"내가 너희에게 전한 것은 주께 받은 것이니 곧 주 예수께서 잡히시던 밤에 떡을 가지사 축사하시고 떼어 이르시되 이것은 너희를 위하는 내 몸이니 이것을 행하여 나를 기념하라 하시고 식후에 또한 그와 같이 잔을 가지시고 이르시되 이 잔은 내 피로 세운 새 언약이니 이것을 행하여 마실 때마다 나를 기념하라 하셨으니 너희가 이 떡을 먹으며 이 잔을 마실 때마다 주의 죽으심을 그

	가 오실 때까지 전하는 것이니라. 그러므로 누구든지 주의 떡이나 잔을 합당하지 않게 먹고 마시는 자는 주의 몸과 피에 대하여 죄를 짓는 것이니라. 사람이 자기를 살피고 그 후에야 이 떡을 먹고 이 잔을 마실지니라"(고전 11:23-28).
주님의 만찬 기도 ··· 담당자	
	"오 사랑의 주님, 오늘 저희로 주님의 만찬 의식을 행하게 하시니 감사합니다. 주님의 상하신 몸과 흘리신 보혈을 생각하며 기념하오니 구원의 은혜를 더욱 깊이 간직하게 하시고 주님과 함께 하는 제자의 길을 온전히 걸어가도록 인도하여 주옵소서. 예수님의 이름으로 기도합니다. 아멘!"
떡을 나눔 ··· 주님의 만찬 위원	
	(주님의 만찬위원들이 떡을 나누는 동안 적당한 음악을 연주하고, 집례자는 아래 성경구절을 낭독한다.)
	"예수께서 떡을 가지사 축복하시고 떼어 제자들에게 주시며 이르시되 받아서 먹으라 이것은 내 몸이니라 하시고"(마 26:26)
	"또 떡을 가져 감사 기도 하시고 떼어 그들에게 주시며 이르시되 이것은 너희를 위하여 주는 내 몸이라 너희가 이를 행하여 나를 기념하라 하시고"(눅 22:19)
	(떡을 나누는 동안 음악을 연주하고, 떡을 받은 사람은 다 나눌 때까지 묵상하며 기다리고, 다 떡을 받았는지 확인한 후 다함께 먹도록 한다.)

잔을 나눔	··	주님의 만찬 위원

(주님의 만찬위원들이 잔을 나누는 동안 적당한 음악을 연주하고, 집례자는 아래 성경구절을 낭독한다.)

"또 잔을 가지사 감사 기도 하시고 그들에게 주시며 이르시되 너희가 다 이것을 마시라

이것은 죄 사함을 얻게 하려고 많은 사람을 위하여 흘리는 바 나의 피 곧 언약의 피니라"(마 26:27-28).

"저녁 먹은 후에 잔도 그와 같이 하여 이르시되 이 잔은 내 피로 세우는 새 언약이니 곧 너희를 위하여 붓는 것이라 (눅 22:20)"

(잔을 나누는 동안 음악을 연주하고, 잔을 받은 사람은 다 나눌 때까지 묵상하며 기다리고, 다 잔을 받았는지 확인하고 다함께 마시도록 한다.)

성도의 교제	··	다같이

(주님의 만찬 의식에 참예한 회중은 그리스도의 몸인 교회의 지체로서 서로 사랑과 신뢰로 섬기는 형제자매입니다. 다함께 "사랑합니다"라는 인사말로 교제의 악수를 나누겠습니다.)

찬　　송	·················· 384장 ··················	담당자
축　　도	··	담임목사

D. 설교

#1. 주님의 만찬(마 26:26-29)

주님의 만찬은 침례 의식과 함께 주님께서 교회에 주신 중요한 과업이다. 교회는 결코 주님의 만찬을 소홀히 여겨서는 안 된다. 초대교회는 주일마다 모여 주님의 만찬을 행했다. 중세교회에서 형식화되고 의식화되어 주님의 만찬이 신비한 행위가 되어 그 근본 취지가 사라지고 왜곡되어 버림으로 말미암아 종교개혁자들은 주님의 만찬을 강조하지 않게 되었고, 그 시행 횟수도 일 년에 4-5번으로 격감되어 버렸다. 그러나 그렇다고 해서 주님의 만찬이 가치 없거나 소홀히 해도 된다는 것은 결코 아니다. 우리는 주님의 만찬의 의미를 바로 깨달아 교회의 사명을 다해야 한다. 주님의 만찬은 어떤 의미가 있는가?

1. 주님의 만찬의 떡은 그리스도의 몸을 의미한다.

예수님은 마지막 만찬을 나누시면서 떡을 가지사 축복하시고 떼어 제자들에게 주시면서 "받아서 먹으라 이것은 내 몸이니라"고 하셨다. 떡을 떼는 것은 인류의 죄를 위하여 상하신 예수님의 몸을 상징하는 것이다. 예수님은 그 몸으로 가시면류관을 쓰시고, 채찍에 맞으시고, 십자가에 못 박히시고, 창에 찔리셨다. 그 몸으로 친히 우리의 모든 죄악을 담당하셨다(벧전 2:24). 그러므로 떡을 받는 것은 자신의 죄를 사해주시기 위하여 상하신 예수님의 몸을 받는 것이며, 그 은혜로 죄사함 받았음을 고백하는 것이다. 구약의 성도들은 광야에서 하늘의 만나를 먹었다. 예수님은 생명의 떡이시다. 생명의 떡이신 예수님을 믿지 아니하면 구원이 없다. 우리는 주님의 만찬에서 떡을 나눔으로 예수님께 대한 믿음을 고백하는 것이다.

2. 주님의 만찬의 잔(포도주)은 언약의 피를 의미한다.

이스라엘 백성이 출애굽에서 구원받은 것은 문설주에 발랐던 어린양의 피 때문이었다(출 12:13). 우리가 구원 받은 것도 예수님이 십자가에서 흘린 보혈의 피 때문이다. 그 피가 내 죄를 사했다는 것을 믿으면 죄 사함과 구원을 받는다. 그래서 이 피는 언약의 피이다(고전 5:7; 요 1:29). 주님의 만찬에서 나누는 잔은 주님께서 물과 피를 다 흘려주신 것을 상징하며 기념하는 것이다.

3. 주님의 만찬은 성도가 한 가족임을 보여주는 의식이다.

예수님은 하나님 안에서 형제된 제자들과 함께 만찬을 나누셨다. 식탁 교제는 가족에게 주어지는 최상의 교제이다. 교회는 주님의 만찬을 통하여 한 가족임을 확인하고 느낀다. 하나님 아버지의 자녀된 성도들이 형제자매로서 가족됨을 고백하고 확증하는 시간이 주님의 만찬이다. 식사는 식사할만한 관계가 있어야 한다. 예수님은 같이 식사를 하자고 문을 두드리신다(계 3:20). 우리는 예수님의 십자가에서 흘리신 피(보혈)를 믿고 그 잔을 마신 한 형제요 자매이며 한 가족이다(막 3:31-35).

4. 주님의 만찬을 함께 받은 자들은 장차 하나님 나라에 초대(약속) 받은 자들이다.

주님의 만찬에 참여하여 떡과 잔을 나누는 것은 영원한 하나님 나라에서 나눌 거룩한 식탁을 미리 맛보는 것이다. 예수님은 포도나무에서 나온 잔을 마시는 자마다 아버지 나라에서 새 것으로(즐거움의 상징) 마실 것을 약속하셨다. 그러므로 주님의 만찬은 천국 잔치에 참여하게 될 사람들이 그것을 소망하며 참여하는 의식이다(계 19:7-8).

주님의 만찬을 행함으로 신비한 기적을 체험하거나 그 떡과 잔이 자동적으로 우리에게 특별한 은혜를 가져다주는 것은 아니다. 진정한 의미를 깨닫고 믿음으로 참여할 때 은혜가 된다. 주님의 만찬을 통해 우리에게 이루어진 구원의 은혜를 다시 한 번 확인하자. 그리고 하나님의 가족으로서 사랑과 신뢰를 확증하자.

#2. 주님의 만찬(고전 11:23-29)

고린도교회는 주님의 만찬을 거행했지만 칭찬을 받지 못했다. 그 이유는 그들의 모임이 유익하지 않고 도리어 해로웠기 때문이다. 그들은 교회에 모일 때 분쟁이 있었다. 그리고 각자 자기의 만찬을 먼저 갖다 먹었으므로 어떤 이는 시장하고 어떤 이는 취해버렸다. 바울은 이러한 고린도교회의 주님의 만찬을 책망하며 주님의 만찬이 어떤 모습이어야 하는지 설명하고 있다.

1. 주님의 만찬은 기념하는 의식이다(24, 25절).

바울은 주님의 말씀을 인용하여 "주 예수께서 잡히시던 밤에 떡을 가지사 축사하시고 떼어 이르시되 이것은 너희를 위하는 내 몸이니 이것을 행하여 나를 기념하라" 그리고 "식후에 또한 그와 같이 잔을 가지시고 이르시되 이 잔은 내 피로 세운 새 언약이니 이것을 행하여 마실 때마다 나를 기념하라"고 하셨다고 한다. 바울이 인용한 주님의 말씀에는 '행하여 기념하라'는 말씀이 함축되어 있다. 즉 주님이 우리를 위하여 내어 주신 몸과 피로 세운 새 언약을 주님의 만찬을 행하여 기념하라는 것이다. 그러니 우리는 우리를 위하여 내어 주신 몸과 피로 세운 새 언약을 기념하기 위해 주님의 만찬을 행해야 한다. 그러나 고린도교회는 행위만 남고 의미는 상실한 주님의 만찬을 행하고 있었다.

2. 주님의 만찬은 전하는 의식이다(26절).

바울은 떡을 먹으며 잔을 마시는 주님의 만찬이 주님이 오실 때까지 그분의 죽으심을 전하는 것이라고 말한다. 이것이 가능한 이유는 떡이 우리를 위하여 내어주신 주님의 몸을, 잔이 피로 세운 주님의 새 언약을 상징하기 때문이다. 만약 누군가가 우리에게 왜 떡을 먹냐고 물으면 우리는 그것이 주님이 우리를 위해 몸을 내어주신 것을 기념하는 것이라고 말할 수 있다. 만약 누군가가 우리에게 왜 잔을 마시냐고 물으면 우리는 그것이 주님이 우리와 세우신 새 언약이라고 전해줄 수 있다. 그러나 고린도교회는 주님의 만찬을 먹고 마시는 의식으로, 심지어는 누군가는 배가 고프고, 누군가는 술에 취하는 의식으로 만들고 말았다.

3. 그러므로 주님의 만찬은 먼저 자신을 살핀 후에 참여해야 한다 (27-29절).

바울은 주님의 만찬이 주님을 기념하고 전하는 의식이기 때문에 "누구든지 주의 떡이나 잔을 합당하지 않게 먹고 마시는 자는 주의 몸과 피에 대하여 죄를 짓는 것"이라고 말했다. 그렇기 때문에 바울은 주님의 만찬에 참여하는 "사람이 자기를 살피고 그 후에야 이 떡을 먹고 이 잔을 마시라"고 권고한다. "주의 몸을 분명하지 못하고 먹고 마시는 자는 자기의 죄를 먹고 마시는 것"이다. 그러니 주님의 만찬에 참여하는 자는 자신을 먼저 살피고 합당하게 주님의 떡과 잔을 취함으로써 주님의 죽으심을 주님이 오실 때까지 기념하고 전해야 한다.

주님의 만찬에 참여하는 사람은 서로 기다려야 하고 서로 판단하지 말아야 한다(30-34절). 주님의 만찬은 먹고 마시는 시간이 아니며, 서로를 판단하는 시간도 아니다. 그리하여 우리는 주님의 만찬이 오직 주님의 죽으심을 주님이 오실 때까지 기념하고 전하는 의식이 되도록 해야 한다.

교회절기예배

6. 신년주일예배
7. 진급예배
8. 종려주일예배
9. 부활주일예배
10. 성령강림주일예배
11. 어린이주일예배
12. 어버이주일예배
13. 사역자주일예배
14. 맥추감사주일예배
15. 추수감사주일예배
16. 성경주일예배
17. 성탄예배
18. 송년주일예배
19. 송구영신예배

6. 신년주일예배

A. 원리

신년예배는 지나간 한 해의 삶에 대한 반성과 함께 새로운 삶에 대한 기대를 가지고 하나님 앞에 나가는 기회이다. 매년 새로운 기대와 헌신을 다짐하며 한해를 출발하지만, 이 시점에서 돌이켜보면 후회와 아쉬움이 남기 마련이다. 묵은해를 보내면서 성도들은 자신의 지난 삶 속에 죄악의 흔적과 연약했던 신앙의 모습을 조용히 돌아보며 하나님께 회개하고 용서를 구하는 기회를 가지는 것이 필요하다. 신년 예배에서 목회자는 성도들이 지난 삶의 크고 작은 실수와 실패, 좌절과 낙심, 고난과 아픔 등을 겪었을지라도 새해를 맞이하여 다시금 새로운 헌신과 신앙의 결단을 가지고 한 해의 삶을 직면해 가도록 말씀으로 격려하는 것이 필요하다. 특히 신년 첫 예배를 통해서 선포되는 말씀은 성도들에게 한 해의 삶을 이끌어주는 소중한 말씀으로 다가올 것이므로 이날 설교는 새로운 삶의 도전과 기회들에 대하여 성도들이 신앙으로 이기고 승리하는 삶을 살아가도록 이끌어주는 내용이 좋다.

B. 지침

1) 이 날 예배는 무엇보다도 새로운 마음가짐으로 신앙을 새롭게 다지는 것에 강조점을 두는 것이 필요하다.
2) 목회자는 사전에 성도들로 하여금, 새해 신앙의 헌신을 결단하도록 안내하고 새해를 위한 신앙의 헌신문과 기도제목을 작성하도록 격려한다.
3) 새로운 신앙의 다짐과 함께 각자 감사 예물을 준비하여 하나님께 드리는 것은 믿음으로 헌신을 새롭게 하는 좋은 동기 부여가 될 것이다.

C. 예배순서

전　　주	묵도	다같이
예배의말씀	마태복음 6:24-29	사회자
기　　원		사회자

　　　　　만물을 새롭게 하시는 하나님, 저희들에게 새로운 기쁨과 소망으로 새해 첫 주일예배를 드리도록 은혜 내려주심을 감사합니다. 오늘 우리의 영과 마음을 새롭게 하시며 새 마음과 새 다짐으로 한 해를 맞이하게 하시옵소서. 예수님의 이름으로 기원하옵나이다.

고 백 기 도		다같이

　　　　　하나님 아버지 저희들은 연약한 죄인들입니다. 지난 한 해 동안 저희들은 세상에서 죄와 불신앙으로 하나님의 거룩한 영광을 가렸던 순간들이 있었음을 고백합니다. 긍휼과 자비가 많으신 아버지, 이모든 허물과 죄악을 참회하며 주님의 자비와 긍휼을 구합니다. 저희들을 주님의 한량없는 사랑과 은혜로 깨끗이 용서하여 주시옵소서. 오늘 신년예배를 드리는 모든 성도들에게 우리를 변함없이 사랑하시는 하나님의 크신 사랑과 은혜가 충만히 임하여 주시기를 간구드립니다. 그리고 저희들이 성령의 크신 능력을 힘입어 하나님께서 새롭게 허락해주신 새 해를 믿음으로 승리하며 살 수 있도록 복 내려주시옵소서.

찬　　송	428장	다같이
교 독 문	93	다같이
대 표 기 도		담당자
성 경 봉 독		설교자
성가대찬양		성가대
설　　교		담임목사
찬　　송		다같이
찬　　송	550장	다같이
축　　도		담임목사

D. 설교

#1. 새 길을 여시는 하나님(행 16:6-34)

하나님은 온 세상을 만드시고 좋아 하셨다. 인간을 지으신 후에 심히 좋아하셨다. 스바냐는 하나님께서 우리를 인하여 기쁨을 이기지 못하신다고 했다. 새해를 맞는 여러분에게 하나님께서 주시는 기쁨이 있기를 바란다. 오늘 성경 본문의 이야기는 기쁘지 않은 분위기에서 시작되었다. 길이 막힌 것이다. 사도 바울과 그의 동료들이 복음을 전하려고 소아시아 지역에 갔는데 이 곳 저 곳 아무리 노력해도 길이 열리지 않고 막혔다. 기쁨이라고는 전혀 찾아볼 수 없는 분위기였다. 그러나 이야기의 맨 끝은 어떻게 되었는가? 34절을 보라. 온 집이 하나님을 믿으므로 크게 기뻐했다. 하나님께서 기쁨이 있게 하셨다. 유럽으로 나가는 새 길을 여셨기 때문이었다. 새해에는 여러분에게 새 길이 열리므로 기쁨이 가득하기를 바란다. 하나님께서 어떻게 새 길을 여시는가?

1. 성령님의 인도를 받게 하신다.
6절을 보면 길이 막혀 고심하던 바울에게 성령님께서 환상을 보여 주셨다. 종종 인생길에 길이 막히는 것을 느낄 때가 있다. 왠지 일이 잘 안 풀리고, 답답하고, 사람들과 갈등이 생기고, 아무런 이유를 모르겠는데도 잘 안 된다. 가정에서도, 학교에서도, 직장에서도, 사업도, 왜 일까? 성경은 성령님이 허락지 않으시기 때문이라고 말한다. 우리에게도 물론 우리가 잘못했기 때문이기도 하지만 어떤 때는 하나님의 뜻을 따라 막으실 때가 있다. 그럴 때는 실망하지 말고 주님께서 여시는 또 다른 길을 기다리자. 지난 해 좀 답답했었는가? 새해에는 주님께서 성령님 인도하셔서 새 길을 열어주실 것이다.

2. 주님께서 예비하신 사람을 만나게 하신다.
빌립보로 인도하신 주님은 바울에게 루디아를 만나게 하셨다. 루디아는 "하나님을 공경하는 사람"이었다. 하나님은 우리로 사람과의 만남을 통해 거룩한 역사를 이루신다. 배우자와의 만남, 자녀와의 만남, 교우들과의 만남, 목사님 사모님과의 만남, 루디아는 바울을 만나 복음을 들었고, 신앙의 내용이 채워졌고, 집을 열어 복음을 위해 헌신 봉사하였다. 여러분의 삶이 주님 보내주시는 사람을 통해 변화되고 채워지기를 바란다. 주여, 만날만한 사람을 만나게 하옵소서. 루디아가 바울을 만남으로 복을 받았던 것처럼, 만나는 사람들에게 축복이 되어야 한다. 누군가를 만나 기쁨이 되어야 한다. 갈등, 다툼, 아픔, 상처를 주지 말고 기쁨을 주라. 새해에는 주님께서 예비된 사람을 만나 새로운 기회를 얻고, 새 길을 가게 하실 것이다.

3. 악령들의 역사를 극복하게 하신다.

우리 인생의 길이 막히는 것은 악한 영들의 역사인 경우가 많다. 바울 일행이 빌립보 전도를 계속하고 있을 때 한 귀신 들린 여종이 그들을 보고는 소리를 질렀다. 귀신들은 지금도 역사한다. 우는 사자와 같이 우리를 삼키려고 부르짖고 있다. 마귀는 가정에서, 사회에서, 심지어 교회에서도 악한 역사를 일으킨다. 귀신은 거짓의 영이다. 참소한다. 유혹한다. 우리를 무너뜨린다. 가정의 평화를 깨뜨린다. 우리의 자녀들을 잘못된 길로 이끈다. 이 땅에 죄악이 가득하게 한다. 성도들을 불신앙의 길로 빠뜨린다. 복음전도의 길을 막는다. 우리의 기도 문이 막히게 한다. 귀신의 역사를 제어해야 한다. 우리의 힘으로 불가능하다. 오직 예수 그리스도의 이름으로만 가능하다. 예수님께서 십자가에서 부활하심으로 마귀의 머리를 상하게 하셨다. 예수 이름으로 승리를 얻는다. 귀신들린 사람을 치유하는 것이 교회의 능력이요 사명이다. 예수 그리스도의 이름으로 명해야 한다. 우리를 가로막던 악한 영의 역사를 파하고 새 길을 힘차게 걸어가야 한다.

4. 묶인 결박을 풀어주신다.

바울 일행이 잡혀가 감옥에 갇혔다. 바울과 실라는 기도하고 하나님을 찬미하였다. 기도하고 찬송할 때 하나님의 능력이 나타났다. 사슬이 끊기고 - 나의 내적인 문제가 해결된다. 옥문이 열리고 - 나의 외적인 문제가 해결된다. 환경이 열린다. 옥터가 흔들리고 - 나에게 새로운 기회가 주어진다. 그동안 나를 얽매고 있던 문제가 무엇인가? 우리 가정, 내 인생, 내 사업, 내 학업을 가로 막고 있던 문제가 무엇이었나? 하나님께서 내 결박을 풀어주신다. 나에게도 새로운 기회를 허락하신다. 내 인생에 진정한 기쁨을 채우실 것이다.

우리는 새해에 주님께서 우리에게 새 길 열어주실 것을 믿는다. 성경은 선포한다. "주 예수를 믿으라. 그리하면 너와 네 집이 구원을 얻으리라." 온 가족이 예수님을 믿고 새롭게 출발해야 한다. 예수님을 믿으면 새사람이 되고, 새로운 인생이 열린다. 예수님을 믿으면 마음도, 생각도, 가정도, 학업도, 사업도. 인생도, 생활도, 모두가 새롭게 된다. 새로운 길이 열린다. 복음의 능력이 우리에게 임하기 때문이다. 이 은혜와 믿음으로 새로운 길을 힘있게 가는 새해가 되기 바란다.

#2. 당신은 행복자입니다(신 33:26-29)

신년 주일을 맞아 하나님의 크신 복이 함께 하시기를 축원한다. 옆에 있는 분과 새해 인사를 나누자. "새해 복 많이 받으세요." 우리가 읽은 본문 말씀은 신명기인데, 이스라엘 백성이 애굽을 떠나서 광야 40년 생활을 마치고 가나안으로 들어가려는 시점에서 하나님이 모세를 통해 주신 메시지이다. 애굽을 떠난 후 40년 동안의 생활을 반성하고 앞으로 전개될 가나안 땅에서의 새로운 삶을 전망하는 내용으로 채워져 있다. 광야에서처럼 불신하고 불평하며 살아서는 안 되고 가나안에 들어가면 그렇게 살면 안 된다는 교훈의 말씀으로 주시고 맨 마지막에 결론으로 이스라엘 열두 지파를 축복하는 내용이 나온다. 이 하나님의 말씀은 하나님께서 각 지파에게 주신 하늘의 복이다. 그 모든 복의 결론이 오늘의 본문이다. 옛날 이스라엘에게 주셨던 이 하나님의 복된 말씀이 우리 모두에게 금년 한 해 임하기를 간절히 바란다.

29절을 보기 바란다. 거기 보면 '이스라엘이여 너는 행복자로다'라고 했다. 이게 복의 결론이다. 이스라엘이여 너는 행복자로다 얼마나 복된 선언인가? 아주 짧지만 간결하고 힘 있는 메시지이다. 성경이 말하는 이 당신은 행복자라는 이 하나님의 거룩한 말씀. 이 선언 앞에 우리들이 겸손하게 나와야 한다. 우리가 왜 행복자인가?

1. 여호와께서 구원해 주셨기 때문에 행복자이다.

하나님은 이스라엘을 애굽에서 구원해 내셨다. 유월절 어린양의 그 피가 문설주에 발라져 있는 것을 보시고 죽음의 사자를 넘어가게 하시고 그 백성을 애굽의 압제에서 이끌어 내셔서 하나님이 약속해 주신 가나안을 향해 나아가도록 허락해 주셨다. 이것은 하나의 모형이다. 우리가 하나님 모르고 살 때 예수님 모르고 살 때 교회에 오지 않았을 때 우리들은 이 세상에서 인간적인 욕심과 그리고 이 땅에서의 것을 추구하면서 그 죄악 중에서 살았다. 그러나 하나님이 사랑하셔서 우리로 하나님의 말씀을 듣게 하시고 예수 그리스도의 십자가를 보게 하시고 회개하고 믿음으로 구원받게 하셨다. 우리에게 이루어진 이 구원만 생각해도 내가 구원 받은 것이 얼마나 큰 복인가? 하나님께서 우리를 특별히 사랑해 주셔서 우리를 죄악 가운데서 구원해 내셔서 하나님의 친 백성으로 삼으셨으니 이 사실 하나만으로도 우리는 영원토록 하나님을 찬양 드리고 하나님 앞에 감사하고 행복할 수 있다.

2. 여호와께서 우리를 돕는 방패가 되시기 때문에 행복자이다.

두려움, 염려, 근심, 걱정에서 우리를 지키시는 분이 하나님이시다. 하나님은 질병으로부터 악한 세력으로부터 우리를 지키시고 보호해 주시는 나의 산성, 나의 방패, 나의 요새이시다. 우리가 어디 가서 무슨 일을 당하든지 우리 주님은 우리의 돕는 방패가 되시기 때문에 우리는 흔들리지 않는다. 하나님이 방패가 되심을 믿고 그 방패 안에 거하는 복된 은혜를 누리기를 주님의 이름으로 축원한다.

3. 여호와께서 우리의 대적을 복종시켜주시기 때문에 우리는 행복자이다.

아말렉을 이기게 하신 주 여호와 하나님 눈에 보이는 대적도 눈에 보이지 아니하는 대적도 하나님께서는 다 이기게 해 주신다고 말씀하셨다. 어떤 풍랑도 잠잠하게 해 주시는 분이 주 예수 그리스도이시다. 악한 귀신들의 역사도 파해주시고 악한 무리들을 꺾어주시고 사망 권세를 깨치신 분이 예수님이시다. 과거에 우리를 얽매고 있던 그 모든 죄악으로부터 과거에 우리를 둘러싸고 있었던 세상의 모든 유혹의 손길로부터 내안에 있는 세상의 욕심, 육체의 정욕과 안목의 정욕과 이생의 자랑, 이 모든 것들로부터 우리를 지키실 뿐만 아니라 이제 그것을 극복하고 이겨낼 수 있는 힘을 주신다고 우리 주님 약속해 주신다. 이스라엘을 승리하게 해주신 하나님 때문에 이스라엘은 행복자라고 말씀하셨다. 믿음으로 승리하기를 주님의 이름으로 축원한다.

금년 한해 주님 말씀대로 행복자가 될 것이다. 여러분들은 행복자이다. 함께 기도하자: "하나님 그렇습니다. 저는 행복자입니다. 하나님께서 행복자라고 하시니까 제가 행복자인 것을 믿습니다. 행복자인 것을 믿을 뿐만 아니라 그것을 깨닫고 느끼고 실제로 누리면서 살 수 있는 진정한 복된 삶을 살게 해주십시오."

7. 진급예배

A. 원리

진급예배는 그다지 익숙한 것은 아니다. 그러나 학생들에게는 매우 의미있는 시간이 될 것이다. 진급이란 새롭게 학교에 입학하거나 학년이 올라가는 것을 의미한다. 그러므로 교회는 2월 마지막 주일을 진급주일로 정하여 졸업하는 학생들을 축하하고, 입학하는 학생들을 축복하며 학년이 올라가는 학생들을 격려하는 진급예배를 하는 것이 필요하다.

진급이란 더욱 큰 발전을 향해 발돋움하는 과정이다. 새로운 학업의 기회를 갖는 것은 개인과 가정은 물론 교회로서도 귀중한 것이다. 교회는 마땅히 학생들을 축하하고 축복해야 한다. 특히 어린이가 줄어들고 청소년 문제가 늘어가는 상황에서 진급예배는 학생들에게 새로운 마음 가짐을 갖게 하고 가족과 교회는 학생들을 하나님께 위탁하며 기도해주며, 학생 자신은 하나님이 주시는 새로운 기회에 대한 헌신을 하는 계기가 될 것이다.

목사는 진급하는 학생들을 미리 파악하여 부모와 연락하면서 진급예배에 꼭 참석하도록 해야 한다. 학생들이 학교를 졸업할 때 의미있는 변화를 갖기 때문에 자칫 신앙생활의 끈을 놓치는 경우가 있다. 상급 학교에 진학하지 못하거나 원하는 학교에 들어가지 못할 때 그런 현상이 더욱 커질 수 있다. 또 고등학교를 졸업하고 대학이나 사회에 발을 들여 놓을 때 거센 세속적인 바람에 흔들려 신앙인답지 못한 행위에 동참하는 위기를 경험하기도 한다. 그러므로 목사는 진급예배를 통하여 계속 신앙 가운데 머물러 있도록 촉구하고, 교회의 교제권에서 벗어나지 않도록 챙길 필요가 있다.

사회적 진급은 신앙적 진급으로 이어져야 할 것이다. 교회에서도 교회학교에서 진급을 이때 하도록 하면 좋다. 교회는 진급예배 때 교회학교 교사들을 소개하고 축복하는 시간을 마련해야 한다. 어린이로부터 청소년 그리고 청년과 장년과 노년에 이르기까지 모든 교인들이 교회학교에 편성되어서 성경을 배우고 전도와 봉사 그리고 교제의 기회를 갖도록 초대하고 격려해야 한다.

B. 지침

1) 진급예배에는 교사와 학생 모두가 참석하도록 한다. 특히 부모가 교회에 다니지 않는 학생을 잘 챙겨야 한다. 진급자들을 위한 별도의 자리를 마련하여 교사와 학생들이 함께 앉아 예배하도록 한다.
2) 예배 순서지에 진급자 명단을 기록한다.
3) 졸업자, 입학자, 학년진급자들에게 적절한 선물을 주도록 준비하는 것이 좋다.
4) 진급자들을 축하하며 축복하는 시간을 갖도록 한다. 가능하다면 꽃다발을 주는 것도 좋다.
5) 진급자들이 특별음악을 준비하여 노래하도록 하는 것도 좋다.
6) 설교자는 진급자와 그 가족을 위하여 특별한 메시지를 준비하여 증거해야 한다.

C. 예배순서

찬 송	···	사회자와 회중
	(찬송가와 복음송가 중에서 몇 곡 선곡하여 부른다.)	
진급자 입장	···	교사와 진급자
	(박수로 환영)	
찬 송	······················ 325장 ······················	다같이
교 독 문	······················ 112 ······················	사회자와 회중
기 도	···	담당자
특 별 음 악	···	담당자
성 경 봉 독	······················ 설교본문 ······················	담당자
설 교	······················ 설교제목 ······················	설교자
진급자 소개와 축하	···	교회학교 교장

		(졸업자, 입학자, 학년 진급자 등을	
		소개하고 축하하고 축복하며 선물	
		등으로 격려한다.)	
찬 송	············ 302장 ············		다같이
축 도	··································		담임목사

D. 설교

#1. 정탐꾼의 열망(민 13-14장)

한 학년 씩 올라가고, 학교에 입학하는 학생 여러분에게 주 하나님의 은혜와 축복이 충만하시기를 바란다. 서로 인사하자. "새 학년에 은혜와 축복이 가득하기를…" 우리는 두렵고 설레는 마음으로 새 학년을 기대하고 있다. 늘 새로운 일을 시작할 때면 기대도 되지만 약간의 걱정도 된다. 과연 내가 잘 해낼 수 있을까? 어렵지는 않을까? 전과는 다른 새로운 길을 간다는 것은 어렵기도 하지만 각오를 다지고 열심을 품고 도전하면 새로운 기회가 될 수도 있다. 새로운 학년을 시작하면서 무엇을 기대하는가? 좋은 일, 기쁜 일, 복된 일이 있기를 바란다.

이스라엘 백성은 출애굽 하여 약속의 땅인 가나안을 바라보면서 바란 광야에서 정탐꾼을 보냈다. 마치 우리가 새 학년을 내다보듯이. 12명의 정탐꾼을 보내어 정탐하게 했다(민 13:12). 그들의 이름이 기록되어 있다(13:4). 새 학년을 시작하고자 하는 여러분도 정탐꾼의 심정일 것이다. 여러분의 이름도 정탐꾼 명단에 들어 있다. 정탐을 다녀온 후에 모든 정탐꾼들이 보고했다(13장 25-27). 이구동성으로 아주 좋은 땅이라고 했다. 그런데 그 다음 단어가 중요하다 "그러나." 항상 '그러나'가 문제다. 좋기는 좋은데 그러나. 해야 하는데 그러나. 그들은 결국 메뚜기 신드롬에 빠져 버렸다. '나는 메뚜기야! 우리는 메뚜기야!' 당신은 메뚜기가 아니다. 결국 새로운 기회를 놓쳐버린 사람들은 다 망하고 오직 여호수아와 갈렙 두 사람만이 새로운 세대와 함께 가나안에 들어가게 되었다. 왜 그 두 사람만이 가나안에 들어 갈 수 있었는가? 우리가 어떻게 하면 새로운 학년에서 성공자가 될 수 있을까? 우리는 어떤 정탐꾼이 되어야 할까?

1. 가나안에 대한 소망과 열망이 있어야 한다(14:7-8).

가나안 땅은 하나님께서 약속하신 땅으로 이스라엘 백성에게 주어진 땅이다. 하나님은 이스라엘 백성에게 가나안 땅에 대한 소망을 주셨다. 그들은 가나안으로 가야 한다. 다른 정탐꾼들이 모두 가지 말자고 했을 때 여호수아와 갈렙 두 사람은 가나안 땅이 아름다운 땅이며 여호와께서 젖과 꿀이 흐르는 그 땅으로 인도하실 것이라고 했다. 우리에게도 주어진 아름다운 소망이 있다. 그 소망을 믿음으로 성취해야 한다. 하나님께서 각 사람에게 주신 약속을 믿음으로 받아 소망으로 붙잡고 열망을 품어 성취하자.

2. 과업성취에 대한 확신이 있어야 한다(14:9).

하나님께서 주신 소망이 있으면 그 소망을 성취하기 위하여 혹시 방해가 있고 어려움이 있을지라도 넉넉히 극복하고 이겨낼 수 있다는 확신을 가져야 한다. 열망을 품은 정탐꾼은 아낙 자손의 거인들이 버티고 있을지라도 "그들은 우리의 먹이라"는 확신을 갖는다. 하나님의 약속이기에 할 수 있는 것이다. 소망에 대해 주저하거나 머뭇거리는 것은 하나님을 거역하는 것임을 알자. 주어진 과업을 성취하기 위하여 담대한 마음으로 나가자.

3. 여호와 하나님께서 함께 하신다는 확신을 가져야 한다(14:9).

이스라엘 백성이 믿는 하나님은 함께 하시는 하나님이시다. 우리의 소망은 우리의 힘으로 성취되는 것이 아니다. 하나님께서 도우시고 능력 주셔야만 가능하다. 갈렙과 여호수아는 이스라엘 백성에게 하나님이 함께 하시니 두려워 말고 앞으로 나가자고 격려했다. 그러나 그들은 듣지 않았다. 결국 실패하고 말았다. 우리는 우리의 소망을 함께 하시는 하나님의 인도하심과 능력주심으로 성취하자.

4. 구별된 마음을 가져야 한다(14:24).

이스라엘 백성이 가나안을 향했던 발길을 돌리려 할 때 그들에 대한 심판을 경고하시면서 하나님은 갈렙의 마음이 그들과 다름을 강조하셨다.

성공하는 사람은 실패하는 사람과 마음과 생각이 다르다. 우리는 구별된 마음(different spirit)을 가져야 한다. 구별된 마음은 약속에 대한 굳은 확신과 하나님께서 인도하신다는 믿음의 마음이다.

새로운 출발을 앞두고 있는 여러분에게 정탐꾼이 가졌던 열망이 있기를 바란다. 주의 약속하신 말씀 위에서 굳은 믿음과 확신을 가지고 담대하게 나가라.

#2. 성숙함을 나타나게 하라(딤전 4:6-16)

성숙함이란 성장과 발전을 이루어 가는 과정이다. 더, 온전해지고, 성장하고, 진보가 나타는 것이다. 성경은 성숙함을 나타나게 하라고 했다. 15절을 현대인 성경에서는 "그대가 발전하는 모습을 모든 사람이 보게 하시오"라고 했다. 성숙을 나타낸다는 것은 성숙함이 가시적으로 나타나 보인다는 것이다. 성숙함이 나타날 때 하나님께서 기뻐하시고, 교회에 덕이 되며, 불신자들에게 도전이 되고, 하나님의 나라가 확장된다. 성숙이 나타나지 않는 데는 이유가 있다. 그것은 성숙을 막는 장애물이 있기 때문이다. 우리의 성숙을 가로막고 있는 장애물은 어떤 것이 있을까?

1. 우선순위가 잘못되었기 때문이다.

11절에 "너는 이것들을 명하고 가르치라"고 했는데, 이것들이란 무엇인가? 그 앞에 언급된 육체의 연단과 경건의 연단에 대한 교훈이다. 우리는 이 둘 사이에서 갈등한다. 이 땅에서 육체를 입고 사는 한 육체의 연단을 외면 할 수 없다. 하지만 우리는 하나님의 자녀로서 영적인 것의 중요성을 잘 알고 있다. 우선순위란 먼저 할 것과 나중 할 것을 잘 가려서 하는 것이다. 육체의 연단과 경건의 연단 두 가지 중 어느 것이 중요한가? 어느 것을 더 급하게 챙겨야 하는가? 중요한 것을 급한 것으로 삼는 것이 신앙생활의 근본이다. 육체의 연습을 경건의 연습보다 더 우선시 할 때 성숙의 장애가 된다.

2. 아직 성숙할 때가 안 되었다고 생각하기 때문이다.

성경은 "네 연소함을 업신여기지 못하게 하라. 성숙을 나타내라"고 명한다. 디모데는 나이가 다른 사람들에 비해 어렸던 것 같다. 그래서 나이가 어리기 때문에 모든 것의 이유를 나이에 핑계를 대고자 하는 유약한 마음이 있었을지도 모르겠다. 디모데 주변에 있는 많은 사람들이 그의 어린 나이를 이유로 그를 무시하거나 업신여기는 분위기가 있었던 것 같다. 그래서 그를 아끼고 그에게 힘을 실어주려는 사도 바울은 격려의 메시지를 주었다. 여러분 나이에 상관없이, 학년에 상관없이, 무슨 과정에 있든지 열심히 공부해야 한다. 이전보다 금년에 새 학년에 올라가서 더 잘 되기 바란다.

3. 없는 것을 찾기 때문이다.

"네 속에 있는 은사를 소홀히 여기지 말라"고 했다. 우리는 없는 것을 찾지 말고 우리 속에 있는 것을 찾아야 한다. 교육은 속에 있는 것을 끄집어내주는 것을 의미한다. 하나님께서는 모든 인간을 세상에 보내실 때 그 속에 그 사람만의 고유한 소질과 능력과 재능을 주셨다. 남과 절대 비교하지 말라. 비교의식은 틀림없이 경쟁심과 시기심과 열등감에 빠지게 한다. 여러분의 과거가 혹시 여러분이 원하던 모습이 아니었을 수도 있다. 여러분의 현재가 여러분이 기대하던 모습이 아닐 수도 있다. 여러분의 미래가 여러분이 계획하던 모습처럼 안 될 수도 있다. 그렇다고 실망하거나 좌절하지 말라. 하나님이 주신 것을 소중히 알고 그것을 잘 갈고 다듬어서 하나님 뜻을 이루는데 바쳐야 한다. 나의 외모도, 성향도, 성별도, 가정 형편도, 하나님이 주신 선물이다. 마음에 안 든다고 불평하기보다는 오히려 감사하면서 그 속에서 하나님의 섭리를 깨닫고 합력하여 선을 이루시는 하나님의 은혜와 능력을 믿고 힘내시고 더욱 발전하기 바란다.

4. 계속하지 않기 때문이다.

16절, 계속하라! 성숙은 계속하는 사람에게 주어진다. 많은 사람들이 중간에서 그만 두어버린다. 책을 읽어도 다 읽지 않고 중간에서 그만둔다. 봉사를 하다가도 이런 저런 이유를 대면서 중도 포기하고 만다. 사단은 우리가 주님을 위해 무엇인가를 하려 할 때 일단 시작하지 못하게 가로막는다. 그러다가 실패하면 우리로 하여금 계속하지 못하게 한다. 계속하라.

성숙을 나타낼 계절이다. 더 성숙하자. 발전을 이루자. 진보하자. 여러분 모두에게 발전과 성숙과 진보가 이루어지기를 바란다. 여러분 학업에도 큰 진보가 있고, 신앙에도 큰 진보가 이루어지기 바란다. 하나님은 우리의 성장과 성숙을 보기 원하신다. 발전과 성숙과 진보가 금년 내에 나타나 보이기를 축원한다.

8. 종려주일예배

A. 원리

종려주일(수난주일, Palm Sunday, Passion Sunday)은 수난 주간의 첫날로서 그리스도이신 주 예수님께서 십자가의 죽음으로 인류 구속의 대역사를 이루시려고 예루살렘에 입성하신 날이다. 이 날 초대 교회는 성도들이 종려나무 가지를 들고 행진하면서 복음서 중 특히 마태복음에 나타난 예수님의 수난(마 26, 27)에 관한 말씀을 중심으로 읽었다. 그리고 그리스도의 고난을 명상했다. 그러므로 이 날의 주제는 두 가지인데, 하나는 승리의 입성이고, 또 하나는 주님의 수난이다. 그래서 흔히 이 날을 가리켜 '대조의 날' 또는 '아이러니의 날' 이라고 부른다. 이날 교회는 전통적으로 예수님의 십자가에서의 일곱 말씀(가상 칠언)을 묵상하고 설교하였다. 이날은 성주간(Holy Week)의 시작이면서 이어지는 한 주간은 주님의 십자가의 수난을 기억하는 때이므로, 성도들은 한주간의 삶 속에서 주님의 십자가의 고난의 의미를 되새기면서 보다 경건하고 절제있는 삶을 살아가도록 노력하여야 한다.

B. 지침

1) 종려주일은 다른 말로 수난주일이다. 따라서 종려주일 예배는 주 예수님께서 십자가 여정에서 겪었던 고난을 깊이 묵상하며 그 주님의 고난에 영적 및 육체적으로 동참하는 기회가 되어야 한다.
2) 이어지는 한 주의 고난주간 동안 특별기도회를 하거나 주님의 고난을 새겨보는 예배나 모임을 가지는 것이 좋다.
3) 이 날 예배를 위해 예배 입장 행렬팀이 준비되어 있다면 주님의 고난을 상징하는 소품들을 준비하여 입장함으로써 더욱 종려주일 예배를 진지하게 드릴 수 있을 것이다. 소품으로는 고난의 상징인, 가시관, 채찍, 사

다리, 해면, 못, 닭 울음 등이 있다.

C. 예배순서

전 주	················· 묵 도 ·················	다같이
예배의말씀	················· 마 21:5-9 ·················	사회자
기 원		사회자

　　　　　이 땅의 모든 죄악을 사하시기 위해 몸소 십자가의 고난을 겪으시고 저희에게 구원을 베풀어주신 주님 그 크고 놀라우신 은혜 앞에 이 시간 머리를 조아립니다. 대제사장들로부터 배척과 조롱을 받으시고, 빌라도 법정에서 사형을 선고 받으셨으며, 군병들의 채찍을 온몸으로 받아들이신 주 예수님! 저희가 무엇이관대 미천한 저희를 구원하시기 위해 몸소 고난을 받으셨는지요! 오늘 종려주일을 맞아 저희들이 주님께 드리는 찬양과 감사를 받으시옵소서. 주님의 고난으로 저희가 죄 사함을 받고 이 큰 구원에 참여하였사오니 저희로 하여금 아직 죄 가운데 있는 이웃들과 형제들의 구원을 위하여 아픔과 고난을 기꺼이 감수하게 하옵소서. 주 예수님의 이름으로 기원하옵나이다. 아멘

찬 송	················· 141장 ·················	다같이
교 독 문	················· 129 ·················	다같이
대 표 기 도		담당자
찬 송		다같이
고 백 기 도		다같이

　　　　　하나님 아버지 주님의 예루살렘 입성 때에 호산나를 외치며 주님을 찬양하였던 군중들을 생각합니다. 일순간에 주님을 부인하며 주님을 십자가에 못 박으라 외치던 그들이 오늘 저희의 모습이 아닌지요. 주님의 은혜 앞에서는 감사 찬양을 드렸지만, 고난이 찾아올 때는 한없이 불평하였던 철없는 저희의 믿음을 용서하여 주시옵소서. 나약한 저희를 이 시간 성령으로 충만케 하시어 주님의 영광을 드러내

는 것이라면 주님의 고난을 따라 우리도 고난에 기꺼이 참
여하도록 도와주옵소서. 주 예수님의 이름으로 기도드립
니다. 아멘

성 경 봉 독	설교본문	담당자
설 교	설교제목	담임목사
폐 회 찬 송	149장	다같이
축 도		담임목사

D. 설교

#1. 주께서 쓰시겠다고 하신다(눅 19:28-40)

　교회력의 중심은 부활절이다. 부활절은 앞둔 주일을 제외한 40일간을 사순절이라 하고 그 시작일을 재의 수요일이라 하면서 이 기간 동안은 생활을 검소하게 하면서 인간을 위한 주 예수님의 고난받으심을 묵상하면서 자신을 돌아보는 시간을 갖는다. 그 막바지에 고난 주간을 시작하는 주일을 종려주일이라 하는데 예수님께서 예루살렘성에 입성하시는 것을 기억하는 주일이다. 예수님은 예루살렘으로 입성하심으로 양떼를 위하여 자기 생명을 내놓으시는 십자가의 길을 공식적으로 선언하셨다. 백성들은 종려나무 가지를 흔들며 환호했다. 훗날에 제자들은 그 길이 십자가 고난의 길임을 비로소 알았다. 교회들은 종려주일을 시작으로 예수님의 십자가 죽으심의 길인 고난주간과 사망의 권세를 깨뜨리신 부활주일을 기념한다. 예수님과 제자들은 생각이 서로 달랐다. 예수님은 십자가에 죽으실 것을 생각하며 예루살렘으로 가시지만 제자들은 이제 왕이 될 예수님으로 착각하고 행동했다. 우리는 종려주일을 맞이하면서 예수님의 모습을 통해 교훈을 얻어야 한다.

1. 예루살렘의 입성은 십자가를 향한 출정식이다.
　전쟁에서 승리한 장군이나 왕은 말을 타고 입성하고, 백성들은 깃발을 흔들며 환영한다. 하지만 예수님의 예루살렘 입성은 달랐다. 영적 전쟁을

하시기 전에 하나님 나라가 도래했음을 선포하시며 승리할 것을 미리 외치시는 출정식이었다. 십자가로 사탄의 세력을 굴복시킬 위대한 전쟁을 이루시려는 출정식이었다. 사탄의 세력은 망할 것이며, 사탄의 모든 올무들이 끊어지고 백성들은 죄와 사망의 법으로부터 해방될 것이다. 이 영광스러운 인류 최대의 영적 전쟁에서 승리하실 왕이 입성하신다. 환호해야 하지 않겠는가? "호산나 예수님! 왕이신 예수님! 선한 목자이신 예수님!" 만일 우리들이 소리를 지르지 않으면 돌들이 답답해서 일어나 소리를 지를 것이다.

2. 예루살렘의 입성은 겸손한 왕의 길이다.

왕이신 예수님이 어린 나귀를 타셨다. 나귀를 타는 것도 이상하지만 나귀의 새끼를 타는 것은 더욱 이상한 일이다. 예언자 스가랴는 9장 9절에서 나귀새끼를 타신 이유에 대해서 설명하고 있다. "겸손하셔서 나귀를 타시나니 나귀의 작은 것 곧 나귀새끼니라." 예수님은 겸손하신 왕이다. 왕이 겸손하시면 그를 따르는 제자들도 겸손해야 한다. "하나님 나라에서는 누가 큰가?" 참으로 어리석은 질문이다. 세상은 큰 자가 되기 위해서 피 터지게 경쟁하는 현장이다. 큰 자는 우월감의 교만을 즐기고, 작은 자는 열등감으로 괴로워한다. 하나님 나라에서도 크고 작음으로 서로를 비교한다면 어찌 그곳을 하나님 나라라고 할 수 있겠는가? 예수님과 함께하면 그것으로 충분히 행복한 관계가 하나님 나라이다.

3. 예루살렘 입성의 길은 주께서 쓰시겠다는 요구가 있는 길이다.

제자들에게 맞은편 마을에 가서 나귀새끼를 끌고 오라고 하셨다. 주인이 와서 "어찌하여 푸느냐?"고 물으면 "주가 쓰시겠다"고 말하라는 것이다. 나귀 주인은 곧 알아듣고 나귀를 내어주었다. 주님을 사랑하기에 주님이 하는 일이라면, 주님께서 기뻐하실 일이라면 무엇이든지 아끼지 않고 기꺼이 드릴 수 있는 사람들이 하나님의 말씀을 성취해 나가는 사람들이다. 이 사람들이 십자가의 길을 예비하는 사람들이며 주님을 따르는 사람들이라고 부른다.

우리는 주님을 따르는 제자들이다. 주님의 나라를 위하여 우리의 시간,

재능, 젊음, 재산과 생명까지 필요로 할 때가 있다. "주께서 하나님 나라의 영광을 위하여 쓰시겠다"고 말씀하실 때 어떻게 하겠는가? 나귀를 그대로 두었다면 크게 유용하지 않았을 것이다. 주께서 쓰시겠다고 할 때 기꺼이 드림으로 인류를 구원하실 왕을 태우게 되었다. 내가 움켜쥐고 있을 때는 큰 가치를 발휘할 수 없겠지만 "너의 인생을 내가 쓰겠다"고 하셨을 때 그 인생을 드림으로 참 가치가 나타날 것이다. 종려주일을 지내면서 우리는 고난주간을 맞이한다. 주 예수님을 깊이 묵상하며 우리를 돌아보는 값진 시간되기를 바란다.

#2. 주님께 쓰임 받는 영광(막 11:1-10)

2000년 전 주님은 나귀를 타고 예루살렘 성에 입성하셨다. 3년 동안 갈릴리지방과 베뢰아 지방을 다니시면서 복음을 전파하시던 예수님은 예루살렘성에 입성하실 때에 왕이나 장군들이 입성하는 것처럼 들어가신 것이 아니라 여인과 아이들이 종려나무가지를 꺾어 흔들며 예수님을 맞이했고, 겉옷을 펼친 그 길을 어린 나귀새끼를 타고 들어가셨다. 그래서 오늘 주일을 종려주일이라고 한다. 예수님이 예루살렘에 입성하실 때 타신 나귀는 다른 사람들이 한 번도 타보지 않고 짐도 실어보지 않은 어린 나귀였다. 왜 예수님은 나귀를 타고 예루살렘에 입성하셨을까?(슥 9:9). 이는 구약의 스가랴 선지자의 말씀을 이루기 위함이었다(막 11:2-3). 주님께서 쓰시는 존재는 중요하다. 주님께서 쓰신다는 것 자체가 중요하다.

1. 주님께서 쓰시겠다고 말씀하신다.
주가 '쓰시겠다'는 말을 헬라어로 'kleia(클레이아)'라고 하며 이는 '꼭 필요하다'의 뜻이다. 주님이 꼭 필요해서서 쓰시겠다는 것이다. 주님께서 나를 쓰시겠다면 이 얼마나 영광스러운 일인가? 하나님께서 나를 부르실 때는 내가 필요해서 부르시는 것이다. 세상 사람들은 자신에게 쓸모가 없어지면 가차 없이 버린다. 그러나 우리 주님은 우리를 절대 버리지 않는다.

2. 천하고 무능한 자도 주님은 쓰신다.
"아직 아무도 타 보지 않은 나귀 새끼가 매여 있는 것을 보리니 풀어 끌고 오라"(막 11:2). 나귀도 일을 잘 하려면 훈련을 받아야 한다. 그런데 이 나귀는 아무 것도 해 보지 않은 나귀였다. 그러나 예수님은 그 나귀를 쓰셨다. 하나님은 이새의 여덟 번째 아들 다윗을 쓰셨으며, 사막과 같은 황무지도 쓰셨다. 하나님은 내 속에 무엇이 있는가를 알고 계신다. 하나님은 그것을 쓰신다. 하나님은 당신의 있는 모습 그대로 쓰실 수 있는 분이시다.

3. 주님께서 쓰실 때 큰 영광이 된다.
"나귀 새끼를 예수께로 끌고 와서 자기들의 겉옷을 그 위에 얹어 놓으매 예수께서 타시니 많은 사람들은 자기들의 겉옷을 또 다른 이들은 들에서 벤 나뭇가지를 길에 펴며 앞에서 가고 뒤에서 따르는 자들이 소리 지르되 호산나 찬송하리로다"(막 11:7-9). 지금 나귀가 등에 예수님을 태우고 길을 가고 있다. 사람들은 환호하며 반긴다. 이때 나귀가 착각하면 안 된다. 나귀가 자신에게 사람들이 환호하며 찬송하는 것으로 착각하고 펄떡 뛰었다면, 만약에 나귀가 자신의 등 위에 예수님을 타신 것을 모르고 고개를 번쩍 들고 목을 뻣뻣이 하고 간다면 큰일 난다. 나귀는 자신의 주제를 파악할 줄 알아야 한다. 나귀를 보고 겉옷을 등에 깔아준 것이 아니다. 내가 존귀해서가 아니라 내 등에 주님이 타시면 내가 존귀함을 받는 것이다.

죽은 물고기는 힘없이 떠내려가지만, 살아 있는 물고기는 작더라도 세찬 물결을 헤치고 거슬러 올라간다. 고통스럽고 힘들어도 내 생명이 살아 있기에 거슬러 올라가며 주님을 사랑하는 뜨거운 삶을 살자. 예수님은 십자가상에서 하나님께 왜 자신을 버리시냐고 부르짖으면서도 그 상처와 찢김으로 인해 우리의 구주가 되셨다. 주님께서 종려주일을 지내시고 고난의 길로 걸어 들어가셨던 것처럼 우리도 주님과 함께 고난의 십자가를 담당해야 한다.

9. 부활주일예배

A. 원리

부활절은 초대교회 때부터 교회력의 중심 절기로 지켜왔다. 초대교회 그리스도인들에게 그리스도의 죽음과 부활은 그분의 탄생보다 훨씬 더 중요한 의미가 있었다. 사도들을 비롯한 초대교회 설교자들의 왕성한 복음전도 활동의 원동력은 그리스도의 부활 사건이었고, 그리스도의 부활은 언제나 설교의 핵심이었다. 그런 점에서 기독교 최대 경축일은 성탄절이 아니라 부활절이라 할 수 있다. 초대교회는 부활의 기쁨과 찬송을 부활절 하루만의 축제로 끝내지 않았다. 그들은 그리스도의 부활을 부활절에서 오순절 성령강림주일까지 50일간 지속적으로 기념하고 축하하는 절기로 지켰다. 오늘날은 한국 교회를 비롯하여 모든 기독교회들이 부활절을 부활주일 하루의 행사로 지키는 것이 보편적인 현상이긴 하지만, 1년 52주 모든 주일예배가 주 예수님의 부활과 무관할 수 없다. 실제로 주님은 안식후 첫날, 곧 주일 새벽에 부활하셨다. 나아가 모든 교회들이 교회력의 정신을 본받아 부활절기를 주님의 부활 이후 7주 동안 지속되는 개념으로 받아들임으로써 오늘날 성도들을 부활의 신앙으로 더 견고하게 세워나가는 것도 좋을 것이다. 부활절을 단 하루만의 축제로 받아들이는 것과 오순절까지 계속되는 교회력의 절기로 이해하는 것은 설교자의 설교에도 중요한 영향을 미친다. 부활절을 7주간의 절기로 인식하는 설교자는 부활의 메시지를 다양한 관점에서 준비할 수 있을 것이다.

B. 지침

1) 한 교회에서 오랫동안 목회하면서 부활주일 아침의 설교를 준비해야 하는 설교자는 다방면에서 어려움에 직면하게 된다. 첫째는 본문 선택의 어려움이고, 둘째는 신선한 메시지 선포의 어려움이며, 셋째는 충분

한 설교 시간 확보의 어려움이다. 대부분의 경우 부활 주일에 성찬식을 거행하거나 부활절 축하 특별 행사 등으로 설교 시간을 단축해야 하기 때문이다. 따라서 여유를 갖고 깊이 있는 부활 메시지를 전하기란 쉽지 않다. 부활절 설교에 임하는 설교자가 유의해야 할 점도 있다. 첫째, 부활의 철학적이며 과학적인 가능성을 증명하거나 부활을 역사적으로 재구성하기 위해 시간을 낭비하지 말아야 한다. 설교자는 부활을 선포하도록 부름 받았지 부활을 증명해 내도록 부름 받은 것이 아니기 때문이다.

2) 이날은 기독교회가 가장 축하하고 기뻐해야 할 때이다. 예수 그리스도의 영광스러운 부활과 죽음을 이기신 승리의 의미가 예배 가운데 살아 있어야 한다. 예배가 시작되면 목회자를 필두로 행렬팀(목장 목자들이라든가 아니면 특별히 구성된 멤버들로서 부활을 상징하는 의상이나 색깔의 옷을 맞추어 입으면 좋다)이 뒤를 이어 입장하면서 부활의 찬양을 부른다. 이때 성도들은 기립하여 다함께 찬양에 참여한다. 입장 행렬팀이 강단에 정렬하면, 사회자의 인도로 행렬팀과 청중이 다음과 같은 인사말을 주고 받는다:

> 행 렬 팀: "예수께서 부활하셨습니다!"
> 청 　 중: "할렐루야! 그렇습니다!"
> 행 렬 팀: "우리도 장차 부활에 참여할 것을 믿습니다!"
> 청 　 중: "진실로 그렇게 믿습니다!"
> 다 같 이: "할렐루야!"

C. 예배순서

#1. 주님의 만찬이 없는 예배

부활축하 행렬팀 입장 ………………………………………………	행렬팀
부활축하 인사 나눔 ………………………………………………	다같이

　　　행 렬 팀: "예수께서 부활하셨습니다!"
　　　청 　 중: "할렐루야! 그렇습니다!"
　　　행 렬 팀: "우리도 장차 부활에 참여할 것을 믿습니다!"

청 중: "진실로 그렇게 믿습니다!"
다같이: "할렐루야!"
(자리에 앉기 전에 성도들이 자유롭게 움직이며 부활 축하 인사를 나눈다)

전　　　주	묵 도	다같이
예배의 말씀	눅 24:1-6	사회자
기　　　원		사회자

오 자비로우신 하나님
죄악 가운데 있는 저희 인생들을 구속하시기 위해 독생자 예수 그리스도를 이 땅에 보내주시어 십자가에 달려 죽게 하시고 사흘만에 부활하심으로 저희를 죄악으로부터 구원하여 주심을 감사드립니다.
이 영광스러운 주님의 부활의 아침에 구원 받은 주님의 온 백성들이 주님께서 사망권세를 깨트리시고, 흑암과 죄악을 이기시고 부활하셨음을 감사하며 찬양을 올려드립니다.
저희를 부활신앙으로 굳건하게 하시어 장차 주님의 영광스러운 부활을 따르게 하옵시고, 이 땅에 사는 동안 성령을 좇아 믿음으로 세상을 이기는 주의 백성들 되게 하여 주옵소서.
주 예수 그리스도의 이름으로 기도드립니다. 아멘

찬송(자리에 일어나서)	165장	다같이
교 독 문	133	다같이
대 표 기 도		담당자
성 경 봉 독		설교자
성가대 찬양		성가대
설　　　교		담임목사
찬　　　송	161장	다같이
축　　　도		담임목사

#2. 주님의 만찬과 함께 하는 예배

부활축하 행렬팀 입장 ··	행렬팀
부활축하 인사 나눔 ··	다같이

      행렬팀: "예수께서 부활하셨습니다!"
      청   중: "할렐루야! 그렇습니다!"
      행렬팀: "우리도 장차 부활에 참여할 것을 믿습니다!"
      청   중: "진실로 그렇게 믿습니다!"
      다같이: "할렐루야!"
      (자리에 앉기 전에 성도들이 자유롭게 움직이며 부활 축하 인사를 나눈다)

전 주 ························ 묵 도 ························	다같이
예배의 말씀 ························ 눅 24:1-6 ························	사회자
기 원 ··	사회자

      오 자비로우신 하나님
      죄악 가운데 있는 저희 인생들을 구속하시기 위해 독생자 예수 그리스도를 이 땅에 보내주시어 십자가에 달려 죽게 하시고 사흘만에 부활하심으로 저희를 죄악으로부터 구원하여 주심을 감사드립니다.
      이 영광스러운 주님의 부활의 아침에 구원 받은 주님의 온 백성들이 주님께서 사망권세를 깨트리시고, 흑암과 죄악을 이기시고 부활하셨음을 감사하며 찬양을 올려드립니다.
      저희를 부활신앙으로 굳건하게 하시어 장차 주님의 영광스러운 부활을 따르게 하옵시고, 이 땅에 사는 동안 성령을 좇아 믿음으로 세상을 이기는 주의 백성들 되게 하여 주옵소서.
      주 예수 그리스도의 이름으로 기도드립니다. 아멘

찬 송 (자리에 일어나서) ························ 165장 ························	다같이
교 독 문 ························ 133 ························	다같이
대 표 기 도 ··	담당자
성 경 봉 독 ··	설교자

성가대 찬양	성가대
설　　　교	담임목사
성찬 찬송	다같이
권　　　면	집례자

성도 여러분, 이 성찬은 그리스도께서 우리를 위해 기꺼이 몸을 내주시고 피를 흘려주심으로 우리를 죄악에서 구원하신 것을 교회가 잊지 않고 기억하게 하시려고 친히 주님께서 지켜 행하라고 명하신 일입니다. 우리는 오늘 이 예식에 참여함으로 주 예수님께서 다시 오실때까지 우리를 위해 희생제물이 되신 예수 그리스도의 죽으심과 부활하심을 기념하기를 원합니다.

제정의 말씀	고전 11:23-29	집례자
만찬 참여		위　원

1. 떡

주 예수 그리스도께서 잡히시던 날 밤, 떡을 가지사 축사하시고 떼어 주셨습니다. 지금 주님의 이름으로 이 떡을 나누어 드립니다. 찢기신 주님의 몸을 기념하며 주님의 떡에 참여하시기 바랍니다.

(다같이 기도하겠습니다)

주 예수님 "이것은 너희를 위하는 나의 몸이니 이것을 행하여 나를 기념하라" 명하신 말씀 의지하여 이 시간 떡을 떼고자 합니다. 저희로 하여금 이 땅에서 저희 위해 찢기신 그리스도의 몸을 잊지 않도록 도와주시옵소서 예수님의 이름으로 기도드립니다. 아멘

(집례자, 위원, 회중 순으로 떡을 받는다)

2. 잔

식후에 주께서 잔을 가지가 축사하신 후, 이 잔은 나의 피로 세운 새 언약이니 많은 사람의 죄사함을 위해 흘림이라 하셨습니다. 이 시간 우리가 이 잔을 받을 때 우리의 믿음이 이에 합당하게 합시다.

(다같이 기도하겠습니다)

거룩하신 주님 저희가 주의 잔을 나누려 합니다. 흘리신 보혈이 저희로 영생에 이르도록 하기 위해 베풀어주신 주님의 사랑임을 잊지 않게 하여 주시옵소서. 예수님의 이름으로 기도드립니다. 아멘

(집례자, 위원, 회중 순으로 잔을 받는다)

찬 송	161장		다같이
축 도			담임목사

D. 설교

#1. 부활의 능력을 증거하라(눅 24:1-11)

오늘 본문에 죽음을 상징하는 무덤에서 서성이며 무기력하게 죽음을 받아들이는 한 무리가 등장한다. 그들은 안식 후 첫날 예수님께서 묻히신 무덤에 갔던 여인들이었다. 그들은 자신들이 그토록 따르던 분의 죽음을 받아들이며 향품을 가지고 무덤으로 갔다. 이 여인들이 향료를 준비했다는 것은 예수님의 죽음을 인정하고, 받아들이는 것을 의미한다. 그러나 그녀들의 예상과는 달리, 예수님은 죽음의 권세를 깨뜨리시는 전능하신 하나님이셨다. 실제로 그녀들이 무덤에서 맞닥뜨린 것은 예수님의 싸늘한 시체가 아니라 천사들이었다. 그녀들은 절망 가운데서 주님의 부활하심을 경험했다. 오늘 이 여인들의 모습을 통해 함께 주님의 부활에 대하여 은혜를 나누고자 한다.

1. 예수님의 약속의 말씀을 기억해야 한다(눅 24:8).
천사들은 예수님께서 부활을 이미 가르치셨음을 기억하라고 말했고, 실제로 그녀들은 그 말씀을 기억했다(눅 24:8). 그렇다. 문제 상황에서 우리가 해야 하는 것은 나에게 주셨던 약속의 말씀을 기억하는 것이다. 어떤 문제 앞에서도 하나님의 약속의 말씀을 기억해 낼 때, 우리는 문제에 압도당하지 않으며, 비로소 하나님의 능력의 손길을 경험할 수 있게 된다.

2. 무덤에서 떠나야 한다(눅 24:9).

여인들이 예수님의 말씀을 기억하자마자 했던 것은 무덤에 머무르지 말고 돌아가는 것(come back)이었다(눅 24:9). 무덤은 죽음의 장소요, 죄와 문제의 장소이다. 여인들은 그 무덤을 떠나는 것에서부터 부활의 능력을 경험하기 시작했다. 문제 상황에서 우리가 해야 하는 것은 하나님께로, 하나님의 방법으로 컴백하는 것이다. 오늘 우리가 하나님의 방법으로 컴백할 때, 비로소 부활의 능력은 우리의 문제 상황으로 흘러 들어올 것이다.

3. 부활하신 예수 그리스도를 전해야 한다(눅 24:11).

예수님의 부활 소식을 들은 여인들은 사도들에게 이 사실을 전한다. 사도들의 대부분은 그 여인들의 말을 허탄한 말이라고 여기고 믿지 않았다. 그러나 그녀들은 사도들의 반응에 아랑곳하지 않고, 그 소식을 전했다. 오늘 부활의 주님을 경험한 우리들이 해야 할 일은 부활하신 주님을 전하는 것이다. 그 결과가 어떻든지 간에 이 소식을 전해야 한다. 우리의 책무는 그저 모든 것의 해답되시는 부활의 주님을 전하는 것이다.

크리스천 화가인 오종선 화백의 〈5분전〉이란 그림이 있다. 탁자 위의 시계는 5시 5분 전을 가리킨다. 아직 이른 새벽인데도 싱싱해 보이는 장미는 벌써 꽃잎 하나가 성경책 위로 떨어져 있다. 오 화백은 이 그림을 통해 죽음의 문제를 보여줌과 동시에, 죽음을 해결할 수 있는 유일한 분을 소개하고 싶었다. 그렇다. 오직 예수님만이 죽음의 문제를 해결하실 수 있고, 실제로 죽음의 권세를 깨뜨리셨다. 뿐만 아니라 그 분께서는 부활의 능력으로 오늘 우리가 당면한 불가능해 보이는 문제들마저도 해결하실 수 있다. 우리가 해야 할 일은 나에게 주셨던 약속의 말씀을 붙들면서, 죄악의 자리에서 돌이켜 부활의 주님을 증거하는 것이다. 여러분 모두 부활의 능력을 실제적으로 경험하여 부활의 주님을 증거하는 부활의 증인이 되기를 바란다.

#2. 다시 예루살렘으로(눅 24:13-18)

엠마오로 가는 두 제자가 있었다. 이들은 도중에 예수님을 만났지만 예수님을 알아보지 못했다. 이런 제자들을 향해 예수님은 "미련하고 선지자들이 말한 모든 것을 마음에 더디 믿는 자들이여"라고 말씀하신다(25절). 즉 두 제자가 예수님을 만나고도 알아보지 못한 이유는 그들이 미련하고 선지자들이 말한 모든 것을 마음에 더디 믿었기 때문이다. 그러므로 "그들의 눈이 가리어"졌다는 말씀은 그들의 미련함과 더딘 믿음이 예수님을 알아보지 못하게 했다는 뜻이다. 부활의 아침에 부활의 주님을 보고도 알아볼 수 없다면 얼마나 슬픈 일인가?

1. 눈이 가리어진 사람은 예수님을 알아보지 못하고 슬퍼하는 사람이다(16-17절).

눈이 가리어진 사람은 모든 된 일을 알고 있지만 그것을 이해하지 못하는 사람이다. 예수님은 이런 두 제자에게 "그리스도가 이런 고난을 받고 자기의 영광에 들어가야 할 것이 아니냐"(26절)라고 말씀하신다. 그리고 "모세와 모든 선지자의 글로 시작하여 모든 성경에 쓴 바 자기에 관한 것을 자세히 설명"해 주신다(26-27절). 눈이 가리어진 사람은 모든 된 일을 알고 있고, 서로 이야기할 수도 있으며, 심지어는 다른 사람에게 전해줄 수도 있다(14-24절). 그러나 그들은 그것을 이해하지 못하기 때문에 슬퍼한다(17절).

2. 말씀을 들어 마음이 뜨거워진 사람은 눈이 밝아져 예수님을 알아본다(31-32절).

눈이 가리어진 사람은 예수님을 말씀을 들었을 때, 그분이 성경 말씀을 풀어 설명해주셨을 때 가슴이 뜨거워지는 것을 느꼈다. 또한 떡을 뗀 후에 예수님을 알아봤다. 마찬가지로 미련하고 더딘 믿는 눈이 가리어진 사람들은 예수님의 말씀을, 성경 말씀을 들어야 한다. 또한 주님의 만찬을 통해 주님과의 교제에 들어가야 한다. 만약 그렇지 않으면 예수님을 보고도 알아보지 못하는 실수를 저지르게 된다. 말씀을 가르칠 책임은 목회자에게만 있지 않다. 신자라면 누구나 말씀을 스스로 배울 수 있다. 주님의 만찬 역시 마찬가지이다. 그러니 말씀에 귀를 닫지 말아야 하며, 주님의 만찬에게 참여하여 주님의 죽으심을 전해야 한다.

3. 눈이 밝아진 사람은 예루살렘으로 돌아가 본 것을 증언한다(33-35절).
눈이 밝아진 제자들은 예수님을 알아본다. 그러나 예수님은 그들에게 보이지 않았다. 그들은 서로 말씀을 들을 때 마음이 뜨거워진 이야기를 나눈다. 그리고 더 지체하지 않고 자리에서 일어나 예루살렘으로 돌아간다. 그들이 예루살렘에 돌아가서 한 일은 다른 제자들에게 "길에서 된 일과 예수께서 떡을 떼심으로 자기들에게 알려지신 것"을 말하는 것이었다. 여기서 중요한 한 단어는 "곧"이다. 그들이 예수님이 누구신지 알게 되었을 때, 그들은 지체하지 않고 곧 그 사실을 다른 사람들에게 알리러 발걸음을 돌렸다. 이것이 바로 눈이 밝아진 사람의 특징이다.

미련하고 더디 믿어 눈이 가리어진 제자들은 그들과 동행하는 예수님을 알아보지 못하며, 부활하신 예수님 앞에서 그 일로 인해 슬퍼한다. 그러나 그들이 예수님의 말씀을 듣게 되었을 때 마음이 뜨거워져 예수님을 알아보고 예루살렘으로 돌아가 그들이 본 것을 알린다. 우리가 부활하신 예수님의 제자라면 우리가 만난 예수님을 지체 없이 곧 전하는 자들이 되어야 한다. 만약 그렇지 않고 있다면 우리가 눈이 가리어진 사람은 아닌지 자신을 살펴야 한다. 만약 그렇다면 막아 놓은 귀를 열어 주님의 말씀에 귀를 기울어야 한다. 이것이 부활의 아침에 부활의 주님을 맞이하는 우리의 자세이다.

10. 성령강림주일예배

A. 원리

예수께서 이 땅에 인간의 모습으로 오신 것을 기념하고 축하하는 것이 성탄절이라면, 주 예수님의 승천 이후, 주께서 약속하신 대로 믿는자들 안에 성령이 임하신 것을 되새기고 기념하는 날이 성령강림주일이다. 주 예수님께서 약속하신 성령은 오순절날 강림하셨다.

구약시대 유대인들의 오순절은 첫 곡식을 감사하는 절기로부터 시작되었다. 첫 곡식을 감사하는 이 절기는 유월절 이후 50일째 되는 날이다. 이 절기를 흔히 '맥추절'(출 23:6), 또는 '칠칠절'(출 34:22), 또는 '처음 익은 열매를 드리는 날'(민 28:26) 등으로 부르는데, 이 절기는 첫 곡식을 추수하는 감사의 예전이었다. 이 감사의 예전은 후기 유대교에 이르러서는 시내산에서 십계명을 받은 날로 기념하여 지켜졌다가 초대교회시대 성령이 급하고 강한 바람소리와 함께 불의 혀와 같이 제자들에게 임한 것을(행 2:1-41) 기념하는 절기로 승화되었다. 초대교회 성도들의 삶의 변화를 가장 크게 일으켰던 사건은 바로 오순절 성령강림 사건이다. 왜냐하면 성령강림을 통해서 교회가 탄생되었고, 성도들은 교제를 시작하였으며 나아가 자신들의 재산을 모아 함께 살 수 있는 공동체를 만들었기 때문이다. 당시 교회는 이것을 바탕으로 하나님의 나라를 확장하는 선교 사역을 시작했다. 오늘 현대 교회가 성령 강림절을 지키고 기념하는 것은 우리의 삶도 초대 교회의 성령 체험을 경험한 성도들처럼 성령님에 대한 새로운 체험과 경험을 통해 생명력 있는 신앙생활을 하기 위함이다. 예수님의 승천 이후부터는 성령의 시대이다. 현대 교회는 "귀 있는 자는 성령이 교회들에게 하시는 말씀을 들을지어다"(계 2:7)라 말씀하시는 하나님의 음성을 들어야 한다. 지금은 성령의 시대이지만 성도들은 성령의 부재 가운데 사는 것처럼 보인다.

목회자는 먼저 이런 질문을 스스로 던져볼 필요가 있다: 지금 나의 목회는 성령이 주도하고 계시는가? 나는 성령을 만나고, 직면하며, 경험하는 삶을 살고 있는가? 나는 성령 충만한 설교자인가? 혹시 나는 성령이 결여된 채 교회를 성장시키기 위한 목회방법론이나 프로그램 개발에 얽매여 있는 것은 아닌가? 내가 가장 의존하여야 할 분을 가장 소홀히 대하고 있지는 않는가?

목회자는 먼저 성령을 체험하면서 교회와 성도들이 성령의 인도하심과 능력 가운데 거하도록 지도력을 발휘할 수 있어야 한다. 성령강림주일 예배는 다시 한 번 교회와 성도가 성령 앞에 직면함으로써 성령을 의지하고 성령을 따라가는 신앙을 새롭게 하는 기회의 날이다. 사도행전에 보면 성령충만을 경험한 사도들은 어떤 신비한 영적 체험이나 은사에 집중하지 않고 오직 예수 그리스도의 죽음과 부활을 핵심으로 하는 구속의 메시지를 증거하는 일에 집중하였다. 오늘 이 예배는 교회와 성도들이 성령 충만을 힘입어 새 힘과 능력을 힘입음으로써 그리스도를 높이고 그분의 구세주 되심을 증거하는 일에 더욱더 헌신하도록 도전 받는 기회가 되도록 하여야 한다.

B. 지침

1) 성령강림을 상징하는 예배를 기획하는 것이 좋다.
2) 성령강림을 뜻하는 촛불로 강단을 장식하거나(예배 순서 중에 점화하는 것도 좋다), 예배 위원들이 촛불을 각자 들고 입장하여 강단에 준비된 촛대에 거치하는 방법을 고려할 수 있을 것이다.
3) 예수님의 승천이후 성령은 성도들 가운데 거하지만 많은 경우 성령을 의식하지 못한 채 살고 있는 이 시대의 성도들에게 이 예배를 통하여 다시금 성령의 임재하심을 피부로 느끼고 더욱더 성령을 의존하며 살아가도록 격려하고 도전할 필요가 있다.
4) 설교를 비롯한 모든 예배 순서를 여기에 초점을 두고 계획하는 것이 좋다.

C. 예배순서

촛불 점화		예배 위원
전　　주	묵 도	다같이
예배의 말씀	시 139:7-10	사회자
기　　원		사회자

　　　　살아계신 보혜사 성령님이시여!
　　　　이 성령 강림의 날에 능하고 강하게 우리에게 임하여 주옵소서. 다시 한 번 우리의 믿음이 성령의 불길로 뜨거워지게 하옵시며 세상의 죄악을 이기고도 남을 수 있는 능력을 힘입게 하옵소서. 이 땅의 교회들이 다시금 성령의 능력을 부여잡고 인종과 국가와 세력들을 넘어 그리스도의 구원의 능력을 드러내게 하옵소서. 성령의 능력이 저희 교회 안에 충만히 임하셔서 복음의 능력이 나타나고 기도의 권능이 드러나게 하옵소서. 이 예배가 성령의 역사를 간절히 사모하는 예배가 되게 하여 주옵소서. 주 예수님의 이름으로 기원하옵나이다. 아멘

찬송(자리에 일어나서)	190장	다같이
교 독 문	135	다같이
대표기도		담당자
성경 봉독		설교자
설　　교		담임목사
중보기도		다같이

　　　　능력과 권능의 성령님이시여
　　　　오늘 성령의 뜨거운 능력에 목마른 저희에게 불같은 혀로 임하시며 지축을 흔드시며 바람을 가르시는 능력으로 임하시옵소서. 이 성령강림의 날에 저희들 안에 살아계신 힘과 능력으로 충만히 임하시어 삶의 아픔과 고난 가운데 있는 이들을 위로하여 주옵시고 낙심과 절망 가운데 있는 이들에게 밝은 길을 보여주시며 자신의 힘으로 어찌할 수 없어 힘들어 하는 이들에게 도움의 손길로 오시옵소서. 예수 그리스도의 이름으로 기도드립니다. 아멘

찬　　송	377장	다같이
축　　도		담임목사

D. 설교

#1. 우리와 함께 하시는 성령님(요 14:16-26)

우리가 믿는 하나님은 삼위일체 하나님이시다. 성부-성자-성령 하나님이시다. 하나님은 삼위이시나 한 분이시다. 성자 예수님은 성육신 하시어 이 땅에서의 사역을 마치시면서 제자들에게 성령님을 약속하셨다. 예수님께서 고난 받으시고 부활하신 후 승천하시면 그리스도의 영이신 성령님께서 오신다고 하셨다. 성령님은 어떤 분이신가?

1. 성령님은 보혜사이시다(요 14:16).
보혜사란 곁에 함께 하면서 도우시는 분이란 뜻이다. 마치 피고가 재판정에 서서 어쩔 줄 몰라할 때 성령님이 친히 오셔서 우리 곁에서 우리가 할 말도 알려주시고 어떻게 해야 할지 알려주신다는 의미이다. 성령님은 영원토록 함께 하신다. 우리가 회개하고 예수님을 주님으로 영접할 때 우리 안에 성령님께서 들어오시고, 영원히 거하신다. 내주하시는 성령님은 언제 어디서나 우리와 함께 하시면서 우리를 도우신다. 우리를 인도하시고, 지켜 보호하여 주시고, 우리를 위해 간구하여 주신다. 예수님은 임마누엘, 우리와 함께 하시는 하나님이셨다. 예수님께서 승천하신 후 대신에 성령님께서 보혜사로 오셔서 세상 끝날까지 우리와 항상 함께 하신다(요 15:26; 16:7). 그러므로 우리는 조금도 두려워 할 것 없고 걱정할 것 없다. 절대로 우리를 고아와 같이 버려두지 아니하고 우리와 함께 하신다. 외로울 때, 위험할 때, 도움이 필요할 때, 곤고할 때, 함께 하시는 성령님을 믿고 의지하라. 보혜사 성령님께서 우리를 도우신다.

2. 성령님은 진리의 영이시다(요 14:17).
성령님은 진리의 영이시다. 성령님은 진리를 드러내주시고 진리를 믿고 받아들이게 감동을 주신다. 성령님이 역사하지 않으시면 아무도 진리를 깨달을 수 없다. 우리가 자신이 죄인임을 깨닫고 회개하고, 예수님의 복음을 듣고 믿음으로 예수님을 고백하는 것은 전적으로 성령님의 역사이다. 진리의 성령님은 우리에게 진리이신 예수 그리스도를 증거하시고(요

15:26), 우리를 진리 가운데로 인도하시어 구원에 이르도록 이끌어주신다(요 16:13). 우리가 예수님을 주님으로 시인할 수 있는 것도 성령님의 역사이며(고전 12:3), 우리가 믿음으로 하나님의 자녀로 거듭나는 것도 성령님의 역사이다(요 3:3).

3. 성령님은 깨닫게 하신다(요 14:26).

성령님은 깨닫게 하시는 영이다. 우리로 예수님께서 말씀하신 것을 생각나게 하시고 깨닫도록 가르치시는 분이 성령님이시다. 하나님께서 많은 은혜를 주시고 진리를 보여주셨다. 하지만 성령님께서 깨닫게 해주시지 않으면 알 수가 없다. 영적인 것은 오직 성령님의 감동으로만 알 수 있기 때문이다(고전 2:12-13). 우리가 성경을 읽을 때 그 뜻이 깨달아지는 것도, 설교를 들을 때 마음에 도전이 되고 받아들이게 되는 것도 모두가 성령님의 깨닫게 하시는 역사이다.

우리가 예수님을 믿을 때에 성령님께서 내주하신다. 우리 안에 내주하신 성령님은 항상 우리와 함께 하시면서 우리를 진리 가운데로 인도하시며 우리로 영적인 것을 깨닫게 하신다. 우리는 성령 충만함을 받아 성령님의 감동을 받아 성령의 열매를 맺으며 살아가야 한다.

#2. 성령의 필수성(고후 1:21-22)

성령강림주일은 오순절 마가의 다락방에 성령 하나님이 강림하셔서 신약의 교회가 세워지게 된 것을 기억하고 기념하는 날이다. 브루스(F. F. Bruce)는 "예수님의 부활부터 성도들의 부활 사이의 이 시대는 성령의 시대이다"라고 말했다. 우리는 지금 성령님의 시대에 살고 있다. 성령님께서 우리에게 오셨다. 성령 하나님의 역할은 우리 신앙의 모든 면에서 필수적이다. 성령님은 어떤 역사를 이루시는가?

1. 우리의 구원(요 3:5; 고후 4:4-5)과 성화(고후 3:18)를 이루신다.

우리가 예수님에 관한 몇 가지 성경적인 진리를 이론적으로 동의한다고 해서 구원을 얻는 것이 아니다. 복음이 전파될 때 성령 하나님께서 우리에게 "예수 그리스도의 얼굴에 있는 하나님의 영광을 아는 빛"을 비쳐주서야, 다시 말해서 우리 마음 눈을 열어 우리를 위해 십자가에 돌아가시고 부활하신 하나님의 아들을 깨닫게 해 주서야 구원을 얻을 수 있다. 또한 성화 역시 우리의 노력을 통해 얻어지는 것이 아니다. 사도행전 7장에 나오는 스데반의 경우와 같이 우리는 주님의 영광을 보는 만큼 주님의 형상으로 변화된다. 그 모든 것은 오직 성령 하나님으로만 가능하다.

2. 하나님을 알고, 하나님을 예배하게 하신다(엡 1:17; 빌 3:3).

우리 신앙에서 가장 중요한 것은 하나님을 아는 것이다. 그래서 요한일서는 우리의 신앙을 하나님과의 사귐이라고 표현하고 있고(요일 1:3), 다른 말로 하나님을 아는 것이라고 표현한다(요일 2:4). 예수님은 영생이 곧 하나님과 예수님을 아는 것이라고 말씀하셨다(요 17:3). 하나님을 아는 것은 결국 성령 하나님의 조명으로 가능하다. 또한 성령 하나님은 하나님을 예배하게 하신다(빌 3:3). "성령으로 봉사하며"의 "봉사하며"라는 헬라어 단어는 유대인들의 공적인 예배를 가리킬 때 쓰는 단어이다. 예배는 성령 하나님께서 주신 것을 하나님께 드리는 것이다. 성령 하나님의 감동으로 기록된 시편이 한 편의 시로써 하나님을 예배하고 찬양하는 것과 같다. 그러므로 예배에서 성령 하나님의 역할은 필수적이다. 우리는 성령 하나님의 감동을 따라 예배해야 한다.

3. 우리로 사역을 이루게 하신다(요 5:19-20).

성경이 말하는 사역은 우리가 하나님을 위해 무엇인가를 열심히 하는 것이 아니다. 하나님께서 하나님의 목적을 가지고 일하시면서 하나님의 뜻을 하나님의 사람들에게 보이시면, 하나님의 사람들이 하나님의 행하심을 보고 그 일에 온 삶으로 동참할 때, 하나님께서 하나님의 능력으로 그 일을 성취하시는 것이다. 이렇게 우리의 사역을 올바로 이해할 때, 성령 하나님의 도움이 없이는 어떠한 진정한 사역도 가능하지 않는 것을 알 수 있다. 그래서 심지어 예수님도 자기 스스로 아무것도 할 수 없다고 반복적으로 말씀하셨다.

그 외에도 성령 하나님은 우리의 믿음을 위해(롬 10:10), 우리가 하나님의 뜻을 알기 위해(고전 2:9-10), 우리의 기도를 위해(롬 8:26; 엡 6:18), 영적 전쟁에서의 승리를 위해(엡 6:17; 마 4:1, 7, 10), 우리의 회개를 위해(요 16:8) 등등 우리 신앙의 모든 면에서 필수적이다. 그러므로 성령 하나님과의 친밀한 교제는 우리 신앙이 모든 면에서 필수적이다. 그러므로 우리는 성령의 충만함을 받아 성화를 이루어가며, 하나님을 예배하고 맡겨지는 사역을 성취해야 한다.

11. 어린이주일 예배

A. 원리

　어린이 주일은 성경에 나타난 절기는 아니지만 근세에 접어들어 어린이들에 대한 관심이 높아지면서 어린이들을 그리스도인으로서 훈련시키고 사람들에게 어린이에 대한 인식을 새롭게 한다는 취지로 1856년 미국에서 시작되었다. 이후 1868년에는 미국 감리교에서 6월 둘째 주를 어린이 주일로 정식으로 승인하게 되었고, 1883년에는 미국의 장로교를 비롯한 대부분의 교회들이 교회절기의 일부분으로서 "어린이 주일"을 지키게 되었다. 우리나라에서는 1908년부터 미국과 마찬가지로 6월 둘째 주에 드려지다, 1956년부터 5월의 첫 주에 드려지고 있다.
　어린이 주일의 예배는 전체적으로 행복하고 즐거운 가족적인 분위기에서 진행되도록 하여야 한다. 따라서 순서의 짜임새나 내용의 완성도에 치우쳐 자칫 예배가 경직되지 않도록 실수나 돌발적인 상황 등을 충분히 감싸 안는 여유와 수용적 태도로 예배가 진행되도록 노력하여야 한다. 동시에 어린이 주일 예배라고 하여 어린이만의 재롱잔치나 소수의 재능 있는 어린이의 발표장이 되는 예배가 아니라 어린이 주일이 지닌 의미를 염두에 두어 교회 전 회중이 순서에 참여함으로 어린이들로 하여금 자신들도 교회 회원 구성원 중의 하나임을 충분히 느끼도록 하여야 한다. 동시에 가능한 다양한 연령의 많은 어린이들이 순서에 참여하도록 하여 어린이들이 신앙인으로서의 자신들의 중요함을 깨닫고 헌신을 다짐하는 기회를 가지도록 한다.

B. 지침

1) 사회자를 비롯한 예배 참석자 모두에게 어린이주일 예배의 전체적인 분위기가 즐겁고 축제적인 분위기가 되어야 함을 미리 주지시킨다. 이

를 위해 충분한 시간을 갖고 미리 제작된 영상광고나 인쇄물을 통하여 어린이주일 예배에 대하여 알리고 필요한 옷차림이나 분위기에 대하여 사전에 전체회중의 협조를 구하도록 한다.
2) 어린이주일의 특성을 충분히 고려한 예배의 순서와 장식이 되도록 한다. 이를 위해 예배당 입구와 내부 등을 아이들이 좋아하는 장식으로 꾸미거나 안내에서 아이들에게 친숙한 모습이나 꾸밈으로 맞이하는 등의 노력이 도움이 된다. 또한 기존 주일 예배의 순서는 집중력이 상대적으로 짧은 어린아이들에게 적합하지 않기에 통상적인 주일 예배의 흐름과는 달리 영상과 음향 그리고 순서의 다양성을 통하여 아이들의 예배 집중도를 높이도록 한다. 이때 영상과 음향 그리고 순서의 내용은 아이들의 눈높이에 맞춘 언어와 예배내용을 준비하도록 한다.
3) 어린이주일은 매년 주제를 다르게 하거나 예배형식을 변화시킴으로 매년 드려지는 어린이주일 예배가 단순한 연례행사가 아니라 아이들에게 소중한 신앙의 경험으로 남아 신앙형성과 발전에 도움이 되도록 사전에 충분한 준비와 지원을 하도록 한다.

C. 예배순서

#1 기존 예배의 일부분을 어린이주일 예배로 구성할 경우

"○○○○년도 가정의 달 어린이주일을 맞아 기쁨과 감사의 마음을 담아 묵도하심으로 어린이주일 예배를 시작하겠습니다."

묵 도 ···집례자가 엡 6:1-3을 낭독한 후 기원기도를 드림으로 시작···	집례자
찬 송 ················ 564장 또는 적절한 복음성가 ················	다함께
기 도 ··	순서자
성경말씀 ················ 설교 예시 참조 ················	집례자
설 교 ················ 설교 예시 참조 ················	집례자
특별 순서 회중들이 환영하는 가운데 아이들이 등장하여 순서를 진행합니다	
1) 어린이대표의 서약 ································	순서자
2) 부모님의 서약 ································	순서자

3) 목회자의 축복기도	………………………………	집례자/목회자
찬　　　송 ………………………… 565장 ……………		또는 적절한 복음성가
축복과 마침기도 ………………………………………………………		집례자

* 일반 주일 낮 예배 순서와 동일하게 시작하되 찬송과 교독문, 설교 본문 말씀은 어린이주일에 적합한 내용으로 선택한다.
* 설교가 끝난 후 특별순서 시간을 준비하여 아이들이 등장하면 참석한 회중들이 박수로 환영한다.
* 집례자는 아이들이 교회의 소중한 일원이며 하나님과 교회의 자랑스러운 존재임을 간략하게 이야기한다.
* 아이들이 자신들이 준비한 순서를 진행한다. 이때 교회는 아이들이 하나님께 대한 자신들의 사랑과 믿음을 회중 앞에서 약속의 형식으로 발표하는 순서를 갖도록 한다. 이때 어른 회중 가운데서 교회를 대표하여 하나님께서 맡기신 아이들을 소중하게 여기며 잘 돌보고 섬길 것을 약속하는 순서를 함께 가지도록 한다.
* 순서가 끝난 후에는 아이들과 함께 아이들에게 익숙한 찬송을 함께 부른 후 집례자의 축복기도나 마침 기도로 예배를 마친다.
* 예배에 참석하는 어린이들을 위한 사진촬영이나 동영상 촬영을 하여 다음 주 교회학교 예배 때 함께 볼 수 있도록 함으로 아이들이 어린이주일을 다시 한 번 상기하면서 신앙적 자세를 새롭게 하는 기회를 갖도록 한다.
* 주일 낮 예배에 참석하는 아이들은 가능하면 단체로 할 수 있는 일들을 준비하도록 하며, 만일 교회규모로 인하여 아이들 일부분만 참석 가능한 경우는 반드시 해당 부서를 섬기는 이가 이를 기억하여 그 다음해에 순서를 맡도록 약속하고 지키도록 한다.

#2 예배 전체를 어린이들과 함께 통합 예배를 드리는 경우이며 순서는 어린이 대상이나 설교는 부모를 대상으로 한다.

* 대체로 예배순서 예시 #1과 같이 진행하되 다음의 사항을 염두에 두고 예배를 준비한다.

1) 대표기도나 성경봉독 순서자를 가능하다면 아이들 가운데 선정하여 할 수 있도록 한다.
2) 기존의 주일 예배와는 달리 아이들이 친숙한 교회학교의 어린이 예배 순서와 유사하게 진행하도록 한다.
3) 찬송은 아이들이 부르는 찬송 가운데서 미리 선정하여 영상이나 프린트물로 미리 준비하여 함께 부르도록 한다.
4) 설교 역시 아이들이 쉽게 이해할 수 있는 내용과 용어로 하되 될 수 있으면 시청각 교재를 사용하여 아이들의 집중력에 도움을 주도록 한다.
5) 순서에는 아이들의 발표시간과 서약 순서를 가지는 동시에 어른 회중 가운데서 교회를 대표하여 하나님께서 맡기신 아이들을 교회가 소중하게 여기며 잘 돌보고 섬길 것을 약속하는 순서를 함께 가지도록 한다.

D. 설교

#1. 화살 같은 우리 자녀(시 127:1-5)

예수님은 어린이의 천진함과 순전한 믿음을 귀하게 여기시어 우리가 어린아이 같아야 천국에 들어간다고 하셨다. 성경은 하나님께서 우리에게 주신 자녀들이 화살이라고 했다(4절). 왜 화살에 비유하셨을까?

1. 화살은 명중시켜야 할 과녁이 있다.

화살은 목표를 위해 존재하는 것이다. 인간은 목적있는 피조물이다. 이사야 선지자는 모든 인간이 하나님의 영광을 위해 창조되었다고 선언했다(사 43:7). 그러나 범죄한 인류는 죄인으로서 표적을 상실한 존재가 되고 말았다. 죄를 나타내는 헬라어 "하마르티아"는 표적을 빗나가 버린 화살을 의미한다. 하나님께서 인간을 만드실 때 맞추어 명중시키시려던 근본적인 목적이 상실되고 인류는 하나님의 영광에 이르지 못하고 잃어버려진 상태에 떨어지고 말았다. 상실했던 표적을 예수 그리스도 안에서 다시 찾아 무엇을 하든지 하나님의 영광을 위해서 하는 새로운 삶을 살게 된다(고전 10:31). 어디서 어떤 모습으로 살던지 하나님의 영광을 높이는 삶을 살기 바란다.

2. 화살은 꼿꼿해야 한다.

비뚤어진 화살은 아무리 겨냥을 잘해도 과녁을 맞출 수가 없다. 쓸데없는 잔가지는 모두 잘라내고 구부러진 것은 불에 구워서라도 잘 펴야 한다. 아이들은 신체적으로 정신적으로 영적으로 비뚤어지지 않도록 올곧게 양육되어야 한다. 아이들을 잘못된 길로 가도록 유혹하는 것들이 얼마나 많이 있는가? 육체의 정욕과 안목의 정욕과 이생의 자랑에 빠져들지 않도록 해야 한다. 열매없는 가지는 모두 잘라내야 한다(요 16:2; 엡 4:11). 유혹의 욕심을 따라 썩어져 가는 구습을 좇는 옛 사람을 벗어버리고, 오직 심령으로 새롭게 되어 하나님을 따라 의와 진리의 거룩함으로 지으심을 받은 새 사람을 입도록 해야 한다(엡 4:22-24).

3. 화살은 항상 장사의 수중에 붙잡혀 있어야 한다.

하나님은 만군의 여호와이시다. 크고 강하신 하나님이시다. 그 분은 우리를 거룩한 손으로 잡으시고 거룩한 도구로 사용하신다. 우리의 자녀들이 그 분께 붙잡힌 위대한 도구가 되어야 한다. 그 분이 활시위를 당겨 거룩한 뜻을 따라 표적을 향해 날리실 때 힘껏 날아 과녁을 명중시킬 수 있는 사람으로 자녀를 키우자. 장사이신 하나님께서는 활대같은 아버지와 활시위 같은 어머니를 통해 힘껏 당기시어 화살 같은 우리의 아이들을 날려주신다.

시편 127편은 솔로몬의 시로 알려져 있다. 지혜의 왕 솔로몬은 어쩌면 아버지 다윗을 생각하며 이스라엘의 모든 백성들로 하여금 성전을 방문하기 위해 여행을 하는 동안 이 노래를 기도로 부르도록 가르쳤는지도 모르겠다. 우리 어른들도 부모님의 활을 떠나 우리의 인생길을 여기까지 헤쳐 나왔다. 이제 우리의 자녀들을 날려 보내야 할 때가 온다. 꼿꼿한 화살이 주 하나님 손에 붙잡혀 멀리 날아가 표적을 명중시키도록 해야 한다.

#2. 아브라함의 자녀교육(창 22:13-19)

세계에서 청소년 범죄율이 낮은 민족 중의 하나가 바로 유대인이다. 그 이유는 유대인들의 전통적인 자녀교육에서 찾을 수 있다. 또한 다른 어떤 민족들보다 유대인들이 전 세계에 막강한 영향력을 행사할 수 있는 것은 아브라함의 신앙교육 원리를 자녀교육에 그대로 반영하는 유대인만의 독특한 자녀교육에서 비롯된 것이다. 그렇다면 아브라함의 자녀교육은 어떤 특징이 있었는지 함께 알아보며 은혜를 나누자.

1. 자녀를 순종의 자녀로 양육했다.

아브라함은 이삭이 자신의 자녀가 아니라 하나님의 자녀라는 사실을 항상 깨닫고 있었기 때문에 자신의 목숨과도 같은 아들 이삭을 바치라는 하나님의 명령에 불평 없이 즉시 순종했다. 이 사건을 통해 이삭은 하나님에 대한 아버지 아브라함의 절대적인 순종이라는 신앙의 유산을 물려받았다. 이러한 신앙의 유산은 비록 이삭이 인간적으로 재능이나 지식이 뛰어난 사람은 아니었지만 하나님으로부터 창대하고 왕성한 복을 받게 했다(창 26:12-13). 창대하고 왕성해지는 것은 인간적인 똑똑함과는 별개의 문제인 하나님의 영역이다. 하나님 말씀에 절대 순종하는 자녀로 양육하면 우리 자녀들에게 꿈같은 역사와 기적이 펼쳐진다.

2. 자녀를 복의 근원이 되게 했다.

유대인 격언에 '자식을 망하게 하려거든 재산을 남겨주고 훌륭하게 만들려거든 믿음과 사랑을 심겨주어라'라는 말이 있다. 유대인들의 축복관은 '소유적' 성공관이 아니라 '기여적' 성공관이다. 즉 '얼마나 인류와 사회에 공헌하였는가?'가 인간의 평가기준이 된다. 이러한 축복관이 노벨상 수상자를 많이 배출하는 민족이 되게 한 원동력이다. 본문 18절에서 순종의 믿음을 소유한 아브라함 때문에 그의 자손들은 축복의 통로가 될 것이라는 말씀이 오늘날에도 성취되고 있다. 우리나라는 자녀가 공부를 잘하면 법대나 의대에 보내고 싶어 한다. 왜냐하면 우리나라의 축복관은 '권력', '명예,' '돈'이 우선이기 때문이다. 우리민족도 축복관의 변혁이 일어나야 한다. 아브라함처럼 순종하는 신앙의 유산을 물려주어 우리 자녀들이 축복의 통로가 되도록 해야 한다.

3. 부모가 자녀에게 모범을 보였다.

부모는 자녀에게 살아 있는 교과서이다. 부모와 자녀는 오랜 기간 동안 함께 생활하기 때문에 자녀는 부모의 말과 행동을 고스란히 배우게 된다. 아버지 아브라함의 행동을 보면서 절대 순종하는 법을 배운 이삭도 철저한 순종의 삶을 살았다. 그 결과 하나님의 놀라운 복을 누리게 되는 삶을 살게 되었다. 부모인 우리가 자녀의 가슴에 무슨 흔적을 남기느냐는 매우 중요하다. 왜냐하면 얼마 안 가서 결실로 나타나기 때문이다. 순종흔적을 남기면 순종의 자녀가, 기도흔적을 남기면 기도의 자녀가 되지만 불신앙의 흔적을 남기면 자녀들은 더욱 심한 불신앙에 빠지며 심지어 하나님 품을 떠나기도 한다. 하나님의 품을 떠난 인생은 실패와 고통의 연속이라는 사실을 부모들은 항상 깨달아야 한다.

이 세상에서 가장 힘들지만 중요한 것은 바로 자녀교육이다. 부모가 어떻게 하느냐에 따라 자녀와 가문의 영광이 결정된다. 아브라함처럼 하나님 말씀에 따라 순종하는 부모와 자녀가 된다면 자녀도 살리고, 자손들이 축복의 통로의 주인공이 된다는 사실을 잊지 말아야 한다.

12. 어버이주일 예배

A. 원리

5월 가정의 달에는 첫째 주일의 어린이 주일에 이어 어버이 주일이 들어 있다. 그중 5월 둘째 주일을 어버이 주일로 정해 지키고 있는데, 어버이 주일(The Parents' Sunday)은 부모님의 사랑과 희생 그리고 헌신에 감사하고 그분들에게 존경을 표하는 기념주일이다. 어버이주일은 본래 '어머니주일'(the Mother's Sunday)로 미국에서 시작되었다. 미국 버지니아 주 웹스터 교회의 주일 학교에서 26년간이나 꾸준히 봉사해 온 자비스(Jarvis)라는 부인의 추도식에 초청받은 그녀의 딸 안나가 자신의 어머니 자비스 부인이 주일학교 학생들에게 제5계명인 '네 부모를 공경하라'는 성경 말씀을 가르치면서 어머니의 위대한 사랑에 감사할 수 있는 구체적인 방법을 늘 생각해 보라고 했던 것에 대하여 말한 후 어머니를 생각하며 카네이션 꽃을 추도식 제단에 바쳤다. 이 추도식에 모였던 사람들은 자비스 부인의 가르침을 기억하고 실천하는 안나의 말과 태도에 크게 감동을 받았고, 그 자리에 참석했던 사람들은 이 날을 어머니의 사랑을 기리는 날로 정할 것을 그 자리에서 결의하였다. 이를 계기로 시작된 어머니날 운동은 다른 지역으로 퍼져 나갔고, 이러한 사회 여론이 형성되자 1914년 미국 국회는 5월 둘째 주일을 어머니 주일로 정하여 이 날을 기념일로 지키기로 결정하였다. 어머니 주일은 그 후 가정에서의 아버지의 역할 또한 중요함이 강조되면서 그 명칭이 어버이 주일로 바뀌어 현재에 이르기까지 계속해서 지켜지고 있다. 감사의 꽃인 카네이션을 꽂는 풍습은 어버이 주일을 유래케 한 자비스 부인이 좋아하던 꽃으로, 자비스 부인의 딸 안나가 어머니의 추도식에서 제단에 이 꽃을 바쳤던 것에서부터 이 풍습이 유래되었다고 한다.

B. 지침

1) 교회에서는 예배 시간 전에 교회문 앞에서 학생들이 부모님들이 들어오시면 꽃을 달아 드린다. 또한 예배 시간에 나이 많으신 웃어른들께 카네이션 꽃을 달아드리는 특별 순서를 가짐으로 부모를 공경하라는 제5계명과(출 20:12) 노인을 존경하라는(잠 20:29) 성경 말씀을 상기하는 기회를 갖는다.
2) 가급적이면 부모와 자녀가 함께 참여할 수 있는 것으로 준비하여 부모와 자녀가 친밀감과 사랑을 느끼도록 한다. 특히 교회에 출석하지 않는 부모님도 함께 참석하실 수 있도록 가정 통신문 형식의 초청장을 집으로 보내도록 한다.
3) 어버이 주일을 맞이하여 부모님의 은혜에 감사하는 내용의 편지를 써 보도록 한다. 어린 자녀뿐 아니라 이제는 중년에 들어선 장성한 부모도 자녀를 기르면서 깨닫게 된 부모님의 은혜에 감사하며, 백발의 노인이 되신 부모님께 편지를 써 보는 것도 의미가 있을 것이다.
4) 어버이주일을 교회 내에서 만의 행사가 아니라 지역사회와 이웃들에게 다가가는 기회로 삼도록 한다. 교회 주위에 있는 어려운 노인들을 교회로 초청하거나 양로원 등을 방문하여 섬기는 기회를 가지도록 한다.

C. 예배순서

○○○○년도 가정의 달 어버이주일을 맞아 하나님과 부모님께 대한 감사의 마음을 담아 묵도하심으로 어버이주일 예배를 시작하겠습니다.

묵 도	… 집례자가 엡 6:1-3을 낭독한 후 기원기도를 드림으로 시작 …	집례자
찬 송	559장 또는 적절한 복음성가	다함께
기 도		순서자
성경말씀	설교 예시 참조	집례자
설 교	설교 예시 참조	집례자
특별순서	각 연령층의 자녀들이 부모님께 드리는 감사 영상자료/간증	
찬 송	577장 또는 적절한 복음성가	다함께

축복과 마침기도 ·············· 집례자

* 교회의 상황에 적합하게 찬송가와 복음성가(CCM)을 병용한다.
* 교회의 필요에 따라 교독문 '어버이주일'을 사용한다.
* 특별순서 시간에 특별한 간증이나 특송 또는 영상 감사편지 등의 순서를 교회 상황에 따라 사용한다.

D. 설교

#1. 공경과 축복(엡 6:1-3)

우리 사회는 100세 시대를 바라보는 고령화시대를 맞이하고 있다. 그러나 문제는 사회적으로나 개인적으로 시대의 흐름에 맞춰 노년의 삶을 준비할 여유와 시간이 부족한 상황에 처해 있다는데 있다. 그러다 보니 고령화가 단순한 가정의 문제가 아니라 사회 문제가 되어가고 있다. 이러한 때에 우리 믿는 사람들이 성경적인 방법을 찾는 것은 당연한 일이다. 성경은 부모를 공경하라고 말씀한다.

1. 공경은 권위에 대한 순종이다.
공경은 히브리어로 '카바드'인데 '무거운'이란 뜻이다. 이는 '중히 여긴다'는 뜻을 담고 있다. 즉 부모를 가볍게 여기지 않고 '가치를 높이 평가'하는 것이 공경이다. 부모는 나의 생명의 근원이며 뿌리이다. 하나님이 나에게 주신 생명의 분신이다. 성경에서 아버지와 어머니를 공경하라는 것은 부모의 권위를 인정해 드리고 귀중하게 여기며 그의 가르침에 순종하라는 것을 말한다. 부모가 나이가 먹어 경제적으로, 사회적으로 힘이 없을지라도 존중하고 인정해주라는 것이다. 우리는 상대방을 가치 있게 여기고 존경할 대상으로 볼 경우 그 사람이 하는 말을 귀담아 듣는다. 어떤 말을 할지라도 순종한다.

2. 공경은 경제적인 삶을 살펴주는 것이다.
우리의 삶이 사회의 급속한 변화속도를 따라가지 못하고 있다. 소수의 부모들을 제외하고 대다수 부모들이 자식을 가르치기 위해 집 팔고, 결혼시키기 위해 노후자금을 깬다. 그러다 보니 자신들의 노후생활이 어렵다. 성경에서 예수님은 고르반의 이야기를 하며 부모에게도 경제적으로 최선을 다해 섬겨야 함을 이야기하고 있다. 하나님께 십일조를 드리듯이 부모에게도 십일조를 드려 섬겨야 한다.

3. 공경은 심리적 고독을 느끼지 않도록 하는 것이다.

경제적인 어려움보다 더 힘든 것은 심리적 고독이다. 혼자 사는 경우 더욱 그렇다. 부모는 자식을 늘 그리워한다. 부모를 향한 따뜻한 말 한마디가 외로움과 고독을 이겨내게 한다.

부모를 공경하는 것이 하나님이 그 자녀를 축복하는 약속 있는 첫 계명이다. 부모공경에 대한 하나님이 약속하신 축복은 이 땅에서 잘되고 장수하는 복이다. 왜 하나님께서 부모공경에 대해서는 계명으로 말씀하시고 축복의 약속까지 해주셨을까? 우리의 힘만으로는 지키기가 힘든 것이기 때문이다. 특별한 노력이 필요하기 때문이다. 부모가 바라는 가장 큰 효도는 자녀가 잘되는 것이다. 부모의 근심거리가 되지 않고 바른 신앙인으로, 사회와 가정에서 행복한 삶을 사는 것이 부모를 행복하게 하는 것이다. 부모를 공경함으로 하나님이 약속하신 복을 받아 더 깊은 효의 자리로 나아가자.

#2. 부모에게 순종하는 이유(엡 6:1-3)

에베소서 6장은 문맥상 5장 21절에서 시작한다. 5장 21절은 "그리스도를 경외함으로 피차 복종하라"고 기록되어 있는데, 이는 5장 22절에서 6장 9절까지의 서론 역할을 한다. 5장 22절에서 33절까지는 남편과 아내의 관계를 다루며, 6장 1절에서 4절까지는 부모와 자식의 관계를, 6장 5절에서 9절까지는 상전과 종의 관계를 다룬다. 그러므로 본문은 부모와 자녀의 상호복종이 어떤 모습인지에 대해서 보여준다고 할 수 있다. 어버이주일을 맞이하여 이 본문을 함께 하는 것은 의미 있는 일이다.

1. **자녀들이 주 안에서 부모에게 순종하는 것은 옳은 일이다(1절).**
많은 사람들이 하나님의 뜻이 무엇인지 알고 싶다고 말하지만 막상 하나님의 뜻을 알아도 그렇게 살지 않는다. 실제로 성경에는 하나님의 뜻이 무엇인지 분명하게 말씀하는 구절이 있지만 그것을 온전히 행하는 사람은 많지 않다. "옳은 일"도 마찬가지이다. 무엇이 옳은지 몰라서 못하겠다는 사람들이 많지만, 실제로 그것을 안다고 해도 그것을 행하는 것은 아니다. 일반적으로 모른다는 것은 실제로 모르는 것이 아니라 직면한 문제를 회피하고자 하는 욕구에서 비롯되기 때문이다. 오늘 본문은 우리에게 "부모에게 순종하는 것"이 옳은 일이라고 분명히 말한다. 그러니 더 이상 몰라서 못하겠다는 핑계는 통하지 않는다. 자녀인 우리가 부모에게 순종하는 것은 옳은 일이다.

2. **자녀들이 부모를 공경하는 것은 약속이 있는 첫 계명이다(2-3절).**
성경에는 보장이 약속되어 있는 구절들이 많이 있다. 그러나 그 가운데 처음은 부모를 공경하는 것이다. 성경에서 '공경'의 대상은 하나님과 부모뿐이다. 다른 대상은 공경의 대상이 아니다. 이렇게 성경에서 부모를 공경하라고 말씀하는 이유는 부모가 하나님과 같이 생명의 근원이기 때문이다. 하나님은 당신을 향한 공경을 부모에게도 요구하신다. 이것은 고르반에 대한 원천적 거부이다. 하나님께 드림이 부모에게 드림을 대신할 수 없으며, 오히려 하나님께 하는 만큼 부모에게도 해야 한다. 그러니 하나님을 잘 섬기는 사람이 부모를 공경하지 않는 것은 어불성설이다. 만약 그런 사람이 있다면 하나님을 핑계로 부모를 공경하지 않는 것을 합리화하는 사람에 불과하다. 부모를 공경하는 사람에게 약속된 하나님의 보상은 우리가 "잘 되고 땅에서 장수"하는 것이다. 이것은 우리가 하나님으로부터 소망하는 것과도 일치한다. 그러니 우리가 부모에게 어떻게 해야 하는지는 이론의 여지가 없다.

3. **부모들은 자녀를 노엽게 하지 말고 주의 교훈과 훈계로 양육해야 한다(4절).**
상호복종의 맥락에서 부모를 향한 자녀의 복종은 순종과 공경이다. 그러나 자녀를 향한 부모의 복종은 자녀를 노엽게 하지 않는 것이며, 주의 교훈과 훈계로 양육하는 것이다. 이러한 복종의 맥락은 하나님께 대한 복종을 전제로 하며, 그렇기에 해도 되고 안 해도 되는 것이 아니라 반드시 해야 하는 영역에 속한다. 물론 자녀의 노여움이 부모로부터 비롯되지 않는 경우도 있으나 성경은 그런 경우는 예외하고 말하지 않는다. 결국 부모는 자녀를 노여움으로부터 보호해야 하는 의무가 있으며, 반드시 그 과정에 주의 교훈과 훈계를 포함해야 한다. 여기서 훈계는 단순히 말을 넘어 체벌을 포함한다.

오늘 본문은 부모보다 자녀에게 더 많은 분량을 할애하고 있다. 이는 부모를 공경함이 더 중요하고 어려운 일임을 가리킨다. 부모가 자녀를 사랑하는 것은 하나님이 우리를 사랑하는 것처럼 자연스러운 일이다. 그러나 자녀가 부모를 공경하는 하는 것은 우리가 하나님을 사랑하는 것만큼 부자연스러운 일이다. 그러나 이제 그러한 부자연스러움을 넘어 보장된 약속을 누릴 수 있는 우리가 되어야겠다.

13. 사역자주일예배

A. 원리

　사역자 주일 또는 목회자 주일은 개교회가 임의로 날자를 정할 수도 있으나 대개의 경우 5월에 지키는 교회가 많다. 가정의 달인 5월에 다양한 주일들이 있다. 첫째 주가 어린이 주일, 둘째 주가 어버이 주일, 셋째 주가 교사주일 그리고 넷째 주를 목회자주일로 지킨다. 목회자 주일을 지키는 이유는 교인들이 목회자가 하는 일과 목회자의 건강 등에 특별한 관심을 갖고 돌아보며 평상시 목회사역에 몰두하는 목회자들에게 교인들이 감사의 마음을 갖고 격려하는데 있다.
　전교인이 사역자라는 원리를 적극적으로 따르는 교회들의 경우는 목회자 주일보다는 그 대상을 넓혀 목회자로부터 시작하여 교사나 목자들까지를 포함하여 사역자주일로 지키기도 한다. 교인들이 목자로 또는 교사로 헌신하는 일은 무보수로 이루어지기 때문에 그들의 수고를 교회가 알아주고 감사를 표하며 격려하는 일은 매우 의미 있는 일이라 믿어진다.
　갈라디아서 6장 6절에서 바울은 "가르침을 받는 자는 말씀을 가르치는 자와 모든 좋은 것을 함께 하라"고 권고했다. 따라서 교인들은 자신들의 영적 성장과 발전을 위해 부지런히 말씀을 가르치며 돌보아주는 영적 지도자들의 수고를 알아주고 그들에게 감사와 격려는 보내는 일은 그들로 하여금 더욱 자원하는 수고를 아끼지 않게 만들어줄 수 있다.
　베드로전서 5장 2절은 "너희 중에 있는 하나님의 양 무리를 치되 억지로 하지 말고 하나님의 뜻을 따라 자원함으로 하며 더러운 이득을 위하여 하지 말고 기꺼이 하며"라고 사역자의 수고가 자원과 기꺼이 이루어지는 것이 될 수 있도록 가르치고 있다. 사역자들에게 그들의 수고를 알아주고 격려하는 일은 아름다운 교회의 모습이 아닐 수 없다. 교회가 연말에 사역자들을 특별하게 대우하며 그들의 수고를 알아주는 방식을 귀한 음식이나 장소에서 별도의 시간을 가짐으로써 그 고마움의 의미를 더욱 극대화할 수도 있을 것이다.

B. 지침

1) 목회자와 함께 교회의 영적 사역을 맡은 교사들이나 목자들의 수고를 알아주고 그들을 격려하는 목적으로 사역자주일예배를 드린다.
2) 예배의 대상은 사역자들이 아니라 하나님이심을 항상 유념해야 한다.
3) 교인들의 사랑이 담긴 선물이나 작은 정성을 준비하여 교회 앞에서 전하는 순서를 가진다.
4) 사랑을 표현하는 것이 목적이므로 과도히 비싼 선물을 마련하는 것은 피하는 것이 좋다.
5) 교인들이 특송이나 기타 특별순서를 통해 음악으로, 글로, 연주로 감사의 구체적 표현을 하는 순서를 가지는 것이 바람직하다.
6) 설교의 주제를 교회사역, 말씀사역, 목양사역의 중요성 등에 맞추어 준비한다.
7) 사역자들의 가슴에 감사를 표하는 꽃을 달아준다.

C. 예배순서

사역자주일예배는 별도의 독자적 시간에 드리는 것보다는 주일 정기예배시간에 드리는 것이 바람직하다. 이는 모든 교인들이 참석하는 시간이므로 모든 연령층이 같이 모여 예배드리는 의미를 가진다. 특히 목회자뿐 아니라 교회의 교사들이나 목자들까지를 포함한 사역자 개념을 강조할 경우 더더욱 그러하다. 따라서 정기주일예배의 내용과 성격을 사역자들의 수고를 알아주고 그들을 격려하며 감사를 표하는 순서들을 더하는 방식을 제안한다.

예배의 부름	사회자
찬 송 ·········· 25장 ··········	다같이
기 도	대표자
성 경 낭 독	사회자

(예수님을 대신하여 교인들을 목양하는 영적 리더들의 사
역의 중요성을 인식하는데 도움을 주는 시 23편을 낭송함)

새 교인 환영	···	다같이
헌금 및 봉헌기도	················· 634장 ·················	다같이
성 경 봉 독	················ 설교본문 ················	사회자
찬 양	···	성가대 또는 특송자
설 교	··· 사역자들의 사역의 중요성, 감사와 격려의 주제로 ···	목회자
초 청	···	설교자
찬 송	················ 205장 ················	다같이

사역자들에 대한 감사
  1. 교인들 중에서 사역자들에 대한
     감사의 글을 준비하여 낭독한다. ················· 대표자
  2. 선물은 각 기관별로 교사들에게,
     목장식구들이 목자들에게, 담당자
     목회자들에게는 목자들이나 교회가 선물한다.
  3. 모든 교인들이 사역자들을 향해
     손을 벌리고 축복송을 부른다. ················· 다같이

광 고	···	사회자
축 도		목회자

D. 설교

#1. 교인들에게 목숨을 건 사역자(살전 2:1-12)

5월의 셋째 주는 사역자 주일로 지킨다. 사역자란 목회자, 목자, 교사 등과 같이 말씀을 가르치는 자들이다. 영적 가족인 교회에서의 사역자들은 영적 부모로서의 수고를 하는 분들이기에 가정의 달 셋째 주에 사역자 주일로 지키는 것이다. 교회의 사역자들이 어떠한 자세로 일해야 하는지를 본문을 중심으로 묵상하는 가운데 주님의 은혜가 임하길 소망한다.

1. 사역자는 목숨 걸고 복음 전할 위탁을 받았다(1-4절).

바울은 자신이 데살로니가에 가서 복음을 전한 동기와 근본 자세를 밝히고 있다. 그는 고난, 능욕, 많은 싸움 가운데 복음을 전했다고 말하면서 그렇게 목숨 걸고 복음을 전한 이유가 하나님으로부터 위탁받았기 때문이라고 말했다. 그렇기 때문에 하나님을 기쁘시게 해드리려는 동기로 목숨 걸고 복음을 전하고 가르친다고 말했다. 이와 같이 모든 사역자들은 자신을 인정해주시고 사역을 위탁하신 주님을 기쁘시게 해드리기 위해 목숨까지 걸고 복음을 전하고 가르치는 자들이다.

2. 사역자는 순전한 동기로 사역한다(5-6절).

바울은 자신의 사역이 경제적 이득이나 명예를 위한 것이라고 유언비어를 퍼뜨리는 사람들에게 어떤 경제적 이득이나 명예 따위가 사역의 목적이 아님을 천명했다. 사람에게 잘 보이려고 아첨의 말을 한 적도 없으며 오히려 폐를 끼치지 않기 위해 자비량했음을 밝혔다. 그의 사역의 동기는 순전한 것임을 선포했다. 모든 사역자들도 이와 같이 자신의 유익이나 명예나 명성을 위하지 않고 오직 주님의 복음이 순전하게 전해지도록 힘쓰는 자들이다.

3. 사역자는 영적 부모로서 사역한다(7-11절).

교인들을 위해 목숨을 건 사랑은 그들을 영적 자녀로 대한 바울의 근본 입장에서 나왔다. 그는 유모처럼 유순한 자로서 교인들을 양육했고 아버지로서 자녀에게 하듯 엄하게 가르쳤다. 사역자들에게 절대적으로 필요한 자세가 바로 영적 부모로서 자녀들을 대하는 자세이다. 바울은 "그리스도 안에서 일만 스승이 있으되 아버지는 많지 아니하니 그리스도 예수 안에서 내가 복음으로써 너희를 낳았음이라"(고전 4:15)고 말했다.

목숨을 거는 일은 진정한 사랑이 있어야 가능한 일이다. 그 진정한 사랑은 주님 자신으로부터 나온다. 요한은 "그가 우리를 위하여 목숨을 버리셨으니 우리가 이로써 사랑을 알고 우리도 형제들을 위하여 목숨을 버리는 것이 마땅하니라"고 했다. 우리를 위해 목숨 버리신 그분의 사랑 때문에 구원받은 사역자들도 교인들을 위해 목숨을 버리는 것이 마땅한 일이다.

#2. 즐거움으로 사역할 수 있게 하라(히 13:7-19)

사역자 주일을 맞이하여 교인들과 사역자와의 아름다운 관계를 생각하는 가운데 그 아름다움이 우리 교회에 온전하게 이루어지기를 소망한다. 히브리서 기자는 그의 서신서를 마치면서 교인들과 사역자의 관계를 권면하고 있다. 이 본문에 나타난 교인과 사역자의 아름다운 관계는 무엇인가?

1. 사역자들을 본받으라(7절).

기자는 교인들에게 하나님의 말씀을 가르쳐주고 인도하던 사역자들이 어떻게 그들 자신이 가르친대로 사는지를 잘 살펴보고 그들의 삶을 본받으라고 말한다. 그리스도인의 성장은 지식만이 아니라 그 지식에 근거한 삶이 성장하고 변해야 한다. 그러한 변화는 사역자의 삶을 본받음으로써 가능하다. 바울은 "내가 그리스도를 본받는 자가 된 것 같이 너희는 나를 본받는 자가 되라"(고전 4:16; 11:1)고 말했다.

2. 사역자들에게 순종하고 복종하라(17절).

사역자들을 본받기 위해서는 사역자에게 순종하고 복종하는 것이 필수적이다. 아무리 귀한 말씀을 가르치고 권면해도 사역자들의 권면과 가르침에 순종하지 않고 복종하지 않는다면 아무 유익도, 변화도 기대할 수 없다. 순종과 복종은 하나님의 종으로서의 사역자의 권위를 인정한다는 뜻으로 이러한 인정에서부터 사랑과 존경의 마음이 생겨나고 결과적으로 순종하는 일이 가능하다.

3. 사역자들로 즐거움으로 사역하게 하라(17절).

교인들이 사역자에게 순종하고 복종하는 일은 결과적으로 사역자가 즐거움으로 사역하게 해준다. 그들은 교인들의 영혼을 위해 자신이 경성할 자로 여기고 하나님 앞에서 목숨 걸고 사역하는 자들이다. 그들에게 가장 큰 기쁨은 교인들이 말씀대로 사는 것을 보는 것이다. "형제들이 와서 네게 있는 진리를 증언하되 네가 진리 안에서 행한다 하니 내가 심히 기뻐하노라 내가 내 자녀들이 진리 안에서 행한다 함을 듣는 것보다 더 기쁜 일이 없도다."(요일 1:3-4) 사역자들이 즐거움으로 사역하면 교인들에게 더욱 큰 사랑으로 은혜를 끼치게 되는 유익을 얻을 수 있게 된다.

사역자들이 교인들에게서 바라는 것은 어떤 대우나 물질이 아니다. 그들은 그들이 가르치고 전해주는 하나님이 교인들의 삶 속에서 실제가 되는 것을 보는 것을 가장 큰 기쁨으로 여기는 자들이다. 이렇게 될 수 있으려면 사역자들의 삶을 본받으며 그들에게 순복하고 그들로 하여금 즐거움으로 사역할 수 있게 하는 것이 교인들의 마땅한 바다. 그러한 관계 속에서 교인들이 "말씀을 가르치는 자와 모든 좋은 것을 함께 하라"(갈 6:6)는 말씀이 실제가 될 수 있다.

14. 맥추감사주일예배

A. 원리

한국의 여러 교회들은 7월 첫 주를 맥추감사주일로 지키고 있다. 구약성경에 언급되고 있는 삼대 절기(유월절, 맥추절, 장막절) 중에 하나인 맥추절(칠칠절, 오순절)의 의미를 되새기며 하나님께 특별한 예배를 드리고자 의도된 것이다. 다시 말하여, 고대 이스라엘 백성들이 우기에 속하는 10월부터 11월까지 보리나 밀의 씨를 뿌려 5월이나 6월에 수확을 거두게 된 것을 하나님께 감사하기 위해 맥추절을 지킨 것처럼, 현재 우리의 농사나 사업이나 일에 열매와 수확을 제공하신 하나님께 감사를 표시하고자 예배를 드리는 것이다. 맥추감사주일을 7월 첫째 주로 정하게 된 배경을 추측해 본다면 전통적으로 우리나라에서 한 해의 전반기에 보리 수확을 하고, 후반기에 쌀 수확을 하기 때문에, 보리 수확을 감사하는 의미를 담고 있는 맥추감사주일을 7월 첫째 주로 정한 것으로 보인다.

앞에서도 언급한 바 있지만 맥추감사주일예배의 취지는 우리가 매일 열심을 다하여 농사를 짓거나 사업을 하거나 직장 생활을 한 결과로 수확과 열매를 얻게 된 것에 대하여 하나님께 감사를 표시하기 위한 것이다. 특히 우리가 7월 첫째 주에 맥추감사주일예배를 드림으로써 또 하나의 의미를 가미하게 되는데, 그것은 한 해의 상반기의 삶을 지켜주신 하나님께 감사하며, 하반기에도 하나님의 인도하심과 채워주심이 지속되기를 간구하는 것이다.

B. 지침

1) 강단 앞에 보리를 비롯한 수확물들을 두는 것이 시각적인 도움을 제공할 것이다.
2) 예배 중의 찬송들은 수확에 대한 감사와 관련된 것이 되도록 택한다.

C. 예배순서

환영의 말		인도자

"오늘은 맥추감사주일예배로 드립니다. 우리에게 신실하게 일용할 양식을 제공해주시는 하나님께 감사하는 마음으로 예배합시다."

찬　　송	오 신실하신 주 393장	다같이
교 독 문	105	다같이
기　　도		담당자
성경낭독		사회자
설교말씀		설교자
기　　도		설교자
축　　도		설교자

D. 설교

#1. 0.3초의 기적(살전 5:16-18)

탈무드는 하나님이 불평하는 인간을 심판하실 때 굳이 다른 형벌을 추가하실 필요가 없다고 말하고 있다. 왜냐하면 불평하는 인간은 자신의 인생을 원망하며 살아가기 때문에 그 삶은 이미 충분히 불행하고, 이미 심판을 받고 있는 것이기 때문이다. 성경은 감사가 선택이 아니라 필수라고 말씀하고 있다. 특히 오늘 본문은 환경과 상황에 관계없이 '범사에 감사'하는 것이 하나님의 뜻이라고 말씀하고 있다.

1. 범사에 감사가 어려운 이유

범사에 감사하는 것이 하나님의 뜻임에도 감사가 어려운 이유는 우리의 '무감각' 때문이다. 우리의 삶은 감사해야 할 상황으로 넘쳐나지만 우리는 그것을 당연하게 여기는 '감사불감증'에 빠져 있다. 또한 우리가 감사하기 어려운 이유는 우리의 '욕심' 때문이다. 인간의 욕심은 아무리 채워도 끝이 없다. 그러다보니 감사하기보다 오히려 불평을 하게 된다. 게다가 비교의식은 우리의 감사를 더 어렵게 만든다. 비교의식을 통해 우리는 자신을 우월하거나 열등하다고 생각하게 되는데, 이런 사람은 결코 감사할 수 없다.

2. 범사에 감사할 수 있는 이유

우리가 범사에 감사하는 첫 번째 이유는 우리가 죄에서 구원받았기 때문이다. 우리는 죄인이었다. 또한 죄로 인해 영원히 멸망 받을 수밖에 없는 존재였다. 하나님은 그런 우리를 죄와 사망으로부터 구원해 주셨다. 우리는 이 사실 하나만으로도 감사할 이유가 충분하다(롬 5:8). 우리가 범사에 감사하는 또 하나의 이유는 만사에 하나님의 주권을 신뢰하기 때문이다. 하나님은 모든 것을 합력하여 선을 이루시는 분이시다(롬 8:28). 우리는 그런 하나님을 믿기 때문에 모든 상황 속에서 하나님을 신뢰하며 감사할 수 있다.

3. 범사에 감사하기 위한 방법

범사에 감사하는 첫 번째 방법은 감사를 생각하는 것이다. "thank"(감사하다)의 어원은 "think"(생각하다)이다. 곧 감사는 하나님을 생각함에서 출발한다(시 78:11). 이사야 51장 1-2절은 하나님이 유다 백성에게 그들의 근본과 출처를 생각해 보라고 말씀하고 있다. 범사에 감사하는 두 번째 방법은 감사를 표현하는 것이다. 신명기 16장 16-17절에서 하나님은 이스라엘 백성에게 3대 절기인 유월절, 칠칠절, 초막절을 통해서 하나님께서 주신 복을 따라 힘대로 감사하라고 말씀하고 있다. 범사에 감사하는 세 번째 방법은 감사를 훈련하는 것이다. 디모데전서 4장 7절은 경건에 이르기를 훈련하라고 말씀한다. 누가복음 17장 17절에서 예수님은 나병환자를 고쳐주시면서 그들에게 감사의 모습을 찾으셨다. 감사는 저절로 되는 것이라기보다 오히려 훈련으로 되는 것이라고 할 수 있다.

'Thank you'라는 말을 하는데 걸리는 시간은 0.3초에 불과하다. 그러나 이 짧은 시간의 고백이 우리 삶을 기적의 통로로 만든다. 감사는 더 큰 복을 끌어당기는 자석이고, 감사는 기적을 창조하는 재료이다. 성령 충만함으로 범사에 감사하는 삶이 되길 바란다.

#2. 신약의 맥추절(행 2:1-4)

맥추절은 영어로 'Feast of Harvest,' 이른바 추수의 축제이다. 이 맥추절은 유월절이 지나고 난 뒤, 일곱 안식일이 지난 후이다. 일곱 번의 안식일, 그래서 칠칠절이라고 부르기도 한다. 다른 표현으로는 처음 보리와 밀이 익어 첫 열매를 거두는 때라고 해서 처음 초(初) 열매 실(實) '초실절'이라고도 부른다. 오순절은 헬라어로 Πεντηκοστή(펜테코스테)이다. 영어로는 Pentecost이다. 즉 일곱 번의 안식일이 지나고 그 다음날 지키는 절기라 하여 다섯 오, 열순 오, 오순절이라 부른다. 신약에서는 예수님이 부활하시고 승천하신 뒤 열흘 후 오순절 날, 예수님이 약속하신 성령이 임하셔서 맥추절을 성령강림절이라고 부른다. 구약의 오순절은 시내산에서 율법을 받은 것을 기념한다. 신약의 오순절은 성령님이 임하신 사건을 증거한다. 구약의 오순절은 새 계약 공동체로서의 이스라엘 민족의 탄생을 이야기한다. 신약의 오순절은 새로운 교회, 예수님을 주님으로 고백하는 생명의 공동체, 교회가 탄생된 것을 증거한다. 성령 강림절, 신약의 맥추절의 가장 중요한 의미는 성령의 역사이다.

1. 성령으로 말미암아 건강한 교회로 거듭나야 한다.

교회는 예수 그리스도를 구주와 주님으로 고백하는 공동체이다. 성경은 "성령으로 아니하고는 누구든지 예수를 주시라 할 수 없다"고 말씀한다(고전 12:3). 성령으로 말미암지 않고는 예수 그리스도를 구주라고 고백할 수 없듯이 그분이 교회의 주인이심을 시인할 수 없다. 교회는 예수 그리스도만이 구주와 주인으로 인정될 때 건강하게 설 수 있다. 성령으로 말미암아 건강한 교회로 거듭나자.

2. 성령으로 말미암아 증인의 삶을 살아야 한다.

성경은 "오직 성령이 너희에게 임하시면 너희가 권능을 받고 예루살렘과 온 유대와 사마리아와 땅 끝까지 이르러 내 증인이 되리라"고 한다(행 1:8). 권능은 오직 성령으로 말미암아 받을 수 있다. 권능은 헬라어로 δύναμις (뒤나미스)이다. 다이나마이트의 어원이 되는 말이다. 성령을 받게 되면 다이나마이트 같은 역동적이고 폭발적인 힘으로 증인의 삶을 살아가게 된다. 또한 '증인'이라는 헬라어 단어 μάρτυς(마르튀스)는 '순교자'라는 의미를 내포한다. 성경이 말하는 증인은 다른 이의 요청이 없어도 적극적으로 증거하는 사람이다. 성령으로 말미암아 증인의 삶을 살아가자.

3. 성령으로 말미암아 예수 그리스도를 닮아가야 한다.

성경은 "술 취하지 말라 이는 방탕한 것이니 오직 성령의 충만을 받으라"고 명령한다(엡 5:18). 더러운 영과 죄의 습관에 물든 사람을 보면 분명히 알 수 있다. 안에 무엇이 있는지를 냄새와 모습을 통해서 드러납니다. 우리는 예수의 영, 성령을 받은 사람들이다. 우리의 언어, 태도, 인격을 통하여 예수 그리스도가 우리 주변 사람들에게 증명되어야 한다. 성령으로 말미암아 예수님을 닮아가는 거룩한 삶을 살아가자.

우리가 기억해야 할 맥추절은 단순히 보리수확기에 추수를 감사드리는 절기가 아다. 맥추감사주일에 분명하게 기억해야 할 것은 바로 성령의 역사와 우리에게 요구하시는 삶이다. 성령 충만을 받아 건강한 교회를 세우고, 힘써 복음을 증거하며, 예수 그리스도를 닮은 삶을 통하여 하나님을 영화롭게, 사람을 존귀하게 하는 삶을 살아가자.

15. 추수감사주일

A. 원리

추수감사절은 영국 국교의 종교 박해를 피해서 1620년 메이플라워(Mayflower)호를 타고 신대륙에 도착한 청교도(Puritan)들이 이듬해 수확을 마치고 3일 동안 축제를 벌인데서 유래한다. 우선 이들이 감사한 것은 신앙의 자유를 찾은 것이다. 이들은 제임스(James) 왕의 박해가 심해지자 신앙의 자유를 찾아 66일간의 긴 항해 끝에 신대륙에 도착했지만 44명이 굶주림으로 목숨을 잃는 아픔을 겪기도 하였다. 그 다음 감사한 것은 원주민 인디언들의 도움이었다. 살아남은 53명의 청교도들은 그 해 혹독한 겨울과 기아를 이겨내야만 했는데 인디언들의 도움으로 겨우 살아남을 수 있었다. 인디언들은 이들에게 옥수수 재배와 물고기 잡는 법을 가르쳐 주었다. 마지막으로 생명을 구원해 주신 것에 감사했다. 청교도들은 도착 그 다음해 1621년에 자신들을 도와준 90여 명의 인디언을 초청해 칠면조(turkey)와 옥수수를 나눠 먹으며 생명을 지켜주신 하나님께 감사했다. 이후 아브라함 링컨(Abraham Lincoln) 대통령이 11월 넷째 주간을 추수감사주일로 정하면서 미국교회는 이날을 추수감사주일로 지키고 있고 한국교회는 셋째 주일을 지키고 있다.

특히 추수감사주일은 이스라엘이 지켜야 할 3대 절기 중 초막절에 해당된다. 초막절이란 이스라엘 백성들이 출애굽 이후 광야에서 40년 동안 장막생활을 한 것을 기념하는 날이다(레 23:43). 집례자는 하나님께서 이스라엘 백성들에게 초막절을 기념토록 한 것을 회상시켜 줄 필요가 있다. 첫째로 분별의 삶을 살게 하는 것이다. 하나님은 이스라엘 백성들에게 토지소산의 첫 열매를 하나님께 드릴 것을 명령 하였다(신 26:10-11). 즉 하나님께 가장 좋은 첫 번째 소산물을 분별해서 드리라는 것이다. 둘째로 나눔의 삶을 살도록 하는 것이다. 하나님은 초막절을 지킬 때 노비와 레위인과 객과 고아와 과부들과 함께 즐거워 할 것을 부탁하였다(신 16:14). 세상의 그늘진 곳에 있는 사람들, 변두리에 있는 자들을 돌보고 사랑을 베풀라는 것이다. 셋째로 배려의 삶을 살게 하는 것이다. 하나님께서 이스라엘 백성들이 수확할 때에 이삭을 다 줍지 말고, 포도원의 열매도 다 따지 말 것을 부탁하였다(레 19:9-10). 이웃을 위해서 혼자 다 먹지 말고 남겨 두라는 것이다. 곡식이나 과일도 자신을 위해 다 배불리 먹지 말고 남을 배려하도록 일깨워 주어야 한다.

B. 지침

1) 추수감사주일을 맞이해 성도들로 하여금 한 해 동안 감사한 것을 기록해 하나님께 감사예물을 드리도록 권면한다. 가능한 가족별로 하지 말고 개인별로 할 것을 부탁한다.
2) 설교단 주변에 과일, 채소, 곡물을 가져오게 하여 장식하도록 한다. 이것은 우리가 하나님의 선한 청지기로 살아가면서 하나님의 은혜와 축복에 감사하는 표시이다.
3) 교회가 속해 있는 지역 주민들 중 노인들과 노숙자들을 교회에 초청해 음식을 대접하면 좋다. 초막절의 정신을 성도들이 몸소 실천할 수 있도록 돕는다.
4) 추수감사주일을 한국 정서에 맞게 날짜를 변경해 보는 것도 좋다. 현재 실시하고 있는 추수감사주일(11월 셋째 주일)은 미국식 교회력이고 입동(立冬) 이후가 대다수여서 추분(秋分)을 전후로 해서 추석 즈음이나 10월 중순 경에 실시하는 것도 새로울 것이다.

C. 예배순서

#1. 전통식 예배

예배부름	········· 추수감사절에 맞는 내용제시 ·········	집례자
찬 송	········· 587장 감사하는 성도여 ·········	다함께
대표기도	·································	담당자
찬 송	········· 589장 넓은 들에 익은 곡식 ·········	다함께

성경봉독	········· 설교 예시 참조 ·········	집례자
찬　　양		성가대
설　　교	········· 설교 예시 참조 ·········	집례자
봉헌찬송	········· 590장 논 밭에 오곡백과 ·········	다함께
봉헌기도		담당자
찬　　송	········· 591장 저 밭에 농부 나가 ·········	다함께
축　　도		집례자

#2. 현대식 예배

예배부름		집례자
찬　　양	········· 587장 감사하는 성도여 ·········	다함께
	589장 넓은 들에 익은 곡식	
	복음성가(CCM) 1-2곡	
기　　도		담당자
교회소식		영상팀
찬　　양		성가대
성경봉독	········· 설교 예시 참조 ·········	집례자
설　　교	········· 설교 예시 참조 ·········	집례자
봉헌찬송	········· 590장 논 밭에 오곡백과 ·········	다함께
봉헌기도		담당자
찬　　양	········· 591장 저 밭에 농부 나가 ·········	다함께
축　　도		집례자

1) 각 교회에서 1부, 2부, 3부 등의 예배를 드릴 때 전통식 예배로만 드릴 수 있고 또한 중간에 현대식 예배를 첨가해서 진행할 수 있다.
2) 현대식 예배의 경우 찬양 때 찬송가와 복음성가(CCM)는 교회 형편에 따라 병용할 수도 있다.
3) 교회의 결정에 따라 헌금은 예배 시간에 헌금 바구니를 돌릴 수 있고 한편 예배당에 입실하기 전 교회 입구에 마련된 헌금함에 미리 넣을 수도 있다.

D. 설교

#1. 아홉은 어디 있느냐? (누가복음 17:11-19)

　신앙생활은 단순한 영적 지식을 넘어서는 하나님과의 관계에서 오는 감격적인 생활이다. 사람이 가까운 분일수록 늘 감사의 표현이 있듯이 하나님과 감격적인 신앙생활을 하는 사람은 감사의 삶이 당연히 따른다. 오늘 본문에서 예수님은 구원사역의 마지막을 위해 예루살렘으로 가는 도중에 한 촌마을에서 열 명의 문둥병자를 만나셨다. 생각건대 예수님의 놀라운 치유사역을 소문으로 들은 그들은 그 기회를 놓치지 않고 소리 질러 도움을 요청했을 것이다. 그들의 외침은 문둥병을 고쳐달라는 말보다 "예수 선생님 우리에게 자비를 베풀어주세요"였다. 그것도 멀리서 외쳤다. 멀리 있어야 하는 이유는 유대의 법에 의해 문둥병자를 가까이 할 수 없는 탓이었다. 이 외침을 들으신 주님께서 아무 치료의 과정도 없이 그냥 너희 몸을 제사장에게 보이라 말씀하셨다. 이것은 문둥병이 나은 자가 반드시 보통의 생활로 돌아가기 전에 행해야 할 과정이다(레 14장). 가다가 그들은 모두 문둥병이 나았고 당연히 제사장에게 보일 수 있었다, 그 후 열 명 중 한 명 사마리아인이 예수님께 돌아와 감사의 감격을 표현했다. 그때 예수님께서 하신 말씀이 오늘 설교의 제목이다. "아홉은 어디 있느냐?" 추수감사절에 주는 이 말씀의 메시지가 무엇일까?

1. 무엇을 감사해야 하는가?

　우리가 하나님께 감사할 최대의 이유는 우리를 죄악의 저주에서 오직 믿음으로 구원하신 하나님의 은혜이다. 가서 제사장에게 보이라 하실 때 그들은 여전히 냄새나는 문둥병자였다. 그러나 그 말씀을 의지해 제사장에게 가기 시작했다. 가는 길에 모두가 깨끗이 나았다. 얼마나 감격스런 일인가, 여기 문둥병은 인간의 죄악을 상징한다. 이 죄악은 오직 믿음으로만 용서함을 받는다. 즉시 주님께 돌아와 감사를 표하는 이방인 사마리아인에게 주님이 말씀하셨다. "일어나 가라 네 믿음이 너를 구원하였느니라." 문둥병자는 누가 아닌 바로 나와 당신이다. 이 절망적 운명에서 오직 믿음으로 구원하신 주님을 영원히 감사하고 찬양하자.

2. 언제 감사드릴 것인가?

　감사를 드릴 때는 바로 지금이다. 열중의 하나 이 이방인은 자신이 치료된 것을 보자 바로 주님께 돌아와 주님의 발 앞에 엎드려 감사드렸다. 나머지 아홉은 언급이 없다. 아마 그들도 마음으로 감사했을지 모른다. 그러나 그들은 제사장에게 보이고, 가족에게로 돌아가고, 사람들에게 인정받는 일에 급했을 것이다. 치료자이신 예수님께 바로 돌아온 사람은 오직 한 이방인뿐이었다. 그렇다. 감사는 미룰 일이 아니다. 오늘 지금이 그 은혜와 치료에 감격하여 하나님께 감사드리는 이것이 바로 믿음이다. 예수님께서 '아홉은 어디 있느냐?'고 탄식하신 탄식이 어쩌면 오늘날 마땅히 감사해야 하는데도 불구하고 감사하지 않는 우리에 대한 주님의 탄식이 아닐까?

3. 어떻게 감사를 드릴 것인가?

　우리의 몸과 마음전체를 하나님 앞에 드리는 것이 온전한 감사이다. 이 이방인 문둥병자가 감사드린 기록을 잘 살펴보아라. 그는 큰 소리로 하나님께 영광을 돌렸다. 그리고 주님께 나아와 그 몸을 발 앞에 엎드려 경배했다. 특별히 여기 사마리아 이방인을 예수님이 언급하신 것은 이스라엘의 고질적 신앙의 문제인 선민의 특권의식은 있으나, 감사보다 원망과 투정거림으로 일관했던 그들의 모순적인 태도를 지적하신 의미가 내포되어 있다. 그들에게는 전적인 드림이 없었다. 주님은 오늘도 그에게 나아와 몸을 드리고 큰소리로 찬양하는 감사자를 찾으신다. 우리에게 몸을 드림은 우리의 마음, 물질, 시간 소중한 모든 것을 아낌없이 그 앞에 드리는 것이다.

　모든 감사의 조건 가운데 구원받음을 감사하라. 감사를 미루지 말고 오늘, 지금 감사하라. 몸과 마음과 나의 가장 소중한 물질을 감사로 표현하라. 나타나지 않은 아홉이 아니라, 이 사마리아 한 이방인이 바로 당신이 되기를 바란다.

#2. 범사에 감사할 수 있다면!(시 131:1-3)

데살로니가전서 5장에는 '항상 기뻐하라, 쉬지 말고 기도하라, 범사에 감사하라'고 기록되어 있다. 이것은 좋은 환경과 여건일 때뿐만 아니라 좋지 않는 환경과 힘든 여건이 내 삶을 옥죄고 있을 때에도 지켜져야 한다. 하나님은 당신의 자녀들이 '항상 기뻐하고, 범사에 감사하기'를 원하신다. 오늘 본문 시편 131편은 다윗이 노년에 성전에 올라가면서 하나님 앞에 드렸던 찬양이자 기도이다. 오늘 다윗은 우리가 이 땅의 믿음의 삶을 살아갈 때에 항상 기뻐하고 범사에 감사할 수 있는 그 비결을 깨우쳐주고 있다. 그 비결이 무엇일까?

1. 교만이나 오만하지 않은 자족함(1절)

항상 기뻐하고 범사에 감사할 수 있는 첫 번째 비결은 마음이 교만하지 않고, 눈이 오만하지 않으며, 큰 일과 감당하지 못할 놀라운 일을 하려고 하지 않는 것이다. 이것은 마음으로, 눈으로 그리고 실제의 삶에서 겸손한 태도를 지니는 것을 의미한다. 이 시편은 다윗의 삶 전체를 대변하는 신앙고백이다. 특히 큰 일과 감당하지 못할 놀라운 일을 하려고 힘쓰지 않는다는 고백은 교만과 오만을 넘어 욕심에 대한 절제 또한 포함하고 있다. 하나님이 허락하신 그것이 어떠한 분량이든 그것에 대해서 자족하고 기뻐할 수 있는 삶이 필요하다.

2. 하나님 품에서의 평온함(2절)

항상 기뻐하고 범사에 감사할 수 있는 두 번째 비결은 하나님 품에서의 평온함이다. 다윗은 2절 후반부에서 자신의 평온함을 젖 땐 아이에 비유한다. 이스라엘에서 젖 땐 아이는 대략 3세 정도가 되는 유아이다. 이런 아이는 뭐가 그렇게 바쁜지 항상 쉴새없이 움직인다. 그러다가도 피곤에 지쳐 잠에 빠져들 때면 어머니 품에 쏙 들어간다. 어머니의 품에서 새근새근 자는 아이를 보며 어머니는 한없이 사랑스런 눈빛으로 아이를 바라본다. 다윗의 평온함도 바로 여기에 있다. 세살짜리 어린아이처럼 온갖 일을 감당하고, 정신없이 분주하지만 아이가 어머니 품에 들어가 쉼을 얻는 것처럼 다윗도 하나님 아버지의 품에서 안식을 누린다. 그래서 오늘 다윗이 성전에 올라가면서 '하나님! 나를 품어 주시옵소서!'라고 기도하는 것이다.

3. 여호와 바라기(3절)

항상 기뻐하고 범사에 감사할 수 있는 세 번째 비결은 여호와를 바라는 것이다. 우리가 어떠한 여건에 있든 하나님을 바라면, 그 가운데 기쁨과 감사의 동력을 얻을 수 있다. 환경이나 여건이 아니라 하나님을 바라보라. 그러면 항상 기뻐하고 범사에 감사할 수 있는 그 은혜가, 그 힘이 주어질 것이다.

추수감사예배를 맞아 하나님을 바라보고 교만하지 말고 오만하지 말고 내 욕심으로 큰일 놀라운 일들 그것만 쫓지 말자. 오늘 내게 주어진 것 허락하신 것으로 인하여 감사하고 그 일에 신실할 수 있는 우리가 되자. 누군가 이렇게 이야기했다. 누구라도 채울 수 없는 것이 있는데 그것이 바로 욕심이다. 욕심은 무엇으로도 채울 수 없고, 누구도 채울 수 없다. 욕심을 내려놓고 하나님이 주신 것으로 인하여 하나님을 바라보며 우리 가운데 충만한 기쁨과 감사가 넘치도록 하자.

16. 성경주일예배

A. 원리

　한국과 세계 여러 나라의 교회들은 12월 둘째 주일을 성경주일로 지키고 있다. 말씀이 육신이 되어 이 땅에 오신 예수님을 준비하며 기다리는 대강절 기간에 성경주일을 지키는 것은 특히 의미가 있다. 그런가 하면 비록 이때는 아니지만 일 년에 한 주일을 성경주일로 지정하는 나라들의 교회들도 있다. 성경주일은 영국성서공회가 창립 100주년이 되던 해인 1904년에 '만국 성경주일(Universal Bible Sunday)로 지키면서 처음 시작되었는데, 성경주일의 헌금은 성서공회에 보내곤 했다. 한국에서는 1899년에 전국 교회에서 '성서공회 주일'을 지키고 성서공회에 헌금을 보낸 것으로 시작되었다.

　성경주일예배의 취지는 분명하다. 우리 그리스도인들의 신앙과 생활에 유일한 지침이요 안내서인 성경 말씀의 중요함을 강조하여 그리스도인들로 하여금 성경 말씀을 더욱 자주 읽고 암송하고 묵상하며 그 말씀에 따라 살아가도록 격려하는 것이 성경주일예배의 목적이다. 그러므로 성경주일예배를 통해서 전해져야 할 핵심 교훈들은 성경이 성령의 감동으로 기록되었다는 점, 신앙과 윤리적 삶을 위한 무오한 지침이 된다는 점을 가르쳐야 한다. 또한 그리스도인들의 삶의 성화를 위해 교훈하고 책망하고 바르게 하고 의로 교육하기에 유익하며, 하나님의 사람으로 온전하게 하며 모든 선한 일을 행할 능력을 갖추게 하기에 충분하다는 점을 일깨워주어야 한다(딤후 3:16-17). 한 걸음 더 나아가 하나님의 말씀인 성경이 "살아 있고 활력이 있어 좌우에 날선 어떤 검보다도 예리하여 혼과 영과 및 관절과 골수를 찔러 쪼개기까지 하며 또 마음의 생각과 뜻을 판단"할 수 있는 힘이 있다는 점을 그리스도인들에게 상기시켜 주어야 한다(히 4:12). 그래서 예배에 참석한 불신자들이 성경을 통해 구원에 이를 수 있다는 점을 깨닫게 하며, 예배에 참석한 그리스도인들이 매일의 삶 속에서 당면하고 있는 여러 가지 삶의 문제들에 대한 신적인 해결책들을 성경에서 찾으려는 결단을 하도록 만들어야 한다.

B. 지침

1) 모든 예배자들이 자신의 성경책을 가지고 오도록 안내한다.
2) 교회적으로 성경쓰기 운동을 하여 성경주일예배 때 봉헌하는 것도 좋다.
3) 교인 중에서 나이든 분들이 오랫동안 사용한 해어진 성경책을 교훈으로 전시할 수도 있다.
4) 성경 낭독은 사회자가 하기보다는 예배 참석자 중에 한 명이나 몇 명이 낭독할 수 있는 기회를 제공한다.
5) 가능하다면 성경이 우리에게 전해진 과정을 설명하는 간단한 동영상을 설교 전이나 설교 중에 보여준다(대한성서공회 웹사이트 참조).
6) 예배 때 부르는 찬송을 성경 말씀의 귀중함을 표현하는 것으로 선택한다.

C. 예배순서

환영의 말	··	인도자
	"오늘은 성경주일예배로 드립니다. 우리의 신앙과 삶을 위한 유일한 지침이 되는 성경 말씀을 우리에게 주신 하나님께 감사하는 마음을 예배를 드리도록 하겠습니다."	
동 영 상	············ 성경 전달 과정에 관한 것 ············	담당자
기 도	··	인도자
	"하나님 아버지 오늘 성경주일을 맞이하여 거룩한 책 성경을 가슴에 안고 예배하게 하심을 감사합니다. 저희들에게 하나님의 말씀인 성경을 주셔서 감사합니다.	
찬 송	············ 달고 오묘한 그 말씀 200장 ············	다같이
교 독 문	·················· 1. 시편 1편 ··················	다같이
기 도	··	담당자
성경 낭독	··	담당자
설교 말씀	··	설교자

기 도	....	설교자
찬 송	.... 나의 사랑하는 책 199장	다같이
축 도	....	설교자

D. 설교

#1. 말씀을 받는 자세(행 2:37-42)

예배에서 설교가 차지하는 비중은 매우 중요하다. 물론 설교를 듣는 것이 예배의 전부는 아니다. 다른 순서들도 모두 중요하다. 그러나 설교는 하나님의 말씀을 듣는 것이기에 그 중요성은 아무리 강조해도 지나치지 않는다. 하나님의 말씀은 우리 인생길의 기준이 된다. 그렇기 때문에 우리는 항상 내 생각보다 하나님의 말씀을 기준으로 삼아 아름답게 살아가는 성도가 되어야 한다. 우리는 하나님의 말씀을 어떻게 듣는 것이 좋을까?

1. 하나님의 말씀을 잘 듣고 받아드려야 한다.
37절을 보면 "그들이 이 말을 듣고"라고 기록한다. 41절에서는 "이 말을 받은 사람들은"이라고 기록한다. 또한 42절 "그들이 사도의 가르침을 받아"리고 말씀한다. 37절에 나오는 "듣고"는 헬라어로 "아쿠오"라는 단어이다. 이 단어는 "경청하다, 주의하다, 들어서 깨닫다"는 뜻으로, 말씀을 청각적으로만 들을 뿐만 아니라 그 내용을 정신적으로 이해하고 수용하는 것까지 포함한다. "받고"는 "아포데코마이"라는 단어로 "환영하다, 기쁘게 받다, 인정하다, 영접하다"는 뜻이다. 본문은 이 두 단어를 통해 우리가 예배 시간에 선포되는 하나님의 말씀을 잘 이해할 뿐만 아니라 즐겁고 기쁜 마음으로 흔쾌히 그 말씀을 인정하고 받아드리라고 말씀하고 있다. 이것이 바로 예배자들의 기본적인 자세이다.

2. 하나님의 말씀을 통해 어떻게 할 것인지 헌신하고 결단해야 한다.
37절을 살펴보면 "형제들아 우리가 어찌할꼬?"라는 고백이 나온다. 이것은 예배자들에게 필요한 고백이다. 예루살렘에 모인 사람들은 말씀을 듣고 난 후 마음에 찔림을 받았다. "찔림"이라는 말은 "카타소"라는 단어로 "마음에 예리한 고통을 주다"는 뜻을 지닌다. 찔림은 하나님 말씀을 들은 사람이 들은 말씀에 대하여 전인격적 반응을 나타내는 것이다. 단순히 아는 것이 아니라 그 말씀 때문에 도전 받고 그 말씀에 비추어 어떻게 응답해야 할지 생각하면서 스스로에게 어떤 변화를 이루고자 하는 간절한 염원이 담긴 반응이다. 이런 찔림 속에 헌신과 결단이 따라온다. 또한 "어찌"라는 단어는 "티스"인데, "어느 것," "무엇"이란 뜻으로 이 고백은 '무엇을 해야 합니까?'라는 물음이 된다. 예배자는 하나님의 말씀을 흘려듣지 말고 그 말씀 속에서 내가 무엇을 해야 할지를 찾고 바꿔야 할 것은 바꾸고자 하는 각오와 결단을 가져야 한다.

3. 하나님의 말씀에 순종하고 실천해야 한다.

38절에서 베드로는 사람들에게 "회개하라," "침례를 받으라" 했다. 41절을 보면 그들이 침례를 받았다. 그들은 침례를 받기 전 당연히 자신들의 죄를 고백하고 회개했을 것이다. 그리고 42절을 보면 그들은 사도의 가르침에 순종하여 떡을 떼며 교제하며 기도하는 일에 집중했다. 이렇게 하나님의 말씀을 듣고, 결단하고, 실천하고 적용하는 사람들이 바로 반석 위에 집을 지은 사람들이다. 예배 시간에 말씀을 듣는 것만으로 만족한다면 그런 사람은 마태복음 7장에 나온 것처럼 모래 위에 집을 지은 사람에 불과하다.

예배 시간에 하나님의 말씀을 잘 듣고 이해하며 즐겁게 받아들이자. 예배 시간에 하나님의 말씀을 들으며 어떻게 살 것인지 결단하고 헌신하자. 그렇게 함으로써 아름다운 열매를 맺어가는 믿음의 지체들이 되기를 바란다.

#2. 부흥을 위한 세 가지 결심(에 7:9-10)

한 개인이나 가정 또는 민족이 쇠퇴의 길에서 소생의 길로 돌아서는 결정적인 계기가 있는데, 이것을 가리켜 부흥이라고 한다. 한국 기독교는 숫자나 그 규모면에서 전례 없는 성장을 거듭했다. 그러나 최근 전례 없는 도덕적 타락과 사회적 무책임으로 쇠퇴의 길로 접어들고 있다. 오늘 성경주일을 맞아 에스라를 통해 한국 기독교의 새로운 부흥의 길을 모색해보고자 한다. 고레스 칙령에 의해 바빌론에서 예루살렘으로 돌아온 유대인들과 지도자인 학사 에스라는 피곤과 실의에 빠진 돌아온 백성의 영적 부흥을 책임질 중대한 사명을 받는다. 하나님의 선한 손의 도우심을 받은 에스라는 이 사명을 위해 세 가지 중대한 결심을 한다.

1. 하나님의 말씀을 전심을 다해 연구하겠다는 결심을 하라.

에스라는 이스라엘의 진정한 부흥을 위해 외형적 사업보다 하나님의 율법을 연구하기로 결심한다. 이것은 우연한 결심이 아니다. 이 결심은 이스라엘의 치욕적인 바벨론 포로기 70년이 하나님의 말씀을 무시하고 도외시한데서 비롯되었다는 역사인식에 기초해 있다. 잃어버린 하나님의 말씀을 새로이 깨닫는 것은 부흥의 절대적 제1사명이다. 우리 기독교가 타락의 길로 들게 된 치명적 이유는 외형중심의 신앙 속에 하나님의 말씀을 멀리하고, 무시하고, 도외시한 인간 중심의 탐욕적 신앙에 비롯됐음은 말할 나위가 없다. 그렇기에 말씀연구에 대한 우리의 헌신은 부흥을 위한 절대적 사명이다.

2. 연구하여 깨달은 말씀을 지키는데 헌신하라.

말씀연구의 목적은 지식의 확장이나 정보의 축척, 종교적 호기심에 있지 않다. 에스라는 다른 어느 누가 아닌 자기 자신이 먼저 그 말씀을 지키기로 결심을 굳혔음을 보여준다. 세상의 다른 학문과 성경연구의 차이가 근본적으로 여기에 있다. 성경말씀은 우리 삶을 바꾸고 책망하고 바르게 하고 의로 교육하는 목적 있는 연구이다(딤후 3:16). 말씀을 듣고 연구하고 묵상하는 설교자와 우리 자신의 결심이 선행되어야만 부흥의 불길은 비로소 시작된다.

3. 지킨 말씀을 다른 이에게 가르치기를 결심하라.

에스라의 마지막 결심은 이스라엘에게 율법과 율례를 가르치기를 결심한 것이다. 중요한 것은 순서이다. 말씀의 연구, 말씀의 준행 그리고 다음이 타인을 가르치는 것이다. 깨달은 자만 그 말씀을 지킬 수 있다. 그 말씀을 지킨 자만 다른 이를 가르칠 수 있다. 연구하지 않는 자가 설교할 때 민족은 망한다. 지키지 않는 자가 가르치면 생명을 죽인다. 말씀을 지킨 자만 말씀의 가치와 감격을 체험하고 그 감격으로 다른 이를 바르게 인도할 수 있다. 오직 가르칠 목적과 부담으로 성경을 보는 사람들은 은혜의 강물을 체험하지 못하고 남을 비판하고 힐난하는 자리에서 부흥보다는 갈등을 창조하는 사람이 되고 만다.

이 세 가지 길 외에는 다른 길이 없다. 부흥을 원하는가? 개인적으로 가정적으로 교회적으로 그리고 민족적으로, 우리가 진정 부흥을 원한다면 성도나 성직자나 지도자나 피지도자나 삶의 현장에서 이 결심을 가지고 실천해야 한다. 그렇게 할 때 진정 하나님의 선한 도우심속에 우리는 부흥을 체험할 수 있다.

17. 성탄예배

A. 원리

오늘날 사람들은 성탄절의 진정한 주인공이 누구인지 잃어버렸다. 다시 말해 사람들은 성탄절의 진정한 주인공인 예수 그리스도에겐 별로 관심이 없고, 상업적이고 세속적인 축제의 분위기에 빠져 있다. 심지어 교인까지도 성탄절을 구세주로서 이 땅에 오신 예수 그리스도의 탄생을 축하하고 그분께 경배하기보다는 먹고 마시며 즐기는 축제로 착각하고 있다.

성탄예배는 진정한 의미에서 예수 그리스도의 탄생의 이유와 목적을 찾고 다시금 이 땅에 평화와 구원의 주로 오신 예수를 마음에 받아들이며, 감사하고, 그 뜻을 되새기는 기회가 되어야 한다.

B. 지침

1) 성탄의 계절은 예수 그리스도의 탄생을 축하하고, 그리스도의 성육신을 기념하는 때이다. 그러므로 이 예배는 성탄을 기뻐하는 축하, 나아가 축제의 예배가 되는 것이 좋다. 교회마다 상황에 알맞게 예배 순서 가운데 축제적인 요소를 마련하면 성탄 축하예배의 면모를 더욱 세울 수 있다.
2) 예배를 시작하면서 입장 행렬팀을 구성하여 의미있는 순서를 기획하는 것도 좋다. 행렬팀(목회자를 비롯하여 예배 순서에 참여하는 사람들, 혹은 교회 주요 직분자들로 구성함)이 성탄 축하를 드러낼 수 있는 특별 복장을 차려입고 입장하면서 예배를 시작하는 방식이다. 이때, 입장을 마친 행렬 팀은 각자의 위치로 가기 전, 목회자의 인도로 강단에 서서 청중과 함께 아래 성탄 인사 예시처럼 외쳐보는 것도 좋다.
3) 행렬팀이 예배 입장을 하면서 찬양을 부르는 것도 좋다. 방식은 행렬팀이 찬양을 부르면서 중앙 통로로 입장하면 회중석 좌우에 청중은 모두

일어서서 행렬팀을 바라보며 함께 찬양한다. 그리고 설교 후 예배를 맡치기 전, 이 절기에 세상에 오신 예수 그리스도를 모르는 이 땅 위의 사람들에게, 특히 전쟁과 가난 등으로 고통받는 이들에게 예수 그리스도의 은혜로 평화가 임하기를 위해 중보기도하는 시간을 가진다. 그리고 성도들로 하여금 자기 가족 중에 아직 구원 받지 못한 사람들을 위해 기도하게 한다.

성탄 인사 예시

입장행렬 팀: "아기 예수님이(혹은 예수 그리스도께서) 태어나셨습니다!"
청중: "우리 모두 만왕의 왕께 경배합시다!"
　　　"우리 다같이 이 날을 축하합시다!"
* 모든 성도들이 좌우, 앞뒤 성도들과 함께 이 말을 반복하면서 인사를 나누게 한다.

C. 예배순서

성탄축하 행렬 입장 ········· 122장 1절 ············		행렬팀
성탄축하 인사 나눔 ·····················		다같이
	입장행렬 팀: "아기 예수님이(혹은 예수 그리스도께서) 태어나셨습니다!"	
	청중: "우리 모두 만왕의 왕께 경배합시다!"	
	"우리 다같이 이 날을 축하합시다!"	
전　　주 ················· 묵 도 ·················		다같이
예배의말씀 ············· 시 85:7-13 ·············		사회자
기　　원 ·································		다같이
	구속의 주로 이 땅에 오신 주 예수님 주께서 베푸신 구원의 은혜를 감사합니다.	
	평화의 주로 오신 주 예수님 오늘 모인 저희들에게 세상이 빼앗을 수 없는 기쁨과 평안을 누리게 하시니 감사와 영광을 올려드립니다.	

이 아름답고 복된 절기에 온 세상을 복주시기를 원하시는 주 하나님 아직도 죄악가운데 있는 영혼들을 구원의 빛 앞으로 나아오게 하옵시며 평화를 잃어버린 곳마다 하나님의 사랑이 임하게 하시어 전쟁과, 삶의 고통과, 슬픔과 눈물 가운데 있는 사람들이 주님 주시는 평안과 기쁨을 누리게 하옵소서. 예수님의 이름으로 기원하옵나이다. 아멘

찬 송 (자리에 일어나서)	115장	다같이
교 독 문	119	다같이
대표기도		담당자
성경 봉독		설교자
설 교		담임목사
중보기도		다같이

하나님 아버지 이 땅에 전쟁과 가난, 슬픔과 고통 가운데 있는 이들에게 평화의 왕으로 이 땅에 오신 예수 그리스도의 은혜가 임하기를 원합니다.

예수 그리스도의 구속의 은혜가 고난과 아픔이 있는 세상 가운데 이르도록 이 땅의 모든 교회들이 복음을 들고 나가게 하여 주옵소서. 우리 가족들 가운데 아직 예수 그리스도를 믿지 못함으로 죄 가운데 있는 사랑하는 이들을 구원 하여 주시옵소서. 먼저 믿은 저희들이 주님의 사랑과 은혜를 들고 그들에게 나아가도록 도와주시옵서서. 예수님의 이름으로 기도드립니다. 아멘

찬 송	126장	다같이
축 도		담임목사

D. 설교

#1. 큰 기쁨의 좋은 소식(누가복음 2:1-14)

한 아기가 태어났다. 그 이름은 예수다. 예수님께서 인간의 몸을 입고 오신 성육신을 기념하며 감사하는 절기가 성탄절이다. 성탄의 기쁨과 즐거움 그리고 평화와 소망이 가득하시기를 축원한다. 할렐루야. 인류가 죄

악으로 어두움에 젖어 있을 때 하나님께서 오래전 예언자들을 통해 약속해주신 메시아가 탄생하신 것이다. 오늘 우리가 읽은 성경에 보면 '예수님의 탄생이 온 백성에게 미칠 큰 기쁨의 좋은 소식'이라고 선포하였다. 예수님의 탄생은 정녕 우리 모두의 기쁨이요 복된 소식이 아닐 수 없다. 왜 복된 소식인가? 예수님은 우리를 위해 오신 구주가 되시기 때문에 복된 소식이다.

11절 말씀을 보면 '오늘 다윗의 동네에 너희를 위하여 구주가 나셨으니'라고 했다. 구주, 구세주. 우리를 구원해 주시는 주님이다. 예수라는 그 이름의 뜻은 '자기 백성을 저희 죄에서 구원할 자이시다'라는 의미가 있다. 최초의 인간 아담과 하와가 에덴동산에서 하나님의 뜻을 따라 복되고 충만한 삶을 살다가 그만 마귀의 꾐을 받아서 먹지 말라 하셨던 선악을 알게 하는 선악과를 따먹고 불순종의 범죄를 저질렀다. 죄인 된 인간들을 위해서 하나님의 낯을 피하여 숨어버린 그들을 하나님은 오히려 찾아 주시고 그들에게 가죽옷을 지어 입히시면서 여자의 후손을 통해 마귀를 멸하시고 저들의 죄를 용서하시고 구원하시겠다는 약속을 주셨다. 많은 예언자들이 메시아의 탄생을 예언하고, 하나님께서 약속하신 대로 베들레헴에서 동정녀 마리아를 통해 이 땅에 오셨다.

유대 땅 베들레헴이라는 다윗의 동네에 마리아가 도착했을 때 마리아가 이미 잉태되었고 그리고 거기 해산할 날이 차서 아들을 낳아 말구유에 뉘였다고 했다. 여관에 있을 곳이 없었기 때문이었다. 하나님께서 약속하신 메시아 구세주가 이 땅에 오셨지만 이 세상이 영접지 아니하였다. 그러나 성경은 이렇게 말한다. "영접하는 자 곧 그 이름을 믿는 자에는 하나님의 아들이 되는 권세를 주신다." 우리는 구주로 오신 예수님을 영접해야 한다. 성탄절에 예수 그리스도를 우리의 구세주로 모셔드린 고백을 확인하기 바란다.

또한 성탄의 기쁨을 간직한 사람들이 되기를 바란다. 밖에서 밤중에 양을 치던 목자들은 이 성탄의 기쁨을 최초로 맛본 사람들이 되었다. 아기 예수님을 만난 그들이 이 성탄의 기쁨을 간직했다. 그리고 기뻐하심을 입은 사람들이 성탄의 기쁨을 간직했다. 밤중에 바깥뜰에서 양을 치던 목자들에게 이 기쁨의 좋은 소식이 전해졌다. 그 당시의 목자들은 사회 계층으로 말한다면 하층 계급의 사람들이었다. 저들은 그 밤에 바깥에서 양을 치고 있었다. 하늘의 복음이 그들에게 임했다. 우리 하나님은 외진 곳에 억눌린 삶을 사는 외면당하는 소외 계층, 변두리 사람들에게 더 가까이 해주시고 더 큰 은혜를 주시고 더 많은 사랑을 부어주신다. 우리도 우리가 자랑하던 것을 다 내려놓고 주님 앞에 겸손하게 나아가야 성탄의 진정한 기쁨을 맛볼 수 있다. 그리고 우리 주변에 있는 어려운 사람들을 돌아보는 눈을 가질 때 성탄의 진정한 기쁨을 맛 볼 수 있다.

목자들은 가서 아기 예수님을 찾아뵈었다(12절). 예수님을 만나기까지는 성탄의 기쁨이 결코 찾아올 수 없다. 수많은 사람들이 길을 헤매고 있다. 수많은 사람들이 거리를 헤매고, 많은 차량들이 길을 매우고 있다. 저들이 과연 무엇을 찾고 있을까? 성탄절에 우리 모두 마음을 추슬러 예수님께 경배하는 날이 되기를 바란다. 기뻐하심을 입은 사람들 중에 평화로다 하셨으니 참된 평화가 충만히 임하게 될 줄로 믿자. 우리의 심령과 가정과 삶에 주님이 주시는 평화가 충만하기를 바란다. 이 나라와 온 세상에 저 북녘 땅에도 평화가 있기를 바란다. 지극히 높은 곳에서는 하나님께 영광이요 땅에서는 기뻐하심을 입은 사람들 중에 평화로다.

#2. 성탄의 정신(마 2:1-12)

인류 최초의 성탄을 맞으면서 올바른 성탄의 정신을 보여준 사람들은 대제사장이나 서기관들이 아니라 이방 나라 바벨론에서 온 박사들이었다. 그들은 그리스도께 경배함으로써 첫 성탄을 맞이했다. "유대인의 왕으로 나신 이가 어디 계시뇨 우리가 동방에서 그의 별을 보고 그에게 경배하러 왔노라"(2절). 본문은 성탄을 맞는 세 종류의 사람들을 보여준다. 그리고 진정한 성탄을 맞는 자세가 무엇인지를 우리에게 가르쳐준다.

1. 세속적 인간, 증오와 적의 : 헤롯

헤롯은 아기의 탄생이 자기의 권력에 어떤 침해가 있지 않을까 염려했다. 그는 결국 유대인의 왕으로 나신 아기를 죽이기 위해서 베들레헴과 그 인근 지역에 사는 두 살 미만의 어린 아기들을 모조리 학살하는 만행을 저질렀다(16-18절). 이런 헤롯은 오늘날 마음의 보좌를 하나님께 내어드리지 못하고 자기 스스로 왕이 되어서 하나님의 통치를 거부하는 세속적 인간의 표상이다. 인류 구원을 위해 오시는 예수 그리스도를 경외함으로 맞아들이지 못하고 분노와 증오에 휩싸여 스스로의 삶을 파멸로 몰아가고 있는 불쌍한 영혼들을 위해서 우리는 기도해야 한다.

2. 종교인, 교만과 무관심 : 대제사장과 서기관들

그들은 메시야가 어디서 태어날지 성경의 예언을 통해서 정확하게 알고 있었다. 그러나 그것은 한낱 지식에 불과했을 뿐 그분을 맞이하고픈 진정한 믿음은 없었다. 그들에게 진정한 믿음이 있었다면, 그들은 한 걸음에 메시야를 찾아가 확인하려 했을 것이다. 그들은 이미 자기 의(義, self-righteous)로 가득 차 있어서 더 이상 메시야를 필요로 하지 않았다. 그들은 결국 교만과 무관심으로 인해 진정한 크리스마스를 맞이하지 못하는 어리석음을 범하고 말았다. 그들은 지식은 있으나 믿음은 없는, 오늘날 종교인들의 모습이다. 우리는 우리 스스로를 살펴서 종교인이 아니라 참 믿음으로 살아가는 신앙인이 되어야 한다.

3. 신앙인, 경배와 헌신 : 동방의 박사들

박사들이 먼 길을 위험을 무릅쓰고 찾아온 목적은 오직 경배하기 위해서였다. "엎드려 아기께 경배하고"(11b절). 그들은 보배합을 열어 황금과 유향과 몰약을 선물로 드렸다(11c절). 권력을 지키려고 하는 사람들은 예수님을 죽이려고 하고, 자기 의에 빠져 있는 사람들은 예수님의 탄생에 관심이 없다. 단순한 종교인들은 예수님을 통해서 위안과 보상을 얻으려고 한다. 그러나 참된 신앙인들은 동방박사와 같이 자신의 것을 주님께 드려 진정한 기쁨을 누린다.

우리는 동방박사들의 모습을 통해 참된 예배의 모습을 배울 수 있다. 진정한 예배에는 기쁨이 있다(10절). 진정한 예배에는 헌신이 있다(11절). 진정한 예배에는 순종이 있다(12절). 진정한 크리스마스를 맞이하기를 원하는가? 그렇다면 기쁨으로 그리스도께 나아가라. 그리스도께 당신의 삶을 드리라. 그리고 그 분의 말씀에 순종하라. 기쁨과 헌신과 순종으로 뜻 깊은 성탄이 되도록 하자.

18. 송년주일예배

A. 원리

송년예배는 한 해의 마지막 주일 예배이다. 송년예배는 무엇보다도 지난 일 년 52주를 돌아보면서 하나님께 감사함으로 드리는 예배가 되는 것이 좋다. 특히 지나온 한 해의 삶의 순간순간마다 함께 하셨던 하나님의 은혜를 기억하면서 감사드리는 예배이다. 이 날 예배는 특히 기쁨과 감사했던 일들에 대하여 그리고 때로는 고통과 아픔을 이기고 극복하도록 도우신 하나님의 은혜를 깊이 감사하며 드리는 예배이다. 그리고 목회자는 성도들로 하여금 새로운 마음과 신앙의 다짐으로 새해를 맞이하도록 이끌어주는 기회이기도 하다. 이날 하나님께 대한 감사와 함께 지난 한 해 동안 큰 아픔을 당한 성도들을 위로하는 기회를 가지는 것도 필요하다. 특히 그 해에 고인이 된 성도들을 추모하는 시간과 사랑하는 가족을 잃은 성도들을 위로하는 시간이 된다면 한 해의 마지막 예배는 더 뜻있는 시간이 될 것이다. 이에 해당되는 가족들과 특별한 어려움과 고난 가운데 있는 성도들을 위하여 목회자의 축복기도와 전 성도들이 함께 중보기도를 드리는 것도 좋다.

B. 지침

1) 한 해를 돌아보며 감사의 예배를 드리기 위해 예배에 참여하는 성도들이 감사예물을 준비하도록 목회자는 사전에 성도들을 준비시키는 것이 좋다. 이는 감사를 마음으로만 간직하는 것보다 실제로 감사의 행위를 하게 함으로써 하나님께 대한 감사를 실천하도록 기회를 가지게 하기 위함이다.

2) 송년예배에 나오기 전, 성도들로 하여금 지난 한 해 동안 하나님께 감사했던 일들을 다시 한번 기억하면서 지면에 적어보게 하여 그것들을 중

심으로 함께 기도하는 시간을 가지는 것도 좋다.
3) 목회자가 한 해 동안 고인이 된 성도들이나 사랑하는 가족을 떠나보낸 가정들을 차례로 열거해주면서 함께 기도하는 순서를 가진다면 의미 있는 예배가 될 것이다.

C. 예배 순서

전 주	묵 도	다같이
예배의말씀	시편 95:1-8	사회자
기 원		사회자

우리 삶의 주인 풀어주신 사랑과 은총을 깊이 감사드립니다. 우리를 죄악 가운데서 구원하여 주시고 우리의 삶의 순간순간마다 우리와 동행하시고 연약할 때마다 새 힘이 되어주시며 하나님의 말씀 의지하여 살아가도록 도우신 것을 감사합니다. 오늘 우리가 하나님 앞에 나아와 지난 한 해 동안의 삶을 돌아보며 하나님께서 베풀어주신 은혜에 감사하며 예배를 올려 드립니다. 모든 영광 주님 홀로 받으시옵소서. 예수님의 이름으로 기원하옵나이다. 아멘

찬 송	276장	다같이
교 독 문	1	다같이
대 표 기 도		담당자
성 경 봉 독		설교자
설 교		담임목사
위로 및 중보기도		담임목사 혹은 다같이

하나님 아버지 지난 한 해 동안 우리 곁을 떠나 하나님 품에 안긴 사랑하는 성도들을 이시간 기억하며 감사를 드립니다. 사랑하는 가족을 먼저 천국에 떠나보낸 성도들을 이 시간 위로하여 주시고 그들이 천국에서 안식하고 있음을 감사하게 하시며 이땅에 사는 동안 더욱 주님과 동행하는 삶을 살도록 도와주시옵소서. 특히 올 한해 동안 큰 환난과 고난 가운데 처했던 성도들을 위로해주시고 하루 속히 그 아픔과 고통을 극복하고 하나님의 더 큰 영광을 드러내는

	삶이 되도록 은혜 내려 주시옵소서. 예수님의 이름으로 기도드립니다. 아멘		
찬 송	·············· 347장 ··············	다같이
축 도	···	담임목사

D. 설교

#1. 걸어온 길과 새로운 길을 앞에 두고(신 34:1-8)

　신명기 34장은 출애굽 사명을 감당한 모세의 이야기가 나온다. 모세는 느보산에 올라 여리고 맞은편 비스가 산꼭대기에 올라 하나님이 보여준 새로운 땅을 보았다. 모세는 애굽에서 출발하여 광야를 거쳐 가나안 땅 입성을 앞두고 느보산에 올랐다. 모세는 이곳에서 하나님이 주신 사명을 완수하려고 달려온 지난날을 돌아보는 시간을 가졌다. 사람은 누구나 지난 시간을 추억하며 돌아본다. 하나님의 사람들은 매년 한해를 돌아보며 하나님께 감사예배를 드리는 큰 축복을 누리고 있다. 지난 한 해 동안 힘들고 어려운 일들도 있었지만, 하나님의 인도하심이 있었기에 한자리에 모여 하나님을 예배할 수 있다. 느보산에서의 모세의 모습을 회고하며 송년의 뜻을 마음에 새기는 은혜가 함께하길 소망한다.

1. 지나온 길

　모세와 이스라엘 백성은 사십 년 동안 광야생활을 거쳐 가나안 땅으로 들어갈 목전에 도착했다. 이스라엘 백성이 비스가 산에 도착하기까지 많은 어려움과 장애가 있었다. 애굽 생활을 그리워할 만큼 힘든 여정을 지나 모압 평지까지 왔다. 우리의 인생도 지나온 과거의 삶이 중요하다. 힘들고 어려웠든 지난날이 후회스럽고 아쉬워 보이지만 고난의 추억이 없다면 성숙함도 없었을 것이다. 따라서 지난 한해의 삶은 잃어버린 시간이 아니라 미래를 여는 중요한 열쇠임을 기억해야 한다. 지나온 길은 여러분들에게 반면교사의 역할을 할 것이다. .

2. 넓은 세상을 만남

하나님은 모세에게 비스가산 정산에서 이스라엘 백성들이 들어가야 할 가나안 땅을 보여주었다. 모세가 가나안 땅을 내려다보고 있다. 그가 미래에 들어갈 가나안 땅을 내려 볼 수 있었던 것은 과거가 있었기 때문에 가능했다. 모세에게 광야 사십 년의 삶이 없었다면 절대로 비스가산에서 가나안 땅을 내려다 볼 수가 없었을 것이다. 그러므로 모세의 눈에 보인 넓은 땅은 바로 그의 출애굽의 결과이다. 지난 한해는 이미 과거가 되었다. 그러나 여러분들이 살아온 지난 과거는 내일의 넓은 세상으로 나아가는 시금석이 된다는 사실을 기억해야 한다. 우리들 앞에 펼쳐진 넓은 세상은 바로 지난날 흘린 땀의 결과이기 때문이다.

3. 후손에게 약속된 축복을 봄

모세는 비스가 산에서 하나님의 음성을 들었다. 하나님은 모세에게 이스라엘 백성들의 후손이 살게 될 땅을 보여주었다. 하지만 하나님은 모세에게 가나안 땅에 들어갈 수 없다고 말씀했다. 네 눈으로 가나안 땅을 보기는 하겠지만 들어가지는 못할 것이라고 했다. 우리는 현실에서 겪는 고통이 어떤 미래를 만들지를 알지 못한다. 그러나 우리가 경험한 과거의 환난이 후손들에게 아름다운 열매로 나타난다는 사실을 기억해야 한다. 부모 세대의 광야생활이 자녀들의 가나안 생활에 축복이 된다는 것이다. 지난해 여러분들의 애씀과 수고가 자녀들에게 다양한 축복으로 나타날 것을 기대하시기 바란다.

지나온 일 년이 그냥 스쳐지나간 것이 아니라 새로운 내일을 여는 과정이었음을 고백해야 한다. 그리고 우리들의 살아온 발자취가 우리 자손들의 삶에 축복으로 나타난다는 믿음을 가져야 한다.

#2. 에벤에셀의 하나님(삼상 7:3-14)

오늘 우리는 새해를 맞이하기에 앞서 한해를 보내려고 한다. 신앙인들이 한해를 보내는 것은 단지 지난 시간을 떠나보내는 것이 아니라 한해 동안 지은 우리의 잘못을 고백하고 하나님의 도우심을 기억하며 새로운 한

해를 어떻게 믿음으로 살 것인지를 결단하는 것을 의미한다. 오늘 본문은 사무엘이 돌을 취해 미스바와 센 사이에 세워 "여호와께서 여기까지 우리를 도우셨다"는 의미의 "에벤에셀"이라는 이름을 부여한 사건을 기록하고 있다. 오늘 이 본문을 통해 한해를 보내며 하나님의 도우심을 되새기는 시간을 갖자.

1. 하나님은 전심으로 돌아온 자들을 도우신다(3절).

사무엘은 이스라엘 온 족속에게 전심으로 여호와께 돌아오려거든 이방 신들과 아스다롯을 제거하고 마음을 여호와께로 향해 그만 섬기라고 말한다. 이 말을 들은 이스라엘은 바알들과 아스다롯을 제거하고 여호와만 섬긴다. 또한 하나님께 "우리가 여호와께 범죄하였나이다"라고 하며 자신들의 죄를 고백한다. 에벤에셀의 하나님에 대한 고백은 바로 이러한 자들의 것이다. 즉 자신의 죄를 고백하고 우상을 제거하여 마음을 온전히 향한 자들이 여호와 하나님의 도우심을 얻게 된다. 우리가 내년에는 하나님의 도우심을 원한다면 이러한 삶의 모습을 간직해야 한다.

2. 하나님은 부르짖어 기도하는 자들을 도우신다(8절).

블레셋 사람들이 이스라엘을 치러 올라왔을 때 이스라엘 사람들은 그들을 두려워했다. 그러나 그들은 두려움에 머물지 않고 사무엘을 찾아와 "당신은 우리를 위하여 우리 하나님 여호와께 쉬지 말고 부르짖어 우리를 블레셋 사람들의 손에서 구원하시게" 해 달라고 요청한다. 사무엘은 이런 백성들의 요청을 들어 이스라엘을 위하여 여호와께 부르짖었으며, 하나님은 이에 응답하셨고, 블레셋은 이스라엘 앞에서 패하였다. 이 사건 후에 고백이 바로 '에벤에셀'이다. 이렇게 하나님의 도우심은 하나님께 부르짖는 자들의 것이며, 하나님은 실제로 도우신다. 우리는 한해를 보내며 하나님의 도우심을 받을 수 있는 기도를 잊지 말아야 한다.

3. 하나님의 도우심을 입은 자들은 상실을 회복하고 평화가 깃든다(14절).

사무엘이 돌을 취하여 에벤에셀 하나님을 기념했을 때, 블레셋 사람들은 굴복하여 이스라엘 지역에 다시는 들어오지 못했으며, 이스라엘은 잃어버린 땅을 되찾게 되었다. 또한 하나님께서 이스라엘과 아모리 사람 사이에 '평화'를 허락하셨다. 이렇게 하나님의 도우심을 입은 자들은 잃어버린 것을 회복하고 깃든 평화를 누리게 된다. 그러니 오늘 우리는 '여기까지 우리를 도우신' 하나님을 잊지 말고 기억하고 기념해야 한다. 이것이 바로 한해를 마무리하는 우리가 취해야 할 태도이다.

하나님은 전심으로 돌아오는 자들을 도우시며, 부르짖어 기도하는 자들을 도우신다. 또한 하나님의 도우심을 잊지 않고 기억하는 자들의 상실을 회복하시고 평화를 허락하신다. 오늘 우리는 하나님의 도우심을 기억하며 다시금 하나님께 전심으로 돌아가서 간절히 기도하는 가운데 새해에도 하나님의 도우심을 누리는 자들이 되자.

19. 송구영신예배

A. 원리

송구영신예배는 시간적으로 독특한 환경에서 이루어진다. 한 해를 마감하고 새로운 해를 내다보는 갈림길에 서면 누구나 회한과 아쉬움, 기대와 불안이 교차하는 복잡한 감정에 잠기게 된다. 아무리 경박한 사람이라도 이 순간만큼은 자기 인생을 한 번 뒤돌아보는 진지함을 갖게 된다. 예배에 참여한 모든 사람에게 이때는 한없이 마음이 열려지는 시간이다. 그러므로 송구영신 예배의 설교는 지난날의 반성적 회고와 새 날에 대한 희망이라는 상반된 흐름을 아울러야 할 필요가 있다. 곧 지나간 시간에 대해서는 열린 마음으로 뒤돌아보면서 조용히 하나님의 용서와 은총을 구하며 새로 다가온 시간은 삶의 새로운 기회와 도전으로 삼을 수 있도록 하나님의 말씀 앞에 귀를 귀울이게 하는 특별한 기회이다. 나아가 인생의 참 주인이신 주님을 의지하는 신앙을 격려함으로써 모든 사람이 하나님의 말씀을 붙잡고 새 해를 맞이하는 기회로 삼아야 할 것이다.

B. 지침

1) 송구영신예배에서 건축헌금을 강조한다거나 전도를 독려하는 등 교회적 목표를 달성하기 위한 기회로 유도하는 것은 좋지 않다.
2) 송구영신예배는 한 해를 돌아보며 삶의 순간순간 우리와 함께 하신 하나님의 은혜 앞에 깊이 감사하면서 우리의 연약함과 허물을 모두 내어 놓고 용서를 구하는 기회가 되어야 한다.
3) 예배당의 전등을 모두 끄고 각자가 촛불을 켜놓고 예배를 드린다면, 한 해의 마지막과 새 해의 첫 시간 예배에 나온 성도들이 더욱 하나님 앞에 진지함으로 예배에 집중하도록 도움을 줄 것이다.
4) 예배 전반부에 하나님 앞에 회개와 감사의 기도를 드리는 시간을 가지

는 것이 좋다. 그리고 예배 후반부에 교회의 형편에 따라 가족단위(혹은 자녀들 중심)로 안수기도나 특별 기도를 해 주는 것도 이 날 예배의 특징을 살리는 좋은 방법이 될 수 있다.

C. 예배 순서

전　　주	………………… 묵도 …………………	다같이
예배의말씀	………………… 시 90:14-16 …………………	사회자
기　　원	…………………………………………………	사회자

　　　하나님 아버지 한 해의 마지막 시간에 아버지 앞에 나왔습니다. 우리의 삶을 주관하시는 하나님, 이 한해 끝자락에 서서 우리는 지나온 한 해의 삶을 돌아보며 주님의 은혜의 손길들을 헤아리며 감사를 드립니다. 온 세상이 고요한 이 시간 인간의 생사화복을 주장하시는 하나님 앞에서 우리의 온 맘으로 새롭게 헌신하며 이 시간 예배를 올려 드립니다. 우리의 지난날들의 허물과 죄악은 용서하여 주시고 새로운 헌신과 새로운 결단을 가지고 또 한 해를 맞이하게 하여 주시옵소서. 예수님이 이름으로 기원하옵나이다. 아멘

찬　　송	………………… 300장 …………………	다같이
회개와 감사의 기도	………………………………………	다같이

　　　우리 삶의 주인 되시는 하나님, 지나온 한 해 삼백육십오일을 주님의 은총아래 살았습니다. 한 해의 끝자락에 서서 지난 한 해 동안 변함없이 베풀어주신 사랑을 깊이 감사드립니다. 그러나 주님, 이 시간 주님 앞에 서니, 지난 시간 동안 얼마나 우리가 어리석고 추한 모습으로 살았는지 후회와 아쉬움이 크게 다가옵니다. 때로는 자신의 만족함에 빠져 주님 앞에 교만하였고, 삶의 길이 힘들고 어려울때는 화를 내며 불평하였음을 용서하여 주시옵소서. 믿음으로 사노라 하면서도 실제로는 믿음을 떠나 우리 뜻을 좇아 살았음을 고백합니다. 우리의 모든 허물과 죄악을 허물어주시고 다시금 용서의 은총을 입게 하옵소서 . 우리에게 복주기를 원하시는 하나님, 한 해의 마지막 시간과 새 해 첫 시간

을 드려 하나님께 예배드립니다. 새 마음 새 헌신으로 주님과 동행하는 우리 모두가 되게하여 주시옵소서. 예수님의 이름으로 기도하옵나이다. 아멘

대 표 기 도 ………………………………………………………	담당자
성 경 봉 독 ………………………………………………………	설교자
설 교 ………………………………………………………	설교자
안 수 기 도 ………………………………………………………	가족단위로
찬 송 ……………………… 550장 ………………………	다같이
축 도 ………………………………………………………	담임목사

D. 설교

#1. 한해의 마무리와 새 출발 앞에서(사 65:17-25)

한 해를 살아오면서 우여곡절도 많고 곤고함과 상처 그리고 소란스러움과 위기도 많았지만 그때마다 주께서 힘을 주셔서 기쁨도 누리고 다시 힘을 내기도 하면서 어느덧 우리는 지금 한 해를 보내고 새해를 맞이하는 이 자리에 서 있다. 우리가 지금 여기 하나님 앞에 있다는 사실은 그 자체가 은혜이다. 지금 이 시간 우리가 해야 할 일은 자책이나 후회 혹은 성급한 결단이 아니라 우리의 죄악과 불순종으로 인해 겪은 지난 한 해의 고통과 실패를 주님께 맡기는 것이다. 오늘 본문은 나라가 망하고 포로생활을 하다가 유다 땅으로 귀환한 이스라엘 백성들이 겪었던 힘겨운 삶이 그 배경이다. 이사야는 이런 이들을 향해 힘 있게 선언한다.

1. 우리에게 창조주 하나님이 계신다(17절).

17절 말씀은 우리에게 창조주 하나님이 계신다는 사실을 말하고 있다. 이사야는 일상에 지쳐 땅만 향해 고개를 떨구고 있는 이들에게 하늘의 새 비전을 열어 준다. 삶이 힘겨운 사람들은 하나님을 잊기 쉽다. 그러나 흑암과 공허와 혼돈 속에서 빛을 창조하신 하나님을 잊으면 우리의 삶은 잿빛 심연과 끝 모를 허무와 갈수록 어지러워지는 무질서의 아수라장으로

변하고 만다. 날마다 창조주 하나님께서 새로운 창조의 일을 행하신다는 것을 기억하자. 하나님은 시간을 새롭게 하시고, 하늘과 땅의 복을 누리는 백성을 창조하신다. 백성들이 해야 할 일이 있다면 그것을 믿고 기뻐하고 즐거워하는 것이다.

2. 하나님은 우리가 이 땅에서 사는 동안 평강의 지복을 누리기를 원하신다(25절).

25절은 하나님이 무엇보다 우리와 세상의 평강을 바라신다는 사실을 확인하게 한다. 그렇다면 본문에서 깨달을 수 있는 평강의 실체는 무엇인가? 첫째, 하나님의 백성들이 예외 없이 각자 자기에게 주어진 삶의 몫을 자유롭고 풍부하게 누리고 살아내는 것이다(20절, 22절하). 둘째, 평강의 삶은 사람들이 모두 자기 손으로 일한 수고의 열매를 누릴 수 있는 세상이 되는 것이다(21절, 23절상). 셋째, 남의 집이나 소산을 빼앗아 자기 행복을 추구하는 탐욕과 강포가 없는 세상이다(22절). 이러한 공동체와 세상은 우리의 소망이기에 앞서 하나님의 비전이다. 우리는 이런 세상의 길잡이요 개척자가 되라고 부름받았다. 새해에는 우리 모두 이러한 평강의 삶을 위해 부름 받은 사명을 다하는 자들이 되기를 바란다.

3. 우리가 믿음으로 나아갈 때 하나님은 약속과 평강을 주신다(24-25절).

24-25절은 우리가 믿음으로 응답하며 나아갈 때 신실하신 우리 하나님 아버지께서 해주실 일에 대한 약속과 평강이 충만한 새 하늘과 새 땅의 생생한 그림으로 마무리된다. "그들이 부르기 전에 내가 응답하겠고, 그들이 말을 마치기 전에 내가 들을 것이며 이리와 어린 양이 함께 먹을 것이며 사자가 소처럼 짚을 먹을 것이며 뱀은 흙을 양식으로 삼을 것이니 나의 성산에서는 해함도 없겠고 상함도 없으리라"(사 65:24-25). 이것은 현실이 아닌 이상이기에 더욱 소중하며 우리의 믿음과 헌신을 요청하고 있다.

주님의 사랑과 은혜를 입은 우리의 일상이 올해 또다시 힘겹고 고통스러울 수 있다. 그럴지라도 오는 새해에 더욱 새로운 믿음의 담대함으로 주님과 더불어 이 복된 길을 동행하길 바란다.

#2. 이전 일, 옛날 일 그리고 새일(사 43:18-21)

우리는 치매나 정신분열증 환자를 불상하다고 생각하는 경향이 있다. 그러나 그들에게 물어보면 치매환자는 기억에서 자유하고 정신분열증 환자는 생각에서 자유롭기 때문에 우리 생각 보다 오히려 그들이 더 행복할 수도 있다. 이 말을 뒤집어 말하면, 예수님의 사고와 예수님의 진리를 따라 기억하고 생각하지 아니하면 치매환자보다, 정신분열증 환자보다 현대인이 훨씬 더 불행할 수 있다는 말씀이다. 우리가 어디까지 이르렀든지 과거에서는 교훈을 얻고 미래에서는 비전을 갖고 오늘 현재를 사는 것이 중요하다.

1. 이전 일을 기억하지 말라

미래는 하나님의 섭리와 우리의 선택에 달려 있다. 그래서 이사야는 18절에서 이렇게 말한다. "너희는 이전 일을 기억하지 말며 옛날 일을 생각하지 말라." 이스라엘 백성이 바벨론 포로에서 돌아오기 직전 포로상황인데, 이전 일을 기억하지 말라는 것은 과거의 죄, 과거의 상처, 고통, 아픔, 슬픔 여기에 매이지 말라는 것이다. 옛날 일을 생각하지 말라는 것은 과거의 일들을 기억하지 않고 생각하지 않을 만큼의 새 일을 하나님이 시작할 것이기 때문에, 옛날 일을 통해서는 교훈만 얻으면 된다는 것이다.

2. 기억할 것과 그렇지 않은 것을 구분하라

그러나 기억하지 말라고 해서 모든 것을 잊어버려서는 안 된다. 기억하지 말아야 할 것이 있고 기억해야 할 것이 있다. 18절에서는 기억하지 말라고 하시는 하나님이 신명기 32장 7-8절에서는 "옛날을 기억하라 역대의 연대를 생각하라"라고 말씀하신다. 하나님이 이랬다 저랬다 하시는 것 같지만, 이것은 우리가 옛날 일 가운데 기억할 것과 기억하지 말아야 할 것 있음을 말씀하시는 것이다. 불행한 것만 기억하지 말고, 생각하면 화날 일만 기억하지 말고 아름다운 추억과 감사할 것 그리고 행복한 일들을 기억하자.

3. 왜 기억해야 하는 이유

역사를 통해서 배우지 못하는 민족은 망하게 되어 있다. 과거를 통해 깨닫지 못하는 사람 역시 망하게 되어 있다. 신명기 32장에서 옛날을 기억하라는 말씀은 깨닫는 마음, 보는 눈, 듣는 귀를 가지고 과거를 해석하여 오늘을 보고 내일을 보라는 것이다. 국사나 세계사에 능통한 사람은 현재를 보고 미래를 보게 되어 있다. 성경을 통해서 하나님을 만나고 깨닫는 마음, 보는 눈, 듣는 귀를 가진 사람은 과거와 현재와 미래가 하나라는 사실을 꿰뚫어 안다. 내일일은 내일이 염려할 것이요 한날 괴로움은 그날에 족하다! 역대의 연대를 생각하라는 말씀 속에는 기가 막힌 비밀이 있다.

우리는 기억할 것과 기억하지 말아야 할 것을 구분해야 한다. 그러나 기억할 것은 반드시 기억하고 되새기면서 과거를 통해 현재와 미래를 볼 수 있어야 한다. 즉 이 시대를 읽을 수 있어야 하며, 그럴 수 있는 마음과 눈과 귀를 지녀야 한다. 그래서 옛날 일이 잘했든 못했든 성공했든 실패했든 그것을 통해 교훈을 얻고, 그것을 통해 주님의 음성을 들어야 한다. 그래야 성공한 삶이다. 이 시대에 쓰임 받는 사람의 사고와 생각을 갖고 새 해를 맞이하자.

특별예배

20. 교회창립예배
21. 교회창립기념예배
22. 예배당입당예배
23. 안수(임직)예배
24. 취임예배
25. 파송예배

20. 교회창립예배

A. 원리와 지침

교회창립은 오랜 기간 동안의 기도와 준비를 거쳐 드려지는 가슴 벅찬 사건이다. 지옥권세가 이기지 못하는 영원한 승리를 보장받은 교회가 창립됨은 가히 역사적 순간이라 할 것이다. 교회가 특정 지역에 창립됨을 알리고 공적으로 교회의 출발을 알리는 예배는 신중하고도 신성하게 준비되고 진행되어야 한다.[27]

B. 예배순서

예배의 부름 ·· 주례자

    인도자: "또 내게 이르노니 너는 베드로라 내가 이 반석 위에 내 교회를 세우리니 음부의 권세가 이기지 못하리라" (마 16:18).
    회　중: "○○○"(엡 3:10-11)
    인도자: "○○○"(엡 1:22-23)
    회　중: "○○○"(고전 3:16)

기　　원 ·· 주례자

    "교회를 당신의 몸으로 삼고 그 교회의 머리가 되신 주님, 여기에 머리되신 주님의 음성에 순종하여 아름다운 교회 공동체를 이루기 원하는 거룩한 무리가 모였습니다. 이 예배에 임재하셔서 이 순종 하는 무리에게 놀라운 은혜를 부어주시고 세상 속에서 주님 자신을 당당하게 나타내는 건

---

[27] 구체적인 원리와 지침으로는 본 매뉴얼 중 "교회창립과 기관설립 안내"를 참조하기 바람.

강한 몸이 되도록 복 내려 주옵소서. 지옥 권세가 이기지 못하는 영원한 승리가 보장된 교회로 세워주소서. 부활의 주 예수님의 이름으로 기도합니다. 아멘

찬　　　송	················· 351장 ·················	다같이
교회창립경과보고	········· 교회가 창립된 동기와 ········· 창립교회목회자 과정과 의미 등을 보고함	담당자
결의문 낭독	···	주례자

(결의문은 사전에 교회창립멤버들이 채택하여 준비한 것을 함께 낭독하도록 함이 좋다. 다음은 한 예문이다)

"우리는 주님께서 이 곳에 교회를 세우라고 말씀하신 것을 믿고 오늘 그 헌신의 결단으로 교회창립예배를 드립니다. 이제 우리는 머리되신 주님의 말씀대로 하나님을 예배하고, 열심을 다하여 주님을 배우고 본받고 순종함으로 부활하신 주 예수님을 세상에 증거하며, 그리스도인으로서의 빛된 삶을 통해 세상의 필요를 채우기 위해 섬기는 건강한 공동체로 세워가기를 결의합니다." 교인들 성경말씀 마 16:18; 엡 1-3장 중에서 선정 찬송(회중이 부르거나 또는 특송으로 대체할 수도 있음)

찬　　　송	················· 210장 ·················	다같이
설　　　교	········ 교회의 본질, 사명, 목적, 교인들의 ········ 책임 등에 관한 설교	설교자
교인소개 및 격려	········· 창립교회의 교인들을 ········· 소개하고 박수로 격려함	사회자
서약서낭독	······ 교회헌장에 포함되는 "교회와의 약속"을 ······ 함께 읽음. 다음은 교회와의 약속 예문	담당자
헌　　　금	················· 교회창립을 위해 헌금하는 ················· 순서를 넣는 것도 좋다	다같이
찬　　　송	················· 찬송가 352장 ·················	다같이
축　　　도	···	담당자

C. 설교

#1. 주님이 세우시는 교회(마 16:13-20)

오늘 본문은 베드로의 신앙고백으로 잘 알려진 말씀이다. 교회창립예배를 드리며 이 말씀을 통해 '주님이 세우시는 교회'라는 제목으로 말씀을 함께 나누려고 한다. 본문에서 예수님은 공생애를 마무리 하시며 가이사랴 빌립보 지방에서 제자들에게 "사람들이 인자를 누구라 하느냐?"라고 질문을 하셨다. 제자들은 "어떤 사람은 침례 요한, 어떤 사람은 엘리야, 어떤 사람은 예레미야나 선지자 중에 하나라 하나이다"라고 대답했다. 예수님께서는 다시 제자들에게 물으셨다. "너희들은 나를 누구라고 하느냐" 예수님의 질문에 베드로는 본문 말씀 16절에서 "주는 그리스도시요 살아계신 하나님의 아들이시니이다"라고 고백한다. 이때 예수님께서 18절 말씀에서 "너는 베드로라 내가 이 반석 위에 내 교회를 세우리니 음부의 권세가 이기지 못하리라"고 말씀하셨다.

1. 주님은 교회를 세우시는 분이시다.
교회창립예배를 드리며 우리가 반드시 기억해야 하는 사실은 교회를 세운 것이 우리가 아니라 주님이라는 사실이다. 주님은 120명의 성도들을 택하셔서 초대 예루살렘 교회를 세우셨다. 주님은 스데반의 순교로 흩어진 성도들을 통해 안디옥 교회를 세우게 하셨다. 또한 주님은 안디옥 교회를 통해 바울과 바나바를 세우시고 이들을 통해 아시아와 유럽에 교회를 세우셨다. 주님은 오늘도 교회를 세우고 계시며, 또한 우리를 통해 교회를 세우시기를 원하신다.

2. 주님은 신앙고백 위에 교회를 세우신다.
주님은 "내가 이 반석 위에 내 교회를 세우리니"라고 말씀하셨다. 여기서 "이 반석 위"는 베드로의 신앙고백을 가리킨다. 교회는 주님을 고백한 사람들의 모임이다. 그러니 교회는 신앙고백 위에 세워지는 것이 마땅하다. 주님의 교회는 베드로를 비롯한 오늘 우리의 신앙고백 위에 세워진다. 우리는 베드로와 같이 '주는 그리스도시요 살아계신 하나님의 아들'이라는 신앙고백이 있어야 한다. 그리고 이 위에 세워진 교회는 '내 교회'가 아니라 '주님의 교회'라는 사실을 잊지 말아야 한다.

3. 주님은 음부의 권세가 이기지 못하는 교회를 세우신다.

음부의 권세는 '죽음의 권세,' '세상의 권세,' '죄악의 권세'이다. 주님은 십자가에서 죽으시고 사흘 만에 부활하심으로써 음부의 권세를 이기셨다. 그러므로 우리 교회는 음부의 권세가 이기지 못하는 교회이다. 이미 주님께서 음부의 권세를 물리치셨기 때문이다. 또한 우리 교회는 음부의 권세를 이기신 예수 그리스도를 믿는 믿음의 사람들이 모인 공동체이다. 그렇기에 우리는 또한 음부의 권세를 이기는 교회가 되어야 한다.

주님은 교회를 세우시는 분이시다. 주님은 우리의 신앙고백 위에 교회를 세우신다. 또한 주님은 음부의 권세가 이기지 못하는 교회를 세우신다. 우리는 교회를 세우신 분이 주님이심을 알고, 주님에 대한 신앙고백 위에 든든히 서서 음부의 권세가 이기지 못하는 교회를 만들어가야 한다.

#2. 하나님 나라를 심자!(시 126:1-6)

국내선교회에서 실시하는 교회개척학교의 교과내용은 미국 남침례교 북미선교부에서 개발한 "교회개척자를 위한 기본훈련"(The basic training for church planters)이다. 여기에서는 교회개척을 'church plant'로 표현한다. 곧 교회개척은 교회심기이다. 마가복음 4장 26-32절에서 예수님은 두 번이나 하나님 나라를 땅에 씨는 심는 것에 비유했다. 씨가 심겨지면 반드시 싹이 나고 자라서 열매를 맺는다. 겨자씨는 작지만 다 자라면 새들이 와서 깃들일 만큼 된다. 이처럼 교회개척은 하나님 나라를 심는 것이라고 할 수 있다. 하나님 나라는 심겨지면 반드시 자라게 된다. 교회개척은 작은 씨가 뿌려져 커다란 나무로 성장하는 것과 같이, 개척자와 개척자의 가족 등 적은 믿음의 공동체가 심겨져 건강하고 튼튼한 커다란 믿음의 공동체로 성장할 꿈을 갖게 한다.

1. 하나님께서 행하신 큰일을 기뻐하라(1-4절).

시편 126편은 이스라엘 백성들이 성전에 올라가며 부르는 노래이다. 이스라엘은 바벨론 강가에서 고국귀환을 기대하며 노래하던 시절을 회상하며, 하나님께서 포로에서 해방하여 고국으로 돌아오게 하셨음을 찬양하며 성전으로 올라간다. 우리의 노래는 무엇인가? 예수 그리스도를 통한 십자가 구속의 감격이 우리의 노래이다. 우리가 심는 교회는 예수 그리스도를 통한 구속의 은혜와 성령의 임재를 통한 하나님의 통치가 이루어지는 하나님 나라이다. 우리는 계속적인 복음전도를 통한 하나님 나라의 확장을 기대해야 한다.

2. 눈물을 흘리며 씨를 뿌리라(5-6절).

우리는 슬플 때 눈물을 흘립니다. 슬픔은 보통 고난에서 비롯된다. 눈물을 흘리며 씨를 뿌리는 것은 고난과 슬픔을 전제로 한다. 이러한 눈물은 다함이 없는 수고를 가리킨다. 이러한 눈물은 헌신이며, 사랑이며, 기도이다. 교회개척은 구원의 감격에서 시작된 헌신의 절정이고 하나님의 사랑에 대한 응답이며, 우리의 삶을 통한 기도이다. 교회개척은 하나님의 소명에 대한 응답으로 우리가 수행할 수 있는 가장 영예로운 사역이다. 그러므로 눈물이 있다. 이 눈물을 흘리며 씨를 뿌리는 사역이 바로 교회개척이다.

3. 풍성한 열매를 기대하며 씨를 뿌리라(5-6절).

눈물로 씨를 뿌리면 기쁨으로 단을 거두게 된다. 눈물로 복음을 전하면 기쁨으로 영혼을 구원하게 된다. 교회개척은 눈물로 복음을 전하는 일이며, 기쁨으로 영혼의 구원을 목격하는 일이다. 이로 인해 하나님의 교회가 성장하고 하나님의 나라가 확장되는 것을 목도하는 일이다. 우리는 이 비전을 가지고 교회를 개척해야 한다. 나무가 자라 숲을 이루듯이 우리의 눈물이 뿌려져 교회가 세워지고 하나님 나라가 확장될 것이다.

교회개척은 실패가 없다. 하나님 나라를 심는 것이기 때문이다. 교회성장은 더딜지라도 하나님 나라는 확장된다. 예수 그리스도의 십자가 복음에 대한 감격과 헌신으로 세워지는 교회는 복음의 능력으로 승리한다. 교회개척은 하나님 나라에서 최고의 상급을 기대하는 영광스러운 사역이다.

21. 교회창립 기념예배

A. 원리

개교회의 다양한 연중행사와 기념 주일예배 중에서 가장 중요한 주일예배가 교회창립기념예배라 해도 과언이 아니다. 이는 그 교회가 존재하는 근본 이유와 목적을 상기하며 그에 따른 교회의 고유한 사명을 상기시켜 주기 때문이다. 성탄절이나 부활절 같은 절기예배가 모든 교회들에게 중요한 행사인 것이 사실이지만 특정 지역에 창립된 개교회로서는 그 교회를 세우신 주님의 뜻과 목적을 다시 환기시킴으로써 그 창립과 존재 의미를 명확하게 되새긴다는 점에서 매우 중요하다. 교회창립기념예배는 다음과 같은 몇 가지 내용이 강조될 수 있도록 구성되고 드려지는 것이 바람직하다.

1) 우주적 차원에서의 교회의 본질에 관한 신학적 의미가 강조된다. 창세 전부터 하나님 속에 감추어졌던 비밀로서의 교회, 교회의 원형으로서의 삼위일체 하나님, 하나님의 가족인 영적 공동체로서의 교회 등.
2) 사명공동체로서의 교회 본질에 관한 신학적 의미가 강조된다. "땅 끝까지 이르러 내 증인이 되리라"(행 1:8)는 말씀이나 "가서 모든 민족으로 제자를 삼으라"(마 28:19)는 지상명령에 따라 전도와 선교공동체로서의 교회사명 등.
3) 특정 지역에 창립된 교회의 목적과 사명에의 강조. 교회가 위치한 지역의 특성에 따라 그 교회만이 가지는 독특하고 고유한 교회의 목적과 사명 등
4) 교회를 창립하신 하나님의 목적과 뜻을 구체적으로 순종하고 실행하기 위해 교회가 사랑으로 하나되어 성장함으로써 건강한 교회가 되어야 한다는 사실을 강조.

교회창립일 기념예배는 이상의 신학적 강조들과 함께 그러한 목적을 반드시 이루겠다는 재헌신의 방향에서 준비되고 진행되는 것이 필요하다. 이러한 목적을 이루기 위해서는 지금까지 교회가 지나온 역사적 궤적을 추적하는 시간을 갖는 것도 매우 의미 있는 일이라 하겠다. 그러한 시간상의 흐름을 근원적으로 교회가 목적하는 바에 비추어 평가하고 감사하며 더욱 그 목적을 향해 헌신하는 마음을 불러일으키는 시간이 되는 것이 바람직하다.

B. 지침

1) 교회창립 기념예배는 개교회의 행사로서 주일예배시간 또는 별도로 정한 시간에 드리는 것이 좋다.
2) 교회창립기념을 축하해 줄 외부 인사를 초청하여 설교말씀이나 축사를 듣는 것도 바람직하다.
3) 교회의 역사를 아는 분들의 증언이나 간증을 통해 역사성을 고조시키는 시간을 가진다.
4) 교회가 지나온 과거를 볼 수 있도록 동영상 등을 활용하는 것이 좋다.
5) 교회창립이나 교회 발전에 기여한 과거의 목회자나 교인들을 초청하여 그 당시의 상황을 직접 듣고 회상하는 시간을 가지는 것도 바람직하다.
6) 교회창립과 발전에 기여한 분들에 대한 표창이나 감사를 표하는 순서를 마련하는 것도 좋은 시간이 될 수 있다.

C. 예배순서

예배에의 부름 ·· 사회자
  "우리 교회의 창립 기념예배로 부르시는 주님께로 나아갑시다. 다같이 묵도로 예배를 드리겠습니다."
찬   송 ············ 다음 중 한곡을 택함: 25, 26, 37장 ················ 다같이
기   도 ············ 안수집사나 목자 중 한 사람을 선정 ·········· ○○○ 집사
교회 연혁 소개 ··· 사회자

(순서지에 교회의 연혁을 기록하고 이 시간에 그것들 중 주요 발자취를 사회자 또는 지명된 사람이 나와 소개함)

"주님은 우리 교회를 ○○년 전에 이곳에 세워주시고 놀라운 은혜로 오늘까지 인도해 주셨습니다. 순서지의 교회 연혁을 보시기 바랍니다. ○○○집사님께서 우리 교회의 역사를 간단히 소개해 주시겠습니다."

(또는 교회역사를 동영상으로 만들어 이 시간에 상영함)

"우리교회가 창립된 이후 오늘까지 온 역사를 간단한 동영상을 통해 되돌아보는 시간을 갖겠습니다."

교회창립의 배경 ·· 사회자

(창립 멤버 중 또는 목회자 자신이 교회창립의 동기와 과정을 회상하여 교인들에게 소개하는 증언의 시간)

특별순서 ·············· 특별찬송 또는 축시낭독 ·············· 담당자

"이 뜻 깊은 교회창립일을 축하하는 특별찬송이 있겠습니다."

성경봉독 ·········· 마 16: 13-20; 엡 3:5-12 중 택일 ·········· 사회자

성가대 찬양 ··· 성가대

설   교 ············· "창세로부터 예정하신 교회" ············· 담당자

헌신에의 서약 ··· 담당자

(설교 후 교회창립목적과 사명에 충실하겠다는 서약 또는 선언을 교인대표가 선창하면 모든 교인들이 복창하는 방식으로 진행함)

"우리는 하나님의 꿈인 우리 교회를 건강하게 세우는 일과 우리 교회에 주신 사명을 온전히 완수하는 일을 위해 우리의 마음과 시간과 물질과 정성을 다해 헌신할 것을 교회창립일인 오늘 다시 한 번 하나님과 사람들 앞에서 엄숙히 서약합니다."

찬   송 ············ 210장, 550장, 600장에서 택일 ············ 다같이

축   도 ···· 또는 초청된 목회자에게 부탁하는 것도 좋음 ···· 담임목사

D. 설교

#1. 영광의 소망을 선포하는 교회(골 1:24-29)

오늘 본문 말씀은 사도 바울이 골로새 교회를 향하여 자신의 사명선언 문과 같은 고백을 들려주고 있다. 골로새 교회는 에바브라를 통하여 세워 진 교회이다. 비록 바울이 설립하지는 않았지만 항상 기억하고 감사하는 교회이다. 골로새 교회는 복음을 듣고 믿음이 자라나 열매를 맺고 있었다. 그래서 바울은 감사하는 마음을 가지고 애정 어린 편지를 쓴다. 사도 바울 은 자신이 지금까지 어떤 마음의 태도를 가지고 교회를 섬기고, 복음을 선 포했는지 고백한다. 이 말씀은 오늘 교회창립을 기념하는 우리에게 꼭 필 요한 말씀이다.

1. 교회를 위하여 받는 괴로움을 기뻐하고 기꺼이 자신의 몸에 채우는 사람(24절)

바울은 먼저 교회를 위해 받는 괴로움을 기뻐한다고 고백하고 있다. 바울은 또한 그리스도의 남은 고난을 교회를 위해 기꺼이 자신의 몸에 채우 겠노라고 고백한다. 이러한 바울의 고백은 오늘 교회창립을 기념하는 우 리들에게 많은 성찰을 제공한다. 교회창립은 우리의 영광을 위한 사역이 라기보다 우리의 고난을 통한 사역이다. 그렇기에 교회창립을 기념하는 우리는 교회를 위해 기꺼이 괴로움과 고난을 맞을 준비를 해야 한다. 우리 는 이미 교회창립을 통해 그것을 자처했다.

2. 직분을 따라 하나님의 말씀을 이루는 사람(25-27절)

바울은 자신에게 주어진 직분이 다른 사람들을 위한 것임을 고백하고 있다. 또한 바울은 자신이 교회의 일꾼이 된 것이 하나님이 주신 직분을 따라 하나님의 말씀을 이루기 위함이라고 고백하고 있다. 그러므로 우리 는 우리 교회의 창립이 우리를 위한 것이 아니라 다른 사람들을 위한 것임 을 고백해야 한다. 또한 우리 교회의 창립이 하나님이 주신 직분을 따라 하나님의 말씀을 이루기 위한 것임을 잊지 말아야 한다. 하나님의 말씀을 이루는 것은 이방인 가운데 비밀의 풍성함을 알게 하는 것이다. 이 비밀은

'우리 안에 계신 그리스도'시요 곧 '영광의 소망'이다.

3. 각 사람을 그리스도 안에서 완전한 자로 세우기 위해 힘을 다하여 수고하는 사람(28-29절)

바울은 자신의 하는 모든 일이 "각 사람을 그리스도 안에서 완전한 자로 세우려 함"이라고 고백한다. 그리고 이를 위하여 자기 안에서 "능력으로 역사하시는 이의 역사를 따라 힘을 다하여 수고하노라"고 고백한다. 이런 바울의 고백은 우리 교회가 세워진 목적이 무엇이며, 그 목적을 이루기 위해 우리가 어떻게 해야 하는지에 대한 답변을 제공한다. 즉 우리 교회가 세워진 목적은 각 사람을 그리스도 안에서 완전한 자로 세우는 것이며, 이를 위해 우리는 힘을 다해 수고해야 한다.

교회창립기념예배를 드리는 우리는 오늘 다시 한 번 바울과 같은 고백과 다짐을 해야 한다. 교회를 위해 기꺼이 고난 받을 준비가 되어 있어야 하고, 자신의 직분을 따라 하나님의 말씀을 이루어야 하며, 각 사람을 그리스도 안에서 완전한 사람으로 세우기 위해 힘을 다해 수고해야 한다. 이런 바울의 고백과 실천이 오늘 교회창립기념예배를 드리는 우리의 고백과 실천이 되기를 바란다.

#2. 든든하게 세워가는 교회(행 9:26-31)

우리 교회가 이 땅에 세워지고 이렇게 창립기념예배를 드리게 되어 기쁘고 감사하다. 최근 교회의 양극화 현상의 심화로 일 년에 문 닫는 교회가 삼천 여 곳에 이르고 있다. 이런 상황 속에서 우리 교회가 매년 창립기념예배를 드릴 수 있는 것은 하나님의 은혜가 아닐 수 없다. 오늘 우리 교회의 창립을 기념하면서, 우리 교회가 더 잘되고 음부의 권세를 이기는 교회가 되기 위하며, 그리고 악이 성행하는 세상에서 건강하게 부흥하는 교회가 되기 위하여 우리 교회가 어떠해야 하는지 말씀을 나누고자 한다. 이렇게 할 때 우리 교회가 더 든든히 세워져 갈 것이다.

1. 어떻게 주님을 보았는지 말하는 교회

든든히 세워지는 교회는 어떻게 주님을 보았는지 말하는 교회이다. 이를 위해 필요한 것은 먼저 주님을 보는 것이다. 주님을 본 사람들은 단순히 복음을 듣기만 한 사람들이 아니다. 주님을 본 사람들은 주님을 인격적으로 만난 사람들이다. 사울은 다메섹 도상에서 주님을 만났고 그것을 사도들에게 전하고 있다. 우리는 어떻게 주님을 만났는가? 예수님은 항상 우리에게 자신을 나타내주신다. 문제는 우리가 그 분을 몰라보는 것이다. 예배 중에, 기도 중에 또는 삶 가운데 임재하시는 그 분을 만나시고 그것을 말하는 분들이 되시기 바란다.

2. 주께서 말씀하신 것을 예수님의 이름으로 담대히 말하는 교회

백문이 불여일견(百聞不如一見)이란 말이 있다. 이 말과 같이 예수님에 대해서 백번 듣는 것보다 그분을 한 번 만나는 것이 더 좋다. 예수님을 직접 보고 예수님의 말씀을 들은 사람들은 예수님에 대해서 많이 들은 사람들보다 더 담대히 예수님의 이름으로 그가 보고 들은 것을 말하게 된다. 우리가 그분께 들은 말씀을 전할 때 성령께서 역사하신다. 성령의 역사는 우리의 삶의 현장에 초대교회와 같은 기적을 일으킨다. 그리고 이러한 성령의 역사는 우리 교회를 더욱 든든히 세워지게 할 것이다(행 10:44).

3. 다섯 가지가 잘 되는 교회

우리가 어떻게 주님을 본 것과 그분에게 들은 말씀을 예수님의 이름으로 담대히 말하게 될 때 우리 교회는 31절의 유대와 갈릴리와 사마리아의 교회와 같은 다섯 가지 역사를 경험하게 된다. 유대는 율법주의가 판을 치며 예수님을 돌로 치려했던 지역이었고, 갈릴리 지역은 예수님의 표적을 많이 보았어도 강퍅한 지역이었고, 사마리아 지역은 유대인들이 상종도 하지 않은 소외된 이방지역이었다. 이런 교회가 "평안하여 든든히 서 가고 주를 경외함과 성령의 위로로 진행하여 수가 더 많아"진 것처럼, 우리가 어떻게 주님을 본 것과 그분에게 들은 말씀을 예수님의 이름으로 담대히 말하게 될 때, 우리 교회는 평안해지고, 든든히 서 가고, 주님을 경외하고, 성령의 위로를 경험하고, 성도의 수가 많아지게 된다.

우리 교회가 오늘 말씀처럼 '우리가 어떻게 주님을 본 것과 그분에게 들은 말씀을 예수님의 이름으로 담대히 말하는 교회'가 되어 "평안하여 든든히 서 가고 주를 경외함과 성령의 위로로 진행하여 수가 더 많아"지는 교회가 되기를 소망한다.

22. 예배당 입당예배

A. 원리

예배당은 교회가 모여 예배하기 위한 공간이다. 구약의 성도들은 성전에서 예배를 드렸고, 바벨론 포로기를 거치면서 회당에서 예배하였다. 포로에서 귀환한 후 성전을 회복했지만 유대인들은 성전예배와 회당예배를 병행하였다. 예수님께서도 성전과 회당예배에 참여하셨고, 특히 성전을 사모하는 열심을 나타내셨다(요 2:17). 초대교회는 공회당이나 가정집에서 모임을 가졌다. 교회가 예배를 위하여 전용 건물을 갖게 된 것은 대략 4세기경으로 여겨진다. 교회가 예배당을 갖추는 것은 아름다운 일이다. 그러나 예배당을 마련하느라 빚을 내거나 무리하는 것은 바람직하지 않다. 많은 교회가 예배당을 마련하다가 힘에 겨운 나머지 파산에 이르기도 하는 데 안타까운 일이다.

건물은 필요에 의하여 마련되는 것이다. 예배당은 교회의 예배사역을 위하여 필요에 따라 마련되어야 한다. 건물은 그 건물에 모이는 사람들이 어떤 사람들인지를 나타내준다. 예배당은 예배하는 사람들이 어떤 사람인지를 잘 드러내주어야 한다. 교회는 예배당으로서의 상징성과 실용성 그리고 경건성을 제대로 갖추도록 설계와 디자인 단계에서부터 기도하면서 건축해야 한다.

예배당은 대지를 구입하여 건물을 지어 마련할 수도 있고, 건물의 일부를 임대하거나 사용허락을 받아 내부를 수리하거나 인테리어를 바꾸어 마련하기도 한다. 어떤 형태로든 예배당 건물의 준비가 마무리되면 적절한 날을 잡아 입당예배를 한다. 입당예배는 어느 건물을 예배를 위하여 온전히 하나님께 드리는 봉헌의 예배이다. 예배당을 준비하도록 기회와 힘을 주신 하나님께 감사하고 그 건물이 예배당임을 온 천하에 공포하는 예배가 되어야 한다.

예배당 입당예배가 예배당 준비를 위하여 수고한 사람을 치켜세우기 위한 모임이 되어서는 안 된다. 준비 과정을 인하여 감사하고, 혹시 앞으로 남은 과제가 있다면 그 과제의 완결을 위하여 기도해야 한다. 예배당 입당 예배는 하나님의 은혜를 되새기며 감사하고 봉헌하는데 초점이 맞춰져야 한다.

B. 지침

1) 토요일이나 주일 오후 혹은 공휴일 아니면 평일 저녁 시간에 모이는 것이 좋다.
2) 공사가 완료되고 건축 준공이 떨어진 후에 하는 것이 좋으나 형편상 입당 가능할 때 할 수도 있다.
3) 건축을 위하여 물심양면으로 수고한 사람들을 초대하도록 한다.
4) 잔치의 의미가 있으므로 간단한 식사나 선물을 준비하는 것도 좋다.
5) 예배당 마련에 수고한 어느 사람이 드러나기보다는 하나님의 은혜가 나타나 하나님께 영광을 돌리도록 해야 한다.
6) 예배당 건축을 위한 모든 부채가 해소된 후 헌당예배를 하기도 한다.

C. 예배순서

테이프 끊기	···	담당자
	(예배자들은 예배당 밖에 대기하고 담당자들이 예배당 입구에 마련된 테이프를 끊는다)	
입당행진	···	다함께
	(음악이 연주 되는 가운데 예배 인도자들과 회중이 예배당으로 입장한다)	
예배부름	···	사회자
	"할렐루야! 새 예배당을 주신 하나님께 영광과 찬양을 올립니다. 새로운 예배 처소에 입당하는 날 하나님께 감사하며 기쁨으로 예배 합시다."	
찬 송	·················· 19장 ··················	다같이
성경낭독	·············· 교독문 109번 ··············	다같이

기　　도	··	담당자
성경낭독	························· 설교본문 ························	사회자
특별음악	··	찬양대
설　　교	··	설교자
건축경과보고	··	건축위원장
예배당 봉헌	··································	건축위원장이 담임목사에게

"이 예배당을 마련하도록 은혜를 주신 하나님께 감사하며, 예배당 입당에 이르기까지 협력하신 모든 성도님들께 감사합니다. 건축위원 일동은 온 교회 회중을 대표하여 하나님께 이 전을 바치며, 그 표로 예배당 열쇠를 담임목사님께 전하겠습니다."

(건축위원장은 정중하게 예배당 열쇠를 담임목사에게 전하고, 담임목사는 열쇠를 받아들고 입당기도를 한다)

입당봉헌기도 ·· 담임목사

"천지 만물의 창조자이신 지극히 높으신 하나님, 저희가 무엇이관대 이 전을 마련하게 하셨나이까? 모든 것이 주 하나님의 은혜입니다. 이제 이 예배당을 주 하나님께 드리오니 주님의 전으로 삼으시고, 이 저에서 드리는 예배를 받으시며, 올리는 기도에 응답하시옵소서. 이 전이 복음전도와 성도 양육 그리고 친교와 지역봉사활동에 사용되게 하시고 하나님의 뜻을 따라 선하게 쓰이도록 복 내려 주시옵소서. 이 전에 하나님의 백성이 가득하게 하옵시고, 이 전에서 모이는 모든 백성들이 하나님의 거룩한 성전으로 세워지게 하옵소서. 주 예수님의 이름으로 예배당을 봉헌하옵나이다. 아멘!"

선　　언	··	담임목사

"○○○ 교회 온 교우들이 정성들여 마련한 이 예배당이 하나님의 거룩한 사업을 위하여 온전히 드려졌음을 성부와 성자와 성령님의 이름으로 선언합니다. 아멘!"

축　　사	··	담당자
찬　　송	························· 208장 ························	다같이
축　　도	··	담당자

D. 설교

#1. 교회다움(대하 6:23~25)

교회는 많지만 '와서 보라'고 말할 만한 교회가 그리 많지 않다. 그래서 팀 체스터와 스티브 티미스가 시작한 대안교회 '크라우디드 하우스'(Crowded House) 이야기가 큰 도전이 된다. 「교회다움」(IVP, 2012)이란 제목으로 번역된 이 책을 보면, 그들은 교회를 교회답게 하는 두 가지 핵심 원리인 '복음'과 '공동체'를 성경에서 도출해 내고 복음전도, 사회참여, 세계선교, 제자훈련, 영성, 신학 등의 다양한 영역에 그 원리를 적용했다. 교회가 교회다워야 한다. 지금은 하나님은 물론 세상마저도 교회가 교회답기를 갈망하는 처지가 되고 말았기 때문이다.

1. 교회, 삶의 중심

광야공동체 시절의 '성막'은 교회의 이전 모형으로 광야생활의 핵심이었고, 하나님께서 이스라엘 백성들을 만나주신 성소였다(출 25:22). 훗날 예루살렘성전이 세워진 다음부터는 '성전'이 이스라엘 백성들의 중심이 됐다. 성경에서 성전은 그들의 꿈이자 마음의 고향이었다. 그들에게 절기 때마다 성전에 올라가는 것이 큰 행복이었다. 그러나 바벨론 포로기에는 그러지 못해 큰 서러움이 있었다. 한편 AD 313년 콘스탄티누스 황제에 의해 기독교가 공인되고 로마제국의 공식종교가 되어 '세속적인 힘'을 갖게 되면서 교회는 교회다움에서 벗어났다. 교회다움은 '세속적인 힘'이 아니라 '영적인 파워'을 지닐 때 드러난다. 제임스 케네디가 왜 "만약 콘스탄티누스가 기독교를 공인하지 않았더라면 지금쯤 전 세계가 기독교를 믿고 있을 것"이라 했을까? 교회는 교회다울 때 변함없는 삶의 중심이 될 것이다.

2. 교회, 행복의 샘터

솔로몬의 성전봉헌기도인 역대하 6장은 성전의 기능이 무엇인지를 보여준다. 성전은 무엇보다 개인이 범죄 했을 때 대속기도의 힘을 발휘한다(22-23절상). 치유는 예수님의 3대 사역 중 하나였다(마 4:23). 복음서에 나타난 예수님의 35가지 기적 중 9가지는 '자연기적'이었지만 26가지는 '치유기적'이었다. 예수님은 병자를 보실 때마다 민망히 여기고 불쌍히 여기셨다. 그래서 죽은 자를 살리고, 귀신 들린 자에게서 귀신을 쫓아내고, 병든 자를 고치셨다. 교회는 솔로몬의 기도대로 치유하고 용서하는 처소, 행복의 샘터일 때 교회답다.

3. 교회, 조국의 버팀목

솔로몬은 하나님의 백성이 적에게 패하는 것은 범죄에 대한 하나님의 징계이므로 하나님의 인자와 자비, 용서와 은혜에 매달리는 기도를 드렸다(24-25절상). 본문에 '성전에서'라는 말이 강조된다. 성전의 기능과 능력을 강조한 것이다. 나라를 위한 기도도 교회의 기능과 능력이다. 본회퍼는 "국가는 하나님의 위임과 연결된다"고 했다. "하나님 사랑, 나라 사랑, 동포 사랑"을 외쳤던 덴마크의 시인이자 감독이며 신학운동의 선구자였던 그룬트비 목사는 '덴마크의 국부'로까지 불려졌다. 또 남북전쟁 때 헨리비처 목사는 링컨과 함께 백악관에서 기도했다. 우리의 독립선언서 대표 33인 중 16인은 기독교인이었다. 교회가 조국의 버팀목이었다.

극작가 아서 밀러의 '물가'란 작품에 "몇 년 전까지 불행한 사람은 교회로 갔으나 지금 당신이 불행하다면 백화점에 가서 쇼핑하라"라는 대사가 나온다. 교회 회복이 절실한 시대이다. 기억하라. 교회는 우리의 존재방식, 교회가 교회다울 때 절망하는 사람들의 희망이 될 것이다.

#2. 오직 하나님께 감사(왕상 8:27-30)

성도들의 헌신과 정성으로 준비된 예배당입당은 복되고 감사할 일이다. 그러나 예배당입당예배에 가장 높임을 받으실 분은 하나님이시다. 사람이 한 것 같지만 하나님께서 계획하시고 이루신 것을 믿으며 감사해야 한다. 그래서 이 자리는 하나님께 감사하는 자리가 되어야 한다.

1. 예배당을 준비하는 일에 우리를 사용하신 하나님께 감사하자.

예배당을 준비하는 일은 누구에게나 주어지는 일이 아니다. 다윗은 하나님을 위해서 성전을 짓고자 했지만 짓지 못했다. 재물도 있었고 열정도 있었지만 하나님은 다윗에게 허락하지 않으셨다(왕상 8:19). 대신 그의 아들인 솔로몬에게 허락하셨다. 예배당을 준비하기 위해서 여러 성도들의 헌신과 수고가 있었다. 칭찬을 할 만한 일이다. 그러나 수고하신 분들은 그런 칭찬을 들을 때 오히려 나에게 그런 기회를 주신 하나님께 감사하고 내가 무엇이기에 하나님을 위해서 그런 일을 할 수 있는 은혜를 주셨습니까하는 마음을 가져야 한다. 이런 마음을 품으면 하나님께 영광이 되고 예배당 입당 이후에 하나님의 더 큰 축복과 은혜를 경험하게 될 것이다.

2. 하나님께서 이 예배당에서 드리는 예배를 받으실 것을 믿으며 감사하자.

예배당은 예배를 드리는 장소이다. 우리가 제일 아름답게 드린 예배는 하나님께서 받으시는 예배이다. 솔로몬이 성전을 건축하고 난 후 언약궤를 지성소로 옮겼다(왕상 8:1-10). 성전을 완성한 것으로 모든 일이 끝난 것이 아니라 언약궤를 옮겨 놓은 일로 비로소 모든 일이 끝이 났다. 언약궤를 옮겼을 때 하나님의 거룩한 영광이 성전에 가득 나타났다. 성전에 하나님의 영광이 나타났다는 것은 하나님께서 그 성전을 받으셨다는 의미와 그 예배를 받으셨다는 의미가 있다. 이 예배당에서 드리는 예배에서도 그렇게 하나님께서 받으실 것을 믿으면 감사하자.

3. 하나님께서 이 예배당에서 드리는 기도에 응답하실 것을 믿으며 감사하자.

구약의 성전은 예배를 드리는 곳이며 기도를 드리는 곳이었다(마 21:13). 신약 시대의 예배당도 예배를 드리는 곳이며 기도하는 곳이다. 우리가 이 예배당에서 마음껏 기도하고 주님을 찬양할 수 있음을 인하여 감사하고 이 예배당에서 하나님께 드리는 기도가 응답받을 것을 믿으며 감사하자.

솔로몬은 성전을 건축하고 난 후에 이스라엘 회중들과 제사를 드렸다(왕상 8:5). 제물로 사용된 소와 양이 기록할 수도 셀 수도 없었다고 한다. 그 많은 제물은 백성과 솔로몬이 진정으로 하나님께 감사하고 있다는 것을 알 수 있다. 우리도 예배당 입당을 허락하신 하나님께 진정한 감사, 벅찬 감사로 하나님께 영광을 돌리자.

23. 안수(임직)예배

목사안수예배

A. 원리

침례교회에서의 안수는 목사와 집사에게 행하는 의식이다. 기독교 한국 침례회 총회에서 안수집사를 장로로 호칭해도 무방하다는 결정을 내린 이후 침례교회에서 안수집사와 함께 장로로 호칭하는 것이 보편화되어가고 있다. 하지만 어떤 교회들의 경우 안수집사를 또 다시 장로로 임직식을 거행하는 일이 있는데 이는 바람직하지 못하며 그렇게 할 신학적 근거도 찾을 수 없다. 회중정체를 표방하는 침례교회는 목사와 장로와 감독을 동일한 직무에 대한 세 가지 다른 표현으로 여긴다. 따라서 침례교회는 목사와 집사에게만 안수식을 행한다. 먼저 목사안수예배를 다룬 뒤 집사안수예배를 다룬다. 목사안수예배를 위한 원리들은 다음과 같다:

1) 목사에게 안수하는 행위는 구약의 제사장이나 선지자에게 기름붓는 의식에 기초한다. 이는 하나님의 사역을 위해 구별된 사람이라는 공적인 인증이며 확인이다.
2) 신약성서에서는 사도행전 6장에서 집사를 세운 기록과 사도행전 13장 3절에서 성령님께서 교회에 말씀하신 바에 따라 바나바와 바울을 선교사역을 위해 안수하고 파송한 사건 그리고 디모데후서 1장 6절에서 디모데를 목사로 안수한 일 등이 나타나는데 이러한 일련의 기록들은 그들을 특정한 사역을 위해 구별한다는 의미를 가진다.
3) 안수는 성직자라는 특수 계급에로의 신분상승 의식이 아니라 전적으로 성별(聖別) 의식으로서 주님과 교회사역을 위해 거룩하게 구별된 사람이라는 의미를 가진다.
4) 안수식은 하나님 앞에서 온 교회가 안수 받는 사람을 공인하는 시간이

므로 엄숙하고 경건하게 드려져야 한다.
5) 목사안수는 단순히 한 교회의 일로 국한되는 것이 아니라 전체교회들과 함께 사역하는 일에 직결되므로 모든 교회들이 관심을 가지는 행사가 되어야 한다.
6) 안수식은 안수 받는 목사에게는 하나님의 부르심, 목회에 대한 헌신 그리고 교회적 차원에서는 안수 받는 사람에 대한 교회의 공인의 의미가 적절히 나타나도록 준비해야 한다.

B. 지침

1) 목사안수식 주례는 담임목사가 하는 것이 바람직하다. 그러나 담임목회자가 안수 받는 당사자일 경우 지방회 등의 목회자들 중에서 주례자를 세울 수 있다.
2) 목사안수식에 대한 일차적 책임은 개교회에 있으며 개교회의 행사이다.
3) 비록 목사안수식이 개교회가 주관하는 개교회의 행사이지만 그것은 보다 넓은 의미를 가지므로 지방회 등의 적극적 동참을 필요로 한다.
4) 목사안수식에서 다루어져야 할 기본적인 사항은 목사안수를 받는 사람의 부르심, 교회사역에의 헌신 그리고 교회의 공적 인정 등이다.
5) 목사안수식은 성직계급제도의 의식이 아니므로 축도권이라든지 성직자 자격 부여라는 잘못된 신학적 개념이 나타나지 않도록 유의해야 한다.
6) 안수위원 선정과 초청은 지방회에 일차적 권한이 있는 것이 아니라 개교회에 있으며 안수 받는 이와 교회에 의미 있는 분들을 우선적으로 선정하되 지방회의 목회자들을 배제하지 않도록 해야 한다.
7) 목사 가운을 착용하는 것은 침례교회의 경우 적극 권장하는 사항이 아니다. 자칫 목사가운이 성직자라는 비성서적 개념을 부추기는 용도로 오해될 소지가 있기 때문이다.

C. 예배순서

예배의 부름 ·· 주례자

"다같이 묵도하심으로 하나님의 사역자로 부르신 ○○○ 형제의 목사 안수예배를 시작하겠습니다.

기　　　원	………………………………………………………………	주례자

"오 사랑하시는 주님. 오늘 저희들은 하나님의 사역자로 부르신 ○○○형제를 목사로 안수하기 위해 주 앞에 모였습니다. 이 예배 가운데 임하셔서 저희들의 예배를 받으시고 ○○○형제를 온 교회가 인정한 귀한 목사로 세우는 일에 은혜로 채워주시길 예수님의 이름으로 기도합니다."

찬　　　송	…………… 94장, 211장, 349장 중 택일 ……………	다같이
교　독　문	…………… 교독문 107, 또는 108 중 택일 ……………	다같이
소개의 말씀	…… 주례자가 목사안수를 받는 사람에 대한 소개를 함 ……	주례자
기　　　도	………………………………………………………………	담당자
성 경 봉 독	………………………… 설교본문 …………………………	담당자
찬　　　양	……………………………………………… 성가대 혹은 특송담당자
설　　　교	………………………………………………………………	설교자
경 과 보 고	………………………………………………………………	시취위원

(교회로부터 목사 시취를 청원받은 지방회가 언제 어떤 절차로 후보자의 자격여부를 시취했으며 그 결과가 자격 기준을 충족했기에 해당교회에 합격을 통보하고 오늘 안수식을 거행하게 되었다는 취지의 보고를 함)

서　　　약	……………… 목사에게, 교회에게 ………………	담당자들
안 수 기 도	………………………………………………………………	안수위원들

(단 위에 방석을 준비하여 후보자를 앉힌 뒤 안수위원들이 함께 손을 얹고 대표로 한 목사가 기도함. 안수기도 후 안수 받은 이는 안수위원들에게 인사함)

공　　　포	………………………………………………………………	담임목사

"이제 나는 ○○○교회가 부여해준 권한에 의하여 ○○○형제가 기독교한국침례회 가입교회이며 ○○○지방회 가입교회인 ○○○침례교회의 목사가 되었음을 성부와 성자와 성령의 이름으로 공포합니다. 아멘."

권　　　면	……………… 목사에게, 교회에게 ………………	담당자들
예 물 증 정	…… 안수 받은 이에게 교회가 선물을 증정함 ……	교인대표
축　　　사	…… 예배가 길어질 수 있으므로 한두 명으로 제한 ……	담당자들

답 사	⋯ 자신의 간증과 각오를 간단하게 답사에 포함 ⋯ 안수 받은 목사
광 고	담당자
찬 송	1장 ⋯ 다같이
축 도	안수 받은 목사
후주와 폐회	반주자

#2. 집사안수예배(임직예배)

 기독교한국침례회 총회에서 안수집사를 장로로 호칭해도 무방하다는 결정을 내린 이후 침례교회에서 안수집사와 함께 장로로 호칭하는 것이 보편화되어가고 있다. 하지만 어떤 교회들의 경우, 안수집사를 또 다시 장로로 임직식을 거행하는 일이 있는데 이는 바람직하지 못하며 그렇게 할 신학적 근거도 찾을 수 없다. 회중정체를 표방하는 침례교회는 목사와 장로와 감독을 동일한 직무에 대한 세 가지 다른 표현으로 여긴다. 따라서 침례교회는 목사와 집사에게만 안수식을 행한다.
 안수식을 종종 임직예배라고도 부르는데 이는 집사직분을 부여함과 동시에 교회의 사역을 맡게 되는 공식적 인증의 의미를 가진다. 여기서는 이 두 가지를 하나로 간주하고 그 원리와 순서를 제안한다.

A. 원리

 교회에서 안수가 가지는 의미는 거룩한 주님의 일을 위해 따로 구별하여 세운다는 의미를 지닌다. 교회의 사역을 위해 구별을 받는 사람은 교회가 그의 영적 성숙을 검증한 사람이기에 안수집사가 되는 일은 명예로운 일이다. 신약성서에서의 집사안수는 사도행전 6장에서 일곱 명의 일꾼들을 세운 것을 그 첫 모델로 삼는다. 예루살렘교회가 과부들을 구제하는 일에 있어서 유대파 과부들은 언제나 구제받는 일에 명단에서 빠지는 일이 없었지만 헬라파 과부들은 그 명단에서 빠지는 일이 종종 생겨서 구제를 받지 못하는 일이 발생했다. 이로 말미암아 교회 안에 불평이 생겼고 이러한 상황을 직면한 사도들은 교회로 하여금 일곱 명을 세울 것을 요청했다.

"형제들아 너희 가운데서 성령과 지혜가 충만하여 칭찬 받는 사람 일곱을 택하라 우리가 이 일을 그들에게 맡기고 우리는 오로지 기도하는 일과 말씀 사역에 힘쓰리라 하니"(행 6:3-4). 이렇게 하여 세워진 일곱 명은 집사로 불러지지는 않았지만 집사와 동일한 어원을 가진 단어가 사용되었기에 이들을 최초의 집사로 여기게 되었다. 여기에서 자격을 제시하는데 그것들은 "성령과 지혜가 충만하여 칭찬받는 자"로 요약되었다. 그들은 교회 안에서의 행정적인 사역은 물론이고 거의 사도들과 동일한 내용의 사역을 감당했다.

집사의 자격에 관한 성경의 언급은 디모데전서 3장 8-13절에 나타난다. 여기에 언급된 집사의 자격은 "정중하고 일구이언을 하지 아니하고 술에 인박히지 아니하고 더러운 이를 탐하지 아니하고 깨끗한 양심에 믿음의 비밀을 가진 자"이며 "한 아내의 남편이 되어 자녀와 자기 집을 잘 다스리는 자"로서 "책망할 것이 없는 자"이다. 집사의 명예로운 직분에 관하여 성경본문은 "집사의 직분을 잘한 자들은 아름다운 지위와 그리스도 예수 안에 있는 믿음에 큰 담력을 얻느니라"고 언급한다.

그동안 한국침례교회는 안수집사들이 사회적으로 활동하면서 타교단의 장로들부터 경시당함으로 인하여 활동에 지장이 많다는 필요 때문에 안수집사가 타교단과 협조할 때 대외적으로 장로로 호칭할 수 있도록 허용할 것을 총회가 결정한 바 있다. 그러므로 교회 내에서는 장로라고 부르지 않는 것이 바람직하다. 또 장로직으로 안수하거나 또는 안수집사를 장로로 다시 임직식을 가지는 것은 회중정체에 치명적인 문제를 야기시킬 위험을 안고 있기에 개교회들은 이 점에 신중을 기해야 한다.

1) 집사로 안수하는 일은 주님과 교회 사역을 위해 성별하는 의식이다. 교회사역을 위해 전폭적으로 헌신한 자라는 공적인 인정을 선포하는 의미를 가진다.
2) 목사 안수의 경우와 마찬가지로 집사로 안수 받는 일은 교직계급과 같은 특권계층이 되는 것을 의미하지 않는다.
3) 안수집사는 목사를 도와 교회 전반을 돌보며 사역하는 책임을 가지는 사역동역자이다.
4) 집사로 안수 받은 일은 그의 영적 성숙을 교회가 인정하고 성별하는 명

예로운 직분이다.
5) 목사안수와 마찬가지로 안수식은 전적으로 개교회가 주관하는 예배이다. 목사안수와는 달리 집사의 사역이 타교회들이나 교단 속에서 행해지는 것이 아니라 개교회 속에서 이루어지는 것이기에 개교회 자체로 안수예배를 드릴 수 있다.
6) 집례는 담임목사가 맡는 것이 바람직하다.

B. 지침

1) 집사 안수식은 개교회의 행사이므로 예배 구상과 진행에 있어서 안수 받는 자들과 교회와의 관계를 중요한 요소로 생각해야 한다.
2) 안수 받는 이들이 주님과 교회에 대한 그들의 사랑과 헌신을 서약 등의 형태로 표하는 순서를 가진다.
3) 교인들이 안수 받는 이들이 고백한 헌신대로 집사직을 잘 수행할 수 있도록 격려하고 기도로 지원하며 그들과 협력할 것을 서약하는 시간을 가진다.
4) 안수위원들로는 안수 받는 이들의 영적 성장과 발전에 기여한 영적 지도자들이나 지방회 등의 목사들을 초청할 수 있다.

C. 예배순서

예배의 부름 ···	주례자
기 원 ···	주례자

"○○○형제를 신실히 여기시고 주님과 교회의 일을 위해 거룩하게 구별하는 안수식을 복주시고 은혜와 사랑과 헌신을 새롭게 하는 예배가 되도록 복주시옵소서. 예수님의 름으로 기도합니다."

찬 송 ···	다같이
성경낭독 ···	주례자

(하나님의 사역자들을 위한 성경구절들로 딤전 3:1-13; 롬

12:1-21; 고전 12:1-31; 엡 4:1-16 등에서 선택할 수도 있으며 교독문 107, 108장 중 택일할 수도 있음)

기　　도	··	담당자
성경봉독	············ 설교본문 ············	주례자
특　　송	··	성가대 또는 특송담당자
설　　교	··	설교자
시취보고	··	시취위원장

(집사 자격 검증을 위한 방식과 절차를 소개하고 합격 판정 결과를 보고함. 이에서 안수 받는 이에 대하여 소개함)

서　　약 ·· 담임목사

* 집사에게 (안수 받는 이들은 자리에서 일어선다)
"안수 받으시는 여러분들은 여러분의 생애를 그리스도께 영광을 돌리며 교회가 교회답게 되는 일에 힘쓸 것과 집사의 직분을 받아들이고 집사로서의 모든 의무와 책임을 다 할 것을 서약하십니까?"

안수 받는 이들: "아멘" (예)

(서약의 형식은 얼마든지 달리할 수 있다. 다만 그 서약 내용이 주님께 대한 사랑과 헌신, 교회에서 집사로서의 의무와 책임을 성실히 최선을 다해 수행할 것 등에 대한 헌신이 포함된 서약이 되어야 한다)

* 교회에게 (모든 교인들은 자리에서 일어선다)
"○○○ 교회 교인 여러분들은 오늘 안수 받는 분들을 이 교회의 집사로 인정하며 이분들이 집사직분을 온전히 감당할 수 있도록 기도하며 격려 하고 교회의 사명을 이행하기 위해 이분들과 함께 협력할 것을 서약하십니까?"

교인들: "아멘" (예)

안수기도 ·· 안수위원대표자
(안수받는 자들은 무릎을 꿇고 기도하며 안수위원들은 안

공　포	수 받는 자의 머리에 손을 얹고 기도한다) ··	주례자

　　　　　"이제 나는 ○○○ 교회가 부여해준 권한에 의하여 ○○○ 집사가 기독교한국침례회 가입교회이며 ○○○ 지방회 가입교회인 ○○○ 침례교회의 안수집사가 되었음을 성부와 성자와 성령의 이름으로 공포합니다. 아멘."

권　면	················ 집사에게, 교회에게 ················	담당자들
	(권면은 설교에 포함시킬 수도 있다)	
예물증정	········ 교회가 집사에게, 집사가 교회에게 ········	담당자들
축사와 격려사		담당자
답　사		담당자
	(안수 받은 이가 여럿일 경우 대표자 한 사람이 할 수 있다)	
광　고	··	교회대표
찬　송	················ 461장, 552장 중 택일 ················	다같이
축　도	··	담당자

D. 설교

#1. 참 목자의 도!(고전 2:1-5)

　목회는 기술이 아니다. 지식으로 배우는 것이 아니다. 좋은 세미나를 통해 자격을 얻는 것도 아니다. 또한 목사는 큰 목사가 있고 작은 목사가 있는 것이 아니다. 그저 하나님의 부름심의 따라 쓰임 받을 뿐이지 크고 작음이 있을 수 없다. 혹여 목사 스스로도 그렇게 자신을 평가해서도 안 된다. 하나님의 부름에 과연 합당하게 쓰이고 있느냐는 것이 우리의 평가가 되어야 한다. 그렇다면 오늘 본문에서 사도 바울이 전하는 부르심에 합당하게 쓰이는 참된 목사의 모습은 어떤 것일까?

　1. 세상의 것을 온전히 포기하고 주의 길을 걸어가는 삶이다.
　목사로 부름 받은 사람은 다른 하나를 완전히 포기해야 한다. 곧 세상의 것은 포기하고 오직 목사로서의 길을 가기 위한 거룩한 수련을 계속해야 한다. 바울은 고린도후서 12장 7-10절에서 자신에게 육체의 가시가 있고 그것을 통해 오히려 겸손을 깨달았고 자신의 약함을 통해 그리스도의 능력이 머물게 되었다고 증거한다. 그런데 고린도교인들은 바울의 연약함에 대한 오해를 가지고 있었다. 에베소에 세워진 바울의 동상을 보면 그는 곱추이면서 키는 153cm 정도 밖에 되지 않다. 그래서 그들은 그런 외적인 바울 모습 때문에 바울의 '말이 시원치 않다'(고후 10:10)고 그를 폄하하기까지 한다. 그럼에도 역사를 되돌아보면 사도 바울의 이 약함이 오히려 하나님 능력을 얻는 길이었다.

2. 오직 하나님께만 영광을 돌려야 된다.

바울의 경험은 십자가에 못 박히신 예수 그리스도를 통해서만 부활의 생명과 거룩함의 영광이 믿는 성도들에게 나타나는 것이었다(4, 5절). 그 변화의 기적은 결단코 바울이 전하는 말이나 지혜의 아름다운 것으로 이루어지지 않는다는 것을 바울은 알고 있었다. 이 시대는 하나님께만 영광 돌리는 목사가 필요하다. 자신의 안일과 영화를 위해 사는 목사가 아닌 진심으로 하나님의 영광을 나타내는 목사가 필요하다. 목사의 사역은 인간 중심이 아닌 하나님 중심이어야 한다. 인기 있는 목사를 위함이 아니라, 어쩌면 질타를 받고 손가락질 받더라도 목사는 하나님만 바라고 일해야 한다.

3. 가시밭길이라도 갈 줄 알아야 한다.

목사는 때로는 성도들과 마찰이 있을지라도 홀로 가야 할 길이 있으며, 만약 그 길이 곧 하나님의 영광을 위한 길이라면 그 길이 십자가의 길이나 가시밭의 길이라도 갈 줄 아는 목사가 되어야 한다. 목사는 교회 부흥을 자본주의의 가치로 평가해서는 안 된다. 목사는 하나님의 영광을 가로채서는 안 된다. 오직 하나님 앞에 나는 무익한 종이라고 고백하는 목사가 되어야만 한다. 교회나 성도들을 자기 제자가 아닌 하나님의 사람들로 양육해야 한다. 만약 자기의 제자를 삼고 자기의 어떤 세력을 과시하는 하나의 권력으로 삼는다면 하나님께서 그 길을 귀하게 보지 않을 것이다.

참된 목자의 길이 무엇인지 이해하면 예수님께 칭찬받는 목사가 될 것이다. 오늘 이때를 위하여 목사를 세운다. 오늘 목사로 안수 받는 이와 이를 목사로 세우는 교회가 복된 주님의 교회가 되기를 바란다.

#2. 사역자는 누구인가?(고전 4:1-5)

사역자는 한자로 부릴 사(使), 부릴 역(役), 사람 자(者)를 쓴다. 곧 누군가에게 시킴과 부림을 당하는 사람이 사역자이다. 우리는 하나님의 사역자이다. 하나님의 사역자는 스스로가 스스로의 일을 하는 사람이 아니라 하나님이 시켜서 하나님의 일을 하는 사람이다. 오늘 임직하는 분들은 하나님의 사역자이다. 사역자는 누구인가?

1. 사역자는 그리스도의 일꾼이다.

본문 1절은 "사람이 마땅히 우리를 그리스도의 일꾼이요"라고 기록하고 있다. 일꾼은 자신의 일을 하는 사람이 아니라 주인을 위해 주인의 뜻대로 주인의 일을 하는 사람이다. 사역자들은 사람의 종이 아니라 하나님의 종이요 일꾼이다. 그렇기에 사람이 아닌 하나님을 위해 그리고 사람의 뜻이 아닌 하나님의 뜻을 따라 사람의 일이 아닌 하나님의 일에 일생 헌신해야 한다. 그런데 본 절에서 바울은 '그리스도의 일꾼'이란 헬라어 단어를 지금까지 일반적으로 사용하던 그리스도의 사역자를 가리키는 말인 '섬기는 자'란 의미의 '디아코노스'를 사용하지 않고 '배 밑에서 노를 젓는 자'라는 뜻의 '휘페레테스'를 사용했다. 이는 하나님의 사역자들이 하나님을 섬김에 있어서 더 낮은 자리에서 더욱 겸손하게 주님의 명령에 절대 순종해야 함을 강조한 것이라고 할 수 있다.

2. 사역자는 하나님의 비밀을 맡은 자이다.

본문은 사역자를 "하나님의 비밀을 맡은 자"로 기록하고 있다. '하나님의 비밀'은 무엇인가? '하나님의 비밀'은 계시된 진리, 구원의 복음을 의미한다. 다시 말해 그리스도 예수를 통한 인류의 구원에 관한 것을 가리킨다(골 2:2). 사역자는 이 하나님의 비밀을 맡은 자이다. 여기서 '맡은 자'에 해당하는 헬라어 '오이코노모스'는 '한 집안에 사무를 관리하는 집사' 또는

'청지기'를 의미한다. 그러므로 사역자는 하나님의 집의 청지기로서 하나님이 맡기신 구원의 복음을 최선을 다해 전해야 한다. 바울은 "내가 복음을 전할지라도 자랑할 것이 없음은 내가 부득불 할 일임이라 만인 복음을 전하지 아니하면 내게 화가 있을 것이로다"(고전 9:16)라고 고백했다. 또한 베드로는 "각각 은사를 받은 대로 하나님의 각양 은혜를 맡은 선한 청지기 같이 서로 봉사하라"(벧전 4:10)고 했다.

3. 사역자는 충성을 다해야 한다.

본문 2절은 '맡은 자들에게 구할 것은 충성'이라고 기록하고 있다. 충성이란 헬라어로 '피스토스'인데 그 뜻은 '자신의 모든 것을 다해 따르는 것'으로 '믿을 수 있다는 것'을 의미한다. 사실 청지기의 충성은 하나님에 대한 절대적 믿음과 사랑과 순종에서 나온다. 그러므로 사역자는 절대적 믿음으로 하나님에게 자신의 모든 것을 걸고 따르는 충성된 사람이 되어야 한다. 또한 하나님과 교회가 무슨 일을 맡기셨든지 기쁨과 감사함으로 충성하는 믿을 수 있는 사역자가 되어야 한다(히 3:5).

사역자는 하나님의 일꾼이요 하나님의 비밀인 천국 복음을 맡은 자이다. 사역자는 낮고 겸손한 자세로 주님이 맡기신 직무와 복음전파의 명령에 절대 충성함으로 순종해야 한다. 오늘 임직하는 분들이 앞으로 이러한 자기인식을 통해 맡은 바 사역을 감당하기를 바란다.

24. 취임예배

A. 원리

목회자가 새로 부임하는 것은 큰 변화를 이끌 수 있다. 안디옥교회는 바울과 바나바가 1년간 함께 목양하면서부터 성도들이 "그리스도인"이라는 애칭을 들을 만큼 성숙한 성도가 될 수 있었다(행 11:22-26). 디모데는 젊은 나이에 에베소교회의 감독(목사)으로 부름을 받았지만 바울의 부탁처럼 "말과 행실과 사랑과 믿음과 정절에 있어서 믿는 자에게 본"(딤전 3:12)이 되어 에베소교회가 더 이상 분열되지 않고 하나가 될 수 있었다. 이처럼 새로운 목회자가 온다는 것은 교회에서 새로운 변화를 창출해 낼 수 있다. 요즘처럼 목회자가 한 교회에 뿌리를 내리고 담임목회를 한 사례는 AD 313년 기독교의 공인이 있기 전 초대교회에서 그 유래를 찾아볼 수 있다. 이들 목회자의 공통점은 성도들의 인준을 받고 목회를 시작하였는데 예를 들어 폴리갑(AD 69-156년)은 서머나교회의 감독(목사)으로 사역하면서 복음을 지키기 위해 순교도 마다하지 않았다. 그의 강직함과 고결함은 서머나 교인들에게 큰 감동과 도전을 주어 초대교회를 굳건한 반석 위에 세운 것으로 잘 알려져 있다.

한편 새로 부임한 목회자는 목회를 잘 감당하기 위해 몇 가지 자격을 갖춰야 한다(딤전 3:2-7). 첫째로 준비된 영성을 소유해야 한다. 목회자는 여러 가지 측면에서 책망할 일이 없어야 하고, 외부 사람들로부터 존경을 받을 수 있어야 한다. 둘째로 도덕성과 투명성이 뛰어나야 한다. 목회자는 한 아내의 남편이 되어야 하고, 자신을 절제하며, 남을 잘 대접하고, 술을 즐겨 먹지 않고, 구타하지 않고, 다투지 않고, 돈을 사랑하지 않고, 집안을 잘 다스려 자녀들이 공손하게 복종할 줄 알아야 한다. 목회자의 자격 가운데 인격적인 면이 가장 많이 요구되는 것을 볼 수 있다. 바로 "보고 배울 수 있는" 목회자, 즉 삶의 모델이 되라는 것이다. 셋째로 실력을 갖춰야 한다. 이 말은 목회자가 성도들에게 말씀을 잘 가르칠 수 있어야 훌륭한 목회자가 될 수 있다는 말이다.

B. 지침

1) 담임목사 취임예배는 새로 부임한 목회자가 소속된 지방회와 교회 성도들에게 소개하는 날이다. 따라서 지방회와 교회는 새로 부임한 목회자를 따뜻하게 영접하고 축복하도록 하는 일에 최선을 다한다.
2) 새로 부임한 목회자는 주님의 몸된 교회를 어떻게 인도할 것인지 분명한 비전과 방향을 제시할 수 있도록 준비하여야 한다.
3) 교회에서는 담임목사 취임예배를 준비하기 위해 순서지, 현수막, 기념품 등을 미리 준비하도록 한다.
4) 목사 소개는 교회 대표나 혹은 교회가 가입된 지방회 회장이 진행하면 된다.
5) 서약은 두 가지로 이루어진다. 먼저 〈회중에 대한 서약〉 때는 모든 회중들이 일어나서 집례자의 질문에 답하면 된다. 그 다음 〈목사에 대한 서약〉 때도 새로 부임한 목사는 일어서서 집례자의 질문에 성실히 답하면 된다.
6) 영접 때는 새로 부임한 목사와 그의 가족들을 회중들에게 소개하고 박수로 영접하며 환영한다.

C. 예배순서

예배부름	········· 적절한 내용제시 ·········	집례자
찬　　송	········ 320장 나의 죄를 정케 하사 ········	다같이
대표기도	··	담당자
찬　　송	······ 450장 내 평생 소원 이것뿐 ······	다같이
성경봉독	············· 설교 예시 참조 ·············	담당자
찬　　양	··	성가대
설　　교	············· 설교 예시 참조 ·············	설교자
목사소개	··	담당자

서 약	…………………………………………………………		담당자

　　1. 회중에 대한 서약(서약내용제시)
　　2. 목사에 대한 서약(서약내용제시)

기 도	…………………………………………		새로 부임한 목사
영 접	…………… 내용제시 ……………		담당자
찬 송	…… 323장 부름 받아 나선 이 몸 ……		다같이
축 도	……………………………………………		새로 부임한 목사

D. 설교

#1. 이런 지도자가 되자(느 5:14-19)

느헤미야는 바벨론에 포로로 끌려간 하가랴의 아들로서 바벨론 포로 이후에 출생한 사람이다. 그는 바사 제국의 왕의 술 관원으로서 자신의 조국을 사랑했으며, 하나님의 은혜로 유대 총독이 되어 예루살렘의 무너진 성벽을 재건하는 일에 참여했다. 또한 그는 백성들의 잘못을 보고 지도자들을 모아 꾸짖었으며 자신의 삶을 간증했다. 느헤미야의 간증은 자기 자랑이 아니라 백성들을 바로잡기 위함이었으며, 이로 인해 많은 이들이 잘못된 삶에서 돌아섰다. 이런 느헤미야는 어떻게 살았을까? 우리는 어떻게 살아야 할까?

1. 정직하게 살아야 한다(14-15절).

느헤미야는 이전의 총독들과 달리 백성들을 괴롭히거나 착취하지 못하도록 엄명을 내리고, 더 나아가 자신이 당연히 받아야 할 봉급까지도 받지를 않았다. 이유는 크게 두 가지였다. 하나는 하나님을 경외했기 때문이고, 다른 하나는 백성을 사랑했기 때문이다. 하나님을 경외하는 사람은 하나님을 두려워할 줄 알고, 그렇기에 정직하고 바르게 살 줄 안다. 또한 다른 사람을 사랑하는 사람은 그들의 아픔과 형편을 알기 때문에 그들을 배려하고 정직할 수 있다.

2. 솔선수범해야 한다(16절).

느헤미야 이전의 총독들은 백성들을 착취하거나 부정축제를 하거나 땅투기를 하거나 연일 파티를 열고 즐겼다. 심지어 파티비용까지도 백성들에게서 뜯어냈다. 그러나 느헤미야는 달랐다. 총독임에도 성벽을 재건하는데 앞장서서 일하고, 자기 부하들까지도 그렇게 하도록 했다. 교회에서 목회자는 솔선수범해야 성도들에게 존경을 받고 신뢰를 받을 수 있다. 그래야 교회가 부흥될 수 있다. 솔선수범하는 사람은 부지런하고, 매사에 최선을 다하며, 약속을 지키는 사람이다.

3. 다른 사람을 섬길 줄 알아야 한다(17-18절).

느헤미야가 총독의 재임하는 12년 동안 그의 집에는 손님들이 끊어지지가 않았다. 매일같이 사비를 털어서 기쁨으로 다른 사람들을 섬겼다. 마가복음 10장 45절에서 예수님은 "인자가 온 것은 섬김을 받으려 함이 아니라 도리어 섬기려 하고 자기 목숨을 많은 사람의 대속물로 주려 함이니라"고 하셨다. 요한복음 13장에서는 친히 제자들의 발을 씻기시며 제자들에게도 이와 같이 행하라고 하셨다. 섬김에는 희생이 따르고, 겸손해야 하며, 배려심이 있어야 한다.

4. 하나님의 은혜를 구해야 한다(19절).

19절에서 느헤미야는 하나님께 은혜를 구한다. 하나님의 은혜가 임해야 정직하게 살 수 있고, 솔선수범할 수 있고, 섬길 수 있다. 왜냐하면 하나님의 은혜가 임해야 그런 마음이 생기고, 그런 정신이 생기고, 그런 능력이 생기고, 그런 실력이 쌓이기 때문이다. 하나님의 은혜는 마치 음식의 소금과 같다. 모든 면에서 하나님의 은혜가 필요하다. 그래서 느헤미야가 하나님께 은혜를 베풀어 달라고 기도한 것이다. 하나님의 은혜는 구하는 자에게 임한다.

#2. 화평의 다리를 놓는 사람(엡 2:11-18)

오늘 취임예배를 통해 목회자의 역할이 무엇인지 생각해보는 시간을 갖고자 한다. 목회자는 교회를 대표하고, 하나님의 임재의 상징이며, 교인뿐만 아니라 교회 밖 사람들도 돌보는 사람이다. 특히 하나님과 사람을 또한 사람과 사람을 연결해주는 역할을 한다. 오늘 본문은 "둘로 하나를" 만드시는 예수님의 사역이 소개되고 있다. 이렇게 둘을 이어 하나로 만드는 사역은 곧 목회자의 역할이 되기도 한다. 예수님이 하나님과 사람 사이에 다리를 놓으셨듯이 목회자 역시 상징적으로 그러한 역할을 감당해야 한다.

1. 허물고 폐하고 소멸하여 가까워지게 하는 사람(11-16절)

예수님은 자기 육체로 "원수된 것 곧 중간에 막힌 담"을 허무셨고, "법조문으로 된 계명의 율법"을 폐하셨으며, "원수된 것"을 십자가로 소멸하셨다. 또한 그리스도 밖에 있었고, 이스라엘 나라밖의 사람이었던 우리, 약속의 언약들에 대하여 외인이요 세상에서 소망이 없고 하나님도 없던 우리가 그리스도 예수 안에서 "그리스도의 피"로 가까워졌다. 이렇듯 다리를 놓는 사람은 자기 육체로 자기 십자가를 지고 자기 피로 하나님과 사람, 사람과 사람 사이에 원수 된 것 곧 막힌 담을 허물어 둘이 가까워지도록 해야 한다. 이렇게 자기희생을 통해 원수된 것을 파하고 화목을 이루어가는 사람이 목회자이다.

2. 평안을 전하는 사람(17절)

목회자는 자기희생을 통해 원수된 것을 파하고 화목을 이루는 것을 넘어 평안을 전하는 사람들이 되어야 한다. 17절에 보면, "또 오셔서 먼 데 있는 너희에게 평안을 전하시고 가까운 데 있는 자들에게 평안을 전하셨으니"라는 말씀이 나오는데, 이는 목회자가 가깝던 멀던 거리를 초월하여 사람들에게 평안을 전하는 사람이 되어야 한다는 의미를 지니고 있다. 예수님이 하나님과 인간의 경계를 넘으셨듯이, 목회자는 사람과 사람의 경계를 넘어야 하며, 교회와 세상의 경계를 넘어야 한다. 그래서 평안이 교회 안의 사람들에게 국한되지 않고 하나님의 '잃어버린 사람'에게도 전파되어야 하며, 함께 그 평안에 참여하여야 한다.

3. 한 성령 안에서 아버지께 나아감을 얻게 하는 사람(18절)

목회자가 자기희생을 통해 원수된 것을 파하고 화목을 이룰 뿐만 아니라 거리를 초월하여 평안을 전파하는 이유는 원수가 되어 나누어진 사람들이 하나가 되어 "둘이 한 성령 안에서 아버지께 나아감"을 얻게 하기 위함이다. 하나님이 원하시는 것은 한 사람씩 하나님께 나아오는 것이 아니라 '함께' 하나님께 나아오는 것이다. 한 성령이 둘에게 함께 있으니 둘이 함께 하나님께 나아오는 것이 마땅하다. 목회자는 두 사람이 한 성령을 소유할 수 있도록 해야 하며, 한 성령을 소유한 사람들이 진짜 '함께' 하나님께 나아갈 수 있도록 하는 역할을 해야 한다. 이를 위해 목회자는 자기의 희생과 평안의 전파를 마다하지 않고 사명으로 알아야 한다.

예수님은 자신의 육체로 십자가를 지고 피를 흘리심으로 우리를 가까워지게 하셨다. 이처럼 우리 역시 우리의 희생을 통해 서로를 가깝게 하고, 화평을 전파하여 두 사람이 함께 하나님께 나아가도록 해야 한다.

25. 파송예배

A. 원리

선교사 파송예배는 안디옥교회로부터 유래한다(행 13:1-3). 바울과 바나바를 선교사로 파송한 것처럼 오늘날에도 선교사 파송예배가 있다. 다만 교회에서는 파송예배를 드리기 전에 "○○교회 선교사 파송 매뉴얼"을 준비하는 것이 좋다. 이 매뉴얼에는 첫째로 선교사 파송 조건이 있어야 한다. 예를 들어 단기(2년 사역), 장기(4년 사역), 시니어(55세 이상) 선교사에 대한 자격이 정확하게 명시되어야 하는데 단기의 경우는 본 교회에서 2년 이상, 장기는 4년 이상, 시니어는 10년 이상 사역의 경험이 있어야 함을 명시하는 것이다. 이런 자격은 교회의 형편에 따라 달라질 수 있다. 둘째로 매달 후원 비용이 명시되어야 한다. 가장 좋은 것은 파송교회에서 50%를, 나머지는 일반후원(개인후원 포함)에서 50%를 책임지도록 하는 것이 좋다. 셋째로 선교사의 건강보험을 교회에서 책임진다.

넷째로 선교사 후원을 교회후원과 목장(혹은 구역)후원 중 어느 것을 할 것인지 결정해야 한다. 교회건축이나 선교센터 건립 같은 프로젝트 선교는 교회후원이 좋고, 그 외는 목장후원을 추천한다. 다만 목장에서는 매월 최저와 최고 후원금을 정해 두어야 목장 간에 잡음이 일어나지 않고, 각 교회의 형편에 따라 교회와 목장 간에 일대일 후원을 해도 좋다. 한 목장이 10만원을 했다면 교회가 10만원을 후원하는 제도이다. 이것 역시 교회 형편에 맞게 조정하면 된다. 다섯째로 교회에서 단기선교팀은 파송 2년 후부터 참여하는 것이 좋다. 현지 언어를 습득하려면 적어도 2년이 소요되기 때문에 그 때까지 교회에서는 단기선교팀을 보내는 것을 자제하는 것이 좋다. 여섯째로 선교사 안식년 규정을 미리 준비한다. 4년 이후 파송 선교사가 모국으로 왔을 때 선교사의 영적, 정서적, 육체적, 가정적, 학문적 케어를 어떻게 할 것인지 준비하는 것이 좋다. 물론 선교사자녀(MK)도 포함된다.

일곱째로 교회에서는 미션홈(Mission Home)을 준비하는 것이 좋다. 골로새교회가 복음전도자를 위한 숙소를 마련한 것처럼 교회에서도 미션홈을 마련하는 것이 좋다(몬 1:22). 여덟째로 교회에서는 선교사를 파송하기 전 선교 전략지를 선정해야만 한다. 이것은 교회의 선교 정체성과도 밀접한 관계가 있다. 북한선교, 이슬람선교, 비즈니스선교(BAM) 등의 사역에 어느 것에 집중하느냐에 따라 선교지가 달라지기 때문이다. 그래야 각 교회에서도 선교 전문가를 배출할 수 있다. 아홉째로 선교사가 이중 멤버십(dual membership)-예를 들어 FMB와 위클리프성경번역선교회-을 원할 경우 어떻게 할 것인지 대책을 마련하는 것이 좋다. 열 번째로 침례교해회선교회(FMB)와 항상 협력관계를 유지해야 한다.

B. 지침

1) 각 교회에서는 선교사 파송예배를 드리기 전 "선교사 파송 매뉴얼"을 미리 준비하고 홍보한 뒤 규정에 맞게 진행하여야 한다. 그래야 지속성과 안전성을 유지할 수 있다.
2) 선교사 파송예배에 필요한 순서 담당자(FMB 회장, 지방회 회장 등), 봉사자를 미리 선정하여 준비하도록 한다.

C. 예배순서

#1. 한국침례교해외선교사(FMB) 파송예배

묵 도		다같이
찬 송	505장	다같이
기 도		담당자
성경봉독	설교 예시 참조	담당자
찬 양		성가대
설 교	설교 예시 참조	설교자
선교사 파송기도		담당자
선교사 파송장수여		FMB 회장

축 　　가	…………………………………………………………	담당자
축 　　사	…………………………………………………………	담당자
격 려 사	…………………………………………………………	담당자
광 　　고	…………………………………………………………	집례자
찬 　　송	……………………… 502장 ………………………	다같이
축 　　도	…………………………………………………………	집례자

1) 순서 #1은 선교사 훈련을 받은 선교사 파송 예배만을 위한 것이다.
2) 선교사 파송장수여는 한국침례교해외선교회(FMB) 회장이 직접 수여한다.
3) 축사는 순서 맡은 외부 인사가 담당한다.
4) 격려사는 순서 맡은 외부 인사가 담당한다.

#2. 목사안수 및 선교사 파송예배

묵 　　도	…………………………………………………………	다같이
찬 　　송	……………………… 505장 ………………………	다같이
기 　　도	…………………………………………………………	담당자
성경봉독	……………… 설교 예시 참조 ………………	담당자
찬 　　양	…………………………………………………………	성가대
설 　　교	……………… 설교 예시 참조 ………………	설교자
시취경과보고	…………………………………………………………	담당자
선교사파송경과보고	………………………………………………	담당자
안수기도	……………………… 내용제시 ………………………	담당자
선 　　포	……………………… 내용제시 ………………………	담당자
안수패 증정	…………………………………………………………	담당자
선교사 파송기도	……………… 내용제시 ………………	담당자
선교사 파송장수여	………………………………………………	FMB 회장
축 　　가	…………………………………………………………	담당자
축 　　사	…………………………………………………………	담당자
격 려 사	…………………………………………………………	담당자
광 　　고	…………………………………………………………	집례자

찬　　송	──────────── 502장 ────────────	다같이
축　　도	────────────────────────────	집례자

1) 순서 #2는 선교사 가운데 목사안수를 받고 동시에 선교사 파송을 받기를 원하는 자에게 실시하는 예배이다.
2) 시취경과보고는 목사시취경과보고를 말한다.
3) 안수기도는 목사안수에 관한 기도이다.
4) 안수패 증정시 동시에 목사가운 착의를 하는 교회도 있다. 일반적으로 침례교회에서는 목사가운 착의를 하지 않는데 하는 경우도 있다.
5) 선교사 파송기도는 선교사 파송을 위한 기도이다.

D. 설교

#1. 하나님의 선교(눅 24:44-49)

지상의 모든 교회는 주 예수의 복음을 땅 끝까지 전파하고 모든 족속으로 제자를 삼으라는 주님의 지상명령을 받았다. 선교사로 나가는 사람도 선교사를 파송하는 교회도 주님의 이 지상명령에 순종하는 것이다. 그러면 우리는 왜 선교에 동참해야 할까?

1. 하나님이 선교하시는 분이시기 때문이다(44-45절).
우리가 세계선교에 동참해야하는 이유는 하나님이 선교의 하나님이시기 때문이다. 세계복음화는 하나님이 계획하셨다. 하나님이 아브라함을 부르시면서 '너를 통해 모든 족속이 복을 얻을 것이다'라고 약속하셨다. 하나님의 관심은 아브라함이 잘 되는 것으로 머무는 것이 아니다. 축복의 통로인 아브라함을 통해 모든 족속이 복을 얻게 되는 것이다. 하박국 선지자는 물이 바다를 덮음 같이 여호와를 인정하는 것이 온 세상에 가득할 것을 예언했다(합 2:14). 요나의 이야기 역시 하나님께서는 우리가 민족적 감정을 뛰어 넘어 온 열방을 품고 선교해야 함을 보여주었다. 사도 요한은 밧모섬에서 이미 이 복음이 땅 끝까지 전파되어 각 나라와 족속과 백성들로부터 셀 수 없이 허다한 무리가 손에 종려가지를 들고 주님께 나아오는 것

을 보았다(계 7:9). 전능하신 하나님의 선교계획이 반드시 이루어질 것을
믿자.

2. 예수님이 선교하시는 분이시기 때문이다(46-48절).

예수님이 이 땅에 오심도 예수님이 십자가를 지심도 세계복음화를 위한
일이었다. 예수님은 세상구원을 위해 자신의 생명을 십자가에 드렸다. 선
교는 십자가를 지는 일이다. 선교는 순교를 각오한 사람들이 하는 것이다
(행 20:24). 그러므로 예수님의 심장을 가진 사람이 선교하며, 예수님의 제
자들이 따라 가는 길이 선교이다. 큰 교회라고 다 선교사를 파송하는 것이
아니다. 내 왕국이 아닌 하나님 나라, 내 이름이 아닌 하나님 의를 나타내
려는 건강한 교회들이 선교사를 파송할 수 있다. 예수님의 심장을 가진 사
람들이 기쁨으로 동참하는 일이 곧 선교이다. 우리는 예수 그리스도의 죽
으심과 부활의 증인이 되어야 한다. 그리고 선교사는 예수님처럼 구원받
지 못한 무리들을 보면 민망히 여기는 사랑이 있어야 하고 선교지에서 뱀
같이 지혜롭고 비둘기같이 순결해야 한다.

3. 성령님이 선교하시는 분이시기 때문이다(49절).

교회가 선교의 사명을 받았지만 선교사는 아무나 되는 것이 아니다. 오
늘 본문에서도 성령을 받기까지 준비하는 시간을 가지고 기다리라고 말하
고 있다. 사도행전 1장 8절에서도 "먼저 성령충만을 받아야 땅 끝까지 이
르러 내 증인이 될 것이라"고 말씀하고 있다. 선교에 지식도 필요하고 물
질도 필요하고 전략도 필요하겠지만 정말 필요한 것은 성령의 능력이다.
성령을 좇아 행하는 사람들, 성령의 열매를 맺는 사람들의 삶이 곧 전도지
요 그들이 머무는 곳에는 하나님의 교회가 세워지고 예수님의 제자들이
세워진다.

선교는 하나님의 계획이다. 선교는 예수님의 심장이다. 선교는 성령님
의 역사이다. 그리고 선교는 우리의 특권이며 의무이다. 성경에 나온 하나
님을 경외한다면 우리는 반드시 선교에 동참해야 한다. 우리는 열방을 향
한 축복의 통로이다.

#2. 대 사명을 받은 자(마 28:19-20)

많은 사람 중에 목회자로 부름 받는 것도 귀한 일인데 특별히 선교사로 부름 받아 파송된다는 것은 더욱더 귀한 일이다. 국내에서 복음 전하는 것도 쉽지 않은 것이 현실이다. 그런데 타국에 가서 원주민을 상대로 복음 전하는 것은 그야말로 목숨 걸고 사명을 완수하겠다는 각오 없이는 불가능하다고 생각한다.

이러한 어려움을 잘 알면서도 선교사로 헌신하고 즐겁게 달려가는 것은 오직 본문 말씀처럼 "너희는 가서 모든 족속으로 제자를 삼"으라는 엄숙한 주님의 명령 때문이다. 이와 같이 '전도와 선교'는 주님의 위대한 명령이다. 은혜로 구원받은 성도라면 선택 사항이 아니라 필수적으로 순종해야 할 명령이다. 앞길을 예측할 수 없고 어렵고 힘든 일을 당한다 해도 피할 것이 아니라 은혜에 보답하기 위해서 감수하고 지켜야 할 사명이다.

미국 새들백교회 릭 워렌 목사님은 위대한 두 계명(마 22:37-40)과 위대한 3가지 명령(마 28:19-20)에 근거해 사역의 목적을 정하고, 그것을 이루기 위해 헌신적으로 목회한 결과 교회를 놀랍게 성장시켰고 21세기 가장 영향력 있는 교회 중 하나를 이루었다.

오늘 파송되는 분도 이 위대한 사명을 받은 사실을 잊지 말고, 받은 사명을 감당하기 위해 더욱 열심히 헌신하여 많은 열매를 맺기를 바란다.

1. Making: 제자 삼는 일을 하여야 한다.

본문 19절은 "모든 족속으로 제자 삼"이라고 말씀한다. 먼저 선교지 사람들에게 열심히 전도해서 주님의 제자가 되도록 해야 한다. 디모데후서 4장 2절, "너는 말씀을 전파하라 때를 얻든지 못 얻든지 항상 힘쓰라"는 말씀처럼 복음을 전하는 일에 열심을 내어야 한다. 그리고 그들이 먼저 주님을 알고 죄를 고백하며 주님을 우선순위에 두고 자신들의 주인으로 모시도록 훈련해야 한다. 선교사의 사람이 아니라 주님의 사람, 주님 앞에 바른 신앙을 고백하고 평생 주님을 주인으로 모시고 그분의 리더십을 따르도록 해야 한다. 숫자 논리를 떠나 단 한 사람만이라도 올바른 주님의 제자로 세워 열매 맺는 삶을 살게 하겠다는 각오로 제자 삼는 사역에 전적으로 헌신해야 한다.

2. Marking: 성 삼위일체의 이름으로 침례를 베풀어야 한다.

본문 19절은 "아버지와 아들과 성령의 이름으로 침례를 주"라고 말씀한다. 선교사는 현지인들에게 복음을 전해서 그들이 죄를 깨달아 십자가 앞에 회개하며 주님을 구주로 모시고 변화된 새 사람으로 살겠다는 각오를 많은 사람에게 나타내도록 침례를 베풀어야 한다. 또한 성령이 내주하신다는 사실을 믿게 하여 이제는 자신의 의지가 아닌 성령의 역사하심을 의지하도록 해야 한다.

3. Maturity: 가르쳐 지켜 성숙한 신자가 되게 해야 한다.

본문 20절은 "내가 너희에게 분부한 모든 것을 가르쳐 지키게 하라"고 말씀한다. 침례를 주었으면 열심히 하나님의 말씀을 가르치고 훈련해서 그것을 지키는 자로 성숙해지도록 해야 한다. 그 성숙함을 통해서 다시 제자가 만들어지고 신앙의 열매들이 풍성해 지도록 하는 것이 필요하다.

이제 본문 20절 후반 말씀처럼 사명 다하는 날까지 주님께서 함께 하심을 믿고 사명을 잘 완수하는 귀한 사역자가 되길 바란다. 할렐루야!

예 식

26. 출생예식
27. 백일예식
28. 첫돌예식
29. 헌아예식
30. 성인예식
31. 약혼예식
32. 결혼예식
33. 국제결혼예식
34. 회갑예식
35. 칠순예식
36. 임종예식
37. 입관예식
38. 장례예식
38. 하관예식
40. 이장예식

26. 출생예식

A. 원리

모든 생명의 탄생은 하나님의 축복이다. 그 중에서도 특히 인간 생명의 탄생은 하나님께서 친히 당신의 숨을 불어넣어 생겼기에 더욱 소중하다 (창 2:7). 생명의 탄생은 소중할 뿐만 아니라 관련된 모든 이들이 함께 기뻐할 일이다. 왜냐하면 "자식은 주님께서 주신 선물이요, 태 안에 들어 있는 열매는, 주님이 주신 상급"이기 때문이다(시 127:3). 또한 새로운 생명의 탄생이 관련된 이들에게 가져다주는 그 밖의 귀한 선물은 다음의 몇 가지 가르침에서 발견할 수 있다. 첫째, 하나님의 아가페적 사랑의 한 단면을 이해할 수 있는 계기가 된다. 둘째, 아이의 부모된 이들에게 자신들의 부모님의 사랑을 다시 한 번 되새기는 기회가 된다. 셋째, 부부간의 사랑을 다시 한 번 확인하고 더욱 더 새롭게 하는 기회가 된다.

사실 하나님께서 우리 인간에게 주신 선물 중 아이를 주신 선물에 비길 만한 다른 가치 있는 것은 없다. 이처럼 하나님께 있어서도 가장 소중하며 관련된 이들에게 큰 기쁨을 가져다주는 새로운 생명의 탄생은 그 소중함의 크기와 기쁨의 정도에 버금가는 책임 또한 크다 하겠다. 하나님께서 주신 자녀의 탄생은 비록 혈과 육은 부모를 통하였으나 그 모든 과정의 주체는 모든 생명의 소유주이신 하나님이시다. 따라서 부모는 자식이 비록 자신의 혈육이지만 자신의 소유가 아니라 하나님으로부터 양육을 위임받았음을 기억하여 희생적인 사랑으로 돌보고 교육해야 한다. 이러한 새로운 생명의 탄생은 가족뿐만 아니라 그 가족이 속해있는 신앙공동체인 교회 역시 한 몸의 지체로서 크게 기뻐할 일인 동시에 그 새로운 생명의 돌봄과 양육에 공동의 책임이 있음을 기억하여 출생예식에 임하여야 하겠다. 따라서 집례자는 출생예식은 기쁨의 예식인 동시에 책임과 다짐의 예식이 되도록 준비하여야 한다.

B. 지침

1) 신생아는 면역 기능이 취약하기 때문에 외부 환경에 의해 쉽게 질병에 감염될 위험이 있다. 따라서 출생예식을 행할 경우 목회자와 그 일행들은 개인적으로 감염이나 질병이 없는 인원으로 하여야 하며 동시에 시기적으로 독감이나 기타 아이의 건강에 위험을 줄 수 있는 상황이나 시기는 피하여 출생예식을 거행하도록 한다.
2) 산모의 회복이 개인에 따라 다르기 때문에 예식를 위한 방문 전에 목회자는 충분히 산모의 회복과 태아의 상태를 고려하여 예식시기를 정하도록 한다(경우에 따라 아기가 태어난 후 삼칠일(三七日), 즉 21일까지는 이웃은 물론 가족들도 출입을 삼가는 풍습을 지키는 지를 유의하여야 한다). 따라서 예배 역시 가능한 조용하게 드리는 것이 좋으며 길지 않지만 충분히 축하와 기쁨을 나눌 수 있도록 한다.
3) 출생예식 시 교회는 규정이나 관례에 따른 선물이나 축하카드 등을 준비하도록 한다. 축하카드나 선물에는 교회 교인들에게 미리 공지하여 원하는 이들이 각자의 축하 글을 기록할 수 있도록 미리 준비하도록 하면 더욱 의미 있는 선물과 축하엽서가 될 것이다.

C. 예식순서

#1.

○○○성도 가정에 귀한 새 생명(아기 이름)을 선물로 주신 하나님께 감사의 마음을 담아 찬송을 부름으로 출생감사예식을 시작하겠습니다.

찬　　송	64/78장 또는 적절한 복음성가	다함께
기　　도		순서자
성경말씀	설교 예시 참조	집례자
설　　교	설교 예시 참조	집례자
찬　　송	380/383장 또는 적절한 복음성가	다함께
축복과 마침기도		집례자

#2

○○○성도 가정에 귀한 새 생명을 선물로 주신 하나님께 감사의 마음을 담아 묵도하심으로 출생감사예식을 시작하겠습니다.

묵　　도	··	집례자
	(집례자가 시 127:3을 낭독한 후 기원기도를 드림으로 시작)	
찬　　송	··············· 64/78장 또는 적절한 복음성가 ················	다함께
기　　도	··	순서자
성경말씀	························· 설교 예시 참조 ·························	집례자
설　　교	························· 설교 예시 참조 ·························	집례자
찬　　송	··············· 380/383장 또는 적절한 복음성가 ················	다함께
축복과 마침기도		집례자

＊ 교회의 상황에 적합하게 찬송가와 복음성가(CCM)을 병용하도록 한다.
＊ 아이의 부모나 가족의 구성원 가운데 기도순서를 맡고 싶어할 경우, 기도 순서를 맡도록 하는 것도 의미가 있다.

D. 설교

#1. 어떻게 키울 것인가?(출 2:1-10)

생명은 하나님이 주시는 가장 고귀한 선물입니다. 부모 된 자는 자식이 내 소유물이 아니라 하나님으로부터 위탁받은 청지기임을 깨달아야 합니다. 생명은 하나님만이 창조할 수 있는 것이라고 한다면 부모된 자들은 그 생명을 위탁 받아 아름답게 기르고 성장시키는 막중한 책임을 가지게 됩니다. 430년간 애굽에서 종노릇 하던 히브리 민족을 구하시기 위해 하나님은 한 아이를 준비시키셨습니다. 하나님께서 예정하신 사명자였지만 그를 사명자로 키워낸 부모가 있었기에 그 일은 가능하였습니다. 하나님이 우리 가정에 선물로 주신 어린 자녀를 어떻게 키워야 할 것인지에 대하여 말씀하고 계십니다.

1. 희생과 헌신으로 키워야 한다.

본문의 역사적인 상황은 애굽에서 종살이를 하고 있던 이스라엘 민족이 큰 고난 가운데 처했음을 보여주고 있습니다. 사내 아이를 낳으면 나일강에 내다 버려야 하는 살벌한 상황에서 모세가 태어났을 때, 모세의 부모는 한동안 아이를 숨겨 길렀습니다. 이것은 위험한 일이었고 목숨을 건 일이었을 것입니다. 부모의 목숨을 건 헌신과 희생이 아니었다면 모세를 통한 위대한 이스라엘 민족의 출애굽 사건은 가능할 수 없었을 것입니다. 이것은 하나님의 거룩한 뜻을 바라보았던 모세의 부모들의 믿음의 결과였습니다. 우리는 내 자녀를 통하여 하나님의 거룩한 뜻이 이루어질 것을 확신하고 그에 따르는 희생과 헌신을 감사함으로 수행하는 믿음이 필요합니다.

2. 하나님이 주시는 지혜로 키워야 한다.

모세의 부모는 아이를 더 이상 숨겨 기르기 어렵다고 판단하였을 때, 아이를 갈대상자에 넣어 나일강에 띄우고 결국은 바로의 딸에 의해 발견되게 함으로써 바로의 공주의 양자가 되어 아들의 생명을 보존하게 하는 번뜩이는 지혜를 발휘 하였습니다. 이것은 전적인 하나님의 은혜였지만 모세의 부모의 빛나는 지혜를 통하여 이루어졌습니다. 모세의 부모는 아이의 생명을 보존하기 위해 눈물로 기도하였을 것이며 그 결과 하나님께서 주시는 지혜를 따라 아이의 생명을 지킬 수가 있었습니다. 오늘 부모된 우리 모두에게 필요한 것은 하나님의 지혜입니다. 그 지혜는 우리의 자녀를 위한 기도의 분량만큼 우리에게 주어질 것입니다. 자녀를 잘 키워내기가 너무나 힘들고 어려운 시대가 되었습니다. 그 어느 때보다도 자녀를 위한 기도가 필요합니다. 기도하는 부모에게 하나님은 자녀 양육을 위해 필요한 모든 지혜를 공급해 주실 것입니다.

3. 하나님 신앙으로 키워야 한다.

생명을 건진 모세는 하나님의 은혜로 친어머니의 젖을 먹으며 그 품에서 자랄 수 있게 되었습니다. 참으로 놀라운 일입니다. 아이를 품에 안고 어머니 요게벳(6:20)은 모세에게 하나님 신앙을 가르쳤을 것입니다. 하나님의 놀라운 은혜가 무엇인지, 하나님은 애굽의 압제아래 고통받는 이스라엘 민족을 위해 놀라운 일을 하실 것 등에 관하여 가르쳤을 것입니다.

우리는 그것을 11절 이하에서 충분히 살펴볼 수 있습니다. 장성하여 바로의 공주의 아들의 신분으로 살고 있던 모세는 자신이 애굽 사람이 아니요 히브리 사람인 것을 알고 있었습니다. 자기 민족이 섬기는 살아계시는 하나님을 믿었기에 모세는 바로의 공주의 아들의 권세를 잃었고 고통스러운 피난을 떠나게 되었지만 하나님의 종과 백성의 지도자가 되어 다시금 애굽으로 돌아오게 됩니다. 이 모든 것이 어릴적 어머니의 품에서 배웠던 하나님 신앙의 결과였습니다. 오늘 우리 자녀에게 결정적으로 필요한 것은 더 많은 풍요로움과 더 많은 지식이 아니라 하나님 신앙입니다. 소중한 자녀에게 하나님 신앙을 가르치고 그것을 물려주시기 바랍니다. 그러면 하나님은 자녀들을 통하여 여러분이 기대하는 것 이상으로 크고 놀랍게 역사해 나가실 것입니다.

위대한 인물의 배후에는 반드시 위대한 신앙의 부모가 있었습니다. 우리 모두 자녀에게 하나님 신앙을 몸소 보여줌으로서 사랑하는 우리 자녀들이 하나님께 쓰임 받는 사람이 되게 하십시다.

#2. 출생의 축복(삼상 1:19-20)

사랑하는 가정에 천하보다 귀한 생명을 주신 하나님께 감사드리며 찬양을 올려드린다. 태의 열매는 하나님의 기업이요 상급이기에 축하하고 축복한다. 하나님께서 인류 역사 최초로 복을 주신 이유도 생육하고 번성하도록 하신 것이다. 하나님께서 주신 새 생명을 하나님의 뜻대로 잘 키워서 이 시대를 이롭게 하고 선한 영향력을 끼치는 복된 통로로 쓰임 받게 되기를 바란다. 역사적으로 어려운 때 일수록 하나님의 사람이 필요하다. 이 아이가 사무엘처럼 되기를 바란다.

1. 기도로 얻은 아이

사무엘은 어머니 한나의 애절한 간구로 얻은 열매이다. 하나님께서는 사람을 잘 아시고 여자를 잘 아신다. 결혼한 한나가 초기에 아기가 없었고 후처로 들어 온 브닌나의 격동함이 한나로 하여금 최선을 다한 간구를 하게 했다. 전에 옥한흠 목사는 기도를 설교하면서 기도 없이 받은 복은 돌이고, 기도하고 받은 복은 떡이다라고 했다. 그동안 아이를 갖기 위해, 입덧을 이기기 위해, 또 출산 날을 기다리고 진통이 왔을 때 분만실로 향하며 얼마나 기도했는가? 이제 하나님께서 그 모든 기도를 다 받으시고 최고의 작품을 주신 것이다.

2. 드려진 아이

가장 간절한 기도의 절정에서 드리는 기도 중에 서원기도가 있다. 한나는 간절한 기도를 통해 기도의 응답은 100% 하나님의 선물임을 깨닫게 되고, 하나님께서 새 생명을 주시면 그 아이를 하나님께 드리겠다는 고백을 한다. 이 기도가 위대한 기도이다. 이 기도는 아이들의 주인이 예수님이 되시면 다른 그 무엇도 바라는 것이 없다는 기도이고 그렇게 키워야 한다. 그러면 된다. 하나님이 만드신 인간, 하나님이 예수님의 피 값으로 산 인간, 하나님의 말씀과 성령으로 거듭난 인간인 우리는 당연히 하나님의 소유이다. 또한 하나님께 드릴 때 최상의 작품이 된다.

3. 기쁨을 주는 아이

인생의 가장 큰 기쁨은 예수님 믿고 구원받는 것이고, 두 번째 기쁨은 태의 상급을 얻는 것이라고 생각한다. 그동안 고생했지만 얼마나 기쁜가? 두 사람의 사랑의 열매요, 가정의 가장 소중한 보배를 얻었기에 축복한다. 또한 하나님께 드리는 기업은 갑절로 더 큰 기쁨이 된다. 한나는 하나님께 간구함으로 얻고, 하나님께 맡겨드리는 갑절의 기쁨을 누리며 그 무엇도 부럽지 않고 아쉬움이 없는 최상의 만족을 사무엘상 2장에서 찬송 시로 노래했다. 자녀가 하나님께 쓰임 받을 일꾼으로 자라갈 것을 생각해보라. 하늘과 땅의 기쁨일 것이다.

귀한 아이가 예수님 닮은 아이가 되길 바란다. 그리고 사무엘처럼 이 시대를 책임지는 큰 일꾼이 되기를 축복한다.

27. 백일예식

A. 원리

아기가 출생한 지 100일이 되는 날을 기념하는 예식으로 백일예식에 대한 성경적인 근거는 찾기 힘들다. 하지만 의학이 발달하기 이전 영아 사망률이 높던 시기에 아이의 출생 후 백일은 아이의 생존에 매우 중요한 기간이었다. 여러 자료를 보면 산업화 이전까지 대체로 출생아 셋 가운데 하나는 네 살까지도 살지 못했고, 넷 중 하나는 첫돌조차 맞이하지 못했음을 볼 수 있다. 이전에는 아기가 태어난 후 삼칠일(三七日), 즉 21일까지는 금줄을 걷지 않고 이웃은 물론 가족들도 출입을 삼갔다. 따라서 아기가 태어난 지 백일(百日)이 되면 백일잔치를 하였다. 여기에는 아기가 아무 병 없이 오래 살기를 기원하는 의미가 담겨 있다. 백(百)은 동양의 전통에서 볼 때 꽉 찬 숫자이므로 아기가 이 날까지 탈 없이 자란 것을 축복하고, 한 인간으로 성장을 시작하는 출발점으로 인식하는 의미였다. 그러므로 백일예식은 아이가 건강히 잘 자라는 것을 감사하고, 일가친척에게 인사시키며 아이의 평안을 기원하는 의미로 감사와 축하 및 축복의 잔치를 준비하는 것이라 할 수 있다. 따라서 백일예식이 아이가 출생 후 건강하게 지켜주신 감사에 우선적인 의미가 있음을 유의하여 전체적으로 아이의 출생 후 보호하시고 인도해 오신 하나님의 돌보심과 앞으로의 보호와 돌보심에 초점을 맞추도록 한다. 또한 이와 함께 아이의 양육에서 애쓴 부모의 수고와 돌봄 그리고 아이의 출생 후 지켜보고 기도하며 함께 아이의 건강과 평안을 위해 중보해 온 교회 회중의 관심을 기억하여 함께 축하하며 예식에 임하도록 한다.

B. 지침

1) 부모의 요청이 있을 경우 시행하되 예식의 시간과 장소 및 참석 인원은

아이의 건강상태와 부모의 준비를 세심하게 고려하여 상의하여 정하도록 한다.
2) 백일예식의 장소 선택에서 가능하면 예배가 방해받지 않는 장소와 분위기를 고려하도록 한다. 이때 아이의 부모에게 교회 회중에게 공지할 것인지를 묻도록 한다. 또한 교회 공지 때에는 참석할 분들이 미리 교회에 참석여부를 알려주도록 요청하도록 하여 백일을 준비하는 가정이 예상하지 못한 인원수로 인하여 어려움을 겪지 않도록 배려해야 한다.
3) 백일감사예식 시 교회는 규정이나 관례에 따른 선물이나 축하카드 등을 준비하도록 한다. 축하카드나 선물에는 교회 교인들에게 미리 공지하여 원하는 이들이 각자의 축하 글을 기록할 수 있도록 미리 준비하도록 하면 더욱 의미 있는 백일 선물과 축하엽서가 될 것이다.
4) 시간과 순서가 여유가 있을 경우, 출생 후부터 백일까지의 아이 성장 사진이나 동영상을 영상으로 작성하도록 하여 함께 보며 감사와 축복을 나누는 자리를 갖는 것도 좋다.

C. 예식순서

#1.

○○○성도 가정에 귀한 새 생명을 선물로 주신 하나님께 감사의 마음을 담아 찬송을 부름으로 백일감사예식을 시작하겠습니다.

찬 송	·········· 564/570 장 또는 적절한 복음성가 ··········	다함께
기 도	···	순서자
성경말씀	·············· 설교 예시 참조 ··············	집례자
설 교	·············· 설교 예시 참조 ··············	집례자
찬 송	·········· 568/569장 또는 적절한 복음성가 ··········	다함께
축복과 마침기도		집례자

〈축복 기도: 이 땅에 ○○○를 귀한 ○○○성도 가정에 주신 하나님 아버지, 오늘 ○○○의 백일을 맞이하여 이날까지 잘 자라도록 건강하게 하시며 지켜주시고 돌보아주셔서

감사드립니다. 예수께서 몸과 지혜가 자랐듯이 앞으로도 ○○○가 예수님을 닮아 더욱 몸과 지혜가 자라며 사람들과 하나님으로부터 더욱 사랑스러운 아이가 되게 하옵소서. 또한 ○○○가 이 세상 살아가는 동안 늘 하나님의 은혜 아래 하나님의 인도하심을 따라 살아가게 하시옵소서. 그리하여 ○○○가 하나님과 부모님과 믿음의 가족들에게 기쁨이 되게 하시며 그 생애가 하나님의 영광을 드러내는 삶이 되게 인도하옵소서.)

#2.

○○○성도 가정에 귀한 새 생명을 선물로 주신 하나님께 감사의 마음을 담아 묵도하심으로 백일감사예식을 시작하겠습니다.

묵 도	··	집례자
	(집례자가 시 100:1-5을 낭독한 후 기원기도를 드림으로 시작)	
찬 송	········ 564/570장 또는 적절한 복음성가 ········	다함께
기 도	··	순서자
성경말씀	················ 설교 예시 참조 ················	집례자
설 교	················ 설교 예시 참조 ················	집례자
찬 송	········ 568/569장 또는 적절한 복음성가 ········	다함께
축복과 마침기도	········ 위의 축복기도를 참조하시오 ········	집례자

* 교회의 상황에 적합하게 찬송가와 복음성가(CCM)을 병용하도록 한다.
* 아이의 부모나 가족의 구성원 가운데 기도순서를 맡고 싶어 할 경우, 기도 순서를 맡도록 하는 것도 의미가 있다.

D. 설교

#1. 어린 아이가 되십시오(마 18:1-10)

어린 아이는 빨리 어른이 되고 싶어 한다. 어른 역시 자기 일을 알아서 하는 어른스러운 아이를 좋아한다. 그러나 아이를 너무 어른스럽게 키우면 아이를 망칠 수 있다는 사실을 알아야 한다. 백일된 아이는 말을 알아듣지 못하지만 부모는 오늘 말씀을 통해서 배워야 할 사실이 있다.

1. 어린 아이가 되어야 천국에 들어간다.

오늘 본문은 "돌이켜 어린 아이들과 같이"되라고 한다. 이 말은 이미 어른이 된 사람들에게 하는 말씀이다. 또한 "결단코"라는 부사를 통해 어린 아이가 되지 않으면 천국에 들어가지 못한다는 사실을 강조한다. 이 말씀은 어린 아이에게 본받아야 할 태도를 의미한다. 이 태도는 어린 아이처럼 자신을 낮추는 것이다. 많은 지식과 경험이 있어도 자신을 낮추는 마음이 없다면 우리는 잘못된 신앙생활을 하는 어른이다. 어른의 특징은 무엇일까? 그것은 교만이다. 어른은 자신이 아는 것도 많고 경험도 많다고 생각한다. 그러나 이 예배를 통해서 교만을 내려놓고 오늘 백일이 된 아이처럼 자신을 낮추는 삶을 살자.

2. 어린아이를 실족케 하지 말자.

6절은 어린 아이를 실족케 하면 "차라리 연자 맷돌이 그 목에 달려서 깊은 바다에 빠뜨려지는 것이 나으니라"고 말씀한다. 왜냐하면 7절 말씀처럼 "실족케 하는 일들이 있음으로 말미암아 세상에 화가 있"기 때문입니다. 어른들이 아이들을 실족케 하여 그들을 잘못된 길로 인도하고 상처를 주고 고통을 주기 때문에 세상에 화가 있다. 실족한 아이는 커서 문제를 일으킬 수 있다. 오늘 예배를 통해서 이 아이가 실족하지 않고 영적 정신적 육체적으로 건강하게 자라 하나님 나라와 이 사회에 건강한 일꾼이 되도록 결단하자.

3. 철저하게 회개해 어린 아이가 되자.

8절은 "만일 네 손이나 네 발이 너를 범죄하게 하거든 찍어 내버리라 장애인이나 다리 저는 자로 영생에 들어가는 것이 두 손과 두 발을 가지고 영원한 불에 던져지는 것보다 나으니라"고 말씀한다. 이 말씀은 진짜 손이나 발을 찍어 버리라는 말이기 보다 그 손으로 죄를 찍어 버리고 다시는 그 죄를 짓지 말하는 것이다. 이것은 철저한 회개를 요구하는 말씀이며, 다시는 그 죄를 짓지 말라는 강력한 권고이다. 오늘 예배를 통해 철저히 회개하자.

신앙생활을 하는 사람들에게 누가 가장 좋으냐고 물어보면 순수한 사람들이 좋다고 말한다. 또한 누구하고 같이 평생 일을 하고 싶은지 물어보아도 순수한 사람들과 함께 일하고 싶다고 말한다. 오늘 백일예식을 통해 말씀에 다시 한 번 도전이 되기를 바란다. 그래서 다시는 어린 아이들을 실족하게 하지 않고, 혹시 범죄한 일이 있으면 그것을 손이나 발을 잘라버리듯이 철저하게 회개하여 어린 아이의 마음으로 돌아가자. 부모는 오늘 백일을 맞이한 이 아이가 실족하지 않도록 잘 키워야 한다. 겸손하고 낮은 자세로 키워서 이 아이가 하나님 나라와 이 세상에 귀한 축복이 되기를 바란다.

#2. 자녀를 축복하라(창 27:25-29)

백일을 맞이한 가정에 하나님의 은혜가 가득하고 축복이 넘치기를 축원한다. 부모는 자녀에게 육체적, 정신적인 것은 물론이고 영적인 면에서 큰 영향을 끼친다. 아버지가 할 수 있는 것이 여러 가지이겠지만 자녀를 축복해야 한다. 사람의 말에는 힘이 있다. 저주하는 말은 저주를 가져오고, 축복의 말은 축복을 가져온다. 말이 씨가 된다고 하지 않는가? 자녀에게 축복의 말을 하자. 오늘 본문은 이삭이 야곱에게 축복하는 이야기이다. 그러면 어떻게 자녀를 축복할 수 있는가?

1. 먼저 부모가 자녀를 위한 축복의 통로가 됨을 인식하라.

부모는 자녀에게 영적인 우물이다. 지치고 힘든 경쟁 사회에서 부모는 자녀에게 오아시스와 같은 존재이다. 자녀는 부모의 축복 속에 미래를 준비하고 하나님의 은혜와 축복을 얻으며, 현재의 상황을 잘 헤쳐 나간다. 자녀들이 우리와 함께 있을 때 마음껏 축복하자. 진정한 축복은 예수 그리스도를 통한 축복이다. 축복은 오직 예수 그리스도를 통해서만 온다. 부모는 예수님의 이름으로 자녀를 축복해야 한다. 예수님의 이름을 위하여 자녀를 축복해야 한다. 부모가 욕심으로, 세상적 가치관으로, 인간적 요구로 자녀를 축복하려 할 때 그것은 육신적인 행위가 되고 만다. 아버지 이삭의 축복을 받은 야곱은 죽기 전에 아들들을 모아놓고 축복했다. 창세기 후반부에 기록되어 있는데, 놀랍게도 역사는 그 축복이 그대로 이루어졌다. 우리는 우리의 자녀들을 기회가 있을 때마다 축복해야 한다.

2. 스킨쉽이 필요하다.

27절에 입을 맞추며 축복했다. 손을 잡아준다든지, 어깨를 두드려 준다든지, 안아준다든지, 번쩍 안아준다든지, 신체적 언어는 음성 언어보다 더 큰 힘을 가진다. 더 오래 기억에 남는다. 머리에 손을 얹어 축복하는 것은 성경의 오랜 전통이다. 가정에서 자녀를 축복할 때 그냥 말로만 하지 말고 안아주면서 잡아주면서 축복하라. 정서적인 면에서도 큰 유익이 있다. 아이들이 커서 아버지를 기억할 때 어떤 모습으로 기억되기를 원하는가? 아버지 하면 언제라도 달려가 안길 수 있는 분, 정말 힘들 때 기억나고 부를 수 있는 분, 무엇이든지 이야기 하고 어떤 문제, 어떤 고민이라도 말할 수 있는 분이 되어야 한다. 그러려면 평소에 좀 안아주고, 만져주고, 그렇게 하라.

3. 가치있는 축복을 하라.

28-29절이 축복의 내용이다. 물질적인 것도 필요하다. 이 땅에서 필요한 것도 중요하다. 개인적인 성취도 의미가 있다. 그러나 진정한 축복은 현재적이기보다는 미래적이다. 앞날에 이루어질 축복된 미래의 청사진을 제시해주는 것이다. 축복을 통해 환상을 보게 하라. 축복을 통해 믿음의 그림을 그리게 하라. 축복을 통해 용기를 가지게 하라. 축복을 통해 긍정적인 자화상과 신앙적 정체성을 갖게 하라. 축복을 통해 인생의 푯대를 발견하게 하라. 축복을 통해 책임성 있고 조화로운 인생관을 수립하게 하라. 축

복을 통해 올바른 가치관과 세계관을 갖게 하라.

 자녀들에게만 축복의 말을 하는 것은 아니다. 모든 사람에게 축복의 말을 하자. 특히 누구에게 해야 할까? 미운 사람, 버거운 사람, 부담되는 사람, 원수에게 까지. 자녀에게 줄 축복의 말을 생각해두라. 배우자도 축복하라. 형제자매를 축복하라. 축복을 빌면 그 축복이 그 사람에게만이 아니라 축복하는 당신 자신에게도 돌아올 것이다. 백일을 맞은 아기를 축복한다. 온 가족을 축복한다.

28. 첫돌예식

A. 원리

아이가 태어난 후 첫 번째 맞이하는 생일인 첫돌은 아이의 성장과정에서 매우 중요한 의미를 지닌다. 먼저, 신체적으로는 건강상 가장 면역기능이 취약한 영아기(생후-12개월)를 지나고 유아기로 접어드는 시기이기에 영아기보다는 어느 정도 안정적이다.[28] 둘째, 인성의 측면에서 이 시기를 즈음하여 아이는 부모 및 주위환경과 본격적으로 상호작용할 수 있는 기본적인 지각과 언어 능력을 지니고 기초적인 독자적 자아를 형성해가는 초기 단계에 접어드는 시기이다.[29] 이전까지의 영아기에도 부모의 역할, 특히 엄마의 역할은 아이의 정서적 안정을 위해 중요하지만 만 1세 이후부터 아이는 비록 미약하지만 자기의 의지를 표현하고 자신을 둘러싼 부모나 자신을 돌보는 사람 등과 같은 '중요한 타자들'(significant others)과의 상호작용을 통하여 여러 가지 사회적 역할과 기본적 규범과 성격형성의 기초를 습득하게 된다. 따라서 첫돌예식은 하나님의 돌봄을 돌아보아 감사하는 예식일 뿐만 아니라 앞으로 아이가 신앙 및 사회 공동체의 일원으로서 잘 자랄 수 있게끔 부모의 다짐과 그 아이가 속한 공동체의 책임을 새롭게 하는 계기가 된다. 따라서 첫돌예식은 감사의 기조를 유지하되 앞으로 아이의 양육에서 신체적 필요를 넘어 정서적 영적 필요를 위한 부모와 교회공동체의 역할과 책임을 강조하는 헌신의 기회가 되도록 하는 과정이 필요하다.

---

28) 영아와 유아를 구분 짓는 기준은 학문적 분야에 따라 조금 다르다. 교육심리학사전에는 영아를 0-만2세로 규정하나, 국어사전과 간호학사전에서는 0-만1세로 정의하고 있다.

29) Donald Capps, 「인간 발달과 목회적 돌봄」, 문희경 역 (서울: 이레서원, 2001), 23.

B. 지침

1) 부모의 요청이 있을 경우 시행하되 예식의 시간과 장소 및 참석 인원은 부모와 긴밀하게 상의하여 정하도록 한다.
2) 한국 전통의 '돌잡이'[30]는 가능한 예식의 일부분으로 하지 않도록 권유한다. 지난 1년 간 아이의 성장과정을 영상으로 작성하여 잠시 보여주는 순서를 갖도록 한다.
3) 자칫 행사 자체에 몰입하여 정작 중요한 아이의 정서적 불안이나 부적응에는 신경을 쓰지 못할 수 있기에 부모와 목회자는 아이의 상태에 민감하게 반응하며 예식을 준비하고 진행하도록 유의할 필요가 있다.
4) 교회에 따라 예식 순서에 부모가 아이를 믿음으로 양육하겠다는 서약을 하는 순서와 교회를 대표해 참석한 축하객들의 서약 순서를 예식 가운데 첨가하여도 의미 있는 첫돌예식이 되리라 여겨진다.

C. 예식순서

#1.

○○○성도 가정에 귀한 새 생명을 선물로 주신 ○○○의 첫돌을 맞아 하나님께 감사의 마음을 담아 찬송을 부름으로 첫돌감사예식을 시작하겠습니다.

찬 송 ……… 565/566장 또는 적절한 복음성가 ………		다함께
기 도 ………………………………………………………		순서자
성 경 말 씀 ……… 설교 예시 참조 ………		집례자
설 교 ……… 설교 예시 참조 ………		집례자
찬 송 ……… 430/564장 또는 적절한 복음성가 ………		다함께

---

30) 예전부터 내려온 풍습으로 돌잔치에서 쌀, 붓, 활, 돈, 실 등을 펼쳐놓고 아이가 집는 물건을 아이의 장래와 관련하여 미래를 점쳐보는 의식으로 요즘은 붓 대신 연필, 청진기 등 현대 직업에 쓰이는 다른 물건이나 성경말씀을 미리 준비하여 돌잡이를 하기도 한다.

축복과 마침기도 ··· 집례자

#2.

○○○성도 가정에 귀한 새 생명을 선물로 주신 ○○○의 첫돌을 맞이하여 하나님께 감사의 마음을 담아 묵도하심으로 첫돌감사예식를 시작하겠습니다.

묵　　　도 ···	집례자
(집례자가 잠 22:6을 낭독한 후 기원기도를 드림으로 시작)	
찬　　　송 ········ 565/566장 또는 적절한 복음성가 ········	다함께
기　　　도 ···	순서자
성경말씀 ············ 설교 예시 참조 ············	집례자
설　　　교 ············ 설교 예시 참조 ············	집례자
찬　　　송 ········ 430/564장 또는 적절한 복음성가 ········	다함께
축복과 마침기도 ···	집례자

* 교회의 상황에 적합하게 찬송가와 복음성가(CCM)을 병용하도록 한다.
* 아이의 부모나 가족의 구성원 가운데 기도순서를 맡고 싶어할 경우, 기도 순서를 맡도록 하는 것도 의미가 있다.

D. 설교

#1. 은혜와 사랑이 가득한 생애(눅 2:40)

모든 아기를 향한 세상 부모의 마음은 동일할 것이다. 자신의 아이가 신체적으로 정서적으로 건강하고 동시에 지혜롭게 학업에서 탁월하며 관계에서도 성공하기를 바란다. 특별히 첫돌을 맞이하는 부모의 마음은 더욱 그러하다. 출생 후 이제까지 양육해온 아이가 손발에 조금씩 힘이 붙고 정신적으로 성장해감에 따라 눈 맞춤을 비롯한 여러 가지 신체적 접촉과 대화를 통하여 정서적으로 친밀감이 더욱 깊이 형성되기에 아이에 대한 애

틋함과 사랑은 더욱 진하여 간다. 이러한 시기에 대부분의 부모들은 세상에서 가장 좋은 양육의 모델을 찾고 배우며 자신의 아이가 그렇게 자라기를 기대한다. 사실 어릴 때 형성된 부모와 주변의 중한 사람들의 사랑으로 인한 안정된 정서적 환경은 아이의 평생에 걸친 발달과정에 좋은 영향을 미친다. 모든 부모들이 바라고 닮고 싶어 하는 아이의 양육모델을 성경에서 여러 군데 찾아볼 수 있다. 모세의 부모, 사무엘의 부모 등이 그것이다. 하지만 그중에서도 우리가 가장 닮고 싶은 아이의 양육모델이 있다면 그것은 바로 예수님일 것이다.

예수님의 유아기와 관련된 직접적인 자료는 복음서 가운데 누가복음에서 찾아볼 수 있다. 누가는 직업이 의사였기에 복음서 기자 가운데서 아기 예수에 관하여 관심을 가졌고 그에 대한 기록을 남겼던 것으로 보인다. 오늘 본문에서 우리는 아기 예수님의 양육과정에서 발견할 수 있는 특징을 살펴보아 오늘 돌을 맞이하는 아기의 생애가 예수님을 닮아가는 귀한 생애가 되기를 바란다.

1. 아기 예수는 전인적인 성장을 이룬 아이였다.

오늘 본문은 모두 아기 예수가 신체적으로 정신적으로 건강하게 성장한 사실을 보여주고 있다. 모든 부모의 공통된 소망은 아이가 육신과 정신 모두가 건강하고 균형 있게 성장하는 것이다. 그러므로 오늘 돌을 맞이한 아기가 아기 예수처럼 신체적으로 건강하고 정신적으로 균형있게 성숙하는 아이로 커가기를 기도하고 축복한다.

2. 아기 예수는 하나님과 사람들의 사랑을 입고 자라난 아이였다.

예수님은 하나님과 사람에게 더욱 사랑스러워 가셨다. 사람은 관계적 존재로 지음 받았다. 그리고 가장 소중한 관계는 바로 하나님과 사람과의 관계입니다. 예수께서 가르치신 가장 중요한 계명 역시 이 두 가지 관계에 관한 가르침이셨다(마 22:36-40). 그렇기에 인생의 성공은 성공적인 하나님과의 관계, 사람과의 관계에 달려 있다. 오늘 돌을 맞이한 ○○○ 역시 아기 예수께서 그러하셨듯이 생애 내내 하나님과 사람들로부터 사랑받는 생애가 되기를 축복한다.

3. 아기 예수는 하나님의 은혜를 입고 자라난 아기였다.

누가가 아기 예수의 성장과정에서 특별하게 발견한 것이 바로 아기 예수에게 하나님의 은혜가 늘 함께 하셨다는 사실이었다. 우리의 인생여정에서 살아갈수록 더욱 절실하게 깨닫게 되는 것은 한 날 한 시도 하나님의 은혜가 함께 하지 않으면 안 된다는 것이다. 계획하는 일, 건강, 학업, 결혼, 출생, 직업, 만남, 심지어 노년과 임종에 이르기까지 모두가 하나님의 은혜가 늘 함께 하여야 평안과 안녕이 가능하다. 오늘 돌을 맞이한 아기가 아기 예수께 임하셨던 하나님의 은혜가 생애 가운데 늘 풍성히 임하기를 축복한다.

한 아이를 키우는 데는 온 마을이 필요하다는 속담이 있다. 아기 양육은 한 가정의 일이지만 온 마을의 공동 과업이기도 하다. 온 교회가 함께 하기를 바란다. 온 일가친척이 함께 아기를 축복하면서 잘 자라도록 후원하기를 바란다. 그러므로 돌을 맞이한 아기가 더욱 건강하고 은혜로운 아이로 잘 자라 하나님께 영광을 돌리게 되고, 온 가족의 기쁨이 되기를 바란다.

#2. 균형잡힌 성장(눅 2:52)

지난 일 년간 이 가정의 아이를 잘 지켜주신 하나님께 감사드린다. 여러 가지 위험한 일이 넘쳐나는 시대에 자녀를 건강하게 지켜주신 것은 참으로 크신 하나님의 은혜이다. 앞으로도 그 은혜가 계속 충만하게 넘치기를 기원한다. 본문은 우리 예수님께서 아기로 태어나서 성장하시는 모습을 묘사하고 있다. 이 말씀에 따르면 우리 예수님은 세 가지 차원에서 균형있게 성장하셨다.

1. 예수님은 신체적으로 강하게 성장하셨다.

예수님은 어린 시절 포악한 헤롯대왕에 의해 목숨을 잃을 뻔 하셨다. 그 후 예수님은 목수 아버지 아래서 성장하면서 자연스럽게 육체노동을 하며 신체적으로 강하게 성장하셨다. 부모들은 누구나 자신의 아이가 건강하게 성장하기를 바란다. 그러나 아이들은 때로 부모의 기대와는 달리 크고 작은 병치레를 하면서 성장한다. 어린 아이들이 성장과정에서 병치레를 하는 것은 지극히 자연스러운 일이다. 다만 자녀가 건강하게 자라기를 기대한다면 부모는 자녀들에게 좋은 습관을 갖게 해 주어야 한다. 건강은 크게 두 가지를 통하여 결정된다. 한 가지는 균형있는 음식섭취와 적절한 운동이다. 부모가 할 일은 어렸을 때부터 음식을 골고루 먹고 적절한 운동을 하며 살 수 있도록 좋은 습관을 갖게 해 주는 것입니다. 좋은 습관이 형성되면 아이는 건강하게 성장한다.

2. 예수님은 지혜가 충만한 사람으로 성장하셨다.

성경에는 예수님의 지혜를 엿볼 수 있는 말씀이 있다. 먼저 예수님은 12살 때 성전에서 당대 최고의 석학인 랍비들과 토론할 정도로 지혜가 충만하셨다. 또한 공생애를 시작하기 전 사탄에게 시험을 당할 때 예수님은 사탄의 유혹을 말씀으로 물리치셨다. 어렸을 때부터 늘 하나님의 말씀을 읽고 암송하는 습관이 있었기 때문에 이렇게 말씀으로 시험을 물리친 것이다. 내 자녀가 예수님을 닮아 지혜가 충만한 사람으로 성장하기를 원한다면 어렸을 때부터 하나님의 말씀을 가까이하도록 해 주어야 한다. 어렸을 때는 늘 성경을 읽어주고, 성장하면 스스로 성경을 읽고 묵상하도록 가르쳐주어야 한다. 어렸을 때부터 말씀 안에서 성장한 아이들은 결국 지혜로운 사람으로 성장하게 된다.

3. 예수님은 하나님의 은혜가 머무는 사람으로 성장하셨다.

하나님의 은혜를 풍성하게 누린 예수님은 다시 그 은혜를 사람들에게 전하는 삶을 사셨다. 자녀를 교육할 때 그 무엇보다 하나님의 은혜를 아는 아이들로 양육하기에 힘써야 한다. 사람은 은혜를 입은 만큼 은혜를 베푼다. 내 자녀가 은혜를 베푸는 삶을 살기를 바란다면 어렸을 때부터 하나님의 은혜를 경험할 수 있도록 바른 신앙으로 양육하라. 자녀는 부모의 소유물이 아니다. 부모가 모든 것을 다 대신해 준다고 해서 자녀가 바르게 성장하는 것이 아니다. 오직 하나님의 은혜만이 우리의 자녀를 바르게 길러줄 수 있다. 그 하나님의 은혜가 자녀들의 삶에 늘 머물러 있도록 밤낮으로 기도하라. 잠자리에 들기 전 아이의 머리에 손을 얹고 하나님의 은혜 안에서 자라가도록 매일 기도하라.

바람직한 성장은 균형있게 성장하는 것입니다. 신체적으로 강하게, 지적으로 지혜롭게, 영적으로 하나님의 은혜가 충만하게 성장하는 것이 균형있게 성장하는 것이다. 자녀가 그렇게 균형있게 성장할 수 있도록 먼저 좋은 본을 보여주라. 물론 우리 부모가 완전할 수는 없으니 주님께 아이들을 맡기고 기도하는 부모가 되어야 한다.

29. 헌아예식

A. 원리

헌아예식은 일반적으로 아이가 출생 후 처음 교회에 참석하는 주일예배에 행해지는 예식으로 성서에서의 예는 예수님께서 출생 후 모세의 율법을 따라 성전에서 하나님께 드려졌던 기록에서 찾을 수 있다(눅 2:22-4). 하지만 이 예식이 아이의 구원을 약속하지 않으며 또한 성서에 기초한 침례교회의 공식적인 예전의 한 종류도 아님을 알아야 한다. 이 예식은 아이의 부모가 그 아이가 속한 교회 회중 앞에서 자신들의 아이를 하나님의 뜻에 따라 잘 양육하겠다는 약속의 예식이며, 동시에 교회 회중이 아이에 대해 축복하며 아이를 위해 기도하겠다는 약속의 예식이라 할 수 있다. 헌아예식은 부모의 뜻에 따라 아이의 출생 시기에 병원이나 가정 또는 교회에서 행할 수도 있으며 교회에 따라 아이가 처음 교회에 부모와 함께 예배를 드리러 올 때 여러 가정이 함께 합동으로 행할 수도 있다.

B. 지침

1) 헌아예식과 아이의 구원과는 아무런 상관이 없음을 아이의 부모와 가족들이 잘 이해하고 예식에 임하도록 하여야 한다.
2) 헌아예식 대상 아이에 대하여 미리 부모와 아이의 간단한 소개 영상자료를 준비하여 회중 전체가 아이와 부모를 아는 기회를 제공하는 동시에 아이를 축복하며 기도할 수 있도록 한다.
3) 간혹 아이를 하나님께 드린다는 상징적 의미로 집례자가 아이를 들어 올려서 보이거나 축복의 기도를 하는 경우가 있는데 아이의 안전을 위해 삼가야 할 태도이다. 집례자는 가능하면 아이를 부모의 도움을 받아 안전하게 품에 안고 축복기도를 함이 바람직하다.
4) 헌아예식을 마친 아이와 가족을 위해 기념품이나 헌아증서 또는 헌아

예식 때의 집례자의 축복기도 장면을 담은 사진틀 등을 준비하면 헌아예식의 의미가 한층 풍성해진다.

C. 예식순서

#1. 예배 중의 한 순서에 헌아식을 거행할 경우

소　　개	(집례자가 준비된 영상이나 자료를 통하여 헌아예식의 대상이 되는 아이와 부모를 소개한다. 이 때 부모가 아이를 안고 회중 앞으로 나와 집례자 앞에 선다.)
성경말씀 낭독	(집례자는 눅 2:22-4절을 낭독하고 예수의 생애에서 보여주신 예를 따라 헌아식을 거행하게 됨을 설명한다.)
헌아 서약	(집례자는 아이의 부모에게 "○○○(아기 이름)의 부모 ○○○형제와 ○○○자매는 하나님으로부터 양육을 위탁받은 귀한 ○○○(아기 이름)를 예수 그리스를 믿는 신앙 안에서 사랑으로 양육하실 것을 약속하십니까?"라고 서약을 받도록 한다. 다음으로 집례자는 교회회중을 향하여 "여러분 모두는 ○○○(아기 이름)가 예수 그리스도를 믿는 신앙 안에서 잘 자랄 수 있도록 지켜주며 사랑 안에서 기도로 돕기를 약속하십니까?라고 회중 전체의 서약을 받도록 한다.)
헌아 기도	(집례자는 부모로부터 아이를 받아 안전하게 품에 안고 기도하거나, 부모가 아이를 안고 있는 상태에서 집례자가 아이의 머리에 손을 얹어 헌아 기도를 한다.)

* 회중의 축하 박수나 축하 찬양으로 마친다.

#2. 헌아예식을 전체 예배로 행할 경우 설교 순서까지는 일반 예배의 순서와 유사하게 진행하되 다음의 사항을 더하도록 한다.

찬　　송	……… 564/569장 또는 적합한 복음성가 ………	다함께
성경말씀	……………… 설교 예시 참조 ………………	집례자
설　　교	……………… 설교 예시 참조 ………………	집례자

소 개	집례자
	(집례자가 준비된 영상이나 자료를 통하여 헌아예식의 대상이 되는 아이와 부모를 소개한다. 이때 부모가 아이를 안고 회중 앞으로 나와 집례자 앞에 선다.)
헌아 서약	(집례자는 아이의 부모에게 "○○○(아기 이름)의 부모 ○○○형제와 ○○○자매는 하나님으로부터 양육을 위탁받은 귀한 ○○○(아기 이름)를 예수 그리스를 믿는 신앙 안에서 사랑으로 양육하실 것을 약속하십니까?"라고 서약을 받도록 한다. 다음으로 집례자는 교회회중을 향하여 "여러분 모두는 ○○○(아기 이름)가 예수 그리스도를 믿는 신앙 안에서 잘 자랄 수 있도록 지켜주며 사랑 안에서 기도로 돕기를 약속하십니까?라고 회중 전체의 서약을 받도록 한다.)
헌아 기도	(집례자는 부모로부터 아이를 받아 안전하게 품에 안고 기도하거나, 부모가 아이를 안고 있는 상태에서 집례자가 아이의 머리에 손을 얹어 헌아 기도를 한다.)

* 회중의 축하 박수나 축하 찬양 후 일반 주일 예배의 마지막 순서대로 진행한다.
* 끝난 후 헌아식 참여자들의 기념 촬영이 준비되면 더 의미 있는 순서가 될 것이다.

D. 설교

#1. 양육자가 됩시다(룻기 4:13-17)

룻기는 나오미라는 한 여인이 여러 가지 혹독한 시련과 아픔 그리고 인고의 과정을 겪으면서 그런 가운데서도 하나님께 대한 신앙을 놓지 않고 말씀의 법도를 따라 굳굳하게 살아온 결과 하나님의 은혜로 며느리 룻을 통해 가정을 아름답고 든든하게 회복하는 이야기를 담고 있다. 룻은 보아스와 결혼하게 되었고 하나님께서는 그들에게 아름다운 아기를 선물로 주셨다. 오늘 아기를 하나님께 드리며 하나님의 뜻을 따라 신앙적으로 키우고 하나님 나라와 이 땅에서 귀중한 사람 되기를 바라는 마음으로 헌아예식 하는 가정에 주시는 교훈을 살펴보자.

1. 하나님의 섭리를 발견하자.

하나님의 섭리라는 것은 하나님께서 모든 것을 주관하시어 결과적으로 하나님의 뜻을 성취하도록 이끌어 가신다는 역사관을 말한다. 겉으로 보기에는 인간들의 일 같지만 실상 가만히 그 속을 드려다 보면 하나님의 이야기임을 알 수 있다. 룻기 4장 1-5절 모두에 보아스가 주어로 나오는 것 같다. 또 나오미나 룻 등 인간이 주역이 되어 진행되는 것 같아 보인다. 그러나 사실은 어떤가? 4장 11-12절을 보면 "여호와께서"가 주어로 나타난다. 즉 겉으로는 사람들의 마음과 결정 그리고 행동이 어떤 일을 이루어 나가는 것 같지만 실상은 그 속에 여호와의 임재와 감화 그리고 역사하심이 있다는 말이다. 이것을 하나님의 섭리라고 한다. 우리는 하나님의 섭리를 믿는다. 하나님께서는 모든 것이 합력하여 선이 이루어지도록 우리에게 섭리하신다. 하나님은 우리의 모든 결정, 행위, 생각, 마음, 그 모든 것을 초월하여 하나님의 뜻을 이루시기 위하여 그런 모든 것을 총괄하여 묶어서 하나님의 방법으로 조정하시어 역사하심으로 우리에게 최선의 결과를 허락하시기 위해 인도하신다. 이 가정에 하나님의 섭리로 두 분이 결혼하게 하셨고 아기를 주셨다.

2. 부모 자녀의 관계를 이해하자.

자녀는 부모의 생명의 회복자이다. 보아스와 룻 사이에서 나은 아들 오벳은 나오미의 생명의 회복자였다. 모압 땅에서 남편과 두 아들을 잃고 더 이상의 소망이 없을 때 하나님께서는 사랑스런 자부 룻을 통해 오벳을 주셨다. 자녀는 생명의 회복자이다. 부모 세대의 생명을 이어가는 중요한 연결 통로다. 이것은 영적인 면에서도 마찬가지다. 자녀는 부모의 육체적인 생명만이 아니라 영적인 생명도 이어가야 할 책임이 있다. 주 안에서 부모님을 공경하면서 부모님에게 있는 신앙을 물려받아 계승시켜야 할 책임이 있다. 디모데는 어머니 유니게와 외할머니 로이스의 믿음을 전승했다(딤후 1:5). 부모에게는 자녀에게 믿음의 정신을 계승시켜 줄 책임이 있다.

3. 믿음의 후손으로 잘 키우자.

신앙과 영성은 대물림을 한다. 부모의 믿음이 자녀들에게 전수된다. 이 가정의 미래가 이 아이에게 달려 있다. 이 아이를 어떻게 키우느냐가 중요하다. 믿음으로 키우기 바란다. 나오미는 오벳을 안고 그의 양육자가 되었다(16절). 부모가 양육자가 될 때 자녀들이 생명의 회복자가 되고 봉양자가 되는 것이다.

우리는 하나님의 주권과 하나님의 섭리를 믿으며, 선을 이루어 가시는 하나님을 의뢰하며 살아야 한다. 부모님을 사랑으로 정성을 다해 봉양해야 한다. 그리고 부모의 신앙을 잘 계승하는 가문이 되기를 바란다. 자녀를 잘 양육하라. 기도해주고, 성경을 읽어주고, 가정예배를 하고, 교회생활의 모본을 보이고, 믿음으로 사는 것이 어떤 것인지 보여주기 바란다.

#2. 하나님의 자녀(창 22:1-19)

헌아예식은 침례교회의 오랜 전통이다. 헌아예식은 부모의 신앙으로 자녀에게 세례를 주는 유아세례와 달리 자녀가 자신의 죄를 인식할 수 있게 되자마자 부모가 자녀의 첫 복음전도자가 되겠다는 다짐과 자녀를 하나님의 말씀으로 양육하여 자녀가 자신의 신앙고백으로 침례를 받고 일평생 하나님 안에서 살도록 하겠다는 고백이 담긴 의식이다. 오늘 아브라함이 하나님께 이삭을 드리려고 했던 본문을 중심으로 헌아예식의 의미를 생각해보자.

1. 헌아예식은 하나님에 대한 부모의 사랑의 확인이다.

자녀를 하나님께 드리는 것은 부모가 자녀보다 하나님을 더 사랑한다는 것을 보여준다. 아브라함이 이삭을 하나님께 드린 것은 아브라함에게 하나님이 그 어떤 것보다도 우선이라는 것을 보여준다. 아브라함은 하나님을 독자 이삭보다 더 사랑했다. 마태복음 10장 37-38절은 이렇게 기록하고 있다. "아버지나 어머니를 나보다 더 사랑하는 자는 내게 합당하지 아니하고 아들이나 딸을 나보다 더 사랑하는 자도 내게 합당하지 아니하며 또 자기 십자가를 지고 나를 따르지 않는 자도 내게 합당하지 아니하니라."

2. 헌아예식은 소유권을 분명히 한다.

아브라함은 이삭을 하나님께 드리려고 함으로써 이삭에 대한 자신의 소유권을 주장하지 않았다. 부모가 자녀를 하나님께 드릴 때, 그 자녀는 '하나님께서 주신 선물'이며, '내 소유가 아니라 하나님의 소유'라는 고백이 담겨 있다(시 127:3). 부모가 자식에 대한 소유욕을 버릴 때 부모는 자식을 참되게 사랑할 수 있다. 부모의 욕심대로 자녀를 키우지 않고, 하나님께서 계획하신 대로 키우게 되기 때문이다. 또한 자녀가 하나님의 소유이기 때문에 더욱 조심스럽게 대하며 돌보게 된다.

3. 헌아예식은 자녀를 하나님의 방법으로 양육하겠다는 서약이다.

아브라함은 이삭에게 하나님의 방법으로 자녀를 양육하는 것이 무엇인지에 대한 모본이 되었다. 부모가 자녀를 하나님께 드리는 것은 단순한 의식이 아니다. 이것은 경건한 부모가 되겠다, 자녀의 구원을 위해 그리스도를 가르치겠다, 자녀를 신앙으로 키우겠다, 자녀를 사랑하겠다, 자녀를 훈련시키겠다, 자녀를 위해 기도하겠다, 자녀를 위해 집을 거룩한 곳으로 만들겠다, 의로운 삶을 살겠다는 부모의 헌신이 담긴 의식이다. 하나님은 자녀를 양육하기 위해 국가를 주시기 않았다. 하나님은 자녀를 양유하기 위해 어린이집이나 유치원을 주시지 않았다. 하나님은 자녀를 양육하기 위해 부모를 주셨다. 부모는 하나님께서 주신 자녀를 잘 양육해야 할 책임이 있다.

4. 헌아예식은 자녀의 인생에서 하나님의 계획과 약속들을 이루어달라고 요청이다.

이삭은 하나님의 은총과 보호와 약속을 받았다(15-18절). 아버지 아브라함이 이삭을 하나님께 드렸기 때문이다. 자녀는 하나님에 대한 부모의 순종을 통해서 복을 받고, 부모의 불순종 때문에 저주를 받는다. 물론 순종과 불순종 그리고 그에 대한 결과는 자녀의 몫이다. 그러나 부모가 살아가는 방식이 자녀에게 영향을 미치기 때문에 부모의 삶은 자녀에게 결코 간과할 수 있는 요소가 아니다. 하나님께 순종하는 부모는 자녀에게 하나님께서 자녀를 위해 계획하신 최고의 것을 제공하게 된다.

헌아예식은 부모의 신앙고백이다. 이 고백이 삶의 고백이 될 때 부모는 하나님에 대한 자신의 사랑을 표현하고, 자녀는 하나님 안에서 건강하게 성장하게 되고, 하나님은 부모의 심정으로 흐뭇해 하신다.

30. 성인예식

A. 원리

이 예식은 그 해에 만 20세가 되는 교회회원이 가정의 달 5월 셋째 월요일인 그 해 성년의 날을 전후하여 교회에서 거행되는 예식이다. 5월 둘째 주가 어버이주일이기에 대체로 5월 셋째 또는 넷째 주일이 적절하다. 인생의 발달단계에서 이 시기는 청소년기를 거쳐 오면서 형성된 자아정체감을 바탕으로 성인으로서 부모로부터 자신을 사회 심리적으로 분리 개별화하는 과정을 본격적으로 시작하게 된다. 동시에 이시기의 청년들은 자신의 정체성을 인지하고 있기에 자신과 어울리는 사람이나 자신을 기꺼이 나눌 수 있는 대상과의 인격적인 교제를 시작하게 된다. 즉, 책임과 협동, 교제와 나눔, 절제와 성결의 삶을 본격적으로 살아갈 수 있는 시기이기에 이 예식은 그 동안 성인이 될 때까지 지켜주신 하나님과 부모님께 감사드리며 새로운 마음가짐으로 성인으로서의 하나님 앞에서 책임과 믿음의 삶을 살고자하는 결단을 새롭게 하도록 준비된 예식이다.

B. 지침

1) 전체적으로 성인예식은 축하와 감사의 분위기에서 진행되지만 부분적으로는 성인으로서의 결단이 요구되기에 엄숙한 순서도 필요하다. 감사의 부분을 담당할 순서자를 미리 섭외하고 준비하도록 지도한다.
2) 성인예식의 대상과 그 부모에게 충분한 시간을 두고 공지하고 준비할 수 있도록 한다. 이때 성인예식 순서에서 서약하거나 결단하는 시간의 대표자를 미리 선정하고 준비할 수 있도록 지도한다.
「서약/결단의 예」: "오늘 성인이 되는 저(저희들)는(은) 책임있는 그리스도인으로서 하나님과 교회 앞에서 다음과 같은 생애를 살아갈 것을 다짐 합니다: 첫째, 전 생애를 통하여 예수 그리스도를 알고 닮아가서 그 분의 장성한 분량에까지 성장하도록 노력 하겠습니다. 둘째, 교회의 지체로서 자율적이고도 책임 있는 성도의 삶을 살기위해 준비하고 헌신 하겠습니다. 셋째, 예수 그리스도의 덕을 위해 모범이 되는 삶과 섬기는 삶을 살도록 노력하겠습니다.
3) 성인예식에서 대상자의 부모 중의 한 사람을 선정하여 이제 성인이 되는 자녀에 대한 대견함과 감사함 그리고 앞으로서의 바람을 이야기하도록 미리 준비하도록 한다.

C. 예식순서

이제부터 묵도하심으로 ○○○○년도 성년예식을 시작하겠습니다.

묵 도	…………………………………………………………	집례자
	(집례자가 전 12:1을 낭독한 후 기원기도를 드림으로 시작)	
찬 송	…………… 574장 또는 적절한 복음성가 ……………	다함께
기 도	…………………………………………………………	순서자
성경말씀	…………………… 설교 예시 참조 ……………………	집례자
설 교	…………………… 설교 예시 참조 ……………………	집례자
특별 순서	………… 1) 성인자녀의 감사와 결단의 순서 …………	순서자
	………… 2) 부모의 소회와 당부 …………	순서자
	………… 3) 목회자의 축복기도 …………	목회자/집례자
	………… 4) 축복의 선물	
찬 송	…………… 575장 또는 적절한 복음성가 ……………	다함께
축복과 마침기도	…………………………………………………………	집례자

* 특별순서에는 그 해 성년이 되는 대상자들에게 부모님들이 자신의 자녀들에게 교회에서 미리 준비한 장미꽃이나 선물을 기념으로 증정한다.
* 교회에 따라 교독문 97번 청년주일 편을 교독하는 경우도 있다.

D. 설교

#1. 뜻을 정한 다니엘(단 1:8-17)

전에 나왔던 광고이야기를 소개하겠다. 어느 아버지가 어린 아들에게 물었다. "얘 너 이담에 뭐가 될래?" 아들이 대답한다. "대통령." 아버지가 흐뭇해서 물었다. "그럼 아빠는 뭐 시켜 줄래?" 아들이 조금 생각하다가 인심 쓰듯이 말한다. "짜장면." 장래 무엇이 되면 좋을까? 다양한 소망이 있다. 대통령부터 시작하여, 장군, 과학자, 재벌 총수, 요즈음은 가수, 탤렌트, 운동선수, 게이머 등이 유망하다고 한다. 여러분은 어떤 사람이 되고 싶은가? 오늘 성인이 되는 여러분에게 한 사람을 소개하고 싶다. 오늘 본문은 다니엘이란 청년에 대한 이야기이다. 당시 이스라엘 백성의 형편은 바벨론에 포로로 잡혀가는 상황이었다. 유다의 쓸만한 젊은이들은 싹 다 끌려갔다(단 1:4). 아마도 많은 청년들이 생각했을지 모른다. '이왕 잡혀왔으니 되는 대로 살자. 형편대로 살자. 적응력이 있어야 한다.' 그러나 다니엘은 그러지 않았다. 8절에 보면 "다니엘이 뜻을 정했다." 성인됨의 가장 중요한 과제 중의 하나가 뜻을 정하는 일이다. 이번 성인예식이 하나님 앞에서 자신의 뜻을 정하는 시간이 되기 바란다. 어떤 뜻을 정해야 할까? 다니엘은 다음의 세 가지 뜻을 정했다.

1. 자기를 더럽히지 않겠다(8절).

바벨론 왕국은 우상을 숭배하는 곳이었다. 왕궁의 모든 음식들은 전부 다 우상의 신전에 바쳐졌던 것이었다. 왕이 주는 음식을 먹는 것은 우상의 제물을 먹는 것이었다. 그래서 다니엘은 단호하게 왕의 음식 먹기를 거부했다. 그것은 하나님을 섬기는 자신을 더럽히는 일이었기 때문이다. 우리 주변에는 우리를 더럽히는 많은 것들이 있다. 하나님의 자녀로서 우리를 세상적이고 세속적인 것으로부터 오염되지 않도록 조심해야 한다. 욕설 섞인 언어들, 좋지 않은 그림들, 흉측한 게임들, 순전하지 못한 글과 동영상들, 보고 듣는 많은 것들로부터 우리를 더럽히면 안 된다. 보고 들은 것의 영향을 받아 우리의 의식과 언어와 행동이 더러워지기 때문이다. 오늘 우리 함께 하나님을 믿고 섬기는 사람으로서 절대 자신을 더럽히지 않기로 다짐하자.

2. 하나님만 의지하겠다(12절).

포로로 잡혀 온 다니엘에게 그를 선대하고 친절을 베푸는 것 같아 보이는 왕궁 사람들은 의지하고 기댈 좋은 대상이 될 것처럼 느껴졌을 것이다. 그러나 그는 하나님의 백성으로서 오직 하나님만을 의지하고자 결심했다. 그가 잘 되는 것은 사람을 의지하기 때문이 아니며 오직 하나님을 의지하는 믿음 때문이었다. 하나님을 의지할 때 사람들의 도움도 받게 된다. 혹 사람들의 도움을 받지 못한다 하더라도 하나님께서 능히 도우실 것임을 믿기 바란다. 왕의 음식으로 건강해지리라는 기대보다는 채소만 먹어도 아무 문제 없을 것이라는 생각이 중요하다. 신앙으로 산다는 것은 하나님을 의지하는 삶이다. 공부도, 취업도, 우리 인생이 하나님 손에 달렸음을 알고 하나님만을 의지하겠다는 결심이 있기 바란다.

3. 친구(동무)들을 사랑하겠다(12절).

하나님은 다니엘에게 좋은 친구들을 붙여주셨다. 친구를 잘 만나야 한다. 친구 따라 강남간다는 말이 있고, 어떤 사람을 알려면 그의 친구를 보라는 말도 있고, 세 사람의 진정한 친구만 있어도 인생의 성공자라는 말도 있다. 여러분의 인생에도 친구가 중요하다. 주님 안에서 신앙적 친구를 사귀기 바란다. 다니엘은 세 명의 친구를 만나 포로 생활의 어려운 상황 속에서도 신앙을 지키며 핍박을 극복할 수 있었다. 그는 친구를 찾아 기도부탁을 했고, 함께 극복해 나갔다. 주 예수님께서 친히 친구가 되신다고 하신다. 주님 안에서 좋은 친구를 만나라.

다니엘은 뜻을 정하고 믿음으로 힘차게 나갔을 때 건강하고(15절), 지식이 가득하고(17절), 비전을 품고, 거룩한 영향력을 나타내게 되었으며 훗날 총리 자리에 오르기도 했다. 무슨 꿈이 있는가? 기독교는 꿈, 소망, 푯대의 신앙이다. 되는대로 사는 게 아니라 뜻을 정하고, 목표를 정하고, 목적을 향해 나가야 한다. 비전을 품자! 주님의 영광을 위해, 복음을 위해, 국가와 민족을 위해, 내 인생을 위해, 왜 공부하는지, 왜 학교에 가는지, 왜 교회에 다니는지, 왜 사는지. 어디로 갈지 모르는 사람은 헤매는 방랑자다. 어디로 갈지 아는 사람은 순례자다. 뜻을 정한 청년이 되어 성공자가 되기 바란다.

#2. 네 마음을 지키라(잠 4:20-23)

인간의 삶을 결정하는 가장 큰 요인은 무엇일까? 지식이나 물질도 필요하고 환경도 중요하며, 물론 하나님의 은혜 아래 있는 것이 가장 중요하다. 그러면 그 다음 중요한 것이 무엇일까? 마음이다. 어떤 마음을 먹느냐에 따라 인생이 달라진다. 그래서 성경은 "무릇 지킬 만한 것보다 더욱 네 마음을 지키라"고 했다. 인간은 외적인 것에 관심을 기울인다. 우리의 육체, 지위, 재산, 옷차림, 다른 사람들의 시선 등 그러나 외면적인 것은 잠시 있다가 사라지는 것이며, 얼마든지 달라질 수 있는 것이다. 중요한 것은 내면적인 것이다. 마음이 문제이다. 우리의 마음을 어떻게 지킬 수 있을까?

1. 가정을 소중이 여기라.

본문은 한 젊은이를 향한 부모님의 말처럼 보인다. 우리 모두는 가정에서 태어났고 자라난다. 가족을 떠나서 존재하기가 어렵다. 인간 마음의 형성은 가족관계에 의해 많은 영향을 받는다. 그러므로 가족 관계는 한 사람의 영성과 인격과 가치관 그리고 삶의 방식을 결정하는 중요한 요인이 된다. 부모 형제, 배우자, 친구, 동료들, 이웃들이 상처의 직접적인 원인이 되기도 한다. 그래서 가족관계가 중요하다. 가정을 소중히 여기라. 엄마 아빠를 존중히 여기며 형제들과 사이좋게 지내라. 가족과의 만남 대화를 중요하게 생각하라. 우리가 결혼하여 우리 자신의 가정을 갖기까지는 가족에게 붙어있어야 한다. 부모님 말씀 잘 듣자. 부모님의 양육을 잘 받으라.

2. 진리의 말씀을 지키라.

일차적으로는 부모님 말씀으로 볼 수 있지만, 깊은 의미는 하나님 말씀을 지키는 것이 요구되고 있다. 하나님 말씀이 우리 영혼의 양식이다. 우리 인생의 안내서가 하나님 말씀이다. 청년이 무엇으로 행실을 세워나갈까? 하나님 말씀을 따라 살아갈 때 안전하고 확고하다. 그러므로 우리는 성인으로서 하나님 말씀을 잘 배워 준행해야 한다. 여러분의 이름이 적힌 성경책을 가지라. 하나님 말씀을 읽고 연구하고 그 진리를 따라 실천하라. 주일예배에 꼭 참석하고 설교 말씀도 잘 듣고, 성경공부 시간에도 잘 참석하여 잘 배우라.

3. 상처를 치유하라.

우리의 지정의와 영혼육이 건강하게 세워져야 한다. 22절에 건강하다는 것은 히브리 말로 "마르페"인데, 이것은 치료하다, 치유받다, 온전하게 하다는 뜻이다. 치유받을 때 건강하고, 치유받아야 건강할 수 있다. 대부분 인간은 치유가 필요한 존재이다. 왜냐하면 마음에 상처가 있기 때문이다. 상처는 내면의 평강을 빼앗아가고, 관계의 장애를 유발한다. 그래서 마음의 상처가 있는 사람은 하나님과의 관계도 어렵고, 가족과의 관계는 물론, 대인관계 전반에 어려움을 겪는다. 상처가 있는 사람은 대부분 이기적이고 자기중심적이 된다. 자존감도 낮아지고, 지나친 의존증이나 대인 기피증을 나타내기도 하고, 우울증에 시달리기도 하며, 집착과 중독증을 나타내기도 하고, 인격적으로 이중적이 되며, 불안, 두려움, 죄책감, 수치심, 분노 등에 빠지고, 이런 것들을 먹이로 하는 악한 영에 사로잡히기도 한다. 그러므로 상처가 있는 사람은 생명력을 상실한다.

상처가 왜 생기는가? 가장 근본적인 이유는 원죄이다. 하나님께 불순종한 아담과 하와 이래의 모든 인류는 원죄 가운데 있고 심판과 저주와 멸망의 길을 걷고 있다. 그래서 인간은 날 때부터 그 조상으로부터 내려오는 죄 성의 영향 아래 놓이게 되어 상처를 받으며 상처를 주고 상처 가운데서 점점 더 깊은 상처 속으로 빠져든다. 모든 인간에게 원죄가 있듯이 모든 인간에게 상처가 있다. 원죄가 사해져야 하듯이 상처가 치유되어야 한다. 원죄가 복음으로 십자가 보혈의 능력으로 사해지듯이 인간의 상처도 보혈의 능력으로, 예수 그리스도의 십자가 은혜와 능력으로 치유될 수 있다. 우리 모두의 죄와 상처가 예수 그리스도의 십자가 보혈의 능력으로 하나님의 은혜로 주님의 자비하심으로 용서되고 치유되었음을 믿자.

우리는 이제 성인이다. 스스로 자신의 삶을 세워나가고 책임성 있는 존재로 나가야 한다. 부모님의 사랑에 다시 한 번 감사하며, 가정을 더욱 소중이 여기고, 하나님의 말씀을 더욱 잘 배우고, 건강한 몸과 마음으로 청년의 때에 창조주 하나님을 기억하며 열심히 살아가자.

31. 약혼 예식

A. 원리

약혼 예식은 전통적으로 한국 사회에서 결혼을 하기로 약속을 하는 예식이었다. 그러나 가정의례준칙이나 개정된 건전가정의례준칙에서는 약혼 당사자와 부모 등 직계 가족만 참여한 양가의 상견례를 하고 약혼식은 따로 하지 않을 것을 권하고 있다. 그리스도인끼리 하나님 안에서 결혼 약속을 한 경우 굳이 약혼식을 따로 할 것을 권장하지 않는다. 다만 결혼하기로 양가의 허락을 얻었지만 현실적으로 결혼까지 상당한 기간을 기다려야 할 경우는 약혼식을 하는 것이 좋다. 학업이나 직장 문제, 외국 체류 등의 사정으로 결혼까지 1년 이상 기다리는 기간이 있을 경우 약혼식을 하는 것이 바람직하다.

약혼은 결혼이 아니다. 앞으로의 결혼을 약속하는 것이다. 그러나 결혼 예식 자체가 결혼을 약속하는 예식이기 때문에, 약혼예식을 집례하는 목회자들은 결혼예식과의 분명한 차이점을 인지하기 어려워 인도할 때 어려움을 경험하곤 한다. 약혼예식은 결혼예식의 순서를 따라가기 보다는 결혼 약속을 공식적으로 발표하는 의미로 직계 가족 모두가 참여하는 확대된 상견례처럼 진행하는 것이 좋다. 공식적인 예배 분위기보다는 자유롭고 화기애애한 분위기를 만드는 것이 필요하다. 이를 통해서 약혼자들과 양가 가족들이 서로 상대 가족들에 대해 친밀하게 알아가는 시간을 가지는 것이 좋다. 주례자가 예식 전후에 서로를 소개하는 시간을 잘 인도해 주는 것이 필요하다. 가족적인 분위기이므로 예식 중에 약혼자들이 결혼을 결정하기까지 도와준 양가의 부모님과 가족들에게 각자 개인적인 감사의 표현을 하는 시간을 가지는 것도 좋다. 약혼자를 위하여 축하의 노래를 가족들이 해주는 것도 좋다.

B. 지침

1) 결혼식이 아니므로 신랑이나 신부라는 호칭을 사용해서는 안 된다. ○○○군과 ○○○양이라는 호칭을 사용하거나 예비 신랑, 예비 신부라는 호칭이 좋다.
2) 약혼 예물을 교환하는 경우에는 결혼식과 구분되기 위해서 약혼자들이 직접 주고받게 하기보다는 각 부모들이나 주례자가 반지를 전해주고 각자 손수 끼게 하는 것이 좋다.
3) 약혼 서약은 두 부분으로 나누어서 양가의 부모와 약혼자에게 각각 물어보는 것이 좋다.
4) 약혼예식의 복장은 결혼예식처럼 화려하게 하기보다는 단정한 평상복이 바람직하다.
5) 약혼예식은 너무 많은 사람들이 참석하기보다는 직계 가족으로 참석자를 한정하는 것이 좋다.

C. 예식순서

인 사 말	주례자

(예식을 시작하기 전에 주례자가 간략하게 자신을 소개하고 인사를 한다.)

"오늘 이 약혼 예식에 참석해 주신 양가의 가족들 모두를 환영합니다. 저는 오늘 이 예식의 주례를 맡은 ○○○목사입니다. 하나님 안에서 ○○○군과 ○○○양이 결혼을 약속하는 약혼 예식을 인도하게 되어서 제 마음이 큰 기쁨이 있습니다. 이제 함께 이 약혼예식을 하나님 앞에서 거행하도록 하겠습니다."

찬 송	다같이
성경 말씀	주례자

(약혼식에 많이 사용하는 말씀은 요 15:1-7절; 고전 13:1-13; 벧전 1:22-25; 창 24:1-9 등이다.)

말씀을 통한 권면	주례자

	(약혼 예식의 핵심은 설교가 아니라 하나님 앞에서 행하는 서약이다. 권면의 말씀이 너무 길지 않은 것이 좋다.)
서　약 ·· 주례자	
	서약은 양가의 부모에게 먼저 물어보고 이어서 약혼자들에게 물어본다.
	부모에게
	오늘 두 사람의 부모(보호자)들은 ○○○군과 ○○○양이 하나님 앞에서 장차 결혼할 약속을 행하는 것을 하나님의 뜻으로 받아들이며 기쁨으로 허락하시겠습니까?
	약혼자에게
	예비 신랑 ○○○군(예비 신부 ○○○양)은 ○○○양(○○○군)을 장차 결혼 예식을 통해서 아내(남편)로 받아들일 것을 하나님 앞에서 약속하며 또한 결혼하는 날까지 정결과 성숙함으로 서로 예의바르고 아름다운 교제를 행할 것을 서약하겠습니까?
예물 교환 ·· 주례자 / 부모	
	(반지는 서로가 행한 약속의 증표로 나누는 것이다. 예물교환은 생략할 수도 있다.)
축복 기도 ·· 주례자	
약혼 선포 ·· 주례자	
	○○○군과 ○○○양은 이제 서로 결혼을 약속한 약혼자가 되었음을 주례자로서 성부와 성자와 성령의 이름으로 선포합니다. 아멘
가족들의 축복 노래 혹은 다같이 찬송 ······················ 다같이	
축　도 ·· 주례자	
인　사 ·· 다같이	
	약혼자들이 먼저 양가의 부모와 가족들에게 인사하고 감사의 말을 드린다.
	이어서 양가 부모들이 서로 인사하고 감사의 말을 나눈다.
	가족 전체가 서로에게 감사의 뜻을 표현한다.

D. 설교

#1. 요셉과 약혼한 마리아(눅 1:26-38)

오늘 약혼을 허락하신 하나님께 감사한다. 또한 약혼을 하는 두 사람과 양가의 부모 그리고 가족들을 축하한다. 약혼예식은 두 사람이 앞으로 결혼을 하겠다는 약속이며, 양가가 미리 만나 서로 인사하고 두 사람의 결혼을 축하하고 준비하는 시간이다. 오늘 예식은 하나님 앞에서 그리고 양가 가족들이 함께 하는 만큼 결혼의 약속을 소중히 여겨야 한다. 그러나 약혼이 결혼과 동일한 효력을 지니고 있었던 성서시대가 아닌 만큼, 우리는 이 약혼이 결혼에 앞선 의식이지 결혼 자체가 아님을 기억할 필요가 있다.

1. 두 사람의 만남은 하나님의 섭리이다.
두 사람의 만남은 다양한 이유를 지니고 있다. 어떤 사람은 자신의 필요를 채우기 위해서 만나고, 어떤 사람은 다른 사람을 돕기 위해서 만나고, 어떤 사람은 자기를 실현하기 위해서 만난다. 그러나 신앙인의 만남은 어떤 목적을 위한 만남에 앞서 하나님의 섭리 가운데 만남이다. 우리의 만남은 우연이 없다. 하나님이 뜻이 있으셔서 적절한 때에 적절한 사람을 만나게 하셨다. 두 사람의 만남이 하나님의 섭리 안에서의 만남이라면 그 만남에는 하나님의 뜻이 있다. 즉 두 사람에게 하나님이 주신 하나님의 사명이 있다.

2. 두 사람의 만남은 장애를 넘어야 지속할 수 있다.
요셉과 마리아의 만남은 하나님의 섭리 아래 이루어졌다. 그러나 두 사람의 만남은 넘어야 할 장애가 있었다. 마리아는 요셉과 잠자리를 하지 않고 아이를 잉태했고, 요셉은 그러한 사실을 알게 되었다. 이것은 누가 보아도 말이 되지 않으며, 당연히 파혼의 사유이다. 그러나 요셉과 마리아는 이것을 이유로 파혼하지 않았다. 두 사람은 이러한 장애를 넘어 결혼에 이른다. 이들이 이렇게 할 수 있었던 것은 이해할 수 없는 상황을 받아들이기로 결정했기 때문이다. 물론 이 안에는 요셉과 마리아를 방문한 천사들의 역할이 있다. 오늘 두 사람도 넘어선 장애가 있을 것이다. 또한 앞으로 넘어야 할 장애도 있을 것이다. 이때 필요한 것은 오직 진심어린 수용뿐이다.

3. 두 사람의 만남에는 하나님의 뜻, 곧 사명이 있다.

요셉과 마리아의 만남은 하나님의 섭리 안에서 이루어졌으며, 장애를 넘어서는 만남이었다. 두 사람이 장애를 넘어설 수 있었던 이유는 하나님이 두 사람을 통해 이루고자 하시는 뜻이 있었기 때문이다. 요셉과 마리아는 파혼의 위기에 놓였다. 그러나 두 사람을 통해 이루고자 하시는 하나님의 뜻을 발견했을 때 요셉과 마리아는 이를 거부하지 않고 받아들였다. 만약 결혼이 두 사람의 필요를 채우기 위한 것이라면 오늘 약혼은 파혼에 이를 수 있다. 그러나 하나님의 뜻을 이루고자 하는 것이라면 파혼에 이를 수 없다. 오늘 약혼예식을 통해 두 사람의 만나게 하신 하나님의 섭리, 두 사람을 통해 이루고자 하시는 하나님의 뜻을 분명히 했으면 한다.

오늘 약혼예식은 두 사람의 만남에 대한 하나님의 섭리를 인정하는 것이며, 두 사람의 만남을 깨트릴 수 있는 장애를 함께 넘어서겠다는 것이고, 두 사람을 통해 이루고자 하시는 하나님의 뜻을 사명으로 받아들이겠다는 의미이다. 이를 통해 행복한 결혼에 이르기를 소망한다.

#2. 이삭과 리브가(창 24:7, 50-60)

이삭과 리브가의 만남은 오늘날 결혼에까지 도달하게 되는 과정에 신앙의 모범을 보여주는 좋은 예이다. 결혼을 약속하고 준비하게 되는 두 사람에게 이 말씀을 따라야 할 신앙의 교훈으로 나누고자 한다.

1. 이삭과 리브가를 둘러싼 모든 가족들은 이 결혼과 관련하여서 하나님의 약속 성취와 선하신 인도를 철저히 믿었다. 7절에 보면 아브라함은 하나님께서 이 땅을 자신의 씨에게 주리라 약속하셨으므로 이삭의 아내로 동족 사람을 예비하셨음을 철저히 믿었다. 그리고 그 예비 된 사람을 찾는 것도 하나님께서 그 사자를 앞서 보낼 실 것이라고 믿었다. 아브라함의 종도 아브라함에게 은혜를 베푸실 하나님을 철저히 의지하고 믿었다.

리브가의 어머니와 오라버니 라반도 50절에서 이 일이 여호와께로 말미암 았다는 것을 믿으며 따르게 된다.

결혼은 우리가 선택하고 우리가 결정하는 것 같지만 실제로 하나님의 정하심 가운데 이루어지게 된다. 그러나 하나님의 정하심을 믿고 의지하기 위해서는 이런 믿음이 드러나고 발휘되는 삶을 살고 있어야 한다. 하나님을 믿는 믿음이 삶의 기반이 되어야 결혼이 하나님께로부터 말미암은 것을 확신하게 된다.

2. 리브가를 선택하고 하나님의 인도하심을 확인하는 방법으로 늙은 종은 삶의 모습을 택한다. 자신이 물을 청했을 때 이를 귀찮아하지 않고 더 나아가서 이끌고 온 짐승들까지 돌본다는 것은 단순한 예의를 넘어서서 사람을 돕고 섬기는 성숙한 삶의 모습을 보이는 것이다. 이런 삶의 모습이 배우자를 택하는 가장 귀한 기준이 되어야 한다. 미모나 재능, 배경, 학력이 중시되는 세상이지만 정말 중요한 것은 성숙한 성품과 삶의 모습이어야 한다. 이를 서로 발견하고 격려하는 숙려 기간으로 약혼 기간을 삼도록 하라.

3. 리브가는 이 일이 여호와께로 말미암은 것을 알게 되자 당장 떠나자는 좀 성급하고 무리한 요구에도 기꺼이 순종한다. 당시의 문화에서 고향과 친척의 집을 떠난다는 것이 얼마나 어려운 일이었음을 기억한다면 리브가의 순종과 결단은 쉽지 않은 일이었을 것이다. 그러나 리브가는 이 일이 하나님께로 말미암은 것을 알자 즉시 순종한다. 결혼을 준비하는 과정에서 가장 중요한 것은 이 일이 하나님께로 말미암은 것을 확인하고 순종하는 것이다. 나의 욕심이 아니라 하나님의 정하심과 인도하심을 발견해야 한다. 하나님과 긴밀한 교제의 삶이 없다면 이런 발견은 어려운 일이다. 이 기간 동안 하나님과 깊은 교제를 하면서 이 결혼이 하나님께로 말미암았음을 확인하라.

4. 65절에서 이삭을 발견하게 되자 리브가는 얼굴을 가린다. 이는 결혼까지 자신의 정절을 지키겠다는 상징적 행동이다. 오늘날 성문화가 퇴폐한 가운데서 정말 아름다운 결혼을 이루기 위해서 서로 정결을 지키는 훈

련의 시간을 가져야 한다. 약혼과 결혼 사이의 기간에는 더 큰 유혹이 있을 수 있다. 그러나 어떤 면에서는 서로의 정결을 지키는 좋은 연단의 기간이 되기로 한다. 함께 기도하면서 신앙적으로 아름다운 교제의 시간을 가지도록 하라.

32. 결혼 예식

A. 원리

교회와 가정은 하나님께서 친히 제정하신 유일한 두 기구이다. 가정을 이루는 결혼은 그러므로 기독교 예식 중에서 아주 중요한 예식으로 간주된다. 새로운 가정을 이루도록 상담하고 돕는 것은 목회의 중요한 부분이다.

결혼 주례를 부탁받으면 목회자는 반드시 사전에 신랑 신부를 만나서 결혼의 의미와 기타 필요한 권면을 해주고 결혼 예식의 순서를 함께 의논하도록 한다. 대부분 결혼 일자를 정한 후에 주례를 부탁하지만, 여유를 두고 결혼 일자를 주례자와 의논하고자 한다면 고난절기와 같은 기간은 피하도록 하고 한국전통 신앙에서 유래된 금기사항들은 따르지 않도록 권한다. 예배당에서 결혼할 경우와 예식장에서 결혼할 경우에 따라서 결혼 예식의 순서와 내용을 조절해야 한다. 교회에서 예식을 할 경우는 찬송이나 신랑신부를 위한 특별 성찬 등의 순서를 넣는 것이 가능하지만 예식장의 경우는 이런 순서를 넣는 것이 어려울 경우가 있다. 순서를 정할 때 주례자는 혹 기도나 축도에 다른 목사님을 모시기 원하는가를 물어보는 것이 좋다. 그리고 신랑 신부가 특별하게 원하는 순서가 있는지도 확인해야 한다.

결혼 예식에서 가장 핵심적인 부분은 설교가 아니라 결혼 서약이다. 결혼 서약을 어떻게 할 것인지를 당사자들과 미리 의논해서 정하는 것이 좋다. 일반적으로는 하나님과 증인들 앞에서 이들이 공적으로 행하는 서약과 신랑 신부가 서로에게 행하는 사랑의 서약으로 두번 하는 것을 권한다. 그리고 신랑 신부가 자신들의 사랑의 서약의 증표로 서로 반지를 교환하도록 한다. 공적인 서약은 주례자가 물어서 답하게 하고 사랑의 서약은 서로가 상대방을 향하여 직접 서약하는 것이 좋다. 사랑의 서약을 외워서 하는 것은 어려우므로 미리 서약문을 준비해서 보면서 하도록 한다.

B. 지침

1) 주례자는 예식이 시작하기 전에 미리 양가의 부모와 간단한 인사를 하는 것이 좋다.
2) 예식장의 경우 시간이 충분하지 않은 경우가 많다. 예식장에서 허락한 시간의 절반 정도로 예식을 마쳐야 나머지 순서들이 무리 없이 진행될 수 있다.
3) 신랑 신부의 입장과 퇴장 시에 하객들이 모두 일어나서 축하를 해주는 것이 좋다.
4) 주례자가 보는 방향에서 오른편에 신랑이 서고, 왼편에 신부가 서도록 한다.
5) 목회자가 인도하는 결혼 예식에는 사회자가 따로 있을 필요가 없다.
6) 예배당과 달리 예식장의 경우 불신자들을 배려해서 처음 시작할 때 기독교 예식으로 진행될 것을 말하고 협조를 구하는 예의가 필요하다.

C. 예식순서

인 사 말	주례자

"저는 오늘 이 결혼 예식의 주례를 맡은 ○○○목사입니다. 오늘 결혼 예식을 축하해 주시려 오신 모든 분들을 환영합니다. 기독교에서 결혼예식은 하나님 앞에 드리는 예배로 행합니다. 혹 오늘 참석하신 분 중에 신앙을 가지지 않으신 분들도 이 부부의 삶을 축복해 주시기 위해 경건한 마음으로 예배에 동참해 주시기를 부탁드립니다. 이제 신랑 ○○○군과 신부 ○○○양의 결혼 예식을 시작하겠습니다."

화촉 점화	양가 모친
신랑 입장 / 신부 입장	신랑 신부

(하객은 모두 기립해서 박수로 환영한다.)

찬 송	다같이
기 도	주례자

성경 말씀	주례자
말씀을 통한 권면	주례자
결혼 서약	주례자

공적 서약(목회자가 서약을 질문하고 신랑 신부가 각기 답하도록 한다.)

이 결혼의 주례자로서 하나님과 여러 증인들 앞에서 먼저 신랑 ○○○군에게 묻겠습니다. "○○○군은 이 혼인 예식에서 ○○○양을 하나님이 정해주신 아내로 삼아 부하든지 가난하든지, 건강하든지 병들든지, 순경에 처하든지 역경에 처하든지 변함없이 사랑하며 성경에 말씀하신 부부로서의 일정한 대의와 정절을 평생 굳게 지킬 것을 하나님과 증인들 앞에서 엄숙히 서약하십니까?" (답을 들은 후) "이 서약은 결코 변할 수 없습니다."

이 결혼의 주례자로서 하나님과 여러 증인들 앞에서 신부 ○○○양에게 묻겠습니다. "○○○양은 이 혼인 예식에서 ○○○군을 하나님이 정해주신 남편으로 삼아 부하든지 가난하든지, 건강하든지 병들든지, 순경에 처하든지 역경에 처하든지 변함없이 사랑하며 성경에 말씀하신 부부로서의 일정한 대의와 정절을 평생 굳게 지킬 것을 하나님과 증인들 앞에서 엄숙히 서약하십니까?" (답을 들은 후) "이 서약은 결코 변할 수 없습니다."

사랑의 서약 (신랑 신부가 각기 상대방에게 사랑의 서약을 하고 증표로 반지를 준다.)

결혼은 하나님과 증인들 앞에서만 하는 것이 아니라 서로에게 평생 지킬 사랑의 서약을 하는 것입니다.

신랑: 나 ○○○는 ○○○씨을 아내로 맞아들여 언제나 사랑하며 아내의 연약함을 기꺼이 도와주고 슬플 때나 기쁠 때나 평생 함께하여 남편으로서의 책임과 사랑을 다할 것을 하나님과 여러 증인들 앞에서 서약합니다. 그리고 이 서약의 증표로 반지를 드립니다.

신부: 나 ○○○은 ○○○씨를 남편으로 맞아들여 언제나

사랑하며 서로를 섬기고 기뻐하며 슬플 때나 기쁠 때나 평생 함께하여 아내로서의 책임과 사랑을 다할 것을 하나님과 여러 증인들 앞에서 서약합니다. 그리고 이 서약의 증표로 반지를 드립니다.

축복 기도 .... 주례자

우리 생명의 주인되신 주님. 이 결혼의 주인이 되셔서 주의 은혜와 사랑으로 이들의 결혼 서약과 사랑의 고백을 인쳐 주시옵소서. 주님께서 친히 거룩하신 계획과 성령의 인도 하심으로 성별하여 가정을 이루게 하셨사오니 하나님이시여 이 두 사람이 자신을 상대의 삶을 위하여 온전히 드리게 하옵시고 주님께도 온전히 드리게 하옵소서. 이 부부가 한 몸을 이루어서 주님의 사랑의 깊이와 높이와 길이와 넓이를 이제 더욱 알게 하옵시고 서로가 서로에게 축복이 되게 하옵소서. 하나님 이들이 주의 이름을 영광스럽게 하며 살아가도록 지혜와 건강과 능력과 인내를 주시옵소서. 이들의 가정에 영적 풍성함과 물질의 풍성함과 자손의 복을 주시옵소서. 우리의 주인되신 예수 그리스도의 이름으로 축복 기도하옵나이다. 아멘

성혼 선포 .... 주례자

이 두 사람은 하나님 앞과 여러 증인들 앞에서 부부가 될 것을 서약하였으므로 이제 주례자는 성부와 성자와 성령의 이름으로 ○○○군과 ○○○양이 부부가 되었음을 선포합니다. ○○○군와 ○○○양은 이제부터 독립된 두 사람이 아니라 한 몸입니다. "그러므로 하나님이 짝지어 주신 것을 사람이 나누지 못할 지니라"

축   가
신랑신부 인사 .... 신랑 신부
신부 부모에게 먼저 / 신랑 부모에게 .... 신랑 신부
하객에게   (하객에게 인사할 때는 양측 부모도 나와서 함께 한다.)
축   도 .... 주례자
신랑 신부 행진 .... 신랑 신부
　　　　(양측 어머니와 아버님들이 따라서 같이 퇴장)

D. 설교

#1. 결혼의 원리(창 2:18-25)

모든 것의 시작을 알려주는 창세기는 결혼의 시작에 대해서도 말해준다. 결혼은 하나님께서 친히 제정하신 인간의 제도로서 거룩한 일이다. 인간이 비록 만물의 영장이나 혼자 사는 것이 좋지 않다(18). 특별한 이유가 없으면 한 남자와 한 여자가 만나 결혼하는 것이 하나님의 정하신 도리이다. 결혼은 해도 후회, 안 해도 후회라는 말이 있다지만 아니다. 안 하면 후회이다. 하면 축복이다. 오늘 결혼하는 두 사람과 모든 하객들에게 하나님의 축복하심이 충만하기를 바라면서, 성경이 말하는 결혼의 원리 몇 가지를 이야기 하고자 한다.

1. 결혼은 돕는 배필을 만나는 것이다(20-21절).

결혼의 첫 원리는 서로에게 돕는 배필이 되는 것이다. 혼자인 것은 불완전하다. 부족하다. 물론 인간은 각 개인이 책임성 있는 존재로서 자신의 삶을 스스로 영위할 자유와 능력이 있다. 그러나 혼자서 사는 것은 가장 중요한 것을 채우지 못하는 것이다. "돕는 배필"이란 가장 잘 맞는 후원자란 뜻이다. 서로를 가장 잘 이해하고, 가장 가까이에서, 가장 적합하게 돕는 사람이 배우자이다. 지금까지는 부모님과 친구가 돕는 자였을 것이다.

2. 결혼은 하나님께서 짝지어 주시는 배우자를 만나는 것이다(22-23절).

배우자를 만나는 것은 우리가 선택하고 결정하는 것 같지만 실상은 하나님의 섭리이다. 왜 이 사람이 내 눈에 들어오고, 내 마음에 자리 잡게 되었을까? 하나님의 뜻이다. 아담을 깊이 잠들게 하시고 하와를 만들어 그 앞에 이끌어 주신 하나님의 깊으신 뜻을 알기 바란다. 그래서 예수님께서도 "하나님이 짝지어 주신 것"이라고 말씀하셨다. 지금 당신 곁에 있는 사람이 당신에게 가장 적합한 배우자로서 하나님이 짝지어 주신 사람임을 확인하며, 그 마음으로 아름다운 가정을 이루어 가기 바란다.

3. 결혼은 두 사람이 하나 되는 과정이다(24-25절).

결혼을 위해 두 사람은 부모를 떠나야 한다. 결혼은 부모님의 사랑과 가르침 가운데 살았던 두 사람이 만나 부부가 됨으로 이제부터 독립적이고 자립적인 삶을 살아가는 출발이다. 부모님과 정서적으로 경제적으로 사회적으로 독립하기 바란다. 그리고 두 사람이 하나가 되어가야 한다. 결혼으로 하나 됨을 이루며, 결혼생활을 통하여 하나 됨을 더욱 견고하게 이루어 가는 것이다. 그 동안 각자 살아온 경험과 습관 생활방식에 많은 차이를 발견하게 될 것이다. 그런 만큼 갈등이 유발될 소지도 많다. 하지만 서로 틀렸다고 여기지 말고 다르다고 생각하기 바란다. "다름답다"는 말이 있다. 다르다와 아름답다의 합성어이다. 가름으로 아름답다는 의미일 것이다. 결혼은 한 남자의 전 존재와 한 여자의 전 존재가 가르지만 아름답게 조화를 이루며 하나가 되는 신비한 과정이다. 다름다운 가정을 이루기 바란다.

결혼하여 새 가정을 이루는 두 사람에게 서로를 돕는 배필로 존중히 여기며, 하나님이 짝지어 주셨음을 다시 한 번 고백하고, 그 믿음 안에서 둘이 하나되는 아름다운, 아니 다름다운 하나됨을 이루어 그리스도의 향기를 증거하고 하나님의 영광을 드러내는 행복한 가정 세워 가기를 축복한다.

#2. 결혼은 하나님 안에서 하나 됨을 이루는 것이다(마 19:4-6)

오늘 결혼을 통해 새로운 인생길을 가는 두 사람에게 하나님이 복 주셔서 건강하고 행복한 가정을 이루므로 보람된 삶이 되기를 축복한다. 오늘 본문의 말씀은 그릇된 결혼관을 일깨워 주시는 주님의 말씀으로, 본문의 말씀을 통해 우리에게 주시는 하나님의 말씀은 "결혼은 하나님 안에서 하나 됨을 이루라"이다. 모쪼록 하나님 안에서 하나 됨을 이루어 기쁨과 감사가 넘치는 행복한 삶을 누리며 살기를 바란다.

1. 하나님의 뜻 안에서 살라.

오늘 본문은 우리를 지으신 분이 하나님이심을 말씀해 주고 있다. 이는 창조주되신 하나님을 내 삶에 주인으로 모시고 살아 갈 때 하나님의 뜻 안에서 서로 다른 두 사람도 진정한 하나 됨을 이루게 되는 것임을 깨우쳐 주고 있다. 이제 서로는 만나게 하신 하나님의 뜻을 생각하며 삶의 초점을 하나님께 맞추어 사시기를 바란다. 서로 다른 사람들이 진정한 합일점을 찾을 수 있는 길은 오직 하나님의 말씀 안에서만 가능한 일이다. 이제 두 사람은 하나님의 뜻을 받드는 하나님의 기업으로서 아름다운 믿음의 가정을 이루므로 참된 행복을 누리며 사시기 바란다.

2. 조화를 이루어 하나 되라.

서로 다른 남자와 여자로 지으셨다고 했다. 이는 서로 다른 존재로 만드셨고 서로 다른 존재로 만나게 하셨다는 사실을 주지시키는 말씀이다. 그러므로 기억해야 할 것은 서로는 다를 수밖에 없다는 차이를 인식하며 살아야 한다. 육체적인 차이, 환경의 차이, 심리적인 차이, 이외에도 여러 가지 차이는 하나 됨의 장애가 되는 것이 아니라 그 다른 부분들이 인생을 더 풍요롭게 할 수 있는 요인이 되기도 한다. 그러므로 조화를 이루며 살아야 한다. "다름답다"는 말이 있다. '서로 다른 것이 조화를 이룰 때 아름답다'는 신조어이다. 다른 것은 차이일 뿐 틀린 것이 아니다. 차이를 극복하기 위해서는 서로를 인격적으로 존중해야 한다. 또한 서로는 완벽한 존재가 아니라는 점을 인식하고 상대를 통하여 나의 부족함을 보완하여 조화를 이루고 발전적으로 나아감으로 하나됨의 기쁨과 보람을 맛보며 살기를 축복한다.

3. 성숙함으로 하나 됨을 이루라.

부모를 떠나라는 의미는 부모의 위치에 서야함을 의미하는 것이다. 부모님이 나를 낳아 길러 주셨듯이 부모로서의 역할을 하라고 하시는 것이다. 자식을 낳아서 길러 보아야 하나님의 은혜와 사랑을 깨닫게 되고 부모님의 은혜와 사랑을 피부적으로 느끼게 된다. 그동안 부모님의 헌신적인 사랑을 통해 결혼할 만큼 성장 하였다면 이제는 부모님으로부터 받은 사랑과 헌신을 베풀 줄 알아야 한다. 서로에게도 그렇고 앞으로 있을 자녀들에게, 양가 부모님들에게 그리고 양가 친척들과 관계된 사람들을 배려할 줄 아는 성숙한 인격체가 되어서야 결혼이 의미가 있고 행복한 생활이 될 것이다. 부모님께서 참아주시고 기대감을 저버리지 않고 배려해 주신 사랑을 이제는 내가 실천해야 할 때가 되었음을 의미한다.

결론적으로, 이제부터 두 사람은 평생 숙제를 앉고 살아가야 하는데, 행복은 가꾸는 것임을 깨달아 하나님의 뜻을 따라 조화를 이루어 성숙한 삶으로 하나님이 축복하신 생육하고 번성하는 하나님의 기업의 축복을 누리며 행복하게 살기를 바란다.

33. 국제결혼예식

A. 원리

국제화의 영향으로 점차 외국인과의 결혼이 증가하고 있다. 국제결혼 예식을 인도할 때 목회자는 결혼 예식에 사용할 언어와 서로 다른 문화의 차이를 고려해야 한다. 다양한 국적의 외국인과 결혼 예식이 진행되지만 이곳에서는 영어로 진행되는 결혼 예식의 사례만을 제공하도록 하겠다. 영어 이외의 언어로 결혼예식을 진행하여야 할 경우나 주례자가 영어로 진행하기 어려울 경우는 통역을 준비하도록 하는 것이 바람직하다.

결혼 예식의 내용과 순서는 문화권에 따라서 다양하다. 그러므로 주례자는 신랑 신부와 만나서 서로 다른 결혼 관습을 의논하면서 적절한 순서와 내용을 미리 결정해야 한다. 대표적 영어권인 미국의 결혼 예식에서 주목할 만한 차이점은 신랑 신부의 들러리들이 함께 결혼 예식에 참여하는 것이다. 또한 꽃바구니나 꽃을 들고 들어오는 Flower Girl과 결혼반지를 들고 입장하는 Ring Boy(Ring bearer)도 있다. 이럴 경우 대부분 주례자가 입장하고 이어서 신랑의 들러리들(Best Men)과 신랑이 입장한다. 그 뒤에 Flower Girl과 Ring Boy가 함께 입장을 하고 이어서 신부의 들러리들(Bridesmaids)이 입장해서 각기 신랑과 신부의 자리 옆에 위치해서 선다. 들러리들이 모두 자리를 잡으면 신부가 아버지와 함께 입장한다. 입장 순서는 상황에 따라서 미리 정해 두도록 한다.

결혼 예식에서 빼놓으면 안 되는 것은 성혼 선포 이후에 신랑이 신부에게 공적으로 키스를 하도록 하는 것이다. 문화권에 따라서는 결혼 선포 이후에 부모들이 앞에 나와서 새로 가정을 이룬 자기 자녀들에게 축복의 말을 하는 경우도 있다. 예식 전에 하객들을 대상으로 이 결혼에 이의가 없는가를 묻는 경우도 있다. 대부분 미국식 결혼예식에서는 부모나 하객에 대한 인사는 없으므로 이를 미리 의논하는 것이 좋다.

B. 지침

1) 예식을 한 언어로 할지 이중 언어로 진행할지를 미리 결정한다. 가능하다면 이중 언어로 하는 것이 좋지만 이럴 경우 예식 시간이 길어짐을 고려해야 한다.
2) 신랑 신부의 입장이나 퇴장 시에 하객들이 모두 일어나서 축하 해주는 것이 관례이다.
3) 들러리들은 예식 내내 신랑과 신부의 옆에 서 있으면서, 예식 중 필요한 부분에서 신랑 신부를 돕는다. 부케를 받아준다든지 반지를 전달해 주는 역할을 한다.

C. 예식순서

Wedding Ceremony

Call to Worship ·· Minister

"I am pastor ___. It is one of the great honors for me to preside this wedding service. We have from far places been drawn together this day to witness and to commemorate with a man and a woman their union for the founding among us of a new home. There is in this sacred hour a reverence which moves us to a spirit of worship."

Lighting Wedding Candles
·· Mother of Groom and Mother of Bride

Entrance of the Groom ·· Minister

The groom comes in, best men follow the groom, and stand on his side.

Entrance of the Bride : Flower girl and Ring boy come first. Bridesmaids follows and stand on the Bride's side. The bride enters with her father.

Invocation ··· Minister

> "Our heavenly father. We come together in the presence of God to unite together of this man and this woman in Holy Matrimony. I pray that the Lord bless this Matrimony. O, Lord open thou their lips, and their mouth shall show forth your praise, open thou their minds that they may be enlightened by the truth of thy gospel, open thou their hearts that they may receive the fullness of your grace. In the Name of Jesus Christ, we pray. Amen."

Scripture Reading ··· Minister
Message for the Groom and the Bride ······················· Minister
Covenant ··· Minister

> I will ask these statements to the groom first and the bride and be answered.
>
> ___, will you have ___ to be your wedded wife, to live together in the covenant of faith, hope, and love according to the intention of God for your lives together in Jesus Christ? Will you listen to her inmost thoughts, be considerate and tender in your care of her, and stand by her faithfully in sickness and in health, and, preferring her above all others, accept full responsibility for her every necessity as long as you both shall live?
>
> The groom and the bride answer, "I do."

Marriage Vows ······································· The Groom and Bride

> I, ___, take you, ___, to be my wedded wife, to have and to hold from this day forward, for better, for worse, for richer for poorer, in sickness and in health, to love and to understand, till death shall part us, according to the design of God in creation and commit myself completely to you. As a token of my unchanging vow, I give you this ring. (The Groom wears the ring to her finger.)
>
> I, ___, take you, ___, to be my wedded husband, to have and to hold from this day forward, for better, for worse,

for richer for poorer, in sickness and in health, to love and to understand, till death shall part us, according to the design of God in creation and commit myself completely to you. As a token of my unchanging vow, I give you this ring. (The Bride wears the ring to his finger.)

Prayer of Blessing ·· Minister

The Lord, a master of our lives. I beg you, a master of wedding to seal their matrimony covenant and loving vow with your abundant grace and love. We believe that it is you who lead them to unite a one home, divine providence of Father God and guidance of the Holy Spirit sanctify and bless their new home. You lead them to sacrifice themselves for each other and for you, the trinity of God. Guide them to be able to comprehend what is the width and length and depth and height to know the love of Christ which passes knowledge, that they may be filled with all the fullness of God. Give them wisdom and health and talents and endurance to honor your name. Also I ask you give them the richest blessings of spirit and materials in their home and allow a blessings of children. In the name of our Lord, Jesus we prayed. Amen.

Pronunciation of Wedlock ·· Minister

For as much as ___ and ___ have consented together in holy wedlock, and have witnessed their solemn vows before God and have committed themselves completely to each other, and have declared this by the giving and receiving of the rings, I pronounce that they are husband and wife in the name of the Father and the Son and the Holy Spirit. Amen.

The Groom kisses the Bride

Benediction ·· Minister

In the name of the Father and the Son and the Holy Spirit, I pray that The Lord bless you and keep you, The Lord make his face shine upon you and be gracious to you, The Lord lift up His countenance upon you and give you peace. Amen.

Recessional ·· Minister

(The newlywed couple marches with wedding march.)

D. 설교(주례사)

#1. BLESSING

We are gathered here together to celebrate fine young people, Hyunsook Kim and Greg's wedding. Marriage is a gift from God. Marriage is the beginning of new life. Bible says God made male and female to complete his creation and marriage is the way how God to run his own history. Marriage is lifelong union of a man and a woman. By the marriage, God gives New relationship between loving couple. Marriage is intimate and real union of loving couple.

Bible says "It is not good for the man to be alone. A man will leave his father and mother and be united to his wife, and the two will become one flesh? So they are no longer two, but one. Therefore what God has joined together, let man not separate." Therefore, in marriage life, husband and wife are of equal value. They are full partners with each other.

Wedding is a festival. Jesus Christ performed his first miraculous signs at wedding at Cana in Galilee. He changed water to wine. Biblically, weddings are described as times of joy. Wedding ceremony is festival full of joy and happiness. Marriage is on the base of love. Love is patient, love is kind. It does not envy, it does not boast, it is not proud. It is not rude, it is not self-seeking, it is not easily angered, it keeps no record of wrongs. Love does not delight in evil but rejoices with the truth. It always protects, always trusts, always hopes, always perseveres.

Now, I would like to introduce brand new wife and husband and their family. Marriage is not simply a union of a man and a woman. Marriage is not only a union of two people, but also a union of two families. Two families have to work together make the better society.

Marriage is a base for sweet home and new family. Husband and wife are going to be father and mother later. Children are the precious gift from God to husband and wife. Therefore, they should be responsible to raise their children with love as parents. Wife and husband are supposed to respect with each other. They should be life long friends. They should compensate with each other. You both need to have regular practice for physical and spiritual health.

Let us pray that Hyunsook and Greg may enjoy good health and wonderful life. Let us pray that all may go well with them forever. God will be with this young family forever. God bless these fine people.

#2. Three Principles for the Family(Genesis 2:18, 21-25)

God designed specifically two institutions directly, those are church and family. And God provides guiding principles for the church and the family. We can find those guiding principles for the family from the scriptures that we read. I want to point out three things from the verses.

1. V. 24. "A man will leave his father and mother."

The prime meaning of marriage is to leave his or her parents. Weaning is a symbolic action to leave parents. Sound minded persons need to experience weaning twice in their lives. The first weaning is a physical one to wean a baby from the mother's breast. A baby is crying for mother's milk and fret. However, actually mother misses more and is afraid to wean a baby from herself. But we have to do to bring a child up. The second weaning means a psychological one. Marriage is the best time to carry on the second weaning. Children are no longer belong to their parents, but should run their own home.

2. V. 18. "It is not good for the man to be alone.

I will make a helper suitable for him." A biblical meaning of spouse is to be a helper suitable for the other party. Love is not something to be offered, but to make with one accord. Do not expect your spouse to love you first, but you love him first. Do not expect your spouse to provide what you need first, but you offer that first. That is to be a helper suitable which the Bible implies. Chapter 13 of the first Corinthians teaches us that love does not imply emotional one, but volitional and devoted one. Marriage denotes that you go together into the kitchen, not into the romantic restaurant. Try to help each other rather than to expect to be served.

3. V. 25. "The man and his wife were both naked, and they felt no shame."

Love your spouse to your heart's content. Don't be moderate your expression of love in sexually and emotionally. You need not to be moderate. As you unite in wedlock, genuine romance and love could be initiated and please enjoy yourselves to the full. By the time of wedding, you had to be moderate your desire, but from now on, you can share and enjoy the fullness of affection and love. Life is something to be blessed from the Lord.

Today marks a complete new beginning in the lives of both of you. Your wedding lasts only today, but your marriage is for the rest of your lives. Marriage means to leave your parents and to start your own family. Marriage is to devote yourself to your spouse as a helper, not receptor. Marriage is an official beginning of sharing love to the full. May the Lord bless your new family richly. Amen.

34. 회갑예식

A. 원리

　회갑(환갑)예식은 우리 나이로 61세가 되는 생일, 즉 만으로 60세가 되는 생일을 맞이하여 기념하는 예식이다. 옛날에는 이 '천간지지'(天干地支), 줄여서 '간지'라고 하는 단위를 사용해 연도를 나타냈다. 이때 간(干)은 몸체로 10개[갑(甲), 을(乙), 병(丙), 정(丁), 무(戊), 기(己), 경(庚), 신(辛), 임(壬), 계(癸)], 지(支)는 가지로 12개[자(子), 축(丑), 인(寅), 묘(卯), 진(辰), 사(巳), 오(午), 미(未), 신(申), 유(酉), 술(戌), 해(亥)]로 이루어져 있다. 우리나라에서 갑자가 다시 돌아온다는 뜻을 지닌 회갑은 이 천간(天干)과 지지(地支)를 합쳐서 60갑자(甲子)가 되므로 태어난 간지(干支)의 해가 다시 돌아왔음 뜻하는 61세가 되는 생일을 돌아올 회(回)자를 넣어 '회갑'(回甲) 또는 다시 돌아온다는 의미의 '환'(還)자를 넣어 환갑(還甲)이라 말한다. 즉 이전의 연도단위로 볼 때 60년이 지난 후에는 다시금 그 사람이 살아왔던 연도가 반복되기에 앞으로의 생애는 갑자, 즉 시간을 다시금 반복하여 살아가는 의미가 있다. 요즘에는 의학과 삶의 환경이 좋아져서 회갑이 상징하는 장수의 의미가 조금은 퇴색되었지만, 회갑은 대표적인 장수를 상징하는 생일이라 할 수 있다. 그래서 이때 감사와 축하의 잔치를 하는데 장수를 뜻하는 '수'(壽)자를 사용하여 수연(壽宴・壽筵)이라 하기도 한다. 비록 성서적 전통에 기인하지도 않았고 오늘날 고령화시대에서 그 의미가 조금은 퇴색되었지만 회갑예식은 지난 생애 동안 생명주시고 지켜주신 하나님께 감사드리고 다시 한 번 인생의 의미와 각오를 다지는 감사의 예식으로 지낸다. 그리고 비록 회갑 당사자가 회갑연을 하지 않더라도 교회는 회갑을 맞이하는 분들을 미리 파악하여 신앙적 의미가 담긴 축하와 축복의 선물과 카드를 준비하도록 한다.

B. 지침

1) 회갑을 맞이하는 당사자나 가족이 회갑예식을 하고자 할 경우에 진행하도록 한다. 요즘 평균수명이 많이 늘어난 상황에서 간혹 어떤 이들은 회갑에 특별한 의미를 두지 않는 경우가 종종 있기 때문에 당사자나 가족이 회갑예식을 거행하고자 하는 의사를 표명하는 경우에 한해서 준비하도록 한다.
2) 회갑예식은 대체로 자녀들이나 배우자의 요청에 의한 경우가 많기 때문에 사전에 이들과 예식의 순서에 대하여 충분한 의견교환이 있어야 한다.
3) 회갑예식에서 당사자가 함께 하고 싶어하는 분이나 순서자로 선정하고 싶은 분이 있는지를 미리 파악하여 준비하도록 한다.
4) 지금은 비록 많이 간소해졌지만, 예식은 화려하거나 번거롭지 않게 정갈하면서도 의미 있게 진행되도록 가족과 잘 상의하도록 한다.

C. 예식순서

지금부터 ○○○형제/자매의 회갑감사예배를 드리겠습니다.
(묵도로 시작할 경우는 주례자가 잠 20:29 "젊은 자의 영화는 그의 힘이요 늙은 자의 아름다움은 백발이니라" 또는 욥 12:12 "늙은 자에게는 지혜가 있고 장수하는 자에게는 명철이 있느니라"를 낭송한 후 기원기도로 시작한다.)

찬　　송	384장	다함께
기　　도		순서자
성경말씀	설교 예시 참조	집례자
설　　교	설교 예시 참조	집례자
특별 순서	가족이나 교우 중의 찬양	순서자
찬　　송	393/419장	다함께
축복과 마침기도		집례자
축하 순서		순서자

* 특별순서에 집례자는 가족 소개를 하거나 가족이나 교우 가운데서 예배에 합당한 특별찬양이나 간략한 축하나 감사의 인사, 또는 회갑 당사자의 삶을 간단하게 영상으로 만든 것을 함께 보는 순서 등을 갖도록 한다. 나머지 축사나 답사 등은 예배 후의 축하 순서에서 하도록 한다.
* 우리 고유의 풍습에 따라 예배가 끝난 후 자녀들이 회갑을 맞은 이에게 큰절을 하는 경우가 있다.

D. 설교

#1. 잊지 말자 그리고 기대하자(시 103:2-5)

'인생은 60부터'라는 말이 있다. 건강 100세 시대라는 요즈음에는 60세를 장년의 나이로 간주해도 무방하다. 자고로 환갑(還甲) 또는 회갑(回甲)의 의미는 다시 돌아온다는 뜻이다. 육십갑자(六十甲子)를 한 바퀴 돌아서 다시 제자리로 돌아오면 그 인생의 마침표를 찍게 된다는 것인데, 성경말씀에 비추어 보면 별 의미가 없다. 오히려 성도는 60세를 지나 다시금 제2의 인생을 시작할 수 있는 은혜를 하나님께로부터 허락받았음을 감사해야 한다. 오늘 주신 말씀을 통해서 인생의 모년(暮年)을 어떤 자세로 맞이할까 하는 것을 살펴보겠다.

1. 내게 주신 하나님의 은총을 잊지 않고 사는 일이 중요하다.
오늘 본문의 말씀에서 시편 기자 다윗은 그의 인생길을 회고하면서 하나님께서 그에게 베풀어 주신 은총이 얼마나 크고 감사한지 그 감격스러운 노정(路程)을 소개하고 있다. 그 중에서도 하나님께서 우리의 죄악을 고치시고 병을 고쳐주셨다는 사실을 기억하면서 감격스러워하고 있다. 복 중의 복은 예수님 만나는 복이다. 왜냐하면 예수님이 아니시면 우리는 평생 죄인으로 살다가 영원한 사망과 지옥 형벌에 빠질 수밖에 없기 때문이다. 예수님을 만나게 하사 우리의 영을 거듭나게 하시고 하나님의 자녀가 되어 영원한 천국에서 살게 하신 하나님의 은혜를 찬양하지 않을 수가 없다. 그리고 우리가 이 세상 살 동안 질병과 아픔에서 우리의 몸을 회복시켜 주신 것도 전적인 하나님의 은혜가 아닐 수 없다. 건강한 몸으로 주님의 일을 감당할 수 있는 것은 성도의 특권이다.

2. 앞으로도 하나님께서 좋은 일 주실 것을 기대하라.

오늘 말씀 보면 "좋은 것으로 네 소원을 만족케 하시고 네 청춘을 독수리같이 새롭게 하신다"고 했다. 성도는 그가 하나님을 앙망하며 신앙 위에 견고하게 서 있는 한 '날마다 청춘'이다. 매일 매일 새로운 일을 만나게 하시고 그 일을 활기차게 감당케 하신다. 성도는 녹슬어 없어지는 존재가 아니라 닳아서 하나님께 바쳐지는 존재이다. 성도는 그 사명이 다하기까지 죽지 않는다. 그런 의미에서 우리의 미래는 여전히 밝고 아름답다. 60평생을 주님과 동행했는가? 앞으로 남은 인생도 주님께서 책임져 주실 것이다. "보라, 내가 새 일을 행하리니 이제 나타낼 것이라 너희가 그것을 알지 못하겠느냐 반드시 내가 광야에 길을 사막에 강을 내리니"(사 43:19). 할렐루야! 인생의 새로운 전기(轉機)가 펼쳐지게 될 것이다. 그것을 기대하라.

사도바울은 그의 말년에 그의 인생을 회고하면서 믿음의 후배들에게 고백했다. "나는 선한 싸움을 싸우고 나의 달려갈 길을 마치고 믿음을 지켰으니 이제 후로는 나를 위하여 의(義)의 면류관이 예비되었으므로 주 곧 의로우신 재판장이 그날에 내게 주실 것이며 내게만 아니라 주의 나타나심을 사모하는 모든 자에게도니라"(딤후 4:7-8). 그렇다. 그 인생의 행(幸), 불행(不幸)은 그가 이 세상에 살면서 꿋꿋하게 믿음을 지키며 살았느냐에 달려 있다. 오늘 회갑을 맞은 성도님의 남은 여생이 꼭 행복한 여생이 되기를 바란다.

#2. 다시 벧엘 앞에서(창 35:1-3, 12)

회갑(回甲)은 동양 나이법으로 10천간(天干) 12지지(地支)가 한 바퀴 돌고 태어난 지 60해가 지나 자기가 태어난 간지(干支)의 해로 다시 돌아왔을 때, 장수를 기뻐하고 새롭게 태어난다는 의미를 담아 잔치를 벌이는 날이다. 사실 성경에 회갑예배의 장면은 없다. 하지만 지난 삶을 돌아보고, 감사하며, 자녀들을 다 모아 축복할 수 있는 자리라는 점에서 참으로 귀한 예배임에 틀림없다. 성경 속에는 오랜 시간이 흘러 자신이 살았던 곳으로 돌아와 하나님 앞에 서서 지난 세월을 기억하는 장면이 여럿 나온다. 오늘 우리가 나눌 말씀은 벧엘에 서 있는 야곱이야기이다. 야곱은 형 대신 장자의 축복을 받고 삼촌에게 도망갔다가 오랜 시간이 지나 돌아왔다. 하나님은 돌아온 야곱에게 가족들과 함께 벧엘에 가서 예배하라고 말씀하신다. 지금 야곱은 지난 날 도망치다가 하나님을 만나 예배했던 벧엘에 서 있다.

1. 회갑은 하나님 앞에서 온 가족들과 함께 서는 것이다.

본문 2절은 "자기 집안 사람과 자기와 함께 한 모든 자에게 이르되"라고 기록한다. 이는 회갑을 누구와 함께 해야 하는 것에 대한 말씀이라고 할 수 있다. 야곱은 하나님 앞에서 온 가족의 거룩과 정결을 명령한다. 믿음은 세대에서 세대로 이어져야 한다. 이렇게 회갑은 가족에 대한 영향력을 확인하는 시간이다. 이를 통해 자녀들은 단순히 교회 다니는 것이 아니라 자신들의 하나님을 직접 경험할 수 있다.

2. 회갑은 하나님께 감사와 찬양을 올려드리는 시간이다.

본문 3절은 "내 환난 날에 내게 응답하시며 내가 가는 길에서 나와 함께 하신 하나님께"라고 기록한다. 야곱은 가족들에게 자신에게 하나님이 어떤 분이셨는지 고백하고 있다. 이렇게 회갑은 바로 그 하나님이 높임 받으시는 시간이다. 회갑의 주인공은 내가 아니라 하나님이며, 우리 인생의 주인공 역시 내가 아니라 바로 하나님이시다.

3. 회갑은 새로운 소명의 시작이다.

본문 12절은 "내가 아브라함과 이삭에게 준 땅을 네게 주고 내가 네 후손에게도 그 땅을 주리라 하시고"라고 기록한다. 야곱을 향한 하나님의 목적은 끝나지 않았다. 야곱은 나중에 요셉이 있는 애굽으로 가야 한다. 그래서 하나님은 야곱에게 다시 한 번 '이스라엘'이라는 이름을 주신다. 야곱은 이후 남은 인생을 이 새로운 이름으로 살게 된다. 창세기의 마지막은 애굽에 있는 야곱의 축복으로 끝난다. 우리는 그날까지 해야 할 일이 있다.

오늘 말씀은 우선 회갑을 맞은 성도님에게 주시는 말씀이다. 하지만 동시에 모든 가족들에게 공통적으로 주시는 말씀이며, 이 자리에 있는 모든 성도들에게 주는 도전이다. 그래서 지금 우리가 마치 벧엘에 서 있듯이, 우리가 모두 회갑을 맞이한 것처럼 지난 날을 돌아보았으면 한다. 동시에 우리는 벧엘에 서 있는 것처럼 매일 매일을 살아야 한다. 하나님 앞에 정직하게 서고, 회개와 감사로 하나님을 우리 삶의 주인공으로 다시 고백하며, 우리에게 주어진 미래를 준비해야 한다. 그리고 언젠가 우리 모두가 각자의 벧엘을 준비해야 한다. 우리는 죽음으로 혹은 예수 그리스도의 재림으로 마지막 벧엘에 서게 된다. 그 날에 후회함이 없도록, 아쉬움이 없도록, 부끄러움이 없도록 살아야 한다.

35. 칠순예식

A. 원리

고희(古稀)는 옛 '고'(古), 드물 '희'(稀)의 글 뜻 그대로 '예로부터 드문 나이'라는 의미를 지니고 있다. 70세 생일을 고희(古稀)라 하는 것은 "인생칠십고래희"(人生七十古來稀)라는 두보(杜甫)의 「곡강시 曲江詩」에 있는 시구에서 유래하였기 때문이다. 이와는 달리 공자(孔子)는 칠순을 '종심'(從心)으로 표현하였는데 이는 [논어(論語)] 〈위정편(爲政篇)〉에 나오는 표현으로, "나이 일흔에 마음이 하고자 하는 대로 하여도 법도를 넘어서거나 어긋나지 않았다"(七十而從心所欲 不踰矩)고 한 데서 유래한다. 우리의 풍습에 따르면 70세의 생일에 고희(古稀)잔치를 하며, 77세의 생일에 희수(喜壽)잔치, 88세의 생일에 미수(米壽), 99세 생일에 백수(白壽), 100세 생일에 상수(上壽)잔치를 한다. 요즘 의학의 발달과 삶의 환경이 개선됨으로 인하여 평균수명이 길어져서 회갑에 큰 의미를 두지 않지만 대체로 칠순(고희. 古稀)잔치는 기념하는 것이 일반적이다. 드물지만 칠순은 또한 팔십을 바라보는 소망을 담아 '망팔'로 부르기도 한다.

B. 지침

1) 예식은 하나님을 향한 감사의 의미가 우선함을 기억하여 자칫 고희의 당사자에 너무 집중되지 않도록 유의한다.
2) 예식은 화려하거나 번거롭지 않게 정갈하면서도 의미있게 진행되도록 가족과 잘 상의하도록 한다.
3) 회갑예식에서 당사자가 함께 하고 싶어 하는 분이나 순서자로 선정하고 싶은 분이 있는지를 미리 파악하여 준비하도록 한다.
4) 우리 고유의 풍습에 따라 예배가 끝난 후 가족들이 칠순을 맞은 이에게 큰절을 하기도 한다.

5) 예식으로 진행하나, 혹 칠순감사예배로 하는 경우에는 1부로 감사예배를 예배답게 진행하고, 이어 2부 순서로 축하식을 진행하는 것이 좋다.

C. 예식순서

개 식 사	…………………………………………………………………	집례자

"지금부터 ○○○형제/자매의 칠순(고희)감사예배를 시작하겠습니다."

(묵도로 시작할 경우는 주례자가 잠 20:29 "젊은 자의 영화는 그의 힘이요 늙은 자의 아름다움은 백발이니라" 또는 욥 12:12 "늙은 자에게는 지혜가 있고 장수하는 자에게는 명철이 있느니라"를 낭송한 후 기원기도로 시작한다.)

찬 송	……………………………… 384/430장 ………………………………	다함께
기 도	…………………………………………………………………	담당자
성경말씀	……………………… 설교 예시 참조 ………………………	집례자
설 교	……………………… 설교 예시 참조 ………………………	집례자
특별 순서	………………… 가족이나 교우 중의 찬양 …………………	담당자
찬 송	……………………………… 393/429장 ………………………………	다함께
축복과 마침기도	…………………………………………………………	집례자
축하 순서	…………………………………………………………………	순서자

* 축하순서에 집례자는 가족 소개를 하거나 가족이나 교우 가운데서 예배에 합당한 특별찬양이나 간략한 축하나 감사의 인사, 또는 칠순 당사자의 삶을 간단하게 영상으로 만든 것을 함께 보는 순서 등을 갖도록 한다. 나머지 고희연의 당사자의 간단한 약력 소개, 축사나 답사, 축하 케이크 자르기, 선물증정 등은 예배 후의 축하 순서에서 하도록 한다.

D. 설교

#1. 믿음의 유산(수 24:14-15)

호랑이는 죽으면 가죽을 남기고, 사람은 죽으면 이름을 남긴다고 한다. 믿음의 사람은 무엇을 남기겠는가? 바로 믿음의 유산이다. 하나님의 뜻대로 살았더니 하나님께서 여기까지 인도해 주셨다. 하나님께 기도했더니 하나님께서 응답해 주셨다는 이야기이다. 오늘 칠순을 맞은 성도님 역시도 믿음의 유산이 있는 분이다. 칠순을 맞은 성도님과 가족들 그리고 함께 축하하는 모든 성도들 가운데 믿음의 유산을 남길 수 있는 은혜가 있기를 주님의 이름으로 축원한다.

1. 여호수아는 믿음의 유산을 남긴 사람이었다.

출애굽의 전 과정과 광야 40여년의 세월 가운데 참으로 파란만장한 삶을 살았지만, 출애굽한 수많은 사람들 가운데 끝까지 하나님을 향한 믿음을 지켜낸 사람은 여호수아이다. 그러나 쉽지만은 않았을 것이다. 얼마나 어려움이 많았겠는가? 홍해 앞에서, 광야 사막에서, 또한 백성들이 배신하고 원망할 때, 전쟁을 해야 할 때, 모세가 죽었을 때 등등 하나님을 향한 믿음이 없었다면 결코 헤쳐 나올 수 없었을 것이다. 우리 인생도 그렇다. 특히 칠순을 맞은 성도님도 그랬을 것이다. 승리할 때도 있었고, 실패할 때도 있었겠지만 여기까지 믿음으로 살아 왔다. 지금까지 수많은 세월 가운데 믿음 잃지 않고, 하나님만 바라보며 달려 왔다.

2. 그러나 여기에서 그쳐서는 안 된다.

칠순을 맞은 성도님과 자녀들이 명심해야 할 말씀이 있다. 여호수아는 자신만 믿음으로 살아 온 것에 칭찬받고 만족한 것이 아니다. 그는 자신의 믿음이 후손들에게 전달되기 바랐다. 그래서 믿음으로 끝까지 승리의 삶을 살고, 마지막 인생의 황혼 길에서 이스라엘 백성들에게 부탁하고 있다. '오직 하나님만 사랑하고 섬기라,' '오직 나와 내 집은 여호와를 섬기겠노라.' 이 말씀은 믿음의 부모가 자녀들에게 반드시 해야 할 말씀이다. 또한 자녀들은 이 믿음의 유산을 이어 받아야 한다. 믿음의 대를 이어야 한다.

왜냐하면, 하나님께서는 하나님을 사랑하는 자에게 약속한 축복을 넘치게 주시는 분이시기 때문이다. 여호수아는 자신의 삶 전체에서 하나님께 순종했을 때 받았던 복을 회고하고 있다(출 23:4-24:13). 이 말씀이 우리 가정 가운데 이루어지기 위해 부모는 여호수아처럼 믿음으로 살아가는 본을 보여야 하며, 자녀들은 부모의 삶과 말씀을 기억하며 믿음의 유산을 이어 받아야 한다.

당부하기는, 성도님께서 여호수아와 같이 하나님 앞에 서시는 그날까지 믿음이 약해지지 않고 자녀들에게 믿음의 본을 보이며 순종하여, 믿음으로 사는 사람들에게 약속하신 하나님의 약속을 이루어가는 삶을 보여주시길 바란다. 하나님 앞에 갈 때에 무엇을 들고 갈 수 있을까? 우리의 믿음이다. 믿음의 열매이다. 바로 자녀가 믿음의 유산이다. 자녀들 역시 성도님의 믿음의 유산을 온전히 물려받기를 바란다. 형제들 중 아직도 믿음으로 살지 못하는 분이 있다면, 나와 내 집은 여호와를 섬기겠노라 하는 말씀처럼 믿음으로 사시길 바란다. 우리의 삶을 가장 가치 있게 만드는 것은 믿음과 그 믿음의 유산이다. 하나님의 놀라운 축복과 은혜가 이 가정 가운데 반드시 넘칠 것이다.

#2. 백발의 축복(잠 16:31)

칠순은 다른 말로 고희(古稀)라고 한다. 고희는 70세를 사는 이가 드물다는 뜻인데, 이렇게 칠순을 맞으신 분을 축하할 수 있게 되어 감사하다. 예로부터 장수는 축복이다. 옛말에 "의인장수(義人長壽) 악인단명"(惡人短命)이라고 했고, 오늘 말씀에도 "백발 곧 장수의 복은 의로운 길에서 얻는다"고 했다. 사람이 얻는 복에 모두 일곱 가지가 있다고들 한다. 첫째는 좋은 부모에게서 태어나는 복이고, 두 번째는 자라서 좋은 배우자를 만나는 복이고, 세 번째는 좋은 자녀를 두어서 효도 받는 복이고, 네 번째는 건강해서 장수하는 복이고, 다섯 번째는 물질의 복이고, 여섯 번째는 좋은 친구 만나는 복이고, 가장 큰 복은 좋은 신앙(믿음)을 가지고 천국 가는 복이라고 한다. 그런데 성도님은 그런 복을 다 받아서 오늘 이렇게 칠순잔치를 하게 되니 거듭 축하할 일이다.

1. 하나님께 감사하기 바란다.

백발은 영화의 면류관이다(잠 16:31). 아무나 백발을 얻는 것이 아니다. 공의로운 길에서 얻는다고 했다. 즉 백발의 나이까지 장수하는 복을 받는 사람은 자손들과 친지들과 이웃에게 자랑스러운 일이며, 칠순 잔치를 한다는 것은 영화로운 일이 아닐 수 없다. 그런 면에서 하나님께 감사해야 한다. 어르신은 물론 부모님의 칠순을 맞이한 자녀들과 후손들도 하나님께 감사해야 한다.

2. 하나님께서 특별히 사랑하심을 믿기 바란다(사 46:4).

하나님께서 사랑하시는 자를 노년에 이르기까지 품어주시고, 백발이 되기까지 품어주신다. 칠순을 맞았다는 것은 하나님의 특별한 사랑을 입었다는 증거이다. 하나님께서 지금까지 품어주시고 업어주셨기에 가능하다. 어르신을 향하신 하나님의 특별한 사랑이 있음을 믿으라. 지금까지 지키시고 이끄시고 채워주신 하나님의 사랑을 기억하라. "내가 지었은즉 내가 업을 것이요 내가 품고 구하여 내리라"는 약속을 믿고, 앞으로도 주님께서 함께 하시고 사랑해주실 것을 믿으라.

3. 하나님의 은혜를 증거하기 바란다.

시편 기자는 하나님의 은혜를 기억하면서 간구하였다. "하나님이여 내가 늙어 백발이 될 때에도 나를 버리지 마시며 내가 주의 힘을 후대에 전하고 주의 능력을 장래의 모든 사람에게 전하기까지 나를 버리지 마소서"(시 71:18). 이제 하나님의 능력과 은혜를 자손들과 후배들에게 증거해야 한다. 아름다운 간증을 많이 하기 바란다. 하나님의 은혜를 증거하면서 살아갈 때 하나님께서 늘 함께 하시면서 힘있게 하실 것이다.

백발은 하나님의 축복이다. 지금까지 지내 온 것 모두가 하나님의 은혜이다. 하나님의 특별한 사랑하심으로 여기까지 왔으니, 남은 생애도 하나님의 은혜로 채워지고, 하나님 주시는 능력으로 충만하기를 축원한다. 시편 92편 12-15절의 말씀처럼 장수하고 늙어도 여전히 결실하며 진액이 풍족하고 빛이 청청한 삶이 되기를 축원한다.

36. 임종예식

A. 원리

　임종예식은 임종, 입관, 발인, 하관, 유가족 위로예배로 이루어진 장례예식 가운데 가장 먼저 드려지는 운명(殞命)하는 이와 유족들을 위한 예배이다. 임종예식은 운명하는 이의 신앙을 다시금 확인하고 부활과 영생의 소망을 통해 임박한 죽음을 평안 가운데 맞이하도록 돕는 일이 가장 중요하다. 또한 임종예식은 당사자가 운명한 직후 유족들을 위해 위로와 용기를 주는 예배이기도 하다. 임종예식은 운명하기 전에 드려지는 것이 일반적이다. 그러므로 임종예식을 준비하는 가정에서는 그 이전에 유서준비나 유언녹음을 하도록 한다. 가끔이지만 때로는 임종예배를 드리고 나서 다시 회생하는 경우가 있는데 그렇다 하더라도 운명하기 전에 갖는 것이 바람직하다. 어떤 경우에는 여러 가지 상황으로 인해 이미 임종한 후에 예식을 가지는 경우도 있다. 따라서 집례자는 상황에 맞게 예식을 진행하도록 한다. 임종예식은 장례예식의 시작이므로 유족들에게 장례를 위한 준비(장례사 섭외, 장지확보나 화장장의 예약, 수의, 사진 등)를 점검하고 도움이 필요한 일을 돕도록 한다.

B. 지침

1) 임종 때는 집 안팎을 깨끗이 치우고, 시신을 모실 조용한 방으로 옮겨 눕히고 가족들이 모여 운명을 기다리도록 한다. 예식 이후 임종 전까지 찬송을 불러 믿음을 격려하고 성경말씀을 자주 들려주어 용기를 주며 기도로써 소망을 잃지 않도록 한다(가정이 아닌 병원이나 요양원의 경우, 임종실이 있으면 임종실에서 예배를 진행하도록 한다. 임종실이 갖추어지지 않은 경우는 가능하면 단독병실에서 예배를 드릴 수 있도록 부탁하는 것이 좋다).

2) 예식에서 임종하는 이가 신자인 경우와 비신자인 경우를 구별하여 기도와 설교를 준비하도록 유의한다.
3) 예식 진행 도중 임종하는 이가 운명하는 경우 잠시 예식을 멈추고 집례자는 아래에 나와 있는 예를 따라 운명한 이의 영혼을 하나님 품에 맡기는 기도를 한다. 이때 유족들의 격렬한 반응이나 표현이 있을 수 있으므로 이를 유념하여 예식을 진행하도록 한다.

C. 예식순서

개 식 사		집례자

(임종직전의 경우: 지금부터 우리는 하나님의 뜻 가운데 태어나서 다시 하나님의 품으로 돌아가는 사랑하는 성도 ○○님을 하나님 품에 맡기는 예배를 드리겠습니다.

임종직후의 경우: 지금부터 우리는 하나님의 뜻 가운데 태어나서 다시 하나님의 품으로 돌아가신 사랑하는 성도 ○○님의 임종예식을 드리겠습니다.)

묵 도		다함께
	(집례자는 요 5:24/또는 시 23편을 낭독합니다)	
찬 송	272/338/438장 중 택 1	다함께
기 도		순서자
성경말씀	설교 예시 참조	집례자
설 교	설교 예시 참조	집례자
임종 기도		집례자
찬 송	272/338/438장 중 택 1	다함께
축도(또는 주기도)		집례자

* 예식에서 순서를 맡은 이와 집례자는 신자의 경우와 비신자의 경우를 잘 분별하여 기도/설교 등을 준비하도록 한다.
* 설교자는 임종하는 이와 유족을 위해 간략하게 권면과 위로의 말씀을 전하도록 한다.

* 집례자는 임종예식 이후에 임종하는 이가 운명하기 전이라면 적절한 시간 동안은 계속하여 임종하는 이가 좋아하는 찬송을 함께 부르거나 천국에 대한 소망과 확신을 주는 말씀을 낭송한다(예를 들면, 요 14:1-6; 시 23편).
* 집례도중에 임종하는 이가 운명할 경우, 집례자는 예식을 멈추고 임종한 이의 손을 잡거나 이마에 안수하며 다음과 같이 기도할 수 있다: "하나님, 하나님의 아들/딸 ○○○성도의 생명을 하나님의 손에 돌려 드립니다. 주님의 그 한없이 넓은 가슴으로 ○○○성도를 받아 주옵소서. 예수 그리스도의 이름으로 기도하옵나이다. 아멘."

D. 설교

#1. 성도의 죽음(계 14:13)

주안에서 죽는 자들이 복이 있다. 한 번 죽는 것은 사람에게 정하신 것이라고 하셨는데 그것이 복되다는 것이다. 마무리를 복되게 했다는 것은 복된 결말을 맺음으로 인생이 복된 인생이 되었다는 것이다 주안에서 죽는 자들이 복된 이유가 있다.

1. 영원한 안식을 누리기 때문이다.
계시록 21장 4절은 모든 눈물을 그 눈에서 씻기시매 다시 사망이 없고 애통하는 것이나 곡하는 것이나 아픈 것이 다시 있지 아니하다고 약속한다. 성도들이 죽음 이후에 누리게 되는 안식은 온전한 안식이며 영원히 누리는 안식이다. 성도에게 이 세상의 삶은 영원하고 온전한 안식의 처소를 바라보고 나아가는 나그네의 삶에 지나지 않는다. 성도가 사모하고 바라는 본향은 참된 안식과 평안이 없는 이 땅이 아니라 아버지 하나님이 예비하신 영원한 아버지의 품이다. 저희의 수고를 그치고 쉰다고 하신다. 모든 인생은 죄악된 세상에서 진정한 쉼을 누릴 수 없다. 이제 이 땅에서 고난과 수고가 끝났기에 천국에서 쉬면서 누리는 것이 예비되어 있다.

2. 완전한 위로를 받게 될 것이기 때문이다.

성도는 악한 세상 속에 살면서 예수를 믿기 위해 선한 싸움을 싸우는 자들이다. 믿음을 쓰러뜨리려고 하는 모든 영육 간의 시험과 고난을 견디고 이기었기 때문에 주님이 주시는 영원한 위로가 기다리고 있다. 이 세상 어디에도 이 세상 그 누구도 진정한 위로가 없고 진정한 위로자도 없다. 하나님의 품이야말로 진정한 위로이고 예수님은 진정한 위로자이시다. 죽음을 통해 성도는 진정한 위로자이신 주님을 대면하고 하나님 품에 안기게 된다. 그러므로 성도들에게 죽음은 절망과 탄식이 아니라 위로와 승리의 기쁨으로 들어가는 복된 관문이다. 남아 있는 가족들 또한 이 땅에서의 선한 싸움이 아무리 힘들고 어려워도 앞서 가신 성도들의 발자취를 따라 끝까지 인내하며 믿음과 거룩을 지키는 자들이 되어야 한다. 인생이 겪은 고난과 고통과는 비교할 수 없이 크고 완전한 위로와 영광으로 인해 성도의 죽음은 복된 것이다.

3. 주 안에서 죽음이 복된 것을 기록하여 약속하고, 성령님이 보증하고 계시기 때문이다.

본문에서 '기록하라'와 '그러하다'를 빼고 읽어도 주안에서 죽는 자들이 복되다는 의미를 전달하는 데 문제는 없다. 그런데 성경은 한 말씀도 빼거나 더하면 안 된다. 일점일획에도 뜻이 있고 이유가 있다. 하늘에서 음성이 나서 기록하라고 하셨다. 하늘에서 음성이 나서 말씀하신 것이 아니라 기록하라고 하신 것은 그 말한 바가 절대 불변하는 것이라는 뜻으로 자금 이후로 주안에서 죽는 자들이 복이 있다는 것은 반드시 지켜질 하나님의 불변하는 약속이므로 받아 적으라고 강조하는 것이다. 또한 약속으로 끝나지 않고 성령이 보증을 하신다. 하늘에서 들린 명령, 기록하라에 따라 요한이 기록해야 될 내용의 확실성을 진짜로 그러하다는 말로 성령이 보증까지 해 주시는 것이다.

성도의 죽음이 복임을 보증하시는 약속과 성령의 음성을 듣고 슬픔을 당한 모든 가족과 교우들이 진정한 위로와 평안을 누리시기 바란다. 가족의 죽음 앞에서 무슨 말이 위로가 되며 평안이 될 수 있겠는가. 후회도 있고 죄송한 마음도 있을 것이다. 이것을 참 사랑이시며 좋으신 하나님은 아시기 때문에 약속을 기록하고 보증하시면서 위로와 평안을 누리고 슬픔을 극복하시기를 원하신다.

#2. 죽었으나 믿음으로 말하는 사람(히 11:4)

1907년 7월14일 이역만리 헤이그에서 만 48세의 일기로 순국하여 63년 수유리 4·19묘역으로 모신 이준 열사 유훈에 이런 말이 있다 "사람이 산다는 것은 무엇이 산다는 것이며, 사람이 죽는다는 것은 무엇을 두고 죽는다는 것인가. 살아도 죽은 자가 있고, 죽어도 산자가 있느니라." 세상에는 두 종류의 사람이 있다. 첫째는 자신을 세상에 우연히 던져진 존재로 생각하고, 목적 없는 인생을 살다가, 욕심에 이끌려 가치없이 죽은 사람이다. 성경은 이런 사람을 아끼는 자 없이 죽은 사람이라고 한다. 둘째는 자신을 위대하신 하나님의 피조물로 인식하고, 삶을 귀하게 여기며, 사명있는 인생을 살다가 영광스러운 생애를 마감하는 사람이다. 이준 열사는 성경을 인용해서 전자는 살았으나 죽은자와 방불한 자로 말했고, 후자는 죽었으나 살아 있는 자라고 했다.

1. 고인은 죽었으나 믿음으로 말한다.

오늘 본문도 "그가 죽었으나 그 믿음으로써 지금도 말하느니라"고 말씀하고 있는데, 이는 가치있는 삶과 의미있는 희생이 무엇인가에 대해 이야기 하고 있다. 예수님은 "한 알의 밀이 땅에 떨어져 죽지 아니하면 한 알 그대로 있고 죽으면 많은 열매를 맺느니라"고 요한복음 12장 24절에서 말씀하셨다. 사과 속의 씨는 헤아릴 수 있지만 씨 속의 사과는 헤아릴 수 없다. 고인의 삶과 생전의 헌신은 한알의 밀알이 된 것이고 이러한 그의 생애는 믿음의 자손들을 통하여 훗날 헤아릴 수 없는 열매로 드러나게 될 것이라 믿기에 위로를 넘어 소망과 약속이 있다.

2. 성경이 말하는 죽음의 의미

성경은 죽음의 의미에 대하여 말씀하고 있다. 고인의 임종(소천) 소식을 전해 듣고, 마음에 주님이 말씀하시는 두 가지 음성이 있었다. 하나는 오늘 본문 말씀 "저가 죽었으나 그 믿음으로써 지금도 말하느니라"는 말씀과 다른 하나는 예수께서 죽은 나사로의 집에 가실 때 "우리 친구 나사로가 잠들었도다"라고 말씀하신 내용이다(요 11:11). 예수님은 죽은 나사로를 친구로 불러 주셨고, "잠들었도다"라는 말씀을 통해 깨어남을 약속해 주셨다. 이제 고인도 예수님의 친구가 되어 부활의 첫 열매되신 예수 그리스도께서 천사들의 호령과 나팔소리 가운데 재림하실 때에 부활의 약속 가운데 깨어나실 것이다. 초대교회 시절 돌에 맞아 순교한 스데반 집사에 대해서도 그가 잠들었다고 말씀했다.

3. 남은 자의 삶

성경은 이 땅에 남은 우리가 어떤 삶을 살아야 하는가를 제시한다. 우리 성도들과 유족 모두는 특히 자녀들은 소명이 남은 자로써 고인이 남겨주신 신앙으로 위대하고 부끄러움 없는 삶으로 살아야 할 책임이 있다. 고인이 10년이라도 더 우리 곁에 더 있어 주기를 바라는 마음이 간절하지만 천년을 하루로 계산하시는 하나님의 시차 개념에서 그것 또한 한 순간 찰나에 불과하다. 불원간 우리도 영광의 보좌 앞에서 고인을 만나게 될것이다.

충성이란 내가 원하는 것을 구하지 않고, 하지 않으면 안 될 일을 구하는 것이다. 고인은 하지 않으면 안 될 사명을 다하다가 신앙인으로써 부름을 받았다. 목사의 가슴은 공동묘지이다. 성도들을 도저히 땅 속에 묻을 수 없어 한분 한분 마음속에 묻는다. 오늘 또 한 분을 마음속에 묻는다. 고인의 소천에 조의를 표하며 유족과 모두 위에 하나님의 크신 은혜가 함께 하기를 바란다.

37. 입관예식

A. 원리

우리나라의 경우 화장을 하건 매장을 하건 대부분 입관절차를 치른다. 입관이란 세상을 떠난 사람의 시신을 잘 씻기고 수의를 갈아입힌 후 운구하기 위하여 관에 넣어 모시는 절차이다. 대부분 장의사의 도움을 받으나 섬지역이나 농촌 지역에서는 종종 목회자가 직접 염습을 하는 경우도 있다. 그러므로 목회자는 목회지에 따라 염습 방법에 대해 알아둘 필요도 있다. 그러나 지방과 가풍에 따라 염습 방식이 다를 수 있기에 목회자가 공연히 분란에 휩싸이지 않도록 유의해야 한다.

입관예식을 위하여 목사는 염습하기 전에 현장에 도착하여 유가족과 인사하고 염습 과정을 지켜보는 것이 좋으며, 염습이 다 끝나면 입관예식을 진행한다. 대개의 경우 관 뚜껑을 닫기 직전까지의 과정을 마친 후 입관예식을 행하는데, 유가족과 가까운 교우들이 참석한다.

만약에 목사가 염습을 해야 한다면 교인 중에서 경험이 있는 사람의 도움을 받아 시행한다.

1) 씻김

시신을 다음 순서로 씻긴다.
① 집례자의 인도를 따라 시신 좌우에 두 명씩 앉는다.
② 홑이불을 벗기고 손발을 묶었던 붕대나 백지를 제거한다.
③ 남성의 경우에는 남상주가, 여성인 경우에는 여상주가 앞가리개로 가린 채로 하의를 벗기고 이어 상의를 벗긴다.
④ 알콜이나 향수를 희석한 물을 수건에 적셔 시신을 골고루 닦아 낸 후 마른 수건으로 닦는다.
⑤ 빗으로 머리를 빗기고, 손톱과 발톱을 잘라 종이에 잘 싸서 입관 중에 관에 넣도록 준비한다.

⑥ 홋 이불로 시신을 완전히 덮는다.

2) 수의 입히기
집례자는 경험있는 사람의 도움을 받아 수의를 입히는데, 준비된 수의가 있으면 그것을 쓰고, 그렇지 못하면 고인이 입던 옷 중에서 면 종류로 깨끗한 것을 사용한다. 일반적으로 수의는 바지, 허리띠, 버선, 대님, 남자는 행전/여자는 치마, 저고리, 두루마기, 손싸개, 머리싸개 등이다.
① 기저귀를 채운 후 손과 발을 창호지로 싼다.
② 버선과 손 싸개를 끼운다.
③ 바지를 입힌 뒤 허리띠를 묶는다.
④ 상의는 저고리와 두루마기를 미리 겹쳐서 한 번에 입히는데, 시신의 다리 쪽에서 머리 쪽으로 입히되 허리를 들어 올려서 팔을 상의에 끼우면서 입힌다.
⑤ 턱걸이를 채우고 머리싸개를 덮는다.

3) 입관
관을 정상목 위에 놓아 들어올리기 쉽게 준비하고, 수의를 입힌 후 이어서 진행한다.
① 관 안에 백지를 깔고 요를 깐 후 시신을 안치하는 데, 시신을 옮기기 위해 필요하면 백지로 어깨, 팔, 다리, 발목 등을 묶었다가 관에 안치한 후 풀 수도 있다.
② 관 속의 빈 곳을 백지나 솜 혹은 짚 등으로 채운다.
③ 이불을 덮는데 얼굴 부분은 열어 놓고 머리싸개도 열어둔다.
④ 유가족이 관을 봉한 후 입관예식을 하기 원하면 유가족으로 고인의 얼굴을 보게 한 후 머리싸개를 덮고 관을 봉한 후 입관예식을 행한다.
⑤ 유가족이 관을 봉하기 전에 입관예식을 하기 원하면 머리싸개를 열어 놓고 입관예식을 한다.
⑥ 입관예식 후에 관을 봉하고 봉띠를 묶어 운구하기 쉽게 하고, 관포를 씌워 안치한다.
⑦ 입관을 하면 관(棺)은 구(柩)라 칭한다.

4) 빈소
  ① 입관예식을 한 후 구가 안치된 곳을 빈소로 정한다.
  ② 입관예식 후 상제들은 상복을 입고 빈소에서 문상객의 조문을 받는다.
  ③ 상주는 고인의 사진을 향하는 방향에서 우측에 위치한다.
  ④ 문상객은 헌화가 있을 때 꽃 쪽이 자신을 향하도록 헌화대 위에 놓는다.
  ⑤ 문상객은 고인의 사진 앞에서 잠시 하나님께 묵도한 후 유가족과 인사를 나누고 위로한다.

5) 문상 인사
  문상객은 검정색 계통의 옷을 입도록 한다. 넥타이만이라도 검정색으로 맨다.
  ① 문상객의 인사말
      고인이 신자인 경우: 하나님의 위로가 함께 하시길 빕니다, 얼마나 슬프십니까? 크신 슬픔 중이나 부활의 소망으로 위로받으시기 바랍니다.
      고인이 불신자인 경우: 얼마나 망극하십니까?(부모상), 얼마나 상심되십니까(손아래 상), 얼마나 마음이 아프십니까?(손위 상)
  ② 상주의 대답
      위로해주셔서 감사합니다. 바쁘신 중에도 찾아주시어 감사합니다.

B. 지침

1) 입관은 사망 후 24시간이 지난 후에 하는데, 가능하면 직계 유가족이 다 모이고 유가족의 합의가 있을 때 한다.
2) 매장인지 화장인지에 따라 관의 종류가 달라질 수 있으며, 유가족의 능력에 맞게 적절한 관을 사용하도록 지도한다.
3) 관 안에는 다른 부장품을 넣지 않도록 한다. 특히 고인의 성경책 등은 신앙의 유산으로 남겨두고 고인을 추모할 때 사용하도록 지도한다.
4) 마지막 고인의 얼굴을 볼 때 감정이 북받치지 않도록 도와주어야 한다.

C. 예식순서

개 식 사	···	집례자
	"고 ○○○씨의 입관예식을 시작하겠습니다."	
찬 송	······························ 606, 479장 ······························	다같이
기 도	···	담당자
성경낭독	······························ 설교본문 ······························	집례자
설 교	···	집례자
기 도	···	집례자
	(설교 내용을 담아 기도한다)	
찬 송	······························ 608장 ······························	다같이
축 도	···	집례자

D. 설교

#1. 주 안에서 잠들다(살전 4:13-18)

사랑하는 사람을 떠나보내는 일은 누구에게나 슬프고 힘든 일이다. 그러나 그리스도인의 죽음은 마지막을 의미하지 않기 때문에 우리는 이별을 지나치게 슬퍼할 필요는 없다. 신앙이 연약한 데살로니가 교인들은 함께 신앙생활하든 동료들의 죽음을 보고 심이 슬퍼하고 아파했다. 그래서 바울은 사랑하는 사람과 이별해야 하는 슬픔에 빠진 데살로니가 교인들을 위로하고 격려한다. 바울의 가르침을 통해 유가족과 친지 분들께 위로가 함께하길 바란다.

1. 소망이 있다.

그리스도인의 죽음은 영원한 이별이 아니라 천국에 대한 소망이다. 그러므로 그리스도인들은 소망이 없는 자들처럼 슬퍼하지 말아야 한다. 우리가 이 땅에서 아무리 큰 부귀와 영화를 누린다고 할지라도 흑암과 죄악의 세상에 살고 있다. 하지만 주안에서 잠자는 자들은 더 이상 어둠에 있는 것이 아니라 하나님이 예비하신 집에 거하는 축복을 누린다. 그러므로 성도는 하나님 나라에 대한 소망이 있다. 누구나 맞이하는 죽음이지만, 그리스도 밖에 있는 자들은 좌절과 절망 가운데서 입관 예식을 거행하지만, 우리는 하나님 나라에 대한 소망 가운데 고인을 입관한다. 유가족 여러분들도 소망의 주님을 바라보시기 바란다.

2. 부활이 있다.

주안에 있는 자들은 그리스도와 함께 다시 산다. 우리의 구주이신 예수님이 죽음에서 부활하셨기 때문이다. 그러므로 그리스도와 연합한 모든 성도들은 영광스러운 몸으로 부활에 참여하게 된다. 부활의 믿음을 가진 자들은 죽음을 두려워하지 않고 하나님의 부르심을 믿음으로 받아들인 자들이다. 우리가 사랑하는 고인은 비록 육신적으로는 죽음을 맞이했지만, 고인은 죽은 것이 아니라 그리스도 안에서 잠든 것이다. 우리 주님이 다시 오실 때 홀연히 일어나 주님과 함께 할 것이다. 우리도 고인을 보내면서 부활의 확신을 가져야 한다. 부활의 참 소망이 우리를 지배할 때 참된 믿음을 가질 수 있고 위로를 얻기 때문이다.

3. 항상 주님과 함께 있다.

바울은 죽음을 맞이한 성도들은 주님과 함께 있게 된다고 말한다. 우리는 부활하신 주님을 만나 공중에서 그분을 영접하고 항상 함께 있게 된다. 주님과 함께 한다는 것은 평안과 기쁨을 의미한다. 주님과 함께함으로 누리는 기쁨은 이 세상 무엇과도 비교할 수 없는 큰 축복이고 평안이다. 주안에서 죽은 자들은 주님과 함께 영원한 삶을 누리게 된다. 따라서 우리는 고인에 대한 모든 염려와 슬픔을 내려놓아야 한다. 주님이 고인과 영원히 함께 하겠다고 말씀하셨기 때문이다. 그리고 고인을 떠나보내는 유가족에게도 하나님이 함께하시는 은혜가 충만하기를 소망한다.

고인의 입관 예배에 참석해 우리는 고인이 주 안에서 잠들었음을 인정해야 한다. 이것은 우리가 고인과 영원히 이별하는 것이 아니라 고인을 주님의 품으로 돌려보냈기 때문이다. 고인이 주안에서 안식과 평안을 누리도록 기도하자.

#2. 죽음의 의미(딤후 4:6-8)

성경에 보면 다윗왕은 아들 솔로몬에게 유언을 하면서 "내가 이제 세상 모든 사람이 가는 길로 가게 되었노니"(왕상 2:1)라고 말한다. 즉 죽음이란 모든 사람이 가는 길이요, 사람에게 정하신 것이다. 이 세상을 사는 사람들 중에 그 누구도 죽음에서 예외인 인생은 없다. 그러므로 죽음에는 피할 수 없는 몇 가지 사실이 있다. 1) 죽음은, 인간 누구에게나 예외 없이 온다. 2) 죽음은, 언제 올지 예측할 수 없다. 3) 죽음은, 누구도 경험할 수 있는 대상이 아니다. 4) 죽음은, 어느 누구도 대신할 수 없다. 이제 본문의 말씀을 통해 죽음의 의미가 무엇인지 살펴보자.

1. 죽음은 떠남과 만남을 의미한다.

바울이 말한 "떠난다"는 말은 헬라어 "아날루시스"(analusis)라는 단어이다. 이 단어는 몇 가지 의미를 가지고 있는데, 첫째는 야영생활에서 천막을 이동한다는 뜻이다. 이스라엘 백성들은 광야를 여행할 때 천막을 가지고 다니다가 원하는 장소에 도착하면 천막을 쳤다. 일정기간이 지나 다음 장소를 향해 출발하게 되면 천막을 거두어 이동한다. 이때 천막을 이동해가는 것을 죽음이라고 보았다(고후 5:1). 둘째는 정박선의 밧줄을 푼다는 뜻이다. 배가 항구에 매여 있다가 출항하게 되면 닻줄을 풀어 닻을 올리는데 이것이 바로 떠난다는 뜻이다. 즉 세상이란 항구에서 영원한 천국의 항구로 떠나가는 것이 죽음이다(시 107:30). 셋째는 죄인의 손목에서 수갑을 푼다는 뜻이다. 감옥에 갇혀 있던 정치범이 국가 경축일 특사로 사면을 받고 자유하게 되는 것을 말한다.

2. 죽음은 면류관의 상급을 의미한다.

본문 8절에서 바울은 "이제 후로는 나를 위하여 의의면류관이 예비 되었으므로 주 곧 의로우신 재판장이 그날에 내게 주실 것이며, 내게만 아니라 주의 나타나심을 사모하는 모든 자에게도니라"고 했다. 여기서 주목할 것은, 바울이 어떻게 자신의 죽음을 기대에 부풀어 바라볼 수 있었느냐는 것이다. 그것은 천국에서 받을 면류관을 바라보며 기뻐했다는 것이다.

3. 죽음은 부활의 소망을 의미한다.
　성경에서는 죽음의 두 가지 측면을 가르치고 있다. 하나는 신앙 밖에서 보는 인간의 조건으로서의 생물학적 죽음이고, 다른 하나는 그리스도 안에서 이루어지는 신비한 죽음이다. 이 신비한 죽음은 육체적 죽음을 극복하고 부활의 생명과 연결되어 영원한 생명을 누리게 되는 것이다.

　예수님이 죽음을 이기시고 부활의 첫 열매가 되셨듯이, 우리도 부활하여 영원한 생명을 누리게 된다. 그러므로 소망 없는 자같이 죽음을 슬퍼하지 말라는 말씀이다. 예수를 살리신 이가 우리도 예수와 함께 살리실 것을 확신하는 승리자가 되기를 바란다.

38. 장례예식

A. 원리

 장례식 또는 상례예식은 한 사람이 사망에 이르렀을 때 그 시신을 처리하는 전 과정을 일컫는다. 사망이 임박한 것이 확실하거나 사망 직후에 임종예식을 하고, 통상 입관예식, 장례예식, 하관예식을 시행한다. 장례예식을 발인예식이라고 부르기도 한다.
 한번 죽는 것은 인간에게 정해진 것이다(히 9:27). 모든 사람에게 사망의 때가 찾아온다. 기독교 신앙은 인간이 죽음으로 끝나지 않고 그 후에 심판이 있으며 그 결과 예수님을 믿지 않는 사람은 멸망에 들어가게 되며, 믿음이 있는 사람은 심판에 이르지 아니하고 낙원에 가게 됨을 분명히 가르친다. 그러므로 사망은 믿지 않는 자에게는 영원한 멸망이 결정되는 순간이며, 믿는 사람에게는 영생으로 들어가는 과정인 셈이다. 이런 면에서 사망은 신앙 없는 사람과 유가족에게는 큰 두려움이 되나, 신앙 있는 사람들에게는 큰 소망이 된다.
 하지만 인간의 죽음은 육체적으로 더 이상 그를 볼 수 없다는 면에서 유가족에게는 큰 슬픔이 된다. 그러므로 교회는 유가족을 위로하고 적절한 예식으로 하나님의 위로와 소망의 메시지를 주어야 한다. 특히 사고나 질병으로 평균 수명보다 일찍 세상을 떠난 경우 유가족의 슬픔이 클 것이기에 더욱 세심하게 장례 절차를 진행하도록 한다.
 성경에 기록된 장례 방식이 매장이지만 현대사회의 추세에 따라 화장이나 수목장 등으로 진행할 수도 있다. 세상을 떠난 고인의 유지와 유가족의 뜻을 따라 장례 방식을 결정하도록 하고 교회와 목사는 올바른 결정이 내려지도록 도와야 한다. 가족 중에서 불신자가 있어 혹시라도 의견 대립이 있을 때는 잘 조정하여 기독교식으로 장례를 진행하도록 안내한다.
 장례예식에는 교인들만이 아니라 일가친척과 친지들이 함께 하기 때문에 소홀함이 없어야 하며 기독교의 참된 사랑과 복음진리를 증거할 좋은 기회가 된다. 그러므로 교회와 목사는 진심을 다하여 인도하도록 한다.

장례예식은 유가족과 살아 있는 사람들에게 맞춰져야 한다. 이 말은 자칫 고인에게 초점이 맞춰짐으로 고인을 높이고 고인의 영혼을 위하여 기도한다든지 하는 잘못된 행위에 빠지면 안 된다는 의미이다. 목사는 불신자라도 유가족이 요청하면 장례예식을 집례해야 한다. 불신자나 자살한 사람의 경우에도 유가족을 위로하고 복음을 증거하기 위해서라도 장례를 집례함이 옳다.

B. 지침

1) 영결식, 명복을 빈다 등의 용어를 사용하지 않도록 한다.
2) 3일장을 기본으로 하고 주일이 끼는 등의 이유로 4일장을 하기도 한다.
3) 장례예식은 문상소가 있는 곳이나 장례식장에서 할 수도 있고, 예배당에서 할 수도 있다. 예배당에서 할 경우 예배당 앞에 구가 당도하면 주례목사가 인도하여 예배당에 들어오고, 조문객은 일어서서 맞이하며, 회중석 전면에 구를 모시도록 한다.
4) 유가족과 호상, 운구위원, 찬양대, 장례예식 순서를 맡은 사람들의 자리를 정해두고 안내하도록 한다.
5) 장례예식 순서지를 만들어 조문객에게 나누어준다.
6) 운구위원은 교인으로 하고, 운구 행렬은 장례예식 전후 모두 사진(영정), 집례자, 영구, 상제, 친족, 장례위원, 조문객 순으로 하고, 곡이나 울음을 삼가고 찬송을 부르며 행진하도록 한다.
7) 약력 소개와 조사 등은 길지 않도록 미리 담당자와 상의한다.
8) 헌화 순서는 생략할 수도 있고, 숫자가 적으면 조문객 전체가 할 수도 있고, 숫자가 많으면 대표자들만 할 수도 있는데, 꽃이 조문객 쪽으로 오도록 마련된 헌화대에 올린다. 이때 음악을 연주하면 좋다.
9) 성경말씀과 찬송 등은 사망한 사람과 유가족의 사망원인이나 기타 특성에 따라 적절하게 선정할 필요가 있다.

C. 예식순서

예 식 사		집례자
	"지금부터 고 ○○○(직분)의 장례예식을 거행하겠습니다. 고인과 유가족의 뜻을 따라 기독교식으로 진행함을 이해하여 주시고, 조문객 여러분은 엄숙한 마음으로 임해주시기 바랍니다."	
기 도		집례자
	"생명의 근원이시며 인간의 생사화복을 주관하시는 거룩하신 하나님, 사랑하는 ○○○의 장례예식을 진행하오니 부활의 주님께서 임재하시어 위로의 은혜를 베푸시고 영원한 나라의 소망을 다시 한 번 내려주시옵소서. 예수님의 이름으로 기도합니다. 아멘!"	
찬 송	491장	다같이
성경낭독	설교본문	집례자
특별찬송		찬양대
설 교		설교자
	(설교자는 설교 후 설교 내용과 관련된 기도를 한다)	
약력 소개		담당자
조 사		담당자
헌 화		다같이
장례 안내		담당자
찬 송	492장	다같이
축 도		집례자

D. 설교

#1. 출장인생(히 11:13-16)

이스라엘 민족의 조상인 아브라함과 이삭과 야곱은 이 땅에 사는 동안 외국인과 나그네같이 살았다. 아브라함은 가나안에서 이방인으로 살지 않고 자기 고향인 갈대아 우르로 돌아갈 수 있었다. 그러나 그는 죽을 때까지 그곳으로 돌아가지 않았다. 이유는 그가 소망했던 고향은 육신의 고향이 아니라 영혼의 고향인 하늘나라였기 때문이다. 인생은 잠시 출장을 나온 것과 같다. 그러므로 출장인생은 어떻게 살아야 하는지 생각해 보겠다.

1. 이 땅은 우리가 영원히 안주할 곳이 아니다.

출장인생은 나그네 인생으로 고향을 찾아가는 삶을 말한다. 그러므로 더 나은 본향을 사모하는 인생이 성도들인 것이다. 베드로사도는 "사랑하는 자들아 거류민과 나그네 같은 너희를 권하노니 영혼을 거슬러 싸우는 육체의 정욕을 제어하라"(벧전 2:11)고 했다. 출장 나온 사람은 목적과 사명이 있다. 출장 나온 사람과 관광객은 다르다. 관광객은 이곳저곳을 구경하면 되지만, 목적과 사명을 가지고 이 땅에 태어난 사람은 구경하며 살 수 없다. 그러기엔 너무나 짧은 인생이기 때문이다(약 4:14). 우리의 영원한 본향은 이 땅이 아니라 천국이다.

2. 주님이 부르시면 언제든 떠날 준비를 해야 한다.

유목민들의 삶은 이동하기가 쉽다. 오늘은 이곳, 내일은 저곳으로 떠나기가 편리하도록 살아간다. 우리도 하나님이 부르시면 언제든지 떠날 수 있도록 준비해야 한다. 영원히 머무를 수 없는 것은 우리가 출장인생이기 때문이다. 출장인생은 세상에 미련을 두어서는 안 된다. 세상의 명예, 재물, 권력을 자랑하지 말아야 한다(렘 9:23). 세상의 것에 지나친 욕심을 가져서도 안 된다(눅 12:15). 우리는 빈손으로 왔다가 빈손으로 돌아가는 인생이다(딤전 6:7-8). 우리는 세상에 출장온 인생이기에 간편하고 단순하게 살아가야 한다.

3. 일을 마치면 우리는 반드시 집으로 돌아간다.

히브리 민족은 고향이 없는 민족이다. 이들은 유목민으로 광야를 떠돌아다니는 나그네 백성이었다. 그런데 하나님이 히브리 민족에게 고향을 만들어 주셨다. 그 땅이 젖과 꿀이 흐르는 가나안 땅이다. 구약의 출애굽 사건은 고향을 찾아 떠나는 민족의 대이동이다. 우리는 나그네 인생에서 돌아갈 집이 있다는 것에 감사해야 한다. 이 땅 위에 살아 있는 동안 영원한 집을 준비해야 한다. 출장인생을 마치면 평안과 안식이 있는 곳, 사랑과 기쁨이 있는 집으로 돌아간다.

사람에게는 두 가지 고향이 있다. 하나는 육신이 돌아가는 흙의 고향이고, 또 하나는 영혼이 돌아가는 하늘나라 고향이다(빌 3:20). 육신의 고향에는 슬픔이 있고 괴로움과 한숨이 있다. 그러나 영원한 고향은 기쁨과 감사와 사랑이 있다. 육신의 장막이 무너지면 영원한 고향집에서 만날 수 있기를 소망한다.

#2. 성도의 소망(고후 5:1-2)

천상병 시인은 죽음을 이 세상 소풍 끝내는 날이라고 노래했다. "나 하늘로 돌아가리라/아름다운 이 세상/소풍 끝내는 날/가서 아름다웠다고 말하리라"(귀천 중에서). 많은 사람들은 죽음을 두려워한다. 왜냐하면 죽음 후에는 심판이 있다는 것을 본능적으로 알아차리기 때문이다. 죽음 후에 어떠한 아침을 맞이하느냐 하는 것은 이 땅의 삶에서 결정되게 되어 있다. 그가 얼마나 어떻게 살았느냐는 것보다는 예수 그리스도와 살았느냐 그렇지 않았느냐가 결정해 준다.

1. 성도의 죽음

그리스도 예수 안에서의 죽음은 끝나는 것도 심판의 시작도 아니라 새로운 삶의 시작이다. 하나님의 영광의 보좌로 나아가는 것이다. 그리고 예수그리스도와 더불어 영원토록 왕노릇하는 것이다. 그래서 믿는 자의 죽음은 '잔다'고 표현한다. 잠이 들면 깨어 날 때가 있듯이 부활의 주인공 되신 예수 그리스도와 더불어 새로운 것으로 부활되어 영원한 천국에서 하나님의 영광을 찬양하며 하나님과 함께 기뻐하는 영생을 시작하는 것이다. "만일 땅에 있는 우리의 장막집이 무너지면 하나님께서 지으신 집 곧 손으로 지은 것이 아니요 하늘에 있는 영원한 집이 우리에게 있는 줄 아느니라."

2. 성도의 소망

성도의 유일한 소망은 예수그리스도와 함께 영원히 거하는 것이다. 천국 영생을 얻는 것이다. 그 나라에서 상급과 면류관을 누리는 것이다. 이것이 성도의 삶의 이유와 목적이 되어야 한다. 이제 고인은 그리스도 예수 안에서 잠자는 자가 되었다. 주님께서 재림하시는 그날 무덤은 열릴 것이다. 예수님께서 부활의 첫 열매가 되셨기 때문에 모든 믿는 자의 부활을 소망할 수 있다. 이것은 기독교 진리의 핵심이기도 하다. 부활이 없다면 우리의 믿음도 전파하는 것도 헛된 것이 되어 버리고 만다(고전 5:14). 부활의 소망은 우리의 삶에 희망이 되고 생명력을 준다. 세상 그 어떤 것도 두려워하지 않는다. 전쟁과 죽음의 두려움이 없는 완전한 평화와 안식인 샬롬이 있기 때문이다.

3. 남은자의 삶

성도의 삶은 이 세상이 목표가 아니라 하나님 나라가 목표가 되어야 한다. 시인처럼 이 세상에서의 날들이 소풍하는 어린아이처럼 즐거울 수 있어야 한다. 그리스도와 함께 하는 삶에 그 기쁨과 즐거움이 있다. 이제 고인은 예수님과 함께 하는 이 세상에서의 삶은 끝냈지만 영원히 하나님 왕국으로 인도되었다. 주께서 강림하실 때에 먼저 일어 날 것이다. 그날에 우리 살아남은 자들도 주님을 뵈올 것이다. 영원토록 주님과 함께 있을 것이다. 그러므로 이러한 말로 서로 위로하라고 하셨다(살전 4:15-18). 이제 영원한 평강의 천국, 안식에 들어가신 고인을 기념하면서 살아남은 가족들이 하늘의 소망을 같이하고, 함께 한 성도들은 하늘 상급과 면류관을 소망하면서 남은 날, 남은 때 부끄럼 없는 삶을 살아야 한다.

이 세상 소풍 끝내는 날, 주님과 함께 하늘 영광의 영원한 천국이 바로 열린다. 오늘 먼저 앞서 가신 고인의 발자취를 따라 한 걸음 한 걸음 예수의 증인으로 살아가자.

39. 하관예식

A. 원리

하관예식은 장례 절차의 마지막 순서로서 구를 장지까지 운구하여 준비된 묘소에 매장하는 절차로서 묘소 현장에서 행한다. 영구차가 장지에 도착하면 영구차 안에서 기다리거나, 상여를 사용할 때는 구를 상여에 안치하고 상여꾼들이 장지까지 운구한다. 문상객이 있을 경우 묘소 가까운 적당한 곳에 구를 안치하고 문상객의 조문을 받는다. 묘소가 다 준비되면 운구위원들은 정중하게 운구한다. 구를 안장할 지실 곁까지 운구한 후 봉 띠를 풀어 하관에 사용한다. 하관한 다음 구가 움직이지 않도록 주위를 흙으로 채우고, 명정을 덮고 횡대를 덮은 후 머리 쪽 횡대 하나를 열어 놓고 하관예식을 거행한다. 집례자는 묘소 머리 쪽에 서고, 집례자가 보기에 우측에 유가족이, 좌측에 조문객이 서도록 한다.

B. 지침

1) 묘소 준비는 사전에 의뢰하여 모든 준비가 잘 이루어지도록 확인한다.
2) 상여를 사용할 때는 상여꾼들과의 불필요한 마찰이 생기지 않도록 미리 상의한다.
3) 하관예식 순서지를 준비하여 나누어 주는 것이 좋다.
4) 취토를 할 때는 집례자가 먼저 하고 유가족, 교인대표, 친지 순으로 한다.
5) 하관예식 후 광중을 채우고 봉분을 만든 후 잔디를 입히는 산역을 하는데, 끝까지 지켜보는 것도 좋지만, 대개는 산역하는 사람들에게 맡기고 하산하는 경우가 많다.
6) 장례 일정을 다 마친 후 사흘째 되는 날에 묘소가 잘 만들어졌는지를 살피기 위하여 묘지를 방문하는 첫 성묘를 하는데 유가족이 원하면 "삼우예식"(三虞禮式)을 할 수도 있다.

C. 예식 순서

#1. 하관예식

개 식 사	···	집례자
	"고 ○○○ 씨의 하관예식을 시작하겠습니다."	
찬 송	························ 480장 ························	다같이
기 도		담당자
성경낭독	························ 설교본문 ························	집례자
설 교		집례자
기 도		집례자
취 토		유가족
찬 송	························ 606장 ························	다같이
축 도		집례자

#2. 화장예식

　화장을 할 때는 화장예식을 한다. 영구차가 화장장에 도착한 후 화장장에서 예배할 상황이 아닐 때는 영구차 안에서 화장예식을 거행할 수 있다. 화장장에 별도 예식 장소가 있거나 화로 앞에서 예식이 가능하다면 그렇게 한다. 영구차가 화장장에 도착하면 관을 내려 운구차에 싣고 운반한다. 목사는 맨 앞에서 인도하며, 영정이 그 뒤에 가고, 운구차 뒤에 유가족과 조문객이 따른다.

　차례가 될 때까지 기다리다가, 화로입식 순서가 되면 약 10분 전에 화장예식을 시작한다. 화장예식은 간소하게 진행하는 것이 좋다.

찬 송	························ 606장 ························	다같이
성경낭독	························ 설교본문 ························	집례자
설 교		집례자
기 도		집례자

화장예식 후 관을 화로에 넣고 화로문을 닫고 점화하는 것을 함께 조용히 지켜본다. 화장이 끝나면 유골을 받아 납골, 수목장 혹은 적당한 곳에 뿌린다.

D. 설교

#1. 하나님의 뜻을 따라 산 삶(약 4:13-17)

오늘 이 자리에 모인 우리들은 사랑하는 고인을 떠나보내는 마지막 예배를 드린다. 사랑하는 사람과 이별한다는 것이 얼마나 힘들고 어려운 일인지 모두 아실 것이다. 고인의 아름다운 삶을 기억하는 여러분들은 고인의 삶이 얼마나 숭고한지를 잘 알기 때문에 더욱 큰 슬픔에 빠졌으리라 생각한다. 그러나 하나님의 피조물인 인간은 누구나 주어진 인생을 마치면 하나님께로 돌아가야 한다. 우리는 하나님의 뜻을 따라 산 고인의 인생을 되새기며 기쁜 마음으로 고인을 주님 품으로 돌려보내도록 하겠다.

1. 선을 행하는 삶을 살았다.
세상에는 두 종류의 사람이 있는데 첫째는 지혜로운 사람이며 둘째는 미련한 사람이다. 지혜로운 사람은 하나님의 뜻을 따라 산 사람이다. 이 세상에는 짧은 인생을 무의미하게 보내는 사람들이 너무나 많이 있다. 그러나 그리스도인들은 믿음으로 살기 때문에 하나님이 주시는 지혜로 이 세상을 살아야 한다. 지혜로운 자는 하나님의 뜻을 따라 선을 행하며 사는 것이다. 또한 이웃을 사랑하고 섬기는 사람이다. 왜냐하면 성도는 세상의 지혜가 아닌 하나님의 인도하심을 따라 살기 때문이다. 바로 고인이 하나님의 뜻을 따라 선을 행하며 산 지혜로운 사람이었다. 따라서 우리는 고인의 신앙 유지를 잘 받들어야 할 것이다.

2. 진리의 삶을 살았다.
진리의 삶을 산다는 것은 하나님을 믿음으로 인하여 그 마음에 시기와 다툼이 없음을 의미한다. 사람이 진리를 따라 산다는 것은 참으로 어려운 일이다. 따라서 이 세상에는 진리를 추구하며 사는 사람들이 많지 않다.

그러나 하나님을 따라 믿음으로 산 사람들은 진리를 추구하는 진실 된 사람들이다. 우리가 진리를 따라 살아야 할 이유는 하나님께서 진리를 거스른 삶을 살지 말라고 하셨기 때문이다. 고인은 하나님을 따라 진리를 추구하며 살았다. 바로 하나님의 주권을 인정하고 그분을 창조주로 믿고 살았기 때문에 진리를 따라 산 것이다. 그러므로 우리보다 앞서간 고인의 가르침을 따라 진리 가운데 행하는 삶이 필요하다.

3. 열매를 남기는 삶을 살았다.

하나님의 지혜를 따라 산 삶은 풍성한 열매를 얻는다. 하나님이 주시는 지혜를 따라 살면 성결, 화평, 관용, 양순 그리고 긍휼의 열매를 맺는다. 다른 사람들은 이 세상을 떠나면서 재산과 명예를 남기기도 한다. 이러한 삶을 사는 것도 축복된 인생이지만, 그리스도인은 하나님의 은혜를 누리며 살았기 때문에 아름다운 신앙의 열매를 남겨야 한다. 우리는 고인이 이 땅에 살면서 맺은 고귀한 신앙의 열매를 기억하며, 고인의 유지를 받들어야 할 것이다.

하나님의 뜻을 따른 그리스도인의 삶을 살펴보았다. 안개와 같이 사라질 인생의 참된 가치는 하나님을 섬기며, 그분의 뜻을 이 땅에 실천하며 사는 것이다. 우리 앞서 하나님의 품에 안긴 하나님의 뜻을 따라 산 고인의 귀한 삶의 발자취를 회고한다. 고인이 보여준 아름다운 삶이 우리들의 삶을 통해 다시 밝게 피어나기를 소망한다.

#2. 하늘의 형상을 입고(고전 15:35-49)

하관 예식은 고인의 시신을 땅에 묻음으로, 사랑하는 고인을 이 땅에서 영원히 떠나보낸다는 의미가 있다. 사람들은 하관 예식을 마치면 고인과 영원히 이별하는 것이라고 말하지만, 육신이 흙으로 돌아갔다고 하여 모든 것이 완전히 사라졌다는 것은 아니다. 그리스도인에게는 죽음이 마지막이 아니라 부활의 소망이 있기 때문이다. 이제 고인은 이 땅의 형체인 육신을 벗고 하나님 나라에 속한 하늘의 형상을 입게 된다.

1. 부활은 분명히 있다.

35절 말씀에 의하면 고린도 교회 교인들 가운데 부활을 믿지 못하는 자들이 있었던 것 같다. 그들은 죽은 자의 몸이 미래에 부활하게 될 것이라는 것을 상상할 수가 없었다. 그래서 바울 사도는 부활을 농사 비유를 통해 설명했다. 땅에 뿌려진 씨는 그 존재로서는 나름대로 종결을 의미하지만, 그 동일한 실체가 변화를 통하여 새롭고 더 영광스러운 존재의 방식으로 나타난다는 것이다. 이와 같이 자연 만물을 창조하신 하나님이 인간도 창조하셨기 때문에 부활은 분명히 가능하다. 그리스도인은 근본적으로 이 땅에 속한 자들이 아니라 하늘에 속한 존재이기 때문이다. 고인은 부활한 몸으로 하늘의 형상을 입을 것이다.

2. 부활의 몸을 주시는 하나님

고린도 교인들은 죽음 이후에 대해서 의심 하고 있었다. 그래서 그들은 사후에 생이 있다면 우리는 어떠한 몸을 가지고 생활하게 될지에 대해 질문했다. 바울은 죽음 이후의 상태에 대해서 다음과 같이 답변했다. 바울은 하나님이 죽음 이후에 새로운 형상을 주시는 분이라고 분명히 말했다. 38절에 의하면 하나님께서는 자신의 의도대로 거기에 합당한 "몸"을 주신다고 했다. 하나님이 새롭게 주신 몸은 동일한 자아를 가진 존재를 의미하지만 다른 형상을 입을 것이라고 말했다. 바로 부활 생명에 적합하고 영화롭게 변화된 형태를 입은 형상을 말했다. 우리는 이러한 몸을 하늘의 형상을 입은 몸이라고 부른다. 하나님은 육신의 죽음에 이른 자들에게 부활의 몸을 주신다.

3. 부활이 가져다 준 변화

부활은 새로운 변화를 가져온다. 첫째, 인간의 몸은 썩어질 육신으로 이 땅에 왔지만 부활의 몸은 영원히 변화지 않는 활기찬 영적 몸으로 변한다. 둘째, 인간의 몸은 비천함으로 이 땅에 왔지만 부활의 몸은 영광으로 살아난다. 셋째, 인간의 몸은 이 땅에 연약한 존재로 태어났다. 부모의 돌봄이 없으면 살 수 없는 아주 연약한 존재였다. 하지만 부활의 몸은 하나님의 능력으로 살아난다. 하나님의 능력이 부활의 몸과 함께 한다. 따라서 그리스도인의 죽음은 연약한 육신의 옷을 벗고 하나님의 형상을 입는다.

사람들은 죽음을 인생의 마지막 이라고 말한다. 그러나 성도의 죽음은 부활로 인하여 하나님의 형상을 입는 새로운 존재가 된다. 이제 하늘의 형상을 입은 고인을 기억하며 슬픔이 아닌 감사하는 마음으로 고인과 이별하자. 그리고 우리들도 부활 후 하늘의 형상을 입을 그날을 생각하며 은혜와 축복이 넘치는 삶을 영위하기를 소망한다.

40. 이장예식

A. 원리

이장은 매장을 한 후 토지 개발로 인하여 묘지 보존이 어려워지거나 오랜 시간이 흘러 묘지 관리가 어려울 경우 다른 묘지로 옮기거나 납골당에 합하여 모시기 위한 또는 묘지를 폐쇄하기 위한 절차이다. 이장 절차는 성격상 소수의 유가족이 참석한다. 묘지를 파서 고인의 유골을 수습하는 과정은 조심스럽고 세심하게 진행해야 한다. 묘소 현장에서 이장예식을 행하고 실제 이장 과정은 전문 일꾼에게 맡기는 것이 좋다.

목사는 이장할 때 유가족이 묘지를 훼손한다는 부담감에서 벗어나도록 마음을 다잡게 도와주어야 한다. 그리고 인간이 생명을 다하면 흙으로 돌아갈 뿐임을 일깨워 주어야 한다. 그리고 사후에 영이 있어 그 영을 잘 모셔야 자손이 복을 받는다는 등의 잘못된 사상에 사로잡히지 않도록 해야 한다.

이스라엘 자손은 출애굽할 때 요셉의 유골을 가지고 가도록 유언하였는데 그렇게 시행되었다(출 13:19). 그러므로 후손이 불가피한 필요에 의하여 조상의 유골을 옮기는 것은 가능한 일이다. 다만 정성스럽게 시행함으로 불필요한 구설수에 오르지 말아야 한다.

B. 지침

1) 목사가 이장예식을 집례할 경우 이장의 당위성과 유가족의 합의 등을 확인해야 한다.
2) 고인의 유골을 수습할 때 유골의 불필요한 노출을 삼가도록 조치한다.
3) 만약 새로운 묘소에 유골을 매장하고자 한다면 수습한 고인의 유골을 창호지 등에 싸서 관이나 함에 담아 새로운 묘소로 운반한다.

4) 만약 납골당에 안치하고자 한다면 현장에서 유골을 분골해서 납골함에 담아 운반한다.
5) 만약 묘소를 폐쇄하고자 한다면 수습한 유골을 태우거나 분골하여 적당한 장소에 뿌리도록 한다.

C. 예식순서

예 식 사	··	집례자
	"지금부터 ○○○ 씨의 이장예식을 거행하겠습니다."	
기 도	··	집례자
	"인간의 생명을 주관하시는 주 하나님 오늘 고 ○○○의 이장을 행하게 되었습니다. 오래 전 한 영혼을 이 땅에 보내시고 한 생애를 살아 소중한 흔적을 남기게 하신 주님, 이제 그 묘소를 정리하고자 합니다. 이미 그 영혼은 떠났으나 그 육체의 남은 것을 수습하고자 하오니, 이장을 하며 자손들에게 조상의 뜻을 기리는 마음이 더욱 크게 하시고 이 땅에 살아가는 모든 사람들에게 생명과 삶의 소중함을 다시 한 번 생각하게 하옵소서. 이 절차를 정성스럽게 행하여 자손의 도리를 다하게 하옵소서. 이장이 잘 이루어지도록 은혜 베푸시기를 원하오며 예수님의 이름으로 기도합니다. 아멘."	
찬 송	························· 301장 ·························	다같이
성경낭독	························· 설교본문 ·························	집례자
설 교	··	집례자
기도 후 축도	··	집례자
	(설교 내용을 담아 기도하고, 가족과 이장예식에 참여한 사람들을 축복하는 기도를 한다.)	

D. 설교

#1. 400년된 요셉의 유골 이장(수 24:29-33)

장례나 이장은 어려운 행사이다. 믿는 사람들만 모인 것이 아니기 때문이다. 기독교에 관하여 부정적인 사람도 있고 비판적인 사람도 있어 자칫 불필요한 충돌이 생길 수 있다. 그렇지만 기독교에 관하여 좋은 생각을 갖게 하는 기회도 되고 복음을 전할 수 있는 기회도 된다. 그러므로 유족들의 입장에서 조심스럽고 신중하게 장례나 이장예식을 진행해야 한다. 일반적으로 이장은 장례식과 달라서 날짜를 정하거나 절차를 진행하는 과정에서 복잡한 마음을 갖게 된다. 매장된 유골이장은 유골 수습 시에 예배를 드려야 하나 유골 안장 시에 예배를 드려야 하나 하는 망설임도 있다. 경험상 유골 수습은 유가족들이 하게하고 유골 안장 시에 예배를 드림이 좋다. 유골이장을 할 때는 유족들에게 이장내력을 기록으로 남겨 둘 것을 제안하면 좋다. 누가, 언제, 어디에서, 어디로, 왜, 이장 하였는가 하는 내용을 기록에 남겨 후손들에게 전하도록 하여 추도예배를 드릴 때 읽을 수 있도록 사진과 장례기록과 함께 보관하도록 하여 기독교적인 예식의 실제성과 역사성을 알게 하면 좋다. 여호수아 24장에는 요셉의 뼈 이장에 관한 말씀이 있다.

1. 요셉이 자기의 해골 이장을 유언하다.

성경에 기록된 이장유언에 "요셉이 그의 형제들에게 이르되 나는 죽을 것이나 하나님이 당신들을 돌보시고 당신들을 이 땅에서 인도하여 내사 아브라함과 이삭과 야곱에게 맹세 하신 땅에 이르게 하시리라 하고 요셉이 또 이스라엘 자손에게 맹세 시켜 이르기를 하나님이 당신들을 돌보시리니 당신들은 여기서 내 해골을 메고 올라가겠다 하라 하였더라"(창 50: 24-25)는 말씀이 있다. 형들에게 팔려 애굽에서 백여 년을 살며 하나님의 복을 받은 요셉이 하나님께서 조상들에게 약속하신 고향땅으로 가게 될 것을 소원하면서 언젠가는 후손들이 애굽에서 해방될 것을 믿고 이장을 유언 한 것이다.

2. 모세가 요셉의 유언을 이행하여 유골을 이동하다.

성경에 기록된 이장유언의 실행내용에 "그러므로 하나님이 홍해의 광야 길로 돌려 백성을 인도하시매 이스라엘 자손이 애굽에서 대열을 지어 나올 때에 모세가 요셉의 유골을 가졌으니 이는 요셉이 이스라엘 자손으로 단단히 맹세하여 이르기를 하나님이 반드시 너희를 찾아오시리니 너희는 내 유골을 여기서 가지고 나가라 하였음이라"(출 13:18-19)는 말씀이 있다. 요셉이 죽어 장례가 되어 삼백여 년이 지났다. 애굽은 장례문화가 발달하여 유골 보존이 잘되었다 하더라도 삼백년이 지난 유골을 수습할 수 있었다는 것은 하나님께서 도우신 신기한 일이다. 뿐만 아니라 삼백년이 지난 후에 유골이동을 이행하는 일 또한 하나님께서 도우신 일이다.

3. 후손들이 요셉의 뼈를 안장하다.

성경에 가록된 요셉의 뼈 안장에 관하여 "또 이스라엘 자손이 애굽에서 가져온 요셉의 뼈를 세겜에 장사하였으니 이곳은 야곱이 백 크시타를 주고 세겜의 아버지 하몰의 자손들에게 산 밭이라 그것이 요셉 자손의 기업이 되었더라"(수 24: 32)는 말씀과 같이 요셉의 후손들은 애굽에서 삼백 여 년 된 유골을 수습하여 육십여 년을 보관한 후에 자기들이 정착한 땅에 안장을 하게 된 일은 단순한 '뼈' 이상의 의미가 있다. '뼈'는 유언이 담긴 존재이며 후손들의 뼈 이장은 조상들에게 약속하신 하나님께서도 함께하신 일이다.

조상들의 유골을 소중히 여긴 만큼 부모에게 효도하는 자에게 주시는 하나님의 복이 있기를 소망한다.

#2. 이장 된 요셉의 유골(창 50:22-26; 출 13:19)

"한번 죽는 것은 사람에게 정해진 것"이라는 히브리서 9장 27절의 말씀처럼 사람은 누구나 죽는다. 그리고 사람이 죽으면 몸은 무덤에 장사된다. 그 후에 고인의 유언이나 자손들의 생각에 따라서 이장을 한다. 요셉도 죽어서 애굽에 장사되었지만 나중에 이스라엘 자손이 가나안 땅에 이장했다.

1. 요셉의 유언과 죽음

요셉은 청소년 시절에 큰 시련을 당했다. 그러나 요셉은 하나님의 은혜로 30세에 애굽의 총리가 되었다. 7년 대흉년이 시작된 지 2년째 되던 해에 야곱을 비롯하여 요셉의 가족은 모두 애굽으로 이주했다. 요셉은 애굽에서 110세까지 살았다. 요셉은 운명하기 전에 형제들과 이스라엘 자손들에게 유언하기를 "나는 죽을 것이나 하나님이 당신들을 이 땅에서 인도하여 내사 하나님이 주시기로 약속하신 땅에 이르게 하시리라 그 때에 당신들은 여기서 내 해골을 메고 올라가겠다고 맹세하라"고 했다. 이스라엘 자손은 요셉에게 그렇게 하겠다고 맹세했다. 요셉이 이렇게 맹세를 시킨 것은 고국 땅에 묻히고 싶었기 때문이었다. 요셉은 창세기 50장 26절에 기록된 대로 죽어서 애굽 땅에 장사되었다.

2. 유언의 계승과 실천

요셉이 죽은 후에도 이스라엘 자손은 오랫동안 애굽에서 살았으며 요셉의 유언은 대대로 이스라엘 자손에게 계승되었다. 바로의 학대로 고통 중에 있는 이스라엘 자손을 하나님께서 돌보심으로 이스라엘 자손은 애굽에서 나오게 되었다. 그때에 모세가 요셉의 유언을 따라서 요셉의 유골을 가지고 나왔다(출 13:19). 그리고 후에 이스라엘 자손이 요셉의 유골을 가나안땅에 이장했다. 결국 이스라엘 자손은 요셉에게 한 맹세를 지켰다. 레갑의 아들 요나단의 자손들도 "포도주를 마시지 말라"는 요나단의 유언을 자손대대로 잘 지켰다(렘 35:14). 유언은 매우 중요하다. 따라서 유언을 할 때는 신중하게 해야 하며 무엇보다도 믿음으로 해야 한다. 그리고 자손들은 그 유언을 잘 지켜야 한다.

3. 이장에 대한 잘못된 견해

어떤 사람들은 우환질고나 실패의 원인이 조상들의 묘 자리가 잘못되어서 그렇다는 말을 믿고 불행에서 벗어나거나 잘되고 싶은 생각을 가지고 이장을 한다. 정말 조상들의 묘 자리가 잘못되어서 불행한 일이 생기고 실패할까? 그래서 묘 자리를 잘 쓰면 불행에서 벗어나고 하는 일이 잘 될까? 그러나 이러한 견해는 미신적인 생각으로 대단히 잘못되었다. 왜냐하면 인간의 생사화복은 여호와 하나님이 주관하시며(삼상 2:6-7), 조상들의 묘와는 아무 상관이 없기 때문이다. 따라서 묘를 아름답게 가꾸거나 이장을 할 때는 이러한 미신적인 견해를 버리고 부모님이나 조상들을 사랑하고 존중히 여기는 마음으로 해야 한다.

좋은 집도 좋은 땅도 인생의 영원한 처소는 아니다. 인생의 영원한 처소는 두 곳 중에 한 곳이다. 곧 천국과 지옥이다. 예수님을 믿고 죄에서 구원받은 사람들은 이 후에 아름답고 영원한 천국에서 주님과 함께 영생복락을 누리게 된다(살전 4:13-18; 계 21:2). 그러나 예수님을 믿지 않은 사람들은 죽은 후에 지옥에서 영원토록 형벌을 받는다(막 9:48-49; 계 21:8). 따라서 인생의 가장 우선적이고 가장 중요한 일은 예수님을 믿고 죄에서 구원받는 일이다. 하나님의 은혜로 온 가족이 구원에 이르고, 이장하는 모든 일이 잘 되기를 바란다.

가정예배

41. 가정예배
42. 이사예배
43. 개업예배
44. 추석예배
45. 설날예배
46. 추모예배(성묘예배)
47. 환자심방예배

41. 가정예배

A. 원리

 가정은 인간이 세상에서 살아가는데 있어서 가장 기본적인 단위의 공동체이다. 인간은 가정 속으로 태어나며 가정에서 성장한다. 따라서 인간의 영적 성장에 있어서도 가정의 중요성은 아무리 강조해도 지나침이 없다.
 성경에서의 가정예배의 탁월한 모델은 아브라함이다. 그는 본토 친척 아비 집을 떠나 자신이 가장으로서 하나님이 지시할 땅으로 움직였다. 그리고 그는 가는 곳마다 단을 쌓았다. 그는 하나님이 자신에게 나타나 약속으로 그 땅을 주시겠다는 곳에서 제단을 쌓았고(창 12:7), 또 거기서 벧엘 동쪽 산으로 옮겨 제단을 쌓았다(창 12:8). 그리고 그는 장막을 다시 마므레 상수리 수풀에 거주하면서 제단을 쌓았다(창 13:18). 이러한 그의 제단을 쌓는 모습은 가족들이 함께 하나님을 예배하는 가정예배의 모델로 간주될 수 있다.
 아브라함의 예배습관은 자선들에게 이어지게 되었다. 하나님의 이름 자체가 아브라함의 하나님, 이삭의 하나님, 야곱의 하나님으로 불러진 것에서 가정에서의 믿음의 전수가 되었음을 보여주는 증거인 것이다.
 후에 모세를 통하여 하나님께서 이스라엘에게 가장 중요한 쉐마(신 6:4-9)를 명령하셨다. 그런데 이 쉐마는 그 핵심내용이 자녀들에게 부지런히 하나님의 말씀을 가르치라는 것인데 이 쉐마는 각 가정의 가장인 아버지들에게 주신 명령이었다. 또한 출애굽 사건을 기념하여 자자손손 유월절 만찬의식을 지키라고 했는데 이 역시 그 의식을 집례하는 책임이 각 가정의 가장에게 주어진 것이다.
 신약성서시대에 이르러 교회가 드디어 그 모습을 드러냈을 때 그들이 모인 장소는 각 가정이었으며 이러한 변회로 말미암아 기독교 신앙이 가정 속으로 들어오게 되는 계기가 되었다. 각 가정에서 교회가 모임으로써 가정단위의 개종이 가능했고 그렇게 초대교회는 교회와 가정의 합치를 경험하는 교회가 되었다. 오늘날도 각 가정의 가장이 예배를 주관함으로써 가족단위의 영적 성장이 전인격적으로 이루어지게 된다.

1) 가정 예배의 인도와 주관은 가장이 하는 것이 바람직하다.
2) 가정은 하나님의 뜻이 세대를 거쳐 교육되고 전달되는 가장 강력한 통로이다.
3) 가정예배를 통해 자녀들에 대한 신앙교육이 자연스럽게 이루어진다.
4) 가정예배는 정기적으로 드려져야하며 가급적 모든 가족들이 참여해야 한다.

B. 지침

1) 가정예배의 구성과 진행을 위해 교회가 매주 예배를 위한 안내 자료를 제공해주는 것이 도움이 된다.
2) 가정예배는 모든 가족들이 적극적으로 예배순서를 분담하여 참여하는 것이 바람직하다. 자녀들이 어리다 할지라도 짧게라도 기도를 할 수 있도록 요청하여 습관을 기른다.
3) 가정예배는 모든 가족이 모일 수 있는 저녁시간이 좋다.
4) 가정예배는 자녀들이 어릴 경우 너무 오랜 시간동안 드리지 않도록 주의해야 한다.
5) 가정예배시 사용하는 언어는 아이들의 언어를 사용한다.
6) 가정예배는 매일 드리는 것이 이상적이긴 하지만 용이치 않으므로 주당 2회 정도로 드리는 것이 좋을 것이다.

C. 예배순서

가정예배는 보다 간단한 순서로 진행하는 것이 바람직하며 모든 가족들이 적극적으로 참여함을 원칙으로 순서를 제안한다.

찬　　송　　아이들도 쉽게 부를 수 있는 찬송을 2-3곡을 선곡하여 부른다. 박수나 율동 등을 동반함으로써 아이들에게 흥미유지와 함께

	몸으로 찬송하는 경험을 몸에 익히도록 한다.
기　　도	예배에 성령께서 임재하시고 모든 가족들에게 은혜를 주시도록 간결하게 기도한다.
성경말씀	성경을 정하고 매일 한 문단씩 차례대로 읽거나 또는 큐티 책을 사용하여 그 주간에 읽고 느낀 말씀 중 가장 의미 있게 다가온 말씀을 자유롭게 나눌 수 있도록 한다. 자녀들이 일정한 연령에 이르기까지는 부모들이 이 나눔을 주도하되 자녀들에게도 그들의 생각을 나눌 수 있도록 요청한다. 부부간의 나눔도 하나님과의 관계에서 듣고 묵상하고 삶에 적용한 것을 나눔으로써 가장 깊은 수준의 영적대화를 통해 부부의 하나 됨을 확인하는 복된 시간이 될 수 있다.
찬　　송	말씀을 나눈 주제에 해당되는 찬송을 부른다.
기　　도	말씀을 나누는 가운데 나타난 기도제목들을 중심으로 가족들의 기도제목, 교회를 위한 기도, 선교사들을 위한 기도, 전도대상자를 위한 기도 등 모든 영역에서 기도하는 시간을 가질 수 있다. 가정에서 지속적으로 특정 선교사들을 위해 기도함으로써 자녀들이 선교에 대한 관심을 가질 수 있도록 한다.
축복기도	자녀들과 각 가족들을 위한 축복기도로 마친다.

D. 설교

#1. 웰빙 가정(행 10:1-8)

어떤 학자가 말하기를 '이 시대는 집은 있는데 가정은 없다'고 했다. 그런가 하면 사회학자인 클린턴 가드너는 "모든 것을 다 잃어도 가정이 있으면 아직 다 잃은 것이 아니지만 모든 것을 다 가져도 가정을 잃으면 모든 것을 다 잃는 것이다"라고 했다. 그렇다. 가정이 무너지면 다 무너지는 것이다. 그래서 가정이 인생의 행복과 불행의 출발점이라고 할 수가 있다. 오늘 본문에는 행복을 원하는 모든 가정들이 본받을 만한 한 가정이 소개되고 있다. 고넬료의 가정이다.

1. 경건한 가정

웰빙은 전인건강을 의미하는 중요한 단어이다. 그러므로 웰빙 가정은 한 영역만 건강한 것이 아니라 전반적으로 건강한 가정을 의미한다. 사도행전은 고넬료를 가리켜 "경건"하다고 말하고 있는데, 이러한 경건이 바로 웰빙을 가리키는 것이라고 할 수 있다. 본문은 고넬료가 "경건하여 온 집안과 더불어 하나님을 경외하며 백성을 많이 구제하고 하나님께 항상 기도"(2절)했다고 말씀하고 있는데, 이렇게 온 집안이 하나님을 경외하고, 백성을 많이 구제하고, 하나님께 항상 기도하는 가정이 웰빙 가정이다.

2. 온 집안이 하나님을 경외하는 가정

고넬료의 가정은 온 식구가 하나님을 경외했다. '경외한다'는 것은 본래 '하나님을 두렵고 떨림으로 대한다'는 의미를 지니고 있다. 그래서 하나님의 말씀을 경외하는 사람들은 하나님의 말씀을 경청하고, 그것을 삶의 터전으로 삼아 살아간다. 성경은 거룩하고 행복한 가정을 위한 설계도이다. 하나님의 말씀을 주야로 묵상하는 가정이야말로 복된 가정이다. 이런 가정은 비바람이 불고 창수가 나더라도 견고하게 버티어 낸다.

3. 백성을 많이 구제하는 가정

경건한 고넬료는 백성을 많이 구제하여 받은 바 은혜를 주변 사람들과 나눴다. 예수님이 우리를 세상 빛과 소금으로 삼아 주신 이유는 "너희로 착한 행실을 보고 하늘에 계신 너희 아버지께 영광을 돌리게 하라"(마 5:16)는 것이다. 하나님 아버지 앞에서 정결하고 더러움이 없는 경건은 "고아와 과부를 그 환난 중에 돌보고 또 자기를 지켜 세속에 물들지 아니하는" 것이다(약 1:27). 웰빙 가정은 나눔을 통해 그리스도의 사랑을 실천하여 하나님의 영광이 나타내야 한다.

4. 하나님께 항상 기도하는 가정

바울은 "쉬지 말고 기도하라"는 하나님의 뜻을 우리에게 알려주었다. 고넬료는 실제로 그러한 삶을 살았다. 마치 다니엘이 하루에 세 번 창문을 열어 놓고 예루살렘을 향해 기도했던 것처럼, 정해진 시간에 기도할 뿐 아니라 항상 기도하는 삶을 살았다. 그러던 중 환상을 보게 되었고, 베드로를 초청하여 복음을 듣고 첫 이방인 개종자가 되었다. 웰빙 가정은 이렇게 항상 기도하여 몸뿐만 아니라 영도 건강한 가정이 되는 것이다.

고넬료는 "경건하여 온 집안과 더불어 하나님을 경외하며 백성을 많이 구제하고 하나님께 항상 기도"(2절)하는 삶을 살았다. 웰빙 가정은 이렇게 하나님을 경외하고, 어려운 사람들을 구제하고, 항상 기도하는 경건한 가정이다. 이 가정을 본받아 전인적으로 건강한 웰빙 가정이 되길 바란다.

#2. 복 있는 가정(계 1:2-3)

요한계시록은 요한이 본 하나님의 말씀과 예수 그리스도의 증거를 증언한 내용이다. 요한은 이 말씀을 '읽는 자'와 '듣는 자'와 그 가운데에 기록한 것을 '지키는 자'가 보기 있다고 말씀하고 있다. 말씀을 읽고 듣는 가정은 말씀을 배우는 가정이다. 말씀을 듣고 지키는 가정은 말씀을 실천하는 가정이다. 말씀을 실천하는 가정은 말씀의 본을 보이고 그것으로 가르치는 가정이다. 이런 복 있는 가정에 대해서 좀 더 살펴보겠다.

1. 배우는 가정이 되자.

하나님의 복을 받는 가정이 되려면, 무엇보다 온 가족들이 배우기를 힘써야 한다. 그렇다면 누구에게 무엇을 배워야 할까? 우리의 참 된 스승은 하나님이시다. 그러므로 하나님께 배워야 한다. 어떻게 배워야 하는가? 첫째는 온 가족들이 모여 정기적인 가정예배를 드려야 한다. 다음으로, 매일매일 개인적으로 경건의 시간을 가져야 한다. 하루 일과를 시작하기 전 먼저 하나님께 기도하며 말씀을 읽고 묵상하는 시간이 중요하다. 그리고 규칙적인 성경 읽기를 해야 한다. 그리고 마지막으로 충실한 교회 예배 생활을 해야 한다. 그래서 가족 모두가 그리스도의 장성한 분량의 충만한 데까지 믿음의 성장을 이루어 하나님의 큰 복을 받을 수 있는 믿음의 그릇이 되어야 한다.

2. 실천하는 가정이 되자.

배우는 목적이 무엇일까? 바로 배워서 바로 살기 위함이다. 또한 바로 산다는 것은 하나님의 뜻대로 순종하며 사는 삶이다. 하나님의 말씀으로 배웠다면 이제 그 말씀대로 살아야 한다. 행함이 없는 믿음은 그 자체가 죽은 것이라고 성경은 말씀했다. 말씀에 순종하는 믿음에는 능력의 하나님이 함께하셔서 모든 일과 삶에 놀라운 축복을 경험하게 될 것이다. 내 노력으로 사는 인생이 아닌 하나님의 은혜로 사는 지혜로운 가족들이 되어야 한다. 아무리 내가 애쓰고 수고하여도 하나님께서 도와주시지 않으면 우리의 수고는 헛될 뿐이다. 성경은 이삭이 하나님 중심으로 살았을 때 그가 가는 곳마다, 그가 하는 일마다 형통하는 복을 받았음을 기록하고 있다.

3. 가르치는 가정이 되자.

'가르친다'는 것은 지식을 전한다는 의미보다 '본을 보인다'는 의미가 더 있다. 예수님도 말보다는 행동으로 삶의 모범을 통해 가르치셨다. 복 있는 사람은 자신만이 아니라, 많은 사람에게 복을 나누어 주는 사람이다. 우리는 다른 사람들에게 복 받는 자의 삶을 어떠한 것인지 보여주어야 한다. 성경은 그런 삶을 '빛 된 자의 삶'이라고 말씀하고 있다. 그러므로 우리는 이웃들에게 구원의 빛, 생명의 빛, 사랑의 빛이 되어야 한다.

우리 가정은 하나님이 사랑하셔서 복을 주신 가정이다. 그러므로 우리는 받은 복을 잘 누리며 살고, 세상에 널리 복을 나누어 주는, 복 있는 가정이 되어야 하겠다. 우리는 오늘 말씀을 명심하여 늘 하나님 말씀을 읽고 들어 배우기를 더욱 힘쓰며, 들은 말씀을 깨달아 그 뜻대로 순종하는 생활을 살며, 나아가 그것을 실천함으로 복 있는 자의 삶을 세상에 널리 보여주는 사명을 감당할 수 있기를 바란다.

42. 이사예배

A. 원리

이사예배는 새 집을 건축하고 입주하거나 새 거처로 이사하여 드리는 예배이다. 아브람은 약속의 땅으로 가면서 이주할 때마다 제단을 쌓았다 (창 12장). 성도에게 있어서 거주지는 매우 중요한 의미를 갖는다. 하나님을 섬기는 실질적인 공간이 되며, 이웃과의 관계 속에서 신앙을 실천할 수 있는 기회가 제공되기 때문이다. 또 자녀 교육이나 문화활동을 위해서 그리고 교회생활에도 영향을 미친다. 그러므로 예배당에서 너무 멀리 이사하지 않도록 지도할 필요가 있다.

새로운 거처로 이사하는 것은 여러 면에서 새로운 출발을 하고 새로운 계기를 맞이하는 기회가 된다. 이웃이 새로워지고, 삶의 분위기도 달라지고, 생활 방편도 달라지게 된다. 그러므로 목회자는 이사예배를 통해 새로운 마음을 갖도록 지도할 수 있다. 이사예배에는 교인들과 다른 친구들을 초청할 수 있다. 이사예배를 통해 새 집에 입주하게 하신 하나님께 영광을 돌리는, 새로운 집을 하나님의 사업을 위해 드리는 시간이 되게 한다. 이사예배 중 목사는 가장과 안주인에게 이사 과정을 설명하게 하며 하나님의 인도와 도우심을 간증하고 새로운 집에서 갖는 새로운 마음 자세에 대해 간증하도록 할 수 있다. 설교에 유익한 성경구절들은 다음과 같다: 하나님이 세우신 집(시 127:1-5; 고후 3:5), 반석의 집(마 7: 24-27; 고전 3:10), 여호와는 나의 목자(시 23:1-2; 출 33:14) 등이다.

B. 지침

1) 목회자는 이사 가는 집에 이사예배를 하도록 독촉해서는 안 된다. 이사한 후 어느 정도 집 정리가 된 후에 이사예배를 하는 것이 좋다.
2) 이사예배에 너무 많은 사람이 동행하지 않도록 하고, 청하는 집의 의견

을 묻고 정하는 것이 좋다.
3) 목회자는 이사한 집에 필요한 것으로 축하 선물을 장만해야 한다.
4) 이사예배 후에 새 집을 둘러보는 관례가 있는데, 집 주인의 허락을 받아야 하며, 너무 자세하게 들여다봄으로 주인에게 불편한 마음이 들게 해서는 안 된다.
5) 시간을 너무 길게 하지 않아야 한다.

C. 예배순서

예배의 부름	인도자

"하나님 아버지 인간의 거주지를 정하시고 인도하시는 주님을 찬양합니다. 오늘 새로운 거처를 마련하고 하나님 앞에 예배하는 이 가정에 큰 복을 내리시고 이 집을 통하여 주님을 잘 섬기고 복된 삶을 살게 하옵소서. 감사와 찬송으로 나아가오니 저희의 예배를 받으옵소서."

찬 송 ·············· 430장	다같이
기 도	담당자
성 경 봉 독	인도자
설 교	인도자
가족의 간증	가장과 안주인
봉 헌 기 도	인도자
축도(주기도)	목사 (혹은 인도자)

D. 설교

#1. 이사한 가정의 모습(창 12:1-9)

오늘 새로운 보금자리에서 함께 예배를 드리게 되어 기쁘다. 아브라함은 하나님의 명령을 따라 이사를 했으며, 그 가운데 약속의 말씀을 받고 하나님을 예배했다. 오늘 본문을 통해서 이사한 가정에게 주시는 하나님의 말씀이 무엇인지, 새로운 보금자리를 어떠한 모습으로 만들어야 하는지 살펴보자.

1. 복을 나누는 가정(3절)

하나님은 아브라함에게 고향과 친척과 아버지의 집을 떠나 하나님께서 보여줄 땅으로 가라고 하시면서 한 가지 약속의 말씀을 주셨다. "내가 너로 큰 민족을 이루고 네게 복을 주어 네 이름을 창대하게 하리니 너는 복이 될지라 너를 축복하는 자에게는 내가 복을 내리고 너를 저주하는 자에게는 내가 저주하리니 땅의 모든 족속이 너로 말미암아 복을 얻을 것이라"(2-3절). 이처럼 이 가정이 이 지역에서 창대하게 되어 복을 나누어주는 가정이 되길 바란다.

2. 약속이 있는 가정(7절)

아브라함이 여호와의 말씀을 따라 롯도 함께 가나안 땅에 들어갔다. 이곳에 갔을 때 하나님은 아브라함에게 나타나 이렇게 말씀하셨다. "내가 이 땅을 네 자손에게 주리라"(7절). 이 말씀은 하나님이 아브라함에게 주신 약속의 말씀이다. 이 약속은 오늘 이곳에 새로운 보금자리를 꾸민 이 가정에도 역시 주어져 있다. 단 성경은 하나님의 약속이 그냥 가만히 있어도 주어지는 것이 아니라 적극적으로 찾아서 차지해야 하는 약속임을 강조한다. 그러므로 이 가정은 오늘 이 약속의 말씀을 부여잡고 이곳을 차지하기 위해 최선을 다하기를 바란다. 하나님의 약속은 기다리는 자의 것이 아니라 찾아나서는 자의 것이다.

3. 여호와의 이름을 부른 가정(8절)

아브라함은 하나님의 약속의 말씀을 받은 후에 하나님께서 나타나신 바로 그곳에 제단을 쌓았고, 또한 벧엘로 거처를 옮겨 다시 "여호와께 제단을 쌓고 여호와의 이름"을 불렀다(8절). 이는 여호와의 말씀을 따라 보금자리를 옮긴 사람들이 새로운 보금자리에서 어떤 삶을 살아야 하는지를 잘 보여준다. 즉 먼저 여호와께 제단을 쌓아야 한다. 일반적으로 제단을 쌓는 것은 하나님을 예배하는 것과 관련이 있다. 그러나 제단을 쌓은 것은 그 이상의 의미를 포함한다. 본문에서는 제단을 쌓는 것이 하나님의 이름을 부르는 것과 관련되어 있다. 즉 기도하는 행위와 제단을 쌓는 것이 관련되어 있다. 그러므로 이 가정은 먼저 기도의 제단을 쌓아 하나님의 도우심을 구해야 한다.

오늘 새로운 보금자리에서 함께 예배하게 되어 기쁘다. 하나님은 우리의 일거수일투족을 아시기에 우리의 모든 행위는 하나님을 벗어날 수 없다. 하나님은 우리가 있는 곳에서 그것에 있는 사람들과 복을 나누고, 그 땅을 주시겠다는 하나님의 약속을 기억하며 기도하는 가정이 되기를 원하신다.

#2. 벧엘로 올라가자(창세기 35:1-7)

야곱의 생애은 결정적인 두 번의 이사가 신앙의 결정체를 보여준다. 한 번은 형 에서의 살기를 피해 밧단 아람으로 도망하여 외삼촌 라반의 집으로 간 것이요, 두 번째는 밧단 아람에서 도망하다시피 온재산과 하나님이 주신 축복의 무리를 끌고 다시 고향 이삭의 집으로 돌아온 것이다. 이 두 번의 이사 가운데 야곱은 삶과 죽음의 기로에서 하나님께 서원한 것이 28장 10절에서 22절에 기록되고 이 서원은 야곱의 전 생애를 주장하는 신앙의 기초가 되었다. 환난 날에 구원하시면 다시 벧엘에서 단을 쌓고 하나님을 경배하겠다던 서원이 가문의 번성과 30년의 세월이 흐르면서 어쩌면 희미해져갈 때, 오늘 본문은 하나님께서 야곱을 불러 벧엘로 올라갈 것을 명령하시고 이 명령을 받은 야곱이 즉시 순종하는 놀라운 장면이 기록되어있다.

1. 가정 예배를 기다리시는 하나님을 기억하라.

하나님께서는 무려 30년 동안 야곱의 서원을 기억하시고 기다리셨다. 하나님이 신실하심은 하나님 자신의 언약에 대하여 철저히 지키시고 하나님께 서원한 사람의 약속을 기다리는 하나님이시다. 야곱이 환난 날에 있을 때 구원하신 하나님이 성도님이 환난 날에 있을 때 구원하시고 라반의 집에서 이삭의 집으로 이주시킨 것처럼 당신에게 새 거처를 허락하셨다. 벧엘로 올라가라. 단을 쌓으라. 이 새로운 거처는 예배의 재단 가정예배의 재단이 되어야함을 잊지 말라.

2. 가정 예배는 형식이 아니라 가장이 자신을 깨끗이 하고 온 가정을 하나님께 헌신하는 것이다.

하나님의 예배 명령을 받은 야곱은 핑계를 대지 않았다. 예배를 위해 자기 집사람과 모두에게, 이방 신상을 버리게 하고, 자신을 정결케 하며, 의복을 바꾸어 입었다. 이것은 참 하나님을 예배하는 가정의 본을 우리에게 보여주는 것이다. 야곱은 가장으로서 분명한 정결명령을 온 가족에게 내린다. 라헬이 소중이 여긴 산상을 처단하고 마땅히 정결한 예배자의 준비를 갖추게 한다. 야곱이 많은 문제가 있는 사람이었지만 하나님 앞에서 위대한 믿음의 조상이 된 것은 이 가장으로서의 하나님 중심이 분명했다. 이 새로운 거처에서 하나님을 경배하는 가정이 되려면 가장이 먼저 깨끗하게 하나님 앞에 부끄러운 것이 있다면 정리하고 온가족을 하나님 제단 앞에 인도해야 할 것이다.

3. 참 가정 예배자에게는 하나님의 놀라운 축복이 있음을 기억하라.

본문 5절에서 12절을 보면, 주변의 고을이 두려움에 야곱에게 싸울 자가 없게 하셨다. 하나님의 보호와 인도하심의 축복이다. 이름을 야곱에서 이스라엘이라 부르게 하셨다. 이스라엘은 우두머리라는 뜻으로 속이는 자 야곱에서 하나님이 쓰시는 영적 우두머리로 안수하시는 축복을 주신 것이다. 11절과 13절에는 생육하고 번성하는 자손의 축복과 땅을 주시는 언약을 다시 하셨다. 그렇다. 가정에서 진정으로 예배하는 가정은 반드시 하나님께서 영적으로 뿐만 아니라, 물질적으로도 최선의 축복을 베푸시는 것임을 우리 신앙인은 체험으로 안다.

새 거처를 주신 하나님께 감사하라. 무엇보다도 새 거처가 벧엘이 되기를 바라며, 이 집이 하나님을 경배하고 예배하는 벧엘의 단으로 드려지기 바란다. 가정예배를 형식이 아닌 몸과 마음과 진심을 드리는 책임 있는 가장으로서의 예배자가 되어라. 그리할 때 주시는 하나님의 축복을 누리시고 이웃과 나누시는 가정이 되길 진심으로 축원한다.

43. 개업예배

A. 원리

새로운 사업을 시작하는 일은 큰 기대를 갖게 하지만 동시에 힘들고 불안한 일이다. 성도들은 앞날을 장담할 수 없는 일을 시작할 때 하나님 앞에 호소하고 목회자의 격려를 기대한다. 목회자는 하나님을 의지하고 바른 신앙 안에서 사업을 하도록 기도하고 격려해야 한다. 목회자는 성도들의 일터와 사업을 위해 기도해야 한다. 사업의 내용이 기독교 가치관에 비추어 문제가 없어야 하며, 너무 무리하여 사업을 확장하거나 감당하기에 어려울 만큼 많은 빚을 얻어 사업을 펼치지 않도록 지도해야 한다. 개업예배는 사업장에서 하는 것이 원칙이나 형편상 다른 장소에서 할 수도 있다. 설교 중에 유익한 예화를 통해 성도가 평생 말씀을 기억하고 묵상하며 사업의 지침이 되게 해야 한다. 개업예배도 예배의 정신을 따라 하나님께 영광을 돌리는 예배가 되게 해야 한다. 설교에 유익한 성경구절들은 다음과 같다: 넓은 장막 터(사 54:2; 창 26:12, 13), 부자가 되는 마음(잠 30:9; 전 5:10-13).

B. 지침

1) 가능하면 예배순서지를 준비해서 예배를 진행함이 좋다.
2) 사업장의 크기나 형편을 고려하여 개업예배에 갈 사람 숫자를 정해야 하고, 사업자에게 의견을 묻는 것이 좋다.
3) 사업장에 걸어두거나 벽에 붙여두어 사업의 지침이 될만한 성경구절 액자 등을 선물로 가지고 가기도 한다

C. 예배순서

| 묵　　도 | …………………………………………………………… | 다같이 |
| 기　　원 | …………………………………………………………… | 인도자 |

"하나님 아버지, 저희로 하여금 이 땅에 사는 동안 일하게 하시고 사업을 펼치게 하심을 감사드립니다. 오늘 새롭게 시작하는 사업을 주님께서 주시는 줄로 믿고 감사하여 예배하는 이 자리에 임재하시고 은혜 베푸심을 믿습니다. 저희의 예배를 받으시옵소서."

찬　　송	………………………… 93장 …………………………	다같이
성경봉독	……………………………………………………………	인도자
설　　교	……………………………………………………………	인도자
개업기도	……………………………………………………………	인도자

"사랑의 아버지, 이 사업을 시작하게 해주시어 감사합니다. 주님께서 사랑하는 ○○○에게 이 사업체를 맡겨주신 것으로 믿습니다. 주님께서 늘 새힘 주시고 지혜주시어 근면하고 정직하게 사업 잘 하도록 지켜주시고 인도하옵소서. 허락하신 사업을 통하여 영광받으시고 주어지는 사업의 열매로 주님의 사업에 힘쓰게 하옵소서. 함께 일하는 여러 동역자들에게도 큰 은혜 주시옵소서. 좋은 일 많게 하시고, 선하신 손길로 함께 하사 복된 사업되게 하옵소서."

| 찬　　송 | ………………………… 450장 ………………………… | 다같이 |
| 축도(주기도) | …………………………………………………… | 목사 (혹은 인도자) |

D. 설교

#1. 성공의 비결(약 4:13-17)

유대인들은 옛날이나 지금이나 인정받는 분야가 있다. 그 중 하나가 장사술이다. 본문은 장사하는 사람에게 주어지는 교훈의 말씀이다. 장사하는 사람들은 이익을 추구한다(13절). 그러나 장사하는 사람들은 내일 일을 알 수는 없다(14절). 실제로 내일 일을 전망하지 못한 많은 사람들이 사업의 실패를 경험했다. 그래서 장사하는 사람들은 "주의 뜻이면 우리가 살기도 하고 이것이나 저것을" 해야 한다(15절). 어떻게 하면 사업을 잘 할 수 있을까? 장사를 해서 이익을 남기려고 하는 것은 그 자체로 나쁘지 않다. 그러나 내일 일은 하나님의 손에 있기에 하나님을 의지해야 한다. 그리고 "허탄한 자랑"을 버려야 한다(16절). 가장 중요한 것은 "사람이 선을 행할 줄 알고도 행하지 아니하면 죄"라는 사실을 기억하는 것이다(17절). 오늘 말씀을 전제로, 몇 가지 당부의 말씀을 드리고자 한다.

1. 하나님의 사업임을 기억하자.

루터는 모든 직업이 하나님의 소명이라고 했다. 즉 우리가 무슨 일을 하든지 그 직업이 죄가 아닌 한 하나님께서 맡겨주시는 것이라는 믿음을 가져야 한다. 그렇기 때문에 일의 성패가 주의 손에 달려 있음을 알아야 한다. 하나님과 동업을 하며 이 사업이 하나님의 사업이 되도록 다 맡겨야 한다. 그러면 절대로 실패가 없을 것이다. 하나님께서 도와주실 것과 하나님께서 함께 하실 것을 믿어야 한다. 그리고 하나님께서 이 사업장을 형통케 하심을 믿어야 한다. 자기의 뜻과 욕심을 이루고자 사업을 하지 마시기 바란다. 주님을 기쁘시게 하는 사업이 되길 바란다.

2. 정직하고, 먼저 그 나라와 의를 구하는 사업을 하자.

깨끗하고 의로운 사업이 될 때 성공한다. 정직은 사업의 기초를 튼튼히 세우는 것이다. 정직은 사람들에게도 신임과 신용을 얻는다. 정직하면 사업에 어려움이 찾아올지라도 최선을 다한 기도로 어려움을 이겨나갈 수 있다. 하나님을 경외하고 늘 정직과 겸손과 기도로 사업을 운영하시기 바란다. 하나님은 "먼저 그 나라와 의를 구하라"고 하셨다. 사업을 시작하면서 하나님께서 원하시고 기뻐하시는 게 무엇인지 알아야 하고, 먼저 하나님의 영광을 위하여 사업을 하겠다는 마음을 가져야 한다.

3. 하나님 나라를 위한 사업을 하자.

그리스도인의 사업은 그 뿌리를 하나님 나라에 두어야 한다. 사업의 성공이 하나님 나라 확장에 기여해야 한다. 사업의 성공이 곧 복음의 증거가 되고 그로 인해 교회 봉사도 많이 하고, 부흥할 수 있도록 해야 한다. 이 사업의 제일의 목표가 돈을 버는 것이 되어서는 안 된다. 주님을 바라보는 것이 제일 목표가 되어야 한다. 물론 사업이 잘 되어 돈도 많이 벌어야 한다. 그러나 왜 돈을 벌어야 하는지가 중요하다. 이 사업장이 주님 안에서 분명한 목표를 가지고 번성과 형통함을 이루어 하나님의 영광을 나타내시기 바란다.

내일 일이 하나님께 달려 있음을 알고, 악할 뿐인 "허탄한 자랑"을 버리고, "선을 행할 줄 알고도 행하지 아니하면 죄"라는 사실을 기억하시기 바란다. 이 사업을 하나님의 사업으로 알고, 정직한 가운데 하나님의 나라와 의를 구하시고, 복음을 증거하는 하나님 나라를 위한 사업이 되도록 힘쓰기 바란다.

#2. 우리의 길을 지도하시는 하나님(잠 3:1-10)

오늘 새로운 사업의 시작을 하나님께 고하며 은혜와 복 주심을 기원하는 개업예배를 행하게 되어 기쁘고 감사하다. 하나님은 시작과 끝이 되신다. 만물을 창조하시고 만물을 뜻대로 이끄시며 마지막 종말을 통하여 하나님의 경륜을 이루시고 영광을 받으신다. 시작할 때가 있으면 마칠 때가 있다. 오늘은 시작할 때이다. 오늘의 시작이 하나님 앞에 복되기를 바란다. 우리는 우리의 사업을 펼칠 때 잘 되기를 바란다. 우리 생각대로가 아니라 하나님이 주시는 지혜를 따라 사업해야 한다. 하나님께서 우리의 길을 인도하시고 지도하시기를 바란다. 하나님의 지도를 받아 사업을 하려면 우리에게 어떤 신앙이 있어야 할까?

1. 하나님의 말씀을 지켜야 한다(1-4절).
하나님의 말씀은 생명의 양식이며, 우리 인생길의 등불이고 안내서이다. 세상의 원리도 필요하고, 사람들의 말에도 귀를 기울여야 하겠지만 사업하는 사람은 무엇보다도 하나님의 말씀에 귀를 기울여야 한다. 성경은 인생을 성공적으로 살아가는 데 필요한 원리들을 제시해준다. 사업할 때도 하나님 말씀의 교훈을 따라야 한다. 정직하라 하시면 정직해야 하고, 근면하라 하시면 근면해야 한다. 주님의 교훈을 따라 삼갈 것은 삼가고, 노력할 것은 노력하고, 피할 것은 피하고, 애써야 할 것은 애쓰면서 사업하기를 바란다.

2. 하나님을 신뢰하고 경외해야 한다(5-8절).

사업을 위해서는 좋은 인간관계도 필요하고 주위에 돕는 사람도 있어야 한다. 그러나 가장 중요한 것은 하나님의 도우심이다. 하나님은 하나님을 신뢰하고 경외하는 사람을 도우신다. 사업한다고 신앙 까먹으면 안 된다. 바쁜 일도 생길 것이다. 시간 내기도 어려울 것이다. 신앙적 기준에 비추어 볼 때 조금 꺼려지는 일이 있기도 할 것이다. 그럴 때 하나님을 기억하기 바란다. "이럴 때 예수님이시라면 어떻게 하셨을까?"를 물으라. 그리스도인으로서 해서는 안 되는 일을 하지 말기 바란다. 사업장에 예수님께서 오셔서 여기저기 살펴보실 때 부끄러움이 없도록 하기 바란다.

3. 하나님을 공경해야 한다(9-10절).

사업의 목적이 무엇인가? 왜 사업을 하고자 하는가? 왜 사업에 성공해야 하는가? 그 궁극적 목적은 하나님을 공경하는 것이다. 공경한다는 것은 마땅한 예물로서 섬기며 감사와 찬양을 올려드리고 하나님의 뜻을 성취하기 위하여 물질로서 헌신하는 것을 뜻한다. 사업이 잘 되어 풍성한 열매가 있기를 축복한다. 그래서 그 열매로 선한 일 많이 하기를 바란다. 교회에 헌금도 많이 하라. 복음사업을 위해 후원도 많이 하라. 목회자를 위해 지원하고, 신학대학교에 신학도를 키우는 일에도 적극 지원하라. 그리고 주변에 어려운 사람들을 돌아보라. 하나님을 위해 많이 사용하라.

신앙인은 사업을 잘 해야 한다. 정직하고 근면하게 열심히 사업해서 돈 많이 벌어야 한다. 알뜰하게 살고 절약해서 살아 저축도 많이 해야 한다. 그리고 정직한 십일조를 해야 하고, 교회를 통하여 선한 일에 많이 드려야 한다. 하나님의 영광을 드러내는 복된 사업 잘 펼치기를 축복한다.

44. 추석예배

A. 원리

추석(秋夕)은 한가위, 중추(仲秋), 중추절(仲秋節), 가배일(嘉俳日)로 부르기도 하며, 음력 8월 15일에 치르는 명절로서 설날과 더불어 한국인에게 전통적으로 가장 중요한 명절이다. 의미상으로는 가을 추수를 끝내고 일가친척이 모여 햅쌀과 햇과일로 조상들께 감사의 마음으로 표하고 성묘를 하는 전통이 있다. 추석에 전국민의 75%가 고향 방문 등을 위하여 이동하기에 흔히 '민족대이동'이라고 부르기도 한다. 추석 전날부터 다음날까지 3일이 공휴일로 지정되어 있다.

기독교 신앙이 없는 사람들은 조상의 은덕에 감사하는 의미로 차례 제사를 지낸다. 불교와 가톨릭에서도 제사를 용인하고 있다. 그러나 기독교에서는 조상을 숭배하는 일체의 제사를 금하고 있다. 그러므로 교회는 추석 명절을 맞아 조상 숭배가 아닌 하나님께 감사하는 예배를 하도록 지도해야 한다. 또 차례 제사를 금하기만 하기 보다는 대신에 기능적 대체로서 추석예배를 하도록 함이 좋다.

추석명절에 온 가족이 모여 송편이나 토란 국 등 특별한 음식을 만들어 나누는 것은 명절의 풍성함을 더하는 좋은 일이다. 그러나 그러한 음식을 상위에 차려 놓고 추석예배를 하는 것은 바람직하지 못하다. 목사는 모범 추석예배 안내장을 만들어 교인들에게 나누어 주어야 한다.

B. 지침

1) 추석 전 주일에는 추석의 진정한 의미를 알리고 조상숭배를 금하며 추수 또는 직업이나 사업을 통한 소득을 허락하시는 하나님의 은혜에 감사하는 추석예배를 하도록 권하는 메시지를 주도록 한다.
2) 무조건 제사 지내면 안 된다고 하기보다는 기독교 신앙에서 조상숭배

가 왜 허용될 수 없는지에 대해 이해하도록 설명하라.
3) 기독교 신앙이 조상을 무시하는 것이 아니라, 돌아가신 조상에 대해서는 주님 안에서 추모하며 그들의 교훈과 뜻을 기리고, 살아계신 조상에 대해서는 효성을 다해 받들도록 하는 것이 기본 가르침임을 알려준다.
4) 제사상을 차리듯이 음식을 배열하는 행위는 금하도록 한다.
5) 가족의 우애를 돈독히 하는 분위기를 만들고, 혹 가족 중에서 기독교 신앙을 가지지 않은 사람이 있을 때는 큰 반발이 안 일어나도록 조심하며, 신앙을 갖도록 권고하는 기회로 삼는다.
6) 가족 중에서 가장 어른이 추석가정예배를 하면서 권면의 말을 하도록 하는 것도 좋다.
7) 추석 음식을 마련할 때는 농부들의 수고에 대해 감사한 마음을 가지며, 조금 더 장만하여 이웃과 나누는 것도 좋을 일이다.
8) 성묘를 가서 추석예배를 행할 때는 상황에 맞게 진행하도록 한다.

C. 예배순서

예배 부름		인도자
	"오곡이 무르익는 추수의 계절에 하나님의 크신 은혜를 생각하며 감사한 마음으로 추석가정예배를 시작하겠습니다."	
찬 송	588, 589장	다같이
기 도		담당자
성경낭독	설교본문	인도자
설 교		담당자
기 도		설교자
가족 어른 권면		담당자
찬 송	559장	다같이
주 기 도		다같이

D. 설교

#1. 추석과 감사(삼하 7:18-24)

추석 명절을 맞이해서 하나님께 영광 돌리며 예배하게 됨을 감사하게 생각한다. 이번 추석 명절에는 평소 익숙한 감사의 모습을 벗어나 좀 더 하나님 앞에 깊은 감사로 나아가길 바란다. 사무엘하 5-6장에 따르면, 통일 이스라엘의 왕이 된 다윗은 하나님의 도우심과 함께 블레셋을 물리치고, 언약궤를 다윗성으로 옮긴다. 그 후 7장에서 다윗은 자신의 처소와 비교하며 언약궤가 있는 장소를 고민하는데, 이에 대해 하나님께서는 소위 다윗언약(편무적, 무조건적 계약)으로 불리는 내용을 말씀한다. 하나님의 일방적인 약속이 그것인데, 하나님께서는 다윗에게 이렇게 말씀하신다. "네 집과 네 나라가 내 앞에서 영원히 보전되고 네 왕위가 영원히 견고하리라"(7:16). 이런 하나님의 엄청난 약속에 대해서 다윗이 감사기도를 드리는 내용 중의 일부가 본문이다. 이 본문 속에서 강조하고 싶은 것은 세 가지이다. 감사의 출발, 감사의 표현, 감사의 지속이 그것이다.

1. 감사의 출발(18-19절)

이번 추석 명절의 하나님에 대한 감사의 출발은 바로 "내가 무엇이길래"하는 마음이길 바란다. 대개 사람들은 현실적인 감사의 이유 중에서 남들보다 우위를 차지하는 이유로(아프지 않거나, 의식주의 문제에 매이지 않거나 등) 감사를 시작하곤 한다. 하지만, 이런 차원을 넘어서서 내가 받은 복에 대해 나 자신이 자격이 있는지에 대한 마음을 가지며 감사를 출발했으면 좋겠다. "왜 이렇게 분에 넘치게 저를 사랑하십니까?"를 하나님께 질문하며 감사를 시작하면 좋겠다는 것이다. 찬송가 "나 같은 죄인 살리신," "아 하나님의 은혜로"가 이런 감사를 시작하는데 도움이 될 것이다.

2. 감사의 표현(20-22절)

무엇을, 얼마나 하나님께 드릴까와 관련된 감사의 표현 방법보다 이번 추석의 감사의 표현은 감사의 찬양으로부터 이루어지면 좋겠다. 다윗은 하나님께 감사 찬양을 했다. "주와 같은 이가 없습니다," "주님이 참 하나님(신)입니다." 우리도 우리에게 주신 하나님의 은혜를 떠올리며 주님 밖에 없음을 진심으로 고백하고 찬양하자. 그런데, 이런 감사의 표현은 내가 무엇이길래 하는 감사의 출발이 없으면 잘 표현되기 어렵다. 그러므로 감사의 출발과 표현이 잘 어우러지는 추석이 되길 바란다.

3. 감사의 지속(23-24절)

각자의 감사의 시간이 지나면 그 감사를 지속하지 못하는 것이 보통 사람들의 모습이다. 오늘 본문 속의 다윗은 오래 전 출애굽 사건을 기억하며 하나님의 도우심에 감사하는데, 그것처럼 현실적인 감사의 이유를 지나 과거의 오랜 기억으로 돌아가서 그 기억 속에서부터 하나님의 도우심을 발견한다면, 감사가 지속될 수 있을 것이다. 즉 깊은 기억의 사람이 된다면 감사를 지속할 수 있다는 것이다. 추석 명절이 짧은 기간이지만, 우리의 감사는 명절 이후에도 계속되어야 한다.

추석을 맞아 우리 하나님께 제대로 된 감사를 드리길 바란다. 감사의 출발에서부터, 표현하고, 지속하는 것까지 말씀에 따라 노력해서서, 감사와 함께 행복한 추석 명절이 되길 바란다. 또한 그 감사가 명절 이후에도 계속되길 바란다.

#2. 우리 가정의 추석(막 12:30-31)

오늘은 우리 만족의 고유명절인 추석(음 8월 15일 중추절)이다. 연중 달이 가장 둥글고 밝은 달이라 하여 한가위라고도 한다. 오곡백과가 무르익는, 그리고 첫 추수의 기쁨을 누리는 가을의 한복판, 내지는 끝자락이 되기도 한다. 우리 민족의 고유명절인 추석의 기원은 멀리 신라시대까지 거슬러 올라간다. 신라 3대 유리왕 때이다. 당시 신라는 6부도의 행정체제를 가지고 있었다. 음력 7월 중순쯤 되면 각각 3부도씩 두 편으로 나누어 길쌈 내기를 하게 했다. 8월 중순쯤 지는 편이 이기는 편에게 음식을 장만하여 큰 잔치를 베풀었다. 6부도 전체가 함께 잔치의 기쁨을 나누며 즐겼던 것이 음력 8월 15일이었다. 이렇게 시작된 문화가 역사 속에서 유교적 문화와 어울리지면서 풍성과 풍요가 조상들의 은덕이라 여기어 첫 수확의 오곡백과로 음식을 장만하여 제물로 삼고 조상에게 제사지내며 감사를 표했다.

1. 추석은 창조주 하나님께 특별히 감사하는 절기이다.

하나님을 알지 못하고 따라서 감사의 대상을 바로 알지 못하던 시대에는 풍요와 풍성이 조상의 은덕으로 알고 제사로 감사를 드렸다. 그러나 이 모든 은혜가 창조주 하나님, 역시를 주관하시는 살아 계신 하나님의 사랑과 은혜임을 믿고 누리고 있는 하나님의 자녀들은 하나님의 그 풍성하신 사랑과 은혜 앞에 큰 감사를 드리는 추석이어야 한다.

2. 추석은 가족 사랑의 특별한 기회이다.

추석에는 멀리 가까이 흩어져 있던 가족들이 함께 모여 풍성한 하나님의 은혜를 나눈다. 가족들은 서로의 안부와 형편들을 나누며 위로하고 격려하고 축하한다. 내 가족 중에 아직 그리스도 밖에 있어서 하나님의 사랑과 은혜를 누리지 못하는 가족이 있다면 전심전력으로 그것을 나누는 특별한 기회가 되어야 한다.

3. 추석은 이웃 섬김의 특별한 기회이다.

하나님의 풍성한 은혜는 결코 우리만의 것이 아니다. 소외된 이웃, 어려운 이웃, 고통 받는 이웃들에게 특별한 관심과 섬김의 기회가 되어야 한다. 하나님의 은혜의 풍성이 나를 도구와 통로로 하여 우리 이웃에게로 흘러가게 해야 한다.

추석의 또 다른 대명사는 풍성이다. 물론 물질만의 풍성이 아니다. 하나님의 은혜의 풍성이다. 이 풍성한 은혜를 누리고 있는 우리 가정의 감사와 섬김의 풍성이다. 올 추석은 하나님께 대한 특별한 감사와 내 가족에 대한 특별한 사랑과 우리 이웃에 대한 특별한 섬김이 그렇게 풍성하기를 바란다.

45. 설날예배

A. 원리

　설날은 음력 정월 초하루이다. 우리나라의 경우 기본적으로 양력을 사용하지만 전래적으로 음력설을 쇠는 문화가 이어져 왔기 때문에 설날을 전후하여 공휴일로 지정되어 있다. 많은 사람들이 부모님을 찾고 고향을 방문한다. 신앙이 없는 사람들은 대부분 차례를 지내지만 신앙의 가정에서는 설날예배를 해야 한다.
　설날예배는 가족이 함께 하는 가정예배로서 가장이 가정의 제사장으로서 예배를 인도해야 한다. 혹시 가장인 아버지가 신앙심 결여 등으로 예배를 인도할 수 없을 때는 장남, 차남, 어머니 순으로 예배를 인도하도록 함이 좋을 것이다. 혹시 아버지가 신앙이 약하더라도 미리 예배 인도에 필요한 말을 잘 준비하여 가장으로서 예배를 인도함이 좋다. 교회는 설날가정예배 순서지를 만들어 설날 직전 주일에 교인들에게 나누어주어 설날예배에 참고하도록 하면 좋다.
　설날은 통상 제사를 지낸 관습이 있는데, 제사를 조상숭배로 보는 개신교의 신앙원리에 따라 제사에 참여해서는 안 된다. 그러므로 자칫 신앙적 갈등이 유발될 수 있기에 명절의 즐거운 분위기가 깨지지 않도록 조심해야 한다. 만약 신앙적 차이로 인하여 제사에 참여하지 않는다면 제사의 취지가 조상의 근본 교훈을 잊지 않고 기억하는 데 있음을 언급하며 신앙 안에서 조상을 존중히 여기며 그 뜻을 잊지 않고 있음을 나타낼 필요가 있다.
　설날예배는 소망 중에 새해를 시작한 후 약 한 달 정도가 지난 때이므로 새해의 다짐이 약하여지지 않도록 격려하고, 가족의 화목함과 부모 공경함 그리고 가정의 신앙적 전통을 계승해나가는 것의 중요성 등을 자녀들에게 심어주는 기회가 되어야 한다. 예배 순서는 가족 한 사람이 도맡아 하기 보다는 가능한 여러 사람이 분담하는 것이 좋다. 찬송은 다 같이 부르고, 대표기도, 성경낭독 등을 자녀들에게 담당시키도록 한다.

B. 지침

1) 가족이 마루 혹은 거실이나 방에서 한 자리에 둘러앉았거나 식탁에 앉는다.
2) 가족의 공동체성을 강화하는 분위기를 만들도록 한다.
3) 가족은 설빔을 갖추어 입거나 단정한 옷차림을 하고 예배에 참석한다.
4) 설날예배를 한 후에 세배를 하고 아침 식사를 하는 것이 좋다.
5) 설날예배는 길지 않아야 한다.
6) 설날예배를 마친 후 어르신들께 세배를 한다. 세배를 받는 사람은 세배 돈을 적당하게 봉투에 담아 준비했다가 전해준다. 봉투에 덕담을 써주면 더 좋을 것이다.

C. 예배순서

환영의 말		인도자
	"설날을 맞아 온 가족이 함께 모이니 고맙고 기쁩니다. 즐거운 설날 아침 하나님께 감사하는 마음으로 설날 예배를 시작하겠습니다."	
개회기도		인도자
	"사랑이 많으시고 은혜로우신 하나님 만물을 지으시고 시간과 때를 주관하시는 하나님께 감사합니다. 음역 설을 맞아 가족이 한 자리에 모여 예배합니다. 저희들의 찬송을 받으시고 하나님의 말씀을 잘 듣게 하옵소서. 설날예배를 통하여 온 가족이 더욱 사랑하고 화목하게 하시고 하나님께 영광을 돌리는 아름다운 가정되게 하옵소서. 예수님의 이름으로 기도합니다. 아멘!"	
찬 송	428장	다같이
교 독 문	93 혹은 94번	다같이
기 도		담당자
성경낭독	설교본문	사회자
설교말씀		설교자
기 도		설교자

(설교자는 설교 내용에 맞추어 가족을 위하여 기도한다)

| 찬　　송 | ……………………… 430장 ……………………………… | 다같이 |
| 주 기 도 | ……………………………………………………………… | 다같이 |

D. 설교

#1. 삶의 우선순위(마 6:24-34)

　설날은 새해라는 의미보다 오랜만에 가족들과 친족들이 고향에서 즐거운 만남을 갖는다는 의미가 더 합당한 명분이다. 그동안 흩어져 살면서 신앙생활을 하던 가족들이 한 자리에 함께 모여서 예배 시간을 갖는 것은 가정의 의미를 더 새롭게 하는 기회가 된다. 오늘 '삶의 우선순위'라는 말씀을 통해 지난 날 우리가 삶의 우선순위를 어디에 두고 살았는지 돌아보고, 앞으로 무엇에 삶의 우선순위를 두고 살 것인지 생각하는, 유익한 시간이 되기를 바란다.

　1. 예수님은 사람에게 두 주인이 있다고 하다(24절).
　우리는 하나님을 섬기든지 혹은 재물을 섬기든지 하나를 선택해야 한다. 하나님과 재물을 선택의 조건으로 비교하는 것 자체가 무의미한 일이다. 하지만 어리석은 사람은 하나님보다 재물을 마치 신(神)처럼 더 소중하게 섬길 것입니다. 하나님과 재물! 둘 중에 하나를 먼저 선택하라면 당연히 하나님을 선택할 것이다. 그러나 실제로는 그렇지 않다. 사람은 보이지 않는 것보다 보이는 것을 더 우선순위에 두는 경향이 있다. "법보다 주먹이 가깝다"는 표현도 역시 그것을 가리킨다. 사람은 이상과 현실 사이에서 날마다 고민과 갈등 속에서 살아간다. 이것은 교회의 역사 속에서도 얼마든지 발견되는 내용이다.

　2. 성경에 보면 재물을 우선순위에 둔 사람들이 소개된다.
　이 대표적 인물이 인류의 조상, 아담과 하와이다. 그들은 하나님이 만드신 에덴동산에서 부족함 없이 살면서도, 그것도 모자라서 '하나님과 같이 된다'는 사탄의 유혹 때문에 하나님의 명령을 거역하고, 선악과를 먹는 죄를 범하고 말았다. 저 유명한 솔로몬도 그랬다. 그가 처음에 왕이 되었을 때는 겸손히 하나님을 섬겼다. 그러나 부귀영화를 누리게 되자 그는 점점 하나님 앞에서 변질되었다. 이방 여인들을 가까이 함으로 예루살렘을 우상의 도시로 만들어 버렸다. 예수님의 제자였던 가룟 유다도 재물 때문에 주님을 배반했다. 그는 예수님의 제자였지만 재물에 대한 욕심 때문에, 어느 날 주님되신 예수님을 은 30개를 받고 팔아버렸다. 이것은 예수님보다 재물을 더 귀하게 여긴 사람의 모습이다. 사람이 이렇게 잘못된 선택을 하는 이유는 어리석음 때문이다. 성경은 "어리석은 사람은 그 마음에 이르기를 하나님이 없다 하는도다"(시 14:1)라고 했다.

3. 예수님은 우리에게 삶의 우선순위를 분명히 정해 주셨다(33절).

본문에 보면, '너희는 먼저 그의 나라와 그의 의를 구하라. 그리하면 이 모든 것을 너희에게 더하시리라'고 하셨다. 사람이 하나님의 통치하심을 받고 살면 삶에 필요한 모든 것을 채워 주신다는 것이다. 이스라엘 민족은 광야에서 여행을 할 때, 농사를 짓지 않았지만 하나님께서 만나를 먹여 주셨고 메마른 땅에서 생수를 터트려 주셨다. 이것이 바로 말씀의 증거이다.

오늘 명절을 맞이하여 우리의 삶의 우선순위가 잘 되었는지 확인해 보자. 그리고 이제부터 우리 가족이 '하나님 나라와 의를 먼저 구하라'는 예수님의 말씀 따라 살아가자.

#2. 시작을 새롭게 하자!(출 12:1-2)

일년의 첫날을 '설날'이라고 부르는 연유는 무엇일까? 설날은 '선날'이었다는 주장이 있다. '선날'이란 무언가를 시작하기 위해 일어선 날인데, 이것이 세월이 지나 설날이 되었다는 것이다. 또한 '설'자가 우리말 '낯설다'에서 왔다는 주장인데, 이는 새로운 해가 아직 낯설고 익숙하지 않아서 설날로 불렀다는 것이다. 이외에도 '근신하여 경거망동을 삼가다'는 뜻의 '섧다'에서 왔다는 설도 있다. 이것들은 모두 '새롭게 시작하는 상서로운 날'이란 의미를 지니고 있다. 그렇다면 성경에서는 어떨까?

1. 하나님의 구원을 기념하여 지키는 날

오늘 본문은 이스라엘의 새해 첫날을 소개하고 있다. 이스라엘의 새해 첫날은 다른 날이 아니라 출애굽을 기념하는 날이다. 특히 하나님께서 애굽 땅을 칠 때에 이스라엘의 집을 넘어가신 것을 기념하는 날이다. 학자들은 이스라엘의 시작을 출애굽사건에서 찾는다. 특히 시내산에서의 계약이 이스라엘을 하나의 민족 또는 국가로 탄생시켰다는 것이다. 이스라엘은 새해 첫날이기 때문에 설날이 중요한 것이 아니라 하나님께서 출애굽해주셨기 때문에 중요한 날이며, 그래서 새해 첫날은 진짜 새해 첫날이 아니라 출애굽한 날을 새해 첫날로 삼았다. 14절에서 하나님은 "이 날을 기념하여 여호와의 절기로 삼아 영원한 규례로 대대로 지킬지니라"고 말씀하신다. 우리 역시 새해 첫날을 맞아 하나님의 구원을 기념하여 기뻐하고 감사해야 한다.

2. 과거에서 떠나는 날

새해 첫날은 출애굽을 기념하는 날이기에 애굽이라는 과거에서 떠나야 하는 날이다. 이스라엘이 모세를 따라 출애굽한 이후 어려움이 찾아왔을 때 그들은 애굽을 그리워하며 출애굽을 주도한 모세를 원망했다. 결국 그들은 약속의 땅을 밟지 못하고 세상을 떠났다. 애굽을 떠났으면 몸과 마음이 모두 떠나야 한다. 그렇지 못하면 애굽도 가나안도 아닌 곳에서 최후를 맞이하게 된다. 지난 해 우리의 삶은 애굽과 같은 곳, 즉 먹고 마시는 것은 문제가 없지만 고통이 있는 곳, 하나님을 마음껏 섬길 수 없는 곳에 머물러 있었을 수 있다. 그렇다면 오늘 설날을 맞아 그곳을 완전히 떠나야 한다. 그렇지 않으면 올해 우리의 삶은 애굽도 가나안도 아닌 어정쩡한 곳에서 보내게 된다.

3. 새롭게 시작하는 날

새로운 시작은 누구에게나 낯설다. 그러나 시간이 지나면 언제 그랬냐는 듯이 곧 익숙해진다. 문제는 낯설음을 대하는 자세이다. 우리는 건강한 낯설음에 친숙해져야 한다. 그러기 위해서 반드시 낯설음의 불편을 견디는 과정을 가져야 한다. 새로운 시작은 과거를 떠나는 것에서 시작하지만 그것으로 완성되지는 않는다. 새로운 시작은 새로움을 적극적으로 맞이함에서 시작한다. 애굽을 떠나 주어진 자유를 다시 종노릇에 내어주지 말고 자발적으로 하나님을 향하는 일에 사용하자.

　설날은 온 가족이 모이는 날이다. 이 날 이스라엘은 하나님의 구원을 기념하고 축하했다. 우리 역시 한 해의 시작을 알리는 오늘 우리를 창조하시고 구원하시는 하나님을 기념하고 축하하며 시간을 보내자. 또한 애굽을 완전히 잊고 가나안을 향해서 가자. 이를 위해 낯설고 새로운 삶을 기꺼이 맞이하고 익숙해지기 위해 불편을 견디는 과정이 필요하다. 부디 그 불편 너머에 기다리는 복된 삶을 누리는 한 해가 되자.

46. 추모예배

A. 원리

추모예배는 고인을 회상하는 예식이며 비록 장례를 지낸지 오래되었거나 얼마 되지 않았거나 동일하다. 추모예배는 장례식 순서와 비슷하다. 추모예배는 고인을 기념하여 애도하고 추모하는 예식이다. 고인에 대한 믿음의 발자취와 유지를 회상하고 교훈을 받아 새로운 결심을 하는 시간이다. 조상을 추모하는 경우 어느 조상까지 추모해야 하는지에 대해서는 유교에서는 4대 봉사(부모, 조부모, 증조부모, 고조부모)를 하는데, 꼭 그렇게 해야 하는 것은 아니다. 추모예배는 고인의 자녀가 살아 있는 동안 하면 좋고, 고인을 본 적이 있는 자손이 살아 있는 동안이면 족하다.

추모예배는 고인을 추모하는 예배이다. 그러나 하나님이 예배의 중심이 되셔야 한다. 모든 예배는 하나님께 영광을 돌리는데 있다. 참석자들은 추모예배를 할 때 자신의 삶을 돌아보고 보다 더 신앙적인 생활을 위한 도전과 영감, 교훈과 능력을 얻게 된다. 추모예배는 목사에 의해 주의 깊게 계획되어야 한다. 더불어 믿음 안에서 가족 간의 화목을 깊게 하는 계기로 삼아야 한다. 설교에 유익한 성경 구절들은 신앙을 본받아(고전 11:1-2; 딤후 1:5), 재림 신앙(살전 4:14; 계 22:20), 고인의 유언(행 20:31; 창 50:4-14), 우리의 소망(골 1:5; 딤후 4:18) 등이다.

B. 지침

1) 목사는 성도들의 추모예배 일지를 보존하여 미리 챙기도록 하는 것이 필요하다.
2) 추모하는 고인의 자녀들과 함께하는 예배이기에 고인이 평소 자녀들을 위해 기도하던 내용이나 선행 또는 추억담을 기억할 필요가 있다. 고인을 목사가 직접 알지 못한다면 주변 사람들이나 자녀들을 통해 미리 정

보를 얻어놓아야 한다.
3) 추모예배일은 가족들과 시간과 장소를 협의하여 고인이 별세한 날에 행하는 것이 원칙이다. 가정의 사정이 있는 경우에는 날자를 조정할 수 있다.
4) 추모예배는 직계가족을 중심으로 가까운 친척과 친지들이 모일 수 있다.
5) 추모예배 때 모인 사람 중 연장자에게 고임에 대한 회고담과 자손들에 대한 격려의 말을 담은 기념사를 할 수도 있다.
6) 음식은 상차림을 하지 말고 추모예배를 본 후에 음식을 나누도록 한다.
7) 묘소로 성묘를 가서 추모예배를 한다면 성경구절과 찬송가 가사 등이 담긴 예배 순서지를 만들어 사용하도록 함이 좋다.

C. 예배순서

개 식 사	··	인도자
	"지금부터 고 ○○○의 ○○주기 추모예배를 시작하겠습니다."	
찬 송	······················· 270장 ·······················	다같이
기 도	··	담당자
성경말씀	··	인도자
설 교	··	담당자
기 도	··	설교자
기 념 사	··	맡은이
찬 송	······················· 314장 ·······················	다같이
축도(혹은 주기도)	···	목사(혹은 인도자)

D. 설교

#1. 부모의 당부(잠 4:1-9)

인간은 누구나 부모를 통해 이 세상에 온다. 하나님께서 우리 모두를 부모님을 통해 나게 하셨다. 그리고 어린 시절부터 지금까지 부모님의 사랑과 가르침 가운데 자랐고 살아간다. 세상이 권위가 사라지고 권위를 인정하지 않는 풍조가 생겨났지만 우리는 어른을 공경하고 특히 부모님을 공경해야 한다. 추모일을 맞아하여 우리 함께 부모님의 사랑과 교훈을 다시 한 번 마음에 담는 기회를 가지면 좋겠다. 성경은 부모님의 교훈에 대하여 어떤 말씀을 주고 있는가?

1. 자녀는 부모님의 훈계를 마음에 담아야 한다.

4절에 보면 "내 말을 네 마음에 두라"고 했다. 즉 자녀는 부모님의 교훈을 마음에 담아두어야 한다. 왜냐하면 부모님의 말씀은 선한 도리이며, 지혜를 주고 명철을 얻기 때문이다. 인생을 살다보면 이런 저런 일을 당하게 마련이고, 이런 저런 사람들을 만나게 마련이다. 때로는 좋은 일도 때로는 고단한 일도 겪게 된다. 그럴 때 우리는 부모님의 사랑과 훈계를 떠올리게 된다. 하나님께서는 부모님을 통해 우리를 훈계하신다. 부모님의 마음은 오직 자식 잘되라는 것뿐이다. 우리 마음에 좀 안 드는 것 같을지라도 우리는 부모님께 순종해야 한다.

2. 우리 모두는 어린 시절이 있었고, 또 나이가 들어가게 되어 있다.

어린 사람들을 보면서 우리는 자신의 과거를 생각해야 한다. 그리고 나이 드신 분들을 보면서 우리는 우리의 미래를 생각해야 한다. 우리 모두가 지나온 길이며 우리 모두가 가게 될 길이기 때문이다. 그래서 나이가 들수록 철이 들며 자신을 돌아보게 되고 더 너그러워 지고 마음에 여유도 생기고 그러는가 보다. "나도 유약한 아들이었다"는 고백은 자신을 통찰하는 한 인간의 솔직한 고백이다. 그래서 부모는 자녀를 이해하고 용납하며 도와주어야 하고, 자녀들도 부모님을 이해해야 한다.

3. 우리는 하나님께서 우리의 아버지가 되심을 알아야 한다.

하나님은 우리의 아버지이시다. 우리의 소리에 귀를 기울이신다. 환란날에 나를 부르라 내가 너를 도와주리라고 하신다. 위로가 필요할 때, 고단할 때, 어려울 때, 외로울 때, 힘들 때 하나님께 기도하시면 하나님께서 우리의 기도를 들으신다. 우리의 기도를 들으시고 응답하신다. 참 지혜의 근원이신 하나님은 우리를 높이시고 아름다운 관으로 씌워주시고 영화로운 면류관을 주실 것이다. 우리 모두 하나님을 영혼의 아버지로 모시고 신앙 가운데 살아가자. 그 길만이 우리가 행복하고 즐거운 인생길이다.

하나님은 우리의 힘이 되신다. 그렇기 때문에 우리는 하나님을 사랑하고 하나님께 찬송하며 하나님께 나가야 한다. 우리 부모님은 어려운 시기에 선하게 사신 분들이다. 우리가 이렇게 사는 것 모두 부모님 은덕이요 하나님의 도우심이다. 좋은 부모님을 주신 하나님께 감사하며 우리 모두 우리의 힘이 되시는 하나님을 굳게 믿고 힘을 내어 살아가자. 우리 함께 다짐하자. 한 번 따라 해주기 바란다: "부모님은 우리를 사랑하신다. 나는 부모님의 교훈을 마음에 담아 순종하겠다. 나는 부모님을 이해하고 잘 섬길 것이다. 나는 하나님께서 나의 아버지가 되심을 믿고 하나님의 인도를 따라 살아가겠다. 우리 모두 한 마음으로 우리 아버지 하나님을 잘 믿고 서로 사랑하며 힘을 내어 열심히 살아가자!" 아멘!

#2. 하나님의 뜻을 이루는 가정(살전 5:15-18)

인생은 모두가 농사를 짓는 것이다. 공부도 농사요, 자식도 농사요, 사업도 농사다. 농사가 잘 되면 즐겁지만 그렇지 못하면 마음이 무거워진다. 우리 모두의 인생농사가 풍성하기를 바란다. 인간에게 있어서 가장 보람되고 흐뭇한 것은 자신이 하나님의 뜻 안에 있다고 느끼는 것이라고 생각한다. 우리 부모님이 이 시간 우리에게 한 말씀 하신다면 무슨 말씀을 하실까? 하나님의 뜻을 이루는 사람이 되라고 하실거다. 우리 인생을 향한 하나님의 뜻이 무엇일까?

1. 모든 사람에게 선을 행해야 한다.
여호와 하나님은 선하신 분이다. 그러므로 우리도 선을 좇아야 한다. 인생을 살다보면 이런 저런 일을 당하게 마련이고, 이런 저런 사람들을 만나게 마련이다. 때로는 좋은 사람도 때로는 고약한 사람도 만나게 된다. 이럴 때 복수하는 심정으로 대하지 말고 선한 마음으로 대해야 한다. 어떻게 그런 마음을 가질 수 있겠는가? 우리에게는 그럴 힘이 없다. 그래서 하나님께 구해야 한다. 우리에게 대하여 오래 참으시고 긍휼히 여겨주신 하나님의 사랑을 기억하면서 우리도 다른 사람에 대해 오래 참고 선으로 대해야 한다. 우리 부모님들은 그렇게 사신 분들이다. 우리도 그럴 때 우리 인생 농사에 풍년이 들것이다. 모든 사람에게 선을 행하는 것이 하나님의 뜻이다.

2. 항상 기뻐해야 한다.

웃으면 복이 온다고 한다. 어떤 일을 만나든지 이왕이면 좋은 방향으로 생각하고 좋게 끝날 거라고 기대하고 잘 될 거라고 믿고 긍정적으로 마음을 먹어야 한다. 하나님께서는 인간을 지으시고 심히 좋아하시고 기뻐하셨다. 우리도 기뻐해야 한다. 당장 눈앞에 보이는 것 때문에 속상하고 불평하지 말고 기뻐하자. 내리막이 있으면 오르막이 있고, 골이 깊으면 봉우리가 높은 법이다. 모든 것이 끝이 아니라 과정이기 때문에 즐거워하면서 계속 가면 좋은 일이 있다. 무슨 일을 당하든지 주님이 함께 하신다는 믿음으로 즐겁게 마음 먹고 기쁨으로 걸어가자.

3. 범사에 감사해야 한다.

감사는 찬양과 함께 신앙의 최고 수준이라고 한다. 우리에게 주어지는 모든 것은 하나님께서 허락하신 것이다. 그것이 무엇이든 우리의 유익을 위해 주어지는 것이다. 당장은 아닌 것 같아도 지나 놓고 보면 유익한 것이었다. 감사할 수 있는 것은 물론 감사해야 한다. 그러나 감사할 수 없는 것 같은 것에 대해서도 감사해야 한다. 모든 것을 합하여 선을 이루어주실 것이기 때문이다. 우리 인간이 어떻게 이러한 생활을 살 수가 있겠는가? 그래서 우리는 쉬지 말고 기도해야 한다.

믿음으로 새 힘을 내자. 우리를 사랑하시는 하나님 아버지께서 우리에게 하나님의 뜻을 나타내 주셨다. 우리의 풍성한 인생을 위해서 모두에게 선을 행하고, 항상 기뻐하며, 범사에 감사하라고 하셨다. 그리고 그렇게 살도록 기도하라고 하신다. 우리 부모님은 선하게 사신 분들이다. 좋은 부모님을 주신 하나님께 감사하고 우리도 부모님의 마음을 기억하면서 기쁘게 살아가자. 다함께 다짐하자: "모든 사람을 선으로 대하고, 항상 기뻐하면서 범사에 감사하자. 하나님께 기도하면 새 힘을 주신다."

47. 환자심방예배

A. 원리

질병은 거의 모든 인간이 피할 수 없는 당면 문제 중 하나이다. 타락한 인간의 무질서와 무절제 그리고 불균형적인 삶은 육체와 마음의 질병을 초래한다. 여러 가지 요인으로 인한 스트레스의 증가는 상처받고 곤고한 영혼을 증가시켰고, 자연히 질병에 노출되고 있다. 21세기 목회에는 전인적 돌봄이 강조되고 있다. 영혼 돌봄을 위해 사역하는 목회자와 교회는 환자심방을 게을리 하지 말아야 한다.

질병은 환자 자신의 소홀한 건강관리에서 기인되기도 하고, 직업적이거나 사회적 환경 때문이기도 하다. 혹은 사고로 인하여 병원에 입원하기도 하며, 치료하기 어려운 환자의 경우 가족과 친지의 큰 부담이 되기도 한다. 성경은 질병을 통해 하나님이 하시는 일이 나타나기도 한다고 가르치고 있다(요 8장).

질병은 환자 자신에게는 물론 그 가족과 이웃에게도 큰 영향을 끼친다. 교회는 육체적 질병으로 인해 치료중이거나 입원 중인 환자를 잘 파악하여 적절한 돌봄을 제공해야 한다. 여선교회와 구역 조직을 통해 환자심방을 빼놓지 않고 실행하여야 한다.

환자와 그 가족은 연약한 상황 가운데서 신앙적 진보를 나타낼 수 있는 기회가 되기도 한다. 복음에 대해 거부하던 사람이 질병을 통하여 마음이 열리고 받아들이기도 한다. 그러므로 환자심방은 복음전도의 좋은 기회가 되고, 은혜로운 환자심방은 환자를 더욱 성숙한 신앙의 길로 안내하는 적절한 통로가 된다.

B. 지침

1) 환자심방은 환자심방이 가능한 때에 실행해야 한다. 일방적으로 방문

하는 것은 피해야 한다.
2) 너무 많은 사람들이 심방하여 폐를 끼치면 안 된다.
3) 병원으로 심방할 때는 병실 문 앞에 붙여진 푯말을 잘 관찰하고, 노크를 하고 들어가 자신을 간단히 소개한다. 만약 환자가 식사중이거나 의사가 진료 중이면 문 밖에서 기다려야 한다. 혹 다른 사람들의 심방을 받고 있을 경우 잠시 후에 다시 방문하라. 심방하는 사람들이 의사의 진료나 간호원들의 치료에 방해가 되면 안 된다.
4) 병실 내에 있는 의료기구들을 만지거나 건드려서는 안 된다.
5) 병원으로 환자를 심방할 경우 다른 환자들에게 폐가 되지 않게 유의하라.
6) 환자심방 때에는 간단한 음료수나 건강에 도움이 될만한 선물을 가지고 가는 것이 좋다.
7) 같은 입원실에 있는 다른 환자들에게도 따뜻한 관심과 격려를 잊지 말아야 한다.
8) 환자심방은 너무 길게 하지 않아야 한다. 하지만 지나치게 서둘러 마치 해치우는 듯한 느낌을 주어서도 안 된다.
9) 심각한 질병에 걸린 환자의 경우 말을 아끼고 조심해야 한다.
10) 환자는 물론 그 가족에 대한 목회적 책임도 있다. 목회자는 돌보는 자로서 환자와 환자의 가족들을 지원해야 한다.

C. 예배순서

인 사 말 ·· 인도자
"질병으로 인하여 병중에 있는 ○○○를 심방하여 예배하고자 합니다. 다함께 경건한 마음으로 예배합시다."

기 원 ·· 인도자
"사랑이 많으신 하나님 아버지, 저희들이 ○○○의 병실을 찾아 하나님께 예배합니다. 이 예배를 통하여 저희 모두에게 하나님의 위로하심과 능력주심을 경험하게 하옵소서."

찬 송 ································· 425장 ································· 다같이
대 표 기 도 ·· 기도자

성 경 말 씀 ·· 인도자
설   교 ·· 설교자
기도와 축도 ·· 설교자

D. 설교

#1. 경증환자로서 함께 예배를 드릴 수 있을 경우

믿음으로 말미암은 치유(막 5:25-34)

본문의 말씀은 열두 해 혈루증으로 인해 온갖 어려움을 다 겪은 여인의 이야기이다. 마가의 기록에 의하면 이 여인은 자신의 병으로 인해 재산을 다 쓰고도 더 병이 깊어지자 깊은 좌절과 실망에 빠져 있었다. 그리고 어느 날 예수님에 대한 소식을 듣고는 그분의 옷자락만이라도 만지면 나으리라는 믿음이 생겼다. 그리고 마침내 기회가 왔고 사람들 틈에 밀리면서 살짝 예수님의 옷자락에 손을 대자 자신의 믿음대로 병이 치유되었다. 오늘날 믿음이 치유에 미치는 긍정적 영향에 대하여 많은 연구들이 이를 뒷받침하고 있다. 특히 만성질병의 경우는 훨씬 더 큰 치유의 효과가 있는 것으로 보고되고 있다. 신앙이 육신과 정신에 미치는 긍정적 치유효과에 대하여는 더 이상 논란의 여지가 없게 되었다. 그러면 어떻게 하여야 신앙이 질병회복에 도움이 될 수 있는지 본문에서 몇 가지를 찾아보자.

1. 예수님께 대한 믿음이 있어야 치유를 경험할 수 있다(28절).

혈루증을 앓던 여인은 예수님에 대한 믿음이 있었다. 즉 그분의 옷자락만이라도 만지더라도 그분의 능력으로 자신의 병이 나으리라는 믿음이었다. 예수께서 우리의 구세주와 주님이 되심을 믿는 믿음이 치유와 회복의 바탕이 된다. 질병 자체와 고통이 우리에게 주는 어려움이 있다. 하지만 어려움 너머에 질병과 고통 가운데서 우리 자신의 믿음을 되돌아보게 만드는 하나님의 부름 또한 있음을 기억하는 믿음의 안목이 필요하다. 연약할 때 주님과 더욱 가까워짐으로 우리는 더욱 강건할 수 있다. 그렇기에

사도 바울의 말씀대로 우리가 약할 때 강하게 된다.

2. 믿음을 실행에 옮길 때 치유를 경험할 수 있다(27절).

혈루증을 앓던 여인은 자신이 예수님의 옷자락만 만져도 나으리라는 믿음을 가졌고 그 믿음을 실행해 옮김으로 치유를 경험하게 되었다. 믿음으로 치유를 경험하는 가장 중요한 원리는 그 믿음을 실행하는 일이다. 물론 의료진이 ○○○성도를 치유하는 일에 최선을 다하고 있으며 나으리라고 기대한다. 하나님께서 의료진을 통하여 ○○○성도를 치유하시기도 하지만, 더 빠른 쾌유와 더 깨끗한 회복을 위해 그리고 더 나은 건강을 위해 믿음을 실천에 옮기는 결심과 결단이 필요하다. 이전까지 마음과 생각 속에 머물던 믿음이었다면 이제부터 실행함으로 치유와 회복을 직접 경험하는 믿음의 소유자가 되시기를 바란다.

하나님께서 ○○○성도의 입원과 치유의 전 과정에 개입하고 계심을 믿고 오늘 예수님께서 혈루병에서 나은 여인에게 말씀하셨듯이 "네 믿음이 너를 구원하였으니 평안히 가라 네 병에서 놓여 건강할지어다"(34)라는 말씀이 오늘 이 시간 이 곳에서 ○○○성도에게 이루어지심을 믿는다.

#2. 중증환자로서 예배에 직접 참여하지 못하거나
참석하여도 예배를 드릴 수 없어 가족들과 지인들을 대상으로 할 경우

하나 됨을 통한 치유(막 2:1-12)

본문의 지인들에게 운반되어 와서 치유된 중풍병자의 이야기는 우리에게 중보하고 조력하는 이들의 믿음과 협력과 노력이 얼마나 중요한지를 보여주는 대표적인 사건이다. 예수님의 말씀을 듣기 위해 많은 사람들이 가버나움의 한 집에 모였다. 너무 사람들이 많이 모여 있었기에 중풍병자를 예수께 데려온 네 사람이 들어갈 수 있는 길이 없었다. 이에 이들 네 사람은 자신이 데려온 중풍병자인 환자를 예수님과 만나도록 하기 위해 자신들의 최선을 다해 생각을 모으고 가능성을 의논하고는 마침내 지붕의 기와를 뜯어내고 구멍을 크게 뚫어 그곳으로 중풍병자를 내려 예수님께 보였다. 그리고 예수께서는 중풍병자의 믿음도 보셨겠지만 그 중풍병자를 데려온 사람들의 믿음을 보시고 그 중풍병자의 영혼과 육신을 치유하셨다 (5, 11-12). 예수님의 치유사역 가운데 독특하게도 오늘 본문의 중풍병자가 나은 기적은 그 환자를 사랑하고 돌보는 사람들의 믿음으로 환자가 온전히 치유를 받았던 사건이었다. 우리는 본문의 사건을 통하여 환자 주위에서 환자를 사랑하고 돌보는 이들의 하나 됨이 치유를 가능하게 하였던 사실을 함께 살펴보고자 한다.

1. 환자에 대한 사랑어린 관심이 필요하다.

중풍병자를 데려온 이들 네 사람은 그 환자를 사랑하는 마음에서 우러난 관심이 있었다. 그들은 사람들로 가득차서 도저히 자신들이 데려온 환자를 예수께 데려갈 방법을 찾을 수 없었다. 하지만 이들은 환자에 대한 사랑으로 하나 되어 방법을 강구하였고 마침내 방법을 찾아 환자를 예수께 보여드리게 되었다. 사랑은 불가능과 어려움을 극복하고 승리하게 만든다. ○○○성도를 돌보는 가족들과 도움을 주시는 분들의 사랑으로 하나 된 마음이 ○○○성도를 속히 회복되게 하는 밑거름이 될 것이다. 이럴 때 서로 환자인 ○○○를 사랑하는 마음으로 서로 하나 되시기를 힘쓰시기 바란다.

2. 같은 믿음을 가져야 한다.

이들 네 사람은 하나된 믿음이 있었다. 중풍병자를 예수께 데려가면 나을 수 있다는 예수님에 대한 이들의 하나 된 믿음, 즉 이들 네 사람의 예수님을 믿는 하나된 믿음이 치유의 기적을 가능하게 하였다. 따라서 ○○○성도의 가족과 돌보는 분들이 이럴 때 서로의 믿음을 격려하고 신앙으로 하나되는 일이 매우 중요하다. 하나된 네 사람의 예수님에 대한 믿음으로 중풍병자가 나음을 입었듯, ○○○성도를 보살피는 가족들이 이러한 때 예수님을 믿는 믿음으로 서로 하나되는 일이 환자의 조속한 치유와 회복에 커다란 도움이 될 것이다.

3. 어려움을 감수하며 협력해야 한다.

이들 네 사람은 환자의 치유를 위해 기꺼이 어려움을 감수하고 협력하였다. 중풍병자의 치유에는 이들 네 사람이 자신들이 당면한 실제적인 어려움인 사람들로 가득 차 예수님께 자신들의 환자들 데려갈 수 없는 어려움을 극복하기 위해 함께 노력하여 마침내 치유의 기적을 이루어낸 것이다. 집안에 환자가 생기면 자칫 서로 신경이 곤두서기 때문에 가족 간의 긴장과 갈등이 표출되기 쉽다. 하지만 환자의 조속한 치유를 위해서는 환자를 돌보는 분들의 희생과 노력을 바탕으로 한 협력이 필수적이다. ○○○성도를 돌보시는 분들 역시 인내하는 가운데 서로 더욱 이해하고 어려움을 함께 나누며 기꺼이 함께 협력하여 속히 치유하는 하나님의 역사를 경험하실 수 있기를 바란다.

한 사람의 환자를 돌보는 것은 어쩌면 모두에게 피곤하고 지치기 쉬운 일일지도 모른다. 그러나 이런 기회에 서로에 대한 사랑과 신뢰를 확인할 수도 있고, 무엇보다도 하나님의 고쳐주시는 은혜를 경험할 수 있는 좋은 기회이다. 네 명의 친구들처럼 믿음을 가져 사랑하는 ○○○의 질병이 하루 속히 완쾌되기를 기원한다.

제4부
교회사회복지목회 안내

1. 교회사회복지의 개념
2. 교회사회복지의 주체
3. 교회사회복지의 대상
4. 교회사회복지의 방법
5. 교회사회복지의 실제

제4부 교회사회복지목회 안내

권지성, 오인근

1. 교회사회복지의 개념

1) 사회복지의 개념

일반적으로 사회복지는 '특정 사회의 전반적인 행복을 추구하거나 삶의 질을 향상하기 위해 공공과 민간, 비공식 부문의 공급주체들이 전체 사회구성원 또는 일부 집단의 욕구를 충족하고 그들이 경험하는 사회문제를 해결하기 위해 수행하는 법률, 정책, 제도, 프로그램, 서비스, 활동 등의 총체적 노력'이라고 정의할 수 있다. 이러한 정의에서 다음과 같은 몇 가지 구성요소들을 확인할 수 있다.

첫째, 사회복지의 목적은 궁극적으로 한 사회의 행복 수준이나 삶의 질을 향상시키고자 하는 것이다. 또한 이를 위해 일차적으로 구성원들의 사회적 욕구를 충족시키거나 사회문제를 해결하고자 하는 것이다.

둘째, 사회복지의 공급주체는 크게 공식부문과 비공식부문으로 나눌 수 있고, 공식부문은 다시 공공부문과 민간부문으로 구분할 수 있다. 또한 민간부문은 영리부문과 비영리부문으로 나눌 수 있다. 이렇게 상세하게 구분하게 되면, 결국 사회복지의 공급주체는 공공부문과 민간영리부문, 민간비영리부문, 비공식부문으로 나눌 수 있다.

셋째, 사회복지의 대상은 넓은 의미에서 전체 사회구성원이라고 할 수 있으며, 좁은 의미에서는 욕구를 가지고 있거나 문제를 경험하는 일부 집단으로 한정할 수 있다. 전자의 경우를 보편주의 또는 제도적 개념이라고 하며, 후자의 경우를 선별주의 또는 잔여적 개념이라고 한다. 이와는 달리 영유아, 아동, 청소년, 장애인, 노인, 여성, 노숙인, 부랑인, 다문화가정 등 인구집단으로 대상을 유형화하는 방법도 있다.

넷째, 사회복지의 방법은 거시적인 것에서부터 미시적인 것에 이르기까지 다양한 접근을 포함하고 있다. 법률, 정책, 제도를 변화시키려는 거시적 접근과 조직과 지역사회의 조건이나 역량을 강화하려는 중범위 접근, 개인, 가족, 집단 등의 기능을 강화하려는 미시적 접근 등으로 구분할 수 있다.

이러한 구성요소들 외에 사회복지 분야 또는 현장이라고 부르는 개념도 있다. 예를 들면, 1차 세팅으로서 사회복지 이용시설과 생활시설들이 있으며, 2차 세팅으로서 학교사회복지, 의료사회복지, 정신보건사회복지, 군사회복지, 교회사회복지 등이 있다. 1차 세팅은 해당 분야의 조직에서 사회복지사들이 주류를 이루는 경우를 말하며, 2차 세팅은 다른 전문직이나 직업군이 주류를 이루는 조직에서 사회복지사들이 일부 업무를 맡아 협력하는 방식으로 일하는 경우를 말한다.

2) 교회사회복지의 개념

위에서 제시한 사회복지의 개념과 구성요소들을 고려하여 교회사회복지를 정의할 수 있다. 그런데, 다른 사회복지현장들이 해당 분야의 특수한 상황에 근거하여 목적, 주체, 대상, 방법을 제한적으로 정의하는 것과 달리, 교회사회복지는 다음과 같이 다른 방식으로 정의할 필요가 있다.

첫째, 교회사회복지의 목적은 일차적으로 사회적 욕구 충족과 사회문제 해결, 삶의 질 향상, 행복 추구 등이라고 할 수 있지만, 궁극적으로는 하나님 말씀에 근거한 이웃사랑의 실천과 그를 통한 복음 전파라고 할 수 있을 것이다. 이러한 목적에 따라 주체와 대상, 방법도 달라질 수 있다.

둘째, 교회사회복지의 주체는 일반적인 사회복지의 주체보다는 범위가 좁다. 즉 세속화된 국가의 정부가 제공하는 공공복지와 자본주의 체제 내에서 시장원리로 운영되는 기업이 제공하는 민간영리부문은 교회와 일정한 관계를 유지할 수는 있지만 중복되기는 어렵다. 따라서 교회사회복지는 대부분 민간비영리 형태로 제공되며, 자원봉사활동과 같이 비공식부문으로서 공급할 수도 있다. 이렇게 제한된 범위 안에서 교회사회복지의 주체는 일단 '교회'라고 정의할 수 있지만, 구체적으로는 공급주체로서 하나의 사회조직이라고 할 수 있는 교회와 그 구성원인 목회자와 교인들 그리고 그들의 네트워크 등으로 구분할 수 있을 것이다. 이러한 주체들은 하나의 공동체로 사회복지를 수행할 수도 있지만, 개인이나 집단, 조직 차원에서 활동을 수행할 수도 있을 것이다.

셋째, 교회사회복지의 대상은 사회복지의 보편주의 또는 선별주의 개념과 유사하지만 대체로 선별주의 접근을 하는 경우가 많으며, 인구집단별로 대상을 선정하는 경우도 많다. 또한 기독교인들만을 대상으로 할 것인가 아니면 종교와 무관하게 사회복지를 제공하여 복음을 전파할 것인가도 중요한 선정기준이 될 것이다.

넷째, 교회사회복지의 방법은 그보다 더 넓은 범위를 가진 사회복지의 방법과 동일하다고 할 수 있지만, 실제로는 거시적인 접근보다 미시적인 접근으로 한정되는 경향을 보인다. 즉 교회사회복지는 정책, 제도, 법률 등을 개선하려는 노력보다는 지역사회를 변화시키거나 개인, 가족, 집단 수준에서 기능을 향상시키려는 노력에 치우치는 경향이 있다. 다른 한편으로는 이웃사랑의 실천과 복음 전파라는 목적을 달성하기 위해 공급 주체를 다양화하면서 개입방법도 다양해지는 양상을 보인다.

다섯째, 교회사회복지라는 분야는 학교나 병원, 기업, 군대 등의 현장에서 수행되는 사회복지처럼 일정한 공간 경계 안에서 이루어지기보다 교회의 자원을 활용하여 교회 밖에서 이루어지는 경우가 더 많다는 점에서 다른 분야들과 차이가 있다. 또한 학교나 병원, 군대 등의 사회복지현장에서는 그 세팅 안에서 소수의 사회복지사가 개입활동을 하는 반면에, 교회사회복지는 교회가 직접 사회복지를 제공하는 경우와 교회가 법인이나 사회복지시설을 설립하여 간접적으로 사회복지를 제공하는 경우를 포괄한다는 점에서도 다르다.

2. 교회사회복지의 주체

앞서 살펴본 바와 같이 교회사회복지의 주체로서 교회는 민간비영리부문의 공급주체로서 기능할 수도 있으며, 비공식부문의 공급주체가 될 수도 있다. 하나의 조직으로서 교회가 사회복지대상자들에게 직접 사회복지를 제공하는 경우 비공식 자원이 될 것이며, 교회가 별도의 법인이나 시설을 설립하고 운영한다면 민간비영리부문의 공급주체가 될 것이다. 각각을 구체적으로 기술하면 다음과 같다.

1) 비공식부문의 자원으로서 교회
교회는 비공식부문의 자원으로서 이웃들에게 사회복지를 제공할 수 있다. 일반적으로 비공식부문의 자원이란 가족, 친척, 친구, 이웃과 같은 사회적 관계체계의 구성원들을 말한다. 비공식부문의 자원으로서 사회복지를 한다는 것은 교회가 터를 잡고 있는 지역사회에서 그 구성원들과 교회, 그 연합회가 도움을 필요로 하는 사람들의 '이웃'이 되어준다는 뜻이다. 이것을 조금 더 공식화하면 자원봉사활동이라고 표현할 수도 있을 것이다. 개인과 가족, 집단, 개교회, 연합회 차원에서 할 수 있는 사회복지 관련 활동을 기술하면 다음과 같다.

(1) 개인과 가족
제자도의 원리에 따라 이웃사랑을 실천하고 복음을 전파하려는 사명을 가진 교회의 구성원들은 각자 개인 차원에서 어려움에 처한 지역사회 주민들을 도울 수 있다. 자신이 거주하는 지역사회에서 홀로 가난하게 살아가는 어르신, 거동이 불편한 장애인, 적절한 돌봄을 받지 못하는 아동들과 결연하여 주기적으로 방문하거나 집으로 초대하거나 바깥 활동을 할 수 있다. 혼자서 이런 사람들을 찾기 어렵다면 동 자치센터의 사회복지전담 공무원이나 지역사회복지관의 사회복지사들에게 요청하여 적절한 대상자와 연결될 수도 있을 것이다. 또는 공공과 민간의 사회복지조직을 통해 자원봉사자로 활동할 수도 있다. 목회자들이 솔선수범하여 이렇게 활동하는 모습을 보인다면, 교인들도 자연스럽게 따라가게 될 것이다.
또한 가족이 함께 교회에 출석하고 있다거나 그렇지 않아도 가족 내에서 합의할 수 있다면, 가족 단위로 자원봉사활동을 나가는 것도 유익하리라 생각된다. 최근에는 이러한 가족 단위 자원봉사활동을 장려하고 지원하는 분위기다. 젊은 부부가 어린 아동을 돌보거나 어린 자녀들을 둔 부모가 동네 어르신과 결연하여 지속적으로 돌봐드리는 활동을 하게 된다면 모든 이에게 유익할 것이다.

(2) 집단
대부분의 교회는 다양한 집단들로 구성되어 있다. 주일학교와 중고등부, 대학청년부, 장년부 등의 연령별 대집단뿐만 아니라 그 안에서 성경공부와 교제를 목적으로 구성되는 소집단 그리고 여러 가지 목적과 동기에 따라 다양한 집단들이 조직된다. 이러한 집단들은 고유한 목적을 가지고 일정한 활동을 하게 되는데, 거기에 이웃사랑을 실천하는 활동을 추가하거나 이웃사랑의 실천을 위한 집단들을 따로 구성하는 방법이 있을 것이다. 이미 상당수의 교회들이 이렇게 하고 있을 것으로 예상되지만 조금 더 적극적으로 추진해갈 필요가 있다. 또한 이러한 집단들이 대체로 한 달에 1-2회 정도 시설을 방문하여 노력봉사를 하고 돌아오는 식으로 활동하는 경우가 많은데, 이보다는 더 자주 정기적으로 활동하는 것이 바람직할 수도 있을 것이다.

개인 차원의 활동과 마찬가지로, 집단 차원의 활동도 스스로 적절한 대상을 찾기 어렵다면 사회복지조직들의 도움을 받을 필요가 있다. 사회복지조직들은 더욱 다양한 대상자들과 접촉하고 있고, 또한 많은 지역사회 주민들과 교류하면서 다양한 자원들을 파악하고 있기 때문에 적재적소에 배치해 줄 수 있을 것이다.

(3) 개교회

개별 교회가 하나의 공동체로 이웃사랑을 실천하는 방법도 있다. 특히 소규모의 교회라면 이러한 차원의 접근이 더 적절할 수도 있을 것이다. 전 교인이 모두 함께 한 달에 한번 지역사회로 나아가서 특별한 활동을 수행하거나 동일한 또는 다양한 대상집단들을 만나 도움을 줄 수 있을 것이다. 또는 지역사회 주민들을 교회로 초대하는 방식도 가능하다. 주일에 마을 어르신들을 초대하여 점심을 대접하거나 장애인들과 함께 나들이를 가는 것도 고려해 볼 수 있을 것이다.

(4) 연합회(지방회, 총회)

지방회나 총회 수준의 연합회 차원에서 이러한 활동들을 추진하는 방법도 있다. 다만 이렇게 되면 규모가 커지기 때문에 지속적인 활동보다는 일회성 이벤트에 그칠 가능성이 있다. 따라서 지방회 수준에서 네트워크를 구성하여 자원의 중복과 낭비를 피하면서 자원의 총량을 확대하고 이전보다 훨씬 촘촘한 사회적 안전망을 구축하는 방식으로 추진해갈 필요가 있다. 또는 지방회나 총회가 재정 자원을 모으고 이것을 특정 사업이나 활동에 투입하는 것도 가능할 것이다.

2) 공식-민간-비영리 자원으로서 교회

교회가 비공식, 자원봉사 차원의 이웃사랑 실천에 머무르지 않고, 더 적극적으로, 더 전문적으로, 더 체계적으로 이웃사랑을 실천하고자 한다면 직접 민간 비영리조직으로 사회복지사업을 수행하거나 사회복지조직을 설립하여 간접적으로 사회복지사업을 수행하는 방법이 있다. 특정 교회가 후자의 접근을 선택했다면 그 다음에는 대체로 두 가지 대안이 있다. 하나는 법인을 설립하여 그 법인을 통해 다양한 사회복지사업을 추진하는 것이고, 다른 하나는 직접 시설을 설립하여 사회복지사업을 추진하는 것이다. 각각을 구체적으로 살펴보면 다음과 같다.

(1) 법인

교회는 법인을 설립하고, 법인을 통해 사회복지시설을 위탁, 운영할 수 있다. 사회복지시설을 위탁, 운영하고자 할 때 기본이 되는 법인은 '사회복지법인'이다. 사회복지법인은 사법인이면서, 비영리 공익법인이고, 재단법인의 성격을 동시에 지니는 것으로 간주된다. 사회복지법인이 아니더라도 민법이 규정하는 비영리법인들은 사회복지시설을 운영할 수 있다. 비영리법인은 크게 사단법인과 재단법인의 두 가지 형태로 나눌 수 있으며, 사회복지법인 이외에 사회복지시설을 운영할 수 있는 비영리법인은 종교법인과 학교법인 등이 있다. 보건복지부가 발간하는 「사회복지법인 관리안내」에는 사회복지법인에 대한 구체적인 사항들이 제시되어 있다. 그 내용을 살펴보면 다음과 같다.

> 가. 법인의 종류
> 법인의 종류는 매우 다양하나 대체적으로 아래와 같이 분류 가능
> ▶ 공법인, 사법인
> - 법률관계가 복잡해져 획일적 기준으로 구별하기가 곤란하나 국가, 지방자치단체, 영조물법인, 한국은행 등 공공의 목적을 위해 공법으로 설립된 법인은 공법인, 민법과 상법 등에 의하여 설립되는 회사, 사단법인, 재단법인, 사회복지법인 등은 사법인에 해당

> ▶ 영리법인, 비영리법인
> - 설립목적이 영리의 추구에 있느냐에 따라 영리법인과 비영리법인으로 분류
>   ※ 비영리법인은 비영리사업의 목적을 달성하는데 필요하여 본질에 반하지 않을 정도의 영리행위를 하는 것은 가능
>
> ▶ 사단법인, 재단법인
> - 사단법인은 일정한 목적을 위하여 결합한 사람의 단체이며, 재단법인은 일정한 목적을 위하여 출연된 재산을 그 실체로 하는 법인
>   ※ 법인은 사단법인, 재단법인 두 가지 중 하나로서 설립되어야만 하며, 중간적인 형태의 법인은 인정하지 않음
>
> 나. 사회복지법인의 종류
>
> 1) 사회복지시설을 설치 운영하는 법인(시설법인)
>   - 사회복지사업법 제2조의 사회복지시설을 설치·운영할 목적으로 설립된 사회복지법인
> 2) 사회복지사업을 지원하는 법인(지원법인)
>   - 사회복지사업을 지원할 목적으로 설립된 사회복지법인

교회가 사회복지시설을 운영하고자 한다면, 사회복지법인이나 종교법인을 설립하여 사회복지시설을 위탁해야 할 것이다. 사회복지시설의 설치에 관한 사회복지사업법의 규정은 다음과 같다.

> 제34조(사회복지시설의 설치) ① 국가나 지방자치단체는 사회복지시설(이하 "시설"이라 한다)을 설치·운영할 수 있다. 〈개정 2011.8.4〉
> ② 국가 또는 지방자치단체 외의 자가 시설을 설치·운영하려는 경우에는 보건복지부령으로 정하는 바에 따라 시장·군수·구청장에게 신고하여야 한다. 다만, 제40조에 따라 폐쇄명령을 받고 3년이 지나지 아니한 자는 시설의 설치·운영 신고를 할 수 없다. 〈개정 2011.8.4, 2012.1.26〉
> ③ 시설을 설치·운영하는 자는 보건복지부령으로 정하는 재무·회계에 관한 기준에 따라 시설을 투명하게 운영하여야 한다. 〈신설 2011.8.4〉

> ④ 제1항에 따라 국가나 지방자치단체가 설치한 시설은 필요한 경우 사회복지법인이나 비영리법인에 위탁하여 운영하게 할 수 있다. 〈개정 2011.8.4, 2012.1.26〉

사회복지시설을 설치하려는 법인은 별도의 사무실과 함께 사회복지사업의 운영에 필요한 재산을 가지고 있어야 한다. 법인의 재산은 기본재산과 보통재산으로 구분된다. 따라서 교회는 법인을 설립하기 위해 필요한 재산을 확보해야 한다. 사회복지사업법의 관련 규정을 살펴보면 다음과 같다.

> 제23조(재산 등) ① 법인은 사회복지사업의 운영에 필요한 재산을 소유하여야 한다.
> ② 법인의 재산은 보건복지부령으로 정하는 바에 따라 기본재산과 보통재산으로 구분하며, 기본재산은 그 목록과 가액(價額)을 정관에 적어야 한다.
> ③ 법인은 기본재산에 관하여 다음 각 호의 어느 하나에 해당하는 경우에는 시·도지사의 허가를 받아야 한다. 다만, 보건복지부령으로 정하는 사항에 대하여는 그러하지 아니하다.
> 1. 매도·증여·교환·임대·담보제공 또는 용도변경을 하려는 경우
> 2. 보건복지부령으로 정하는 금액 이상을 1년 이상 장기차입(長期借入)하려는 경우
> ④ 제1항에 따른 재산과 그 회계에 관하여 필요한 사항은 보건복지부령으로 정한다.

이처럼 일정 수준의 재산이 있어야 하고, 법인을 설립할만한 추진력이 있어야 하며, 사회복지시설을 운영할만한 역량을 갖춰야 한다는 점에서 법인을 설립하는 것이 그리 쉬운 일은 아니다. 따라서 교회 자체가 일정한 규모 이상으로 성장해야 할 것이며, 교회공동체의 합의에 의해 재산을 모으고, 추진체계를 구성하여 진행해야 할 것이다. 사회복지법인의 설립 절차와 설립요건에 관한 구체적인 사항들은 보건복지부의「사회복지법인 관리안내」지침에 구체적으로 제시되어 있으므로 그것을 참고하면 될 것

이다.[1]

(2) 시설

사회복지시설이란 사회복지사업법 제2조에 따른 "사회복지사업"을 행할 목적으로 설치된 시설을 의미한다. 사회복지사업법에 규정된 사회복지사업의 정의와 각 사업과 관련된 개별법률들은 다음과 같다.

사회복지사업(「사회복지사업법」제2조)

「사회복지사업법」제2조 제1호에 규정된 개별법률*에 의한 "보호・선도 또는 복지에 관한 사업"과 "사회복지상담・직업지원・무료 숙박・지역사회복지・의료복지・재가복지・사회복지관 운영・정신질환자 및 한센병력자 사회복귀에 관한 사업" 등 각종 복지사업과 이와 관련된 "자원봉사활동 및 복지시설의 운영 또는 지원을 목적으로 하는 사업"을 말함

* 개별법률

①「국민기초생활보장법」②「아동복지법」③「노인복지법」④「장애인복지법」⑤「한부모가족지원법」⑥「영유아보육법」⑦「성매매방지 및 피해자보호 등에 관한 법률」⑧「정신보건법」⑨「성폭력 방지 및 피해자 보호 등에 관한 법률」⑩「입양촉진 및 절차에 관한 특례법」⑪「일제하 일본군위안부 피해자에 대한 생활안정지원 및 기념사업 등에 관한 법률」⑫「사회복지공동모금회법」⑬「장애인・노인・임산부 등의 편의증진보장에 관한 법률」⑭「가정폭력방지 및 피해자보호 등에 관한 법률」⑮「농어촌주민의 보건복지증진을 위한 특별법」⑯「식품기부활성화에 관한 법률」⑰「의료급여법」⑱「기초노령연금법」⑲「긴급복지지원법」⑳「다문화가족지원법」㉑「장애인연금법」㉒「장애인활동 지원에 관한 법률」㉓「노숙인 등의 복지 및 자립지원에 관한 법률」㉔「보호관찰 등에 관한 법률」㉕「장애아동복지지원법」

---

1) 보건복지부 홈페이지 정보-정책정보-법인시설단체 메뉴에서 「사회복지법인 관리안내」 게시물 http://www.mw.go.kr/front_new/jb/sjb0601vw.jsp?PAR_MENU_ID=03&MENU_ID=03160501&page=1& CONT_SEQ=298402

교회는 설립한 사회복지법인이나 비영리법인을 통해 또는 개인 자격으로 사회복지시설을 설치하여 운영할 수 있다. 법적, 제도적 차원에서 볼 때 바람직한 것은 사회복지법인을 설립하여 그 법인을 통해 사회복지시설을 운영하는 것이다. 그러나 이를 위해서는 일정한 재산이 필요하고 그밖에도 여러 가지 요건들을 갖춰야 하기 때문에 소규모 교회로서는 쉽지 않을 것이다. 그런 경우에 교회의 목회자나 교인이 개인 자격으로 일부 시설을 설치할 수 있다. 다만 개인이 설치하여 운영할 수 있는 시설의 범위는 지역아동센터나 공동생활가정, 장기요양보호기관 등 소규모시설들로 제한될 것이다. 그런데 이렇게 소규모로 운영될 경우 재정의 안정성이 낮고 따라서 대상자들에게도 양질의 서비스를 제공하기 어려울 수 있다는 점을 고려해야 할 것이다.

시설의 유형은 사회복지사업법에 제시된 사회복지사업들과 각 사업들과 관련된 개별법령 등에 따라 구분되며, 사회복지시설들은 목적, 대상, 사업에 따라 매우 다양한 형태로 설치되고 있다. 그런데 현재 상태에서 교회들이 주의해야 할 것은 한국 사회에 필요한 시설들의 대부분은 이미 설치되어 운영되고 있다는 점이다. 일부 분야에서는 지나치게 많은 시설들이 설치되어 문제가 되기도 한다. 따라서 해당 지역사회 안에서 시설의 수요와 공급 상태를 면밀하게 검토해야 하며, 그에 따라 새로운 시설을 설치하거나 기존 시설을 지원하는 등의 선택을 해야 할 것이다.

3. 교회사회복지의 대상

일반적으로 사회복지의 대상은 보편주의와 선별주의 또는 인구학적 특성에 따라 구체적으로 구분된다. 교회사회복지의 대상도 다르지 않다. 이를 간략하게 살펴보면 다음과 같다.

1) 보편주의와 선별주의
보편주의와 선별주의는 전체 사회구성원 또는 특정 인구집단에 대하여 어떤 기준을 가지고 대상자를 선택할 것인가 하는 문제와 관련되어 있다. 전체 사회구성원을 사회복지의 대상으로 보는 것이 보편주의라면, 일부 사회구성원들만을 대상으로 보는 것은 선별주의라고 할 수 있다. 또는 아동이나 노인 등 특정 인구집단을 놓고 볼 때, 모든 아동을 대상으로 사회복지를 제공한다면 보편주의라고 할 수 있으며, 학대나 방임, 빈곤, 이혼 등의 이유로 보호를 필요로 하는 일부 아동을 대상으로 사회복지를 제공한다면 선별주의라고 할 수 있다.

한국의 사회복지시설들이 대체로 빈곤 상태에 있거나 다른 사회문제를 경험한 사람들을 보호하기 위해 설치, 운영되고 있다는 점 그리고 그러한 시설들의 다수가 교회나 교회가 설립한 법인에 의해 운영되고 있다는 점을 고려하면, 그동안 한국의 교회사회복지는 선별주의적인 입장을 취해 왔다고 볼 수 있을 것이다. 정치 상황이나 경제 여건에 따라 부침이 있기는 하지만, 국가의 복지수준이 대체로 발전되고 있다고 가정한다면, 앞으로 한국의 사회복지는 보편주의를 향해 발전될 것으로 예측되며, 그렇다면 교회사회복지도 이러한 경향을 따라갈 필요가 있을 것이다.

2) 인구 특성별 대상

사회복지의 대상은 인구특성에 따라 구분할 수 있다. 연령집단에 따라 영유아, 아동, 청소년, 성인, 노인 등으로 구분할 수 있으며, 사회문제 유형에 따라 빈곤계층, 장애인, 노숙인/부랑인, 범죄자, 약물중독자 등으로 나눌 수 있고, 다문화가정이나 북한이탈주민, 외국인노동자 등 특수집단들을 따로 구분할 수도 있다. 이들 인구집단에 대해서는 이미 잘 알려져 있으므로 각각에 대해 고려해야 할 사항들만을 간략하게 제시하고자 한다.

(1) 영유아

일반적으로 영유아는 초등학교 입학 이전의 미취학아동들로 간주되는 것으로 보인다. 이론적으로는 만 3-4세 아동까지로 규정할 수도 있으나 보육시설과 유아교육기관의 대상이 우리 나이로 7세까지 포괄하고 있음을 고려할 때 이러한 연령기준을 반영해도 무리는 없을 것이다. 교회가 할 수 있는 영유아복지의 영역은 어린이집과 같은 보육시설로 한정된다.

(2) 아동

현재 상태에서 교회사회복지의 주된 영역이며, 가장 보편화된 아동복지시설은 지역아동센터일 것이다. 전통적으로는 고아원이라고 부르던 아동양육시설(생활시설)들의 대부분을 종교법인들이 설치하여 운영해 왔기 때문에 '고아'를 교회사회복지의 주된 대상 집단이었다고 할 수 있을 것이다. 그러나 현재 상태에서 아동양육시설에서 생활하는 대부분의 아동은 최소한 부모 중 한 사람은 생존해 있고 연고자가 있는 경우도 많으며, 시설보호대상이 되는 아동의 수가 줄어들면서 아동양육시설의 수도 점차 줄어들고 있다. 이와는 달리 지역아동센터의 수는 최근 몇 년간 급격하게 증가하였고, 지금은 안정 추세로 접어들고 있다.

지역사회에 터를 잡고 이웃들에게 사랑을 실천하고자 하는 동기를 고려하면, 주로 빈곤하거나 심리사회적으로 어려운 상황에 있는 아동을 돕고자 하는 교회가 일차적으로 고려할 수 있는 것이 바로 지역아동센터다. 지역아동센터는 교회 시설물을 활용할 수도 있고, 교회의 자원을 적극적으로 활용할 수도 있으며, 선교전략으로도 효과적일 수 있으므로 개교회가 고려할 수 있는 가장 가능성이 높은 대안 중의 하나일 것이다. 다만 문제는 지역아동센터의 다수가 재정적으로 열악한 상태에 놓여 있고, 이 때문에 양질의 서비스를 제공하는 데 한계가 있기 때문에 소득의 양극화를 뛰어넘는 대안이 되기는 어렵다는 점이다. 또한 지역아동센터를 이용하는 아동들이 대부분 빈곤가정의 아동들이기 때문에 사회적 낙인이 부여되거나 교육수준의 차별이 고착될 수 있다는 점도 감안해야 할 것이다.

(3) 청소년

사회복지 법률체계에서 청소년은 아동집단의 일부로 포함되기 때문에 청소년만을 대상으로 한 사회복지 체계는 구체적으로 규정되지 않고 있다. 다시 말하자면, 아동복지법에서 아동의 연령기준을 만18세 미만으로 규정하고 있기 때문에, 우리 사회에서 일반적으로 청소년의 범주로 포함하는 중고등학생들은 아동복지법상의 '아동'이며, 이 법의 보호를 받고 있다. 다만 청소년기본법이나 청소년보호법에 따라 청소년의 성장과 발달을 위한 지원체계나 유해환경과 각종 (성)폭력으로부터 보호하기 위한 조치를 취하게 된다. 교회가 청소년복지에 초점을 맞추게 된다면 청소년 비행이나 가출 등의 사회문제에 개입할 수 있다. 보호관찰소나 법원 등을 통해 비행청소년들에게 개별적으로 개입할 수도 있으며, 법인을 통해 청소년 쉼터 등을 설치하여 운영할 수도 있다.

(4) 장애인

장애인복지법에서는 장애를 15개 유형으로 구분하고 있다. 크게 나누자면 신체장애인과 정신장애인으로 구분할 수 있으며, 그 안에서 다시 세부적으로 나눌 수 있다. 장애인복지법에 규정된 장애인복지사업과 시설들은 대부분 신체장애와 관련되어 있으며, 정신장애인은 주로 정신보건법에 규정된 정신보건시설들에 의해 사회복지를 제공받고 있다. 교회는 장애인공동생활가정 등 소규모시설을 직접 설치하여 운영할 수도 있으며, 법인을 통해 다른 형태의 시설들을 설치하여 간접적으로 운영할 수 있다.

(5) 노인

노인 인구의 급격한 증가에 따라 노인복지사업과 노인복지시설들도 지속적으로 확대되고 있다. 한국사회의 고령화 추세에 따라 일차적으로는 노인일자리 사업 등에 초점이 맞춰지기는 하나 기존의 노인복지시설들도 점차 증가하고 있다. 노인복지시설은 다른 대상 집단들과 마찬가지로 생활시설과 이용시설로 구분할 수 있으며, 역시 다수는 교회나 종교법인들이 운영하고 있다. 개별 교회는 법인을 통해 이러한 시설들을 설치, 운영할 수 있다. 그러나 재정 규모가 크지 않을 경우 장기요양보호기관이나 공동생활가정 등 소규모 시설들을 고려해 볼 수 있을 것이다.

만약 교회 규모가 크지 않다면 시설을 설치하기보다는 인근 지역의 노인들을 개별적으로 돌보는 사업을 수행하는 것이 더 낫지 않을까 생각된다. 최근 독거노인들의 고독사 문제가 이슈가 되고 있으며, 그와 관련하여 노인의 자살과 관련된 우울, 고립감, 보호제공자의 부재 등 다양한 요소들이 존재함을 고려한다면 교회 전체가 인근 지역의 소외된 노인들을 찾아 돌보는 역할을 수행하는 것이 여러 가지 측면에서 바람직할 것으로 생각된다.

(6) 여성

여성을 대상으로 한 사회복지는 성매매, 성폭력, 가정폭력과 같은 사회문제 또는 빈곤, 이혼, 사망 등을 원인으로 발생한 한부모가정들을 대상으로 한다. 각 사회문제와 대상집단은 그와 관련된 법률과 시설의 보호를 받으며 사회복지사업의 대상이 되고 있다. 교회는 법인을 통해 이러한 시설들을 운영할 수 있다. 이러한 시설들을 직접 운영하기는 어려울 것이며, 다만 목회상담 차원에서 개별적으로 접근할 수는 있을 것이다. 또는 지역사회의 한부모가정들을 돕기 위한 개교회 차원의 사업들을 수행할 수도 있을 것이다.

(7) 노숙인/부랑인

노숙인들과 부랑인들은 전통적으로 교회사회복지의 주된 개입대상이 되어 왔다. 노숙인 문제가 이슈가 된 1997년 이전에는 노숙인만을 대상으로 한 법률이나 제도 자체가 없었기 때문에 교회 자원에 전적으로 의존했다고 봐도 될 것이다. 그러나 최근에는 다양한 노숙인복지시설들이 설치되어 운영되고 있으며, 이중 일부는 종교법인들이 운영하고 있다. 현재 상태에서 교회가 노숙인들을 대상으로 한 새로운 시설을 설치하거나 새로운 사회복지사업을 실시할 필요는 없을 것으로 보인다. 법인을 통해 기존 시설을 위탁하거나 개별적으로 노숙인들을 지원하는 수준에서 이들을 도울 수 있을 것이다.

(8) 특수집단: 다문화가정, 북한이탈주민, 외국인노동자

지난 십여년간 다문화가정과 북한이탈주민, 외국인노동자들이 한국 사회의 이슈가 되어 왔으며 그동안 이들을 돕기 위한 다양한 사회서비스와 사회복지제도들이 개발되고 시행되어 왔다. 특히 다문화가정에 대해서는 다문화가정지원센터가 새로 설치되었으며, 외국인노동자들을 위한 시설들도 조금씩 설치되고 있다. 이들 중 다수는 교회를 포함한 종교법인들이 운영하고 있으며, 지금도 이러한 시설들이 지속적으로 증가하고 있기 때문에 이들 집단에게 관심을 가지고 있는 교회라면 법인을 통해 또는 교회 차원에서 직접 사회복지사업을 계획하고 추진할 수 있을 것이다.

4. 교회사회복지의 방법

교회사회복지의 방법은 크게 개입전략과 개입방법으로 나누어 살펴보고자 한다. 개입전략은 자원봉사활동, 교회 자원 활용, 소규모 시설 운영, 법인을 통한 시설 운영, 지역사회 네트워킹 등으로 구성하였다. 개입방법

은 전문성의 수준에 따라 구분해 보았다. 각각을 구체적으로 살펴보면 다음과 같다.

1) 개입전략

개입전략은 앞서 사회복지의 주체에서 살펴본 것처럼 개인, 가족, 집단, 개교회, 연합회 등 비공식 자원을 활용할 수도 있고, 법인이나 시설과 같은 민간비영리조직을 통해 수행될 수도 있다. 여기에서는 이를 재구성하여 자원봉사활동, 교회 자원 활용, 소규모 시설 운영, 법인을 통한 시설 운영, 지역사회 네트워킹 등으로 제시하였다.

(1) 자원봉사활동

자원봉사활동은 교회의 목회자와 교인들이 자원봉사자로서 개별적으로 또는 조직적으로 활동하는 것을 말한다. 교회의 각 지체들은 따로 또 같이 다양한 자원봉사활동을 할 수 있다.

① 개별 방문

교회의 지체들은 지역사회에 있는 보호를 필요로 하는 아동(소년소녀가정의 아동이나 대리양육위탁가정의 아동, 아동양육시설에서 생활하는 아동 등)이나 재가장애인, 독거노인 등을 개별적으로 방문하여 도움을 줄 수 있다. 아동에게는 멘토, 재가장애인에게는 친구나 이웃, 독거노인에게는 자녀나 손자녀 역할을 대신 할 수 있으며, 각 대상자의 집이나 지역사회 내 다양한 시설에서 시간을 보내면서 다양한 활동을 할 수 있을 것이다. 혼자서 이러한 대상자들을 찾기가 어렵다면 동 주민자치센터의 사회복지전담공무원이나 지역사회복지관 사회복지사들의 도움을 받을 수 있으며, 이러한 공공과 민간의 조직을 통해 공식적인 자원봉사자로 활동할 수 있는 것이다. 부부 간에 합의가 된다면 또는 가정 내에서 부모와 자녀들 간에 합의가 이루어진다면 가족 단위로 이러한 활동을 하는 것도 유익할 것이다. 개별 교회에서는 이러한 사역을 위한 전담부서나 전담사역자를 둘 수 있을 것이다.

② 집단 방문
 전통적으로 교회의 각 부서들은 집단적으로 사회복지대상자들을 방문하거나 서비스를 제공하는 경향을 보여왔다. 대표적인 것은 교회 청년부가 한 달에 한두 번 정도 아동양육시설을 방문하여 예배를 인도하거나 생일파티 등 이벤트를 개최하는 방식이다. 이러한 개입전략이 나름대로 일정한 영향을 미치는 것은 사실이지만 종종 부작용이 발생할 때도 있다. 예를 들어 거창하게 시작은 했지만 얼마 못가 흐지부지되면서 사업이 종결되거나 아동들을 어떻게 대해야 할지 몰라 우왕좌왕하다가 오히려 상처만 주고 오는 경우 등이다. 이러한 문제를 예방하기 위해서는 해당 시설이나 대상자를 연결해 준 조직과 긴밀하게 의사소통을 유지하면서 미리 충분히 준비하고 사안에 따라 민감하게 대처해야 할 것이다.
 교회는 다양한 소집단으로 구성되어 있으므로, 소집단의 특성에 따라 적절한 대상집단을 찾는 작업도 필요하다. 주일학교와 중고등부, 대학청년부, 장년부 등으로 나누어 진다고 가정할 때 중고등부는 아동, 대학청년부는 청소년, 장년부는 장애인과 노인, 주일학교 아동들은 노인들을 대상으로 자원봉사활동을 하는 것이 바람직할 수 있다. 또한 대학청년부와 장년부는 전공이나 직업에 맞는 활동을 선택할 수도 있다.

③ 전교인 분담/로테이션
 자원봉사활동은 가능한 한 동일한 구성원이나 집단들이 지속적, 체계적으로 대상자들을 만나고 활동하는 것이 바람직하지만, 대상 집단의 특성이나 구성원들의 상황, 교회 여건 등에 따라 어려울 수도 있을 것이다. 이럴 때 고려할 수 있는 것이 전교인이 조를 나누어 돌아가면서 동일 시설이나 대상자를 방문하거나 활동을 수행하는 방식이다. 멘토링과 같이 일대일로 관계를 형성하는 것이 필수적인 요소가 아니고 물질적인 지원이나 신체적인 활동보조나 이동서비스 등을 제공할 경우에는 이러한 방식도 적절할 수 있는 것이다.

④ 전교인 이벤트
 이것을 자원봉사활동이라고 부르기는 적절하지 않을 수 있지만 연간사업 또는 분기별, 월별로 전교인이 참여하는 이벤트를 통해 지역사회 주민

이나 사회복지 대상자들을 돕는 방법도 있을 것이다. 한달에 한번 정도 지역사회에 거주하는 어르신들을 초대하여 식사를 대접하거나 재가장애인들과 함께 일대일로 매칭하면서 장거리 여행을 다녀오는 행사, 조부모하고만 생활하고 있는 대리양육위탁가정의 아동들을 위해 3세대 동반 여행 프로그램을 추진할 수도 있다.

(2) 교회 자원 활용 전략

교회의 규모와 특성에 따라 다르기는 하지만, 교회는 다양한 자원들을 이미 가지고 있다. 이러한 자원들을 활용하는 전략도 고려할 필요가 있을 것이다. 크게 나누면 물리적 자원, 인적 자원, 재정 자원, 사회적 자본 등으로 구분할 수 있다.

① 물리적 자원 활용

교회의 물리적 자원에는 시설 내부공간, 음향 등 각종 장비, 시설 외부공간 등이 있다. 이러한 물리적 자원들은 자주 사용할수록 손상되기 쉽고, 노후화할 수 있으므로 특히 재정 형편이 좋지 않은 교회들은 이러한 자원들을 지역사회와 공유하기 어려울 것이다. 그러나 장기적인 안목과 복음 전파라는 넓은 관점에서 보면 이러한 물리적 자원 활용 전략도 매우 효과적이고 필요한 것이다.

첫째, 지역사회 주민이나 집단들에게 가장 매력적으로 느껴질 수 있는 물리적 자원은 교회 공간일 것이다. 이미 많은 교회들이 주일 예배를 드리는 본당을 결혼식이나 각종 행사를 위한 장소로 활용하거나 대여하고 있다. 그리고 각 부서나 소집단을 위한 공간들도 세미나와 같은 외부의 소규모 행사들을 위해 내어주고 있다. 이를 더욱 확대하자는 것이다. 토요일과 주일 외에는 거의 사용되지 않는 예배당과 크고 작은 공간들을 지역사회 주민과 조직들을 위해 아무 조건 없이 기꺼이 내주도록 하자. 교회에 대한 좋은 이미지를 갖는 것만으로도 장기적인 안목에서는 열매를 맺을 수 있을 것이다.

둘째, 교회에서 가장 탐나는 장비를 꼽으라면 음향장비와 악기들을 들 것이다. 넓게 보면 이러한 장비들을 활용할 수 있는 연주공간도 필요하다. 지역사회의 가난한 음악예술인들에게 또는 각종 음악행사들을 위해 이러한 장비를 대여해 줄 수 있을 것이다.
 셋째, 넓은 마당이나 주차공간을 가진 교회라면, 이러한 외부공간을 활용할 수도 있을 것이다. 이웃 기관의 주차장으로 내어줄 수도 있을 것이며, 다양한 지역사회 주민들의 놀이공간이나 마실 장소로 활용될 수도 있다.

② 인적 자원 활용
 크든 작든 교회는 인적 자원을 가지고 있다. 아동은 아동대로, 청년은 청년대로, 노인은 노인대로 인적 자원으로 활용될 수 있다. 각자가 알아서 사역할 곳을 찾도록 내버려 두지 말고, 적극적으로 자신의 은사를 활용할 수 있도록 격려하고 연결해 주려는 노력이 필요하다. 인적 자원을 다음과 같은 몇 가지 유형으로 나누어 볼 수도 있을 것이다.
 첫째, 교회 목회자와 직원 인력이다. 대부분의 비기독교인들은 목회자들을 직접 만날 기회가 없다. 많은 비기독교인들이 기독교를 비난하지만, 그 원인 중의 하나는 목회자들을 만날 기회가 없기 때문일 것이다. 그리고 목회자들을 보거나 만나더라도 성직자로서 엄숙한 이미지만을 보기 때문에 가깝게 느끼기 어려울 것이다. 이러한 상황에 대처하기 위해서는 목회자들이 평소와는 다른 모습으로 지역사회 주민들을 만날 필요도 있다. 스포츠나 예술, 인문학 등의 각종 취미, 특기 활동을 통해서 지역사회 주민들을 만나고 교류하다 보면 자연스럽게 하나님을 전할 기회도 생길 것이다. 또한 목회자들이 자신의 특기를 활용하여 자원봉사활동을 하게 되면 알게 모르게 지역사회 주민들에게 하나님을 알리는 일이 될 수도 있을 것이다.
 둘째, 교회의 교인들 중에는 의사나 변호사, 교수, 예술가 등과 같은 전문직 종사자들이 있을 수 있다. 이들이 자신의 직업 분야에서 활용하고 있는 재능을 기부하는 방식의 자원활용 전략도 가능하다. 일부 의사들은 의료봉사, 변호사들은 무료법률상담, 예술가들은 지역사회 음악회나 전시회 등을 통해 이미 자신의 재능을 기부하고 있다. 그러나 아직은 충분하지 않으며, 많은 전문직 종사자들이 마음만 있을 뿐 이를 행동으로 옮기지 않고 있다. 자신의 교회 내에 이러한 전문직 종사자들이 있다면 적극적으로 찾아가서 대화를 나누고 이들의 재능을 지역사회를 위해 활용할 수 있도록 권면할 필요가 있을 것이다. 아직 직업으로 연결되지는 않았더라도 이를 전공하고 있는 대학생이나 대학원생들을 활용할 수도 있을 것이다.

셋째, 교인들이 전문직 종사자가 아닌 경우 또는 전문직 종사자이지만 다른 활동에 관심을 갖고 있는 경우 비전문 자원봉사인력으로 활용할 수 있을 것이다. 그동안 자원봉사활동을 촉진하고 장려하는 정책들이 쏟아지면서 지금은 오히려 자원봉사활동을 할 곳을 찾기 어렵다는 말들이 많다. 그러나 이는 대부분의 사람들이 기존의 사회복지시설들을 중심으로 활동처를 찾기 때문일 수 있다. 교회가 나서서 지역사회를 돌아다니며 사각지대로 남아 있는 곳, 보이지 않는 채로 숨겨져 있는 곳과 사람들을 찾는다면 할 일은 얼마든지 많을 것이다.

③ 교회 재정자원 분배

지금 교회들이 처해 있는 재정 상태를 단순하게 기술하자면, 미자립 상태인 작은 교회들은 재정난에 허덕이고, 자립한 중간 규모의 교회들은 빠듯하게 재정을 운영하고 있으며, 대형교회들은 다양한 사업을 하면서 그 중 하나로 사회복지사업들을 추진하고 있을 것이다. 이러한 상태를 놓고 보면 더 이상 교회사회복지를 위해 재정자원을 확대하는 것이 어려울 것으로 보인다. 그러나 문제는 우선순위일 것이다. '구제사역'에 초점을 맞추고 재정지출의 우선순위를 거기에 둔다면 상황은 많이 달라질 것이다. 작은 교회들은 마을과 같이 좁은 범위의 지역사회에서, 대형교회들은 광역시도나 시군구와 같이 넓은 범위의 지역사회에서 재정지원이 필요한 분야와 영역을 찾고 미리 예산을 편성하여 둔다면 지역사회 내 사회복지의 총량은 지금보다 훨씬 더 증가할 것이다.

개교회나 연합회 차원에서는 스스로 재정지원을 할 곳을 찾기보다는 지역의 사회복지공동모금회에 기부하거나 지정기탁을 하는 것도 한 방법이다. 사회복지공동모금회는 지역사회 전체의 자원 분배 상황을 파악하고 있기 때문이다.

④ 교회 사회적 자본/네트워크 활용

앞서 살펴본 교회의 물리적 자원이나 인적 자원, 재정 자원 등이 비교적 직접적인 사회복지 제공활동이라고 한다면, 사회적 자본이나 네트워크를 활용하는 전략은 간접적인 제공활동에 가깝다. 사회적 자본이라는 것은 사람들 사이의 관계망이나 연줄 등을 말하며, 네트워크라는 것은 이외에도 조직들 간의 연결망을 포함하는 것이다. 개별 교회의 입장에서는 하기 어렵더라도 연합체 차원에서는 가능한 활동들이 있을 수 있다. 특정 지역사회의 문제가 매우 심각하거나 지역사회 전반에 걸쳐 있는 것이라면 개 교회가 나서서 직접 해결하려 하기보다 교회 구성원들의 사회적 자본이나 네트워크, 교회들 간의 네트워크를 활용하는 것이 더 나을 것이다. 또한 이를 위해서는 특정 교단이나 종파에 한정되기보다 초교파적인 협력체계가 필요하며, 지방회나 총회 차원의 특별한 조직체가 필요할 수 있다.

(3) 소규모 시설 직접 운영 전략

개별 교회가 선택하여 활용할 수 있는 전략 중 하나는 소규모 시설을 직접 설치하여 운영하는 방식이다. 이는 대형교회보다는 중소형교회에 적합한 방식일 것이다. 이 전략을 활용하기 위해서는 지역사회의 문제 상황이나 욕구수준을 파악하는 것이 우선이다. 사회복지시설의 수급 상태도 확인해야 할 것이다. 이러한 소규모 시설 직접 운영에 대해서는 앞서 구체적으로 제시한 바 있으므로 여기에서는 사회복지 대상자 집단별로 추진할 수 있는 시설유형들을 나열하는 수준에서 간략하게 언급하고자 한다.

① 영유아: 보육시설(어린이집)
② 아동: 지역아동센터, 장애아동시설, 공동생활가정 등
③ 청소년: 가출청소년쉼터
④ 장애인: 신체장애인복지시설, 정신장애인복지시설
⑤ 노인: 노인장기요양보호기관, 양로시설, 요양시설, 실버타운 등
⑥ 여성: 성폭력/가정폭력 쉼터, 상담소, 미혼모시설, 성매매여성 쉼터 등
⑦ 노숙인/부랑인: 노숙인 쉼터, 부랑인시설
⑧ 특수계층: 다문화가정, 북한이탈주민, 외국인노동자 등

(4) 법인을 통한 사회복지시설 위탁운영 전략

교회가 사회복지법인이나 종교법인을 설립할만한 여건을 갖추고 있다면, 이러한 법인을 설립하고 그 법인을 통해 사회복지시설을 직접 설치하거나 국가나 지방자치단체로부터 위탁받아 운영하는 것이 바람직할 것이

다. 재정안정성을 위해서라도 이러한 전략이 더 적절하다고 할 수 있다. 법인의 개념과 유형, 설립 등에 대해서는 앞서 구체적으로 제시하였으므로 여기에서는 자세한 설명을 생략한다.

다만 이러한 법인을 설립하려는 교회가 염두에 두어야 할 것은, 일단 법인이 설립되고 시설이 설치되어 운영되기 시작하면 재정지원 외에 교회가 사회복지시설에 개입하는 것은 매우 어려워진다는 점이다. 이는 교회 구성원들의 관심 수준과도 관련되어 있다. 교회가 직접 시설을 설치하여 운영하거나 특정 시설에 전교회가 결연하여 방문하거나 활동을 수행한다면 해당 시설에 대한 교인들의 이해나 관심 수준은 매우 높을 것이다. 그러나 법인을 통해 시설 운영의 전반적인 사항들이 결정되고 일부 교회 구성원들만이 자원봉사활동 수준에서 시설에 관여하게 된다면 전체 교인들의 관심 수준은 현저하게 낮아질 수 있다.

(5) 지역사회 네트워크 구축과 활용 전략

이것은 앞서 살펴본 교회의 사회적 자본/네트워크 활용 전략을 교회 밖으로 확장한 것이다. 현재 대부분의 지역사회에서 사회복지 주체들은 매우 느슨하게 연결되어 있거나 듬성듬성한 그물망처럼 짜인 것이 현실이다. 지역사회 안에서 교회가 지도력을 갖고 주도적으로 활동할 수 있다면 이러한 사회복지 주체들을 하나의 네트워크로 구축하고, 지역사회 단위에서 사회문제를 해결하고 사회적 욕구들을 충족하는 데 활용할 수 있을 것이다.

2) 개입방법

개입방법은 개인, 가족, 집단, 지역사회 수준에서 교회가 사회복지 대상자들의 삶을 변화시키기 위해 사용하는 방법들을 말한다. 그런데, 이러한 구체적인 방법들은 이미 앞에서 구체적으로 기술하였으므로, 여기에서는 전문성의 수준에 따라 재구성하여 기술하고자 한다.

(1) 비전문 자원봉사활동

교회의 목회자와 교인들은 비전문가로서 사회복지 대상자들을 위한 자원봉사활동을 수행할 수 있다. 활동의 규모는 개인, 가족, 소집단, 대집단,

교회 전체, 연합회, 지역사회 네트워크 등으로 다양하게 설정할 수 있으며, 활동내용도 신체 활동, 심리적 지지, 사회적 관계 형성, 물질적 자원 제공, 일상생활 보조 등으로 다양하게 이루어질 수 있다. 이러한 활동들은 기존의 자원봉사센터나 각종 사회복지기관을 통해 조정될 수 있을 것이다.

(2) 전문 자원봉사 / 재능기부

목회자든 평신도든, 교회의 지체들은 전문가로서 자신이 가진 전문성을 활용하여 사회복지를 제공할 수 있다. 그러한 전문성은 직업과 관련된 것일 수도 있고, 취미나 특기의 형식으로 오랜 시기에 걸쳐 형성된 것일 수도 있다. 분야로 말하자면, 인문학분야, 사회과학분야, 자연과학분야, 의료분야, 공학기술분야, 예술분야 등으로 구분할 수 있을 것이다. 교회 지체들은 자신의 재능을 필요로 하는 사회복지 현장과 대상자들에게 다가가 아낌없이 사랑을 실천할 수 있을 것이다.

(3) 준전문가 활동

교회의 지체들은 사회복지현장의 준전문가로 활동할 수도 있다. 사회복지현장의 주된 인력은 사회복지사들이지만, 인적 자원과 물적 자원이 부족한 사회복지현장에서는 사회복지사들만으로 모든 사업을 수행하기에 벅차다. 따라서 전문가인 사회복지사들의 역할을 분담하거나 협력관계를 통해 보조하는 방식으로 사회복지를 제공할 수 있을 것이다. 최근 '전국민의 사회복지사화'라고 표현할 만큼 많은 사람들이 사회복지를 공부하거나 사회복지현장에서 일을 하고 있으며, 상담이나 활동보조 등의 대인서비스에 대한 관심도 커지고 있기 때문에 교회에도 이와 관련된 인적 자원이 갈수록 풍부해지고 있다.

(4) 전문적 개입: 사회복지사

사회복지분야는 사회복지전문직의 고유영역이다. 사회복지사들은 대학이나 대학원의 교육과정을 통해 사회복지 고유의 가치, 지식, 기술 등을 습득하고 현장에서 터득해 간다. 우선 교회는 앞서 소개한 바와 같이 법인이나 시설을 설립하여 사회복지를 제공할 수 있으며, 이러한 사회복지조직에 사회복지사들과 관련 전문직들을 채용하여 일하도록 할 수 있다. 또는 교회가 사회복지사들을 양성하는 역할을 할 수도 있으며, 교회에 출석하는 사회복지사들을 조직하여 새로운 사회복지사업을 기획하고 추진할 수도 있을 것이다.

5. 교회사회복지의 실제

교회사회복지의 실천방법은 교회 구성원의 개개인의 자원봉사활동 참여와 같은 비공식적 접근부터 사회복지시설의 직접 설치 또는 위탁운영을 통한 공식적 접근까지 다양하다. 여기서는 사회복지시설의 법적 분류를 소개함으로 사회복지시설에 대한 개괄적인 이해를 돕고자 하였다. 단, 각각의 시설은 국가 및 지방자치단체가 직접 설치·운영하거나 위탁·운영하는 경우가 있으며, 신고·지정·인가의 절차를 거치는 시설도 있으니 확인할 필요가 있다.

1) 대상별 사회복지시설

(1) 영유아보육시설
① 국공립어린이집: 국가나 지방자치단체가 설치·운영하는 어린이집
② 사회복지법인어린이집: 사회복지법인이 설치·운영하는 어린이집
③ 법인·단체 등 어린이집: 각종 법인(사회복지법인을 제외한 비영리법인)이나 단체 등이 설치·운영하는 어린이집
④ 직장어린이집: 사업주가 사업장의 근로자를 위하여 설치·운영하는 어린이집
⑤ 가정어린이집: 개인이 가정이나 그에 준하는 곳에 설치·운영하는 어린이집
⑥ 부모협동어린이집: 보호자들이 조합을 결성하여 설치·운영하는 어린이집
⑦ 민간어린이집: 위의 규정에 해당하지 아니하는 어린이집

(2) 아동시설
① 아동양육시설: 보호대상아동을 입소시켜 보호, 양육 및 취업훈련, 자

립지원 서비스 등을 제공하는 것을 목적으로 하는 시설
② 아동일시보호시설: 보호대상아동을 일시보호하고 아동에 대한 향후의 양육대책수립 및 보호조치를 행하는 것을 목적으로 하는 시설
③ 아동보호치료시설: 불량행위를 하거나 불량행위를 할 우려가 있는 19세 미만의 아동으로서 치료와 선도를 통하여 건전한 사회인으로 육성하는 것을 목적으로 하는 시설
④ 공동생활가정: 보호대상아동에게 가정과 같은 주거여건과 보호, 양육, 자립지원 서비스를 제공하는 것을 목적으로 하는 시설
⑤ 자립지원시설: 아동복지시설에서 퇴소한 사람에게 취업준비기간 또는 취업 후 일정 기간 동안 보호함으로써 자립을 지원하는 것을 목적으로 하는 시설
⑥ 아동상담소: 아동과 그 가족의 문제에 관한 상담, 치료, 예방 및 연구 등을 목적으로 하는 시설
⑦ 아동전용시설: 어린이공원, 어린이놀이터, 아동회관, 체육·연극·영화·과학실험전시 시설, 아동휴게숙박시설, 야영장 등 아동에게 건전한 놀이·오락, 그 밖의 각종 편의를 제공하여 심신의 건강유지와 복지증진에 필요한 서비스를 제공하는 것을 목적으로 하는 시설
⑧ 지역아동센터: 지역사회 아동의 보호·교육, 건전한 놀이와 오락의 제공, 보호자와 지역사회의 연계 등 아동의 건전육성을 위하여 종합적인 아동복지서비스를 제공하는 시설

(3) 청소년시설
① 청소년쉼터: 가출청소년에 대하여 가정·학교·사회로 복귀하여 생활할 수 있도록 일정 기간 보호하면서 상담·주거·학업·자립 등을 지원하는 시설
② 청소년자립지원관: 일정 기간 청소년쉼터의 지원을 받았는데도 가정·학교·사회로 복귀하여 생활할 수 없는 청소년에게 자립하여 생활할 수 있는 능력과 여건을 갖추도록 지원하는 시설
③ 청소년치료재활센터: 학습·정서·행동상의 장애를 가진 청소년을 대상으로 정상적인 성장과 생활을 할 수 있도록 해당 청소년에게 적합한 치료·교육 및 재활을 종합적으로 지원하는 거주형 시설

(4) 노인복지시설
① 양로시설: 노인을 입소시켜 급식과 그 밖에 일상생활에 필요한 편의를 제공함을 목적으로 하는 시설
② 노인공동생활가정: 노인들에게 가정과 같은 주거여건과 급식, 그 밖에 일상생활에 필요한 편의를 제공함을 목적으로 하는 시설
③ 노인복지주택: 노인에게 주거시설을 분양 또는 임대하여 주거의 편의·생활지도·상담 및 안전관리 등 일상생활에 필요한 편의를 제공함을 목적으로 하는 시설
④ 노인요양시설: 치매·중풍 등 노인성질환 등으로 심신에 상당한 장애가 발생하여 도움을 필요로 하는 노인을 입소시켜 급식·요양과 그 밖에 일상생활에 필요한 편의를 제공함을 목적으로 하는 시설
⑤ 노인요양공동생활가정: 치매·중풍 등 노인성질환 등으로 심신에 상당한 장애가 발생하여 도움을 필요로 하는 노인에게 가정과 같은 주거여건과 급식·요양, 그 밖에 일상생활에 필요한 편의를 제공함을 목적으로 하는 시설
⑥ 노인복지관: 노인의 교양·취미생활 및 사회참여활동 등에 대한 각종 정보와 서비스를 제공하고, 건강증진 및 질병예방과 소득보장·재가복지, 그 밖에 노인의 복지증진에 필요한 서비스를 제공함을 목적으로 하는 시설
⑦ 경로당: 지역노인들이 자율적으로 친목도모·취미활동·공동작업장 운영 및 각종 정보교환과 기타 여가활동을 할 수 있도록 하는 장소를 제공함을 목적으로 하는 시설
⑧ 노인교실: 노인들에 대하여 사회활동 참여욕구를 충족시키기 위하여 건전한 취미생활·노인건강유지·소득보장 기타 일상생활과 관련한 학습프로그램을 제공함을 목적으로 하는 시설
⑨ 방문요양서비스: 가정에서 일상생활을 영위하고 있는 노인으로서 신체적·정신적 장애로 어려움을 겪고 있는 노인에게 필요한 각종 편의를 제공하여 지역사회 안에서 건전하고 안정된 노후를 영위하도록 하는 서비스
⑩ 주·야간보호서비스: 부득이한 사유로 가족의 보호를 받을 수 없는 심신이 허약한 노인과 장애노인을 주간 또는 야간 동안 보호시설에

입소시켜 필요한 각종 편의를 제공하여 이들의 생활안정과 심신기능의 유지·향상을 도모하고, 그 가족의 신체적·정신적 부담을 덜어주기 위한 서비스
⑪ 단기보호서비스: 부득이한 사유로 가족의 보호를 받을 수 없어 일시적으로 보호가 필요한 심신이 허약한 노인과 장애노인을 보호시설에 단기간 입소시켜 보호함으로써 노인 및 노인가정의 복지증진을 도모하기 위한 서비스
⑫ 방문 목욕서비스: 목욕장비를 갖추고 재가노인을 방문하여 목욕을 제공하는 서비스
⑬ 노인보호전문기관: 노인학대를 예방하고 학대받는 노인의 발견·보호·치료 등을 신속히 처리하기 위한 시설
⑭ 노인일자리전담기관: 노인의 능력과 적성에 맞는 일자리지원사업을 전문적·체계적으로 수행하기 위한 전담기관

(5) 장애인복지시설
① 장애인 거주시설: 거주공간을 활용하여 일반가정에서 생활하기 어려운 장애인에게 일정 기간 동안 거주·요양·지원 등의 서비스를 제공하는 동시에 지역사회생활을 지원하는 시설
② 중증장애인 거주시설: 장애의 정도가 심하여 항상 도움이 필요한 장애인에게 주거지원·일상생활지원·지역사회생활지원·요양서비스를 제공하는 시설
③ 장애영유아 거주시설: 6세 미만의 장애영유아를 보호하고 재활에 필요한 주거지원·일상생활지원·지역사회생활지원·요양서비스를 제공하는 시설
④ 장애인 단기거주시설: 보호자의 일시적 부재 등으로 도움이 필요한 장애인에게 단기간 주거서비스, 일상생활지원서비스, 지역사회생활서비스를 제공하는 시설
⑤ 장애인 공동생활가정: 장애인들이 스스로 사회에 적응하기 위하여 전문인력의 지도를 받으며 공동으로 생활하는 지역사회 내의 소규모 주거시설
⑥ 장애인복지관: 장애인에 대한 각종 상담 및 사회심리·교육·직

업·의료재활 등 장애인의 지역사회생활에 필요한 종합적인 재활서비스를 제공하고 장애에 대한 사회적 인식 개선사업을 수행하는 시설
⑦ 장애인 주간보호시설: 장애인을 주간에 일시 보호하여 장애인에게 필요한 재활서비스를 제공하는 시설
⑧ 장애인 심부름센터: 이동에 상당한 제약이 있는 장애인에게 차량 운행을 통한 직장 출퇴근 및 외출 보조나 그 밖의 이동서비스를 제공하는 시설
⑨ 수화통역센터: 의사소통에 지장이 있는 청각·언어장애인에게 수화통역 및 상담서비스를 제공하는 시설
⑩ 장애인 재활치료시설: 장애아동을 포함한 장애인에게 언어·미술·음악 등 재활치료에 필요한 치료, 상담, 훈련 등의 서비스를 제공하고 서비스를 이용한 자로부터 비용을 수납하여 운영하는 시설
⑪ 장애인 직업재활시설: 일반 작업환경에서는 일하기 어려운 장애인이 특별히 준비된 작업환경에서 직업훈련을 받거나 직업 생활을 할 수 있도록 하는 시설로 장애인 보호작업장과 장애인 근로사업장이 있음
⑬ 장애인 의료재활시설: 장애인을 입원 또는 통원하게 하여 상담, 진단·판정, 치료 등 의료재활서비스를 제공하는 시설
⑭ 장애인생산품 판매시설: 장애인 생산품의 판매활동 및 유통을 대행하고, 장애인 생산품이나 서비스·용역에 관한 상담, 홍보, 판로개척 및 정보제공 등 마케팅을 지원하는 시설

(6) 한부모가족 지원시설
① 모자가족복지시설: 모자가족의 기본생활, 공동생활, 자립생활을 지원하는 시설
② 부자가족복지시설: 부자가족의 기본생활, 공동생활, 자립생활을 지원하는 시설
③ 미혼모자가족복지시설: 미혼모자가족과 출산 미혼모 등에게 기본생활, 공동생활, 자립생활을 지원하는 시설
④ 일시지원복지시설: 배우자(사실혼 관계에 있는 사람을 포함)가 있으

나 배우자의 물리적·정신적 학대로 아동의 건전한 양육이나 모의 건강에 지장을 초래할 우려가 있을 경우 일시적 또는 일정 기간 동안 모와 아동 또는 모에게 주거와 생계를 지원하는 시설
⑤ 한부모가족복지상담소: 한부모가족에 대한 위기·자립 상담 또는 문제해결 지원 등을 목적으로 하는 시설

(7) 노숙인 및 다문화가족지원 시설
① 노숙인일시보호시설: 노숙인 등에게 일시보호 및 복지서비스 연계 등을 제공하는 시설
② 노숙인자활시설: 노숙인 등의 자립을 지원하기 위하여 전문적인 직업상담·훈련 등의 복지서비스를 제공하는 시설
③ 노숙인재활시설: 신체 및 정신장애 등으로 자립이 어려운 노숙인 등에게 치료 및 재활서비스를 제공하는 시설
④ 노숙인요양시설: 건강상의 문제 등으로 단기간 내 가정 및 사회복귀가 어려운 노숙인 등에게 요양서비스를 제공하는 시설
⑤ 쪽방상담소, 노숙인급식시설, 노숙인진료시설
⑥ 다문화가족지원센터: 다문화가족을 위한 교육, 상담, 정보제공 및 홍보, 통번역 지원 등으로 다문화가족을 지원하는 시설

2) 사회복지시설 분류[2]

앞서 제시된 사회복지시설은 크게 보건복지부 및 여성가족부 소관으로 되어 있다. 청소년, 여성 및 다문화·한부모가족 등은 여성가족부에서 담당하며 그 외의 대부분의 시설은 보건복지부가 담당하고 있다. 각 시설종류에 따른 이용형태, 소관부서 그리고 관련법령을 표로 정리하여 이해를 돕고자 한다.

---

2) 보건복지부, 2014. 「2014 사회복지시설 관리안내」

<표 1> 보건복지부 소관 사회복지시설

대 상	형태	시설 종류		소관부서	관련법령
영유아	이용	어린이집	국공립, 법인, 직장, 가정, 부모협동, 민간	보육기반과	「영유아보육법」 제10조
아동	생활	아동양육시설, 공동생활가정		아동복지 정책과	「아동복지법」 제52조
		아동일시보호시설, 아동보호치료시설, 아동자립지원시설			
	이용	아동상담소, 아동전용시설, 지역아동센터			
		지역아동센터		아동권리과	
노인	생활	주거	양로시설, 노인 공동생활가정	요양보험 운영과	「노인복지법」 제31조
			노인복지주택		
		의료	노인요양시설, 노인요양공동생활가정		
노인	이용	재가	재가노인복지시설 (방문요양, 주 야간보호, 단기보호, 방문목욕)	요양보험 운영과	
		여가	노인복지관, 경로당, 노인교실	노인정책과	
		노인보호전문기관			
		노인일자리지원기관		노인지원과	
장애인	생활	거주	장애유형별 거주시설, 중증장애인 거주시설	장애인 권익지원과	「장애인복지법」 제58조
			장애영유아 거주시설, 장애인단기 거주시설		
			장애인공동생활가정		
	이용	지역 사회 재활	장애인복지관		
			장애인주간보호시설		
			장애인체육시설, 장애인수련시설, 장애인심부름센터, 수화통역센터, 점자도서관, 점서 및 녹음서 출판시설	장애인 권익지원과	

장애인	이용	장애인의료재활시설	장애인 자립기반과	「장애인복지법」 제58조
		직업 재활	장애인보호작업장		
			장애인근로사업장		
		장애인생산품판매시설		
정신 질환자	생활	정신요양시설, 정실질환자 사회 복귀시설(입소생활시설, 주거제공 시설, 중독자재활시설, 정신질환 자종합시설)	정신건강 정책과	「정신보건법」 제10,15,16조
	이용	정신질환자 사회복귀시설(지역 사회재활시설, 직업재활시설, 생산품판매시설, 종합시설)		
노숙인	생활	노숙인자활시설, 노숙인재활시설, 노숙인요양시설	자립지원과	「노숙인등의복지 및 자립지원에 관한 법률」
	이용	노숙인종합지원센터, 노숙인일시 보호시설, 노숙인급식시설, 노숙인진료시설, 쪽방상담소		
지역 주민	이용	사회복지관	사회서비스 자원과	「사회복지 사업법」
기타 시설	복합	결핵 한센병원	지역관리본부	「사회복지 사업법」
	이용	지역자활센터	자립지원과	「국민기초 생활보장법」

〈표 2〉 여성가족부 소관 사회복지시설

대상	형태	시설 종류	관련법령
청소년	생활	청소년쉼터, 청소년자립생활관, 청소년치료재활시설	「청소년복지지원법」
여성	생활	성폭력피해자보호시설, 가정폭력피해자보호시설	「성폭력방지및피해자 보호등에관한법률」
	이용	성폭력피해상담소, 가정폭력상담소	「가정폭력방지및피해 자보호등에관한법률」
다문화	이용	다문화가족지원센터	「다문화가족지원법」

한부모	생활	모자가족복지시설(기본, 공동, 자립), 부자가족복지시설(기본, 공동, 자립), 미혼모자가족복지시설(기본, 공동), 일시지원복지시설	「한부모가족지원법」
	이용	한부모가족복지상담소	

제5부
침례교 정신과 교회 회의 진행법

1. 침례교 정신의 발현으로서의 교회 회의
2. 교회 회의에 대한 기본적 이해
3. 교회 회의의 실제

제5부 침례교 정신과 교회 회의 진행법

김 병 권

1. 침례교 정신의 발현으로서의 교회 회의

1) 침례교 정체성과 교회 회의

침례교회는 회중교회이다. 이 회중교회의 특성이 가장 잘 발현되는 것은 교회 회의를 통해서이다. 다른 말로 표현하자면, 침례교회가 침례교회다움을 제대로 발현하려면, 교회 회의가 활성화되어야 한다. 침례교회가 회중교회라는 정체성에는 다음과 같은 세 가지 믿음이 전제되어 있다. 첫째는 침례교는 교회를 중생한 신자들, 즉 성도들의 공동체로 믿는다. 이것은 성도의 공동체성이 교회의 특성을 규정하는 데 매우 중요하다고 믿는 것을 의미한다. 둘째는 침례교는 교회가 그리스도의 주님 되심 아래에서 자유롭게 자체적인 결정을 할 수 있다고 믿는다. 이것은 개별 교회가 자기 결정권 즉 자결권을 갖는다는 믿음이다. 셋째는 침례교는 교회의 선두와 중앙에 서야할 사람들이 평신도들이라고 믿는다. 이것은 침례교회의 평신도 중심성에 대한 믿음을 보여준다. 이 세 가지 믿음이 교회 회의와 관련하여 침례교회에 내장된 기본원리가 된다. 그리고 그 세 가지 믿음들은 중첩적으로 작용하여 침례교회에서 회의가 중요한 위상을 갖게 해준다.

먼저 교회가 성도들의 공동체라는 점을 새겨보자. 공동체는 목적 지향적인 군대나 기업과는 다른 속성을 갖는다. 군대는 전쟁에서의 승리라는 목적을 위해, 기업은 이윤 창출이라는 목적을 위해, 상명하달을 중시하는 풍토로 운영된다. 물론 그 두 조직에서도 회의가 중요하게 여겨지기는 하지만, 그 회의는 상명하달의 조직 운영 원리가 효율적으로 작동되게 하는 보조 장치로 작동되는 경우가 많다. 교회는 공동체 중에서도 유기체적 공동체다. 즉 예수 그리스도를 머리로 하는 그리스도의 몸이 교회이다. 믿음으로 거듭난 신자들은 그리스도 몸의 지체들이다. 그렇기 때문에 모든 신자들은 평등하다. 상명하달의 조직 원리가 교회에 작동되어서는 안 되는 신앙적 또는 신학적 근거가 여기에 있다.

교회가 비록 그리스도 몸의 공동체이긴 하지만 교회 구성원들 간의 의견 조율이나 의사 결정을 해야 할 때가 있다. 이때 요청되는 것이 교회 회의이다. 그리고 그 회의의 신학적 정당성은 위에서 언급했던 두 가지 믿음 즉 개별 교회의 자결권과 평신도 중심성에 대한 믿음에 의해 확보된다. 만약 개별 교회가 자결권을 갖고 있지 못하다면, 그 교회의 회의는 그것보다 상급 기관에 의해 통제되거나 제한될 수밖에 없다. 또한 평신도 중심성의 믿음이 뒷받침되지 못한다면, 교회의 회의는 개별 교회 안에 실제적으로 작동되고 있는 위계질서에 의해 통제되거나 제한될 것이다.

결국 개별 교회가 '성도의 공동체성,' '교회의 자결권,' '교회의 평신도 중심성'을 제대로 지향하고 있는지를 실제적으로 성찰해보려면, 그 세 가지 특성이 그 교회의 회의에서 얼마나 활성화되고 있는지를 살펴보면 된다. 교회에서 설교나 성경공부 등을 통해 교회의 위와 같은 특성을 아무리 많이 가르치고 강조하고 있다 하더라도, 교회 회의에서 참석한 성도들이 이 세 가지 특성을 충분히 향유하지 못하고 있다면, 그 교육은 명시적 교육에 그치고 실제적이고 실천적 열매는 없는 교육이 될 것이다. 이런 점에서 교회 회의는 침례교회의 정체성을 성찰하는 데 좋은 거울이 될 수 있다.

2) 침례교 정신을 고양하는 교회 회의 진행

침례교 정체성의 실제적 발현은 교회 회의를 통해서 나타난다는 점을 합의한다면, 그 다음으로 우리가 검토해야 할 내용은 교회 회의와 침례교 정신과의 연계성 문제이다. 침례교 정신은 여러 모양으로 표현된다. 여기서는 침례교 정신과 관련하여 다양한 침례교 신학자들의 글을 모은 「21세기 속의 1세기 신앙: 침례교 신앙 정의하기」에 실린 글들 중 교회 회의와 관련하여 적용될 수 있는 침례교 정신 네 가지를 채택하여 침례교 정신을 고양하는 교회 회의 진행 방식에 대해 언급할 것이다.

(1) 성도들의 자발성을 고양하는 방향: 윌리엄 브래크니(William Brackney)는 "자원주의(voluntarism)가 침례교 신앙 전통의 핵심"이라고 주장한다.

여기서 자원주의란 "스스로의 의지로부터 혹은 스스로의 선택이나 동의로부터 우러나와서 행하는 것"을 의미한다. 그는 초기 침례교도들이 역사적으로 두 번의 분리를 시도한 것은 이 자원주의적 신앙에 기초한 것이라고 주장한다. 즉 초기 침례교도들은 영국 국교회가 성도들의 영성과 기독교적 체험을 집단적으로 규제하려 했던 시도를 거부했던 것이나, 영국 국교회에서 함께 분리되어 나온 청교도 분리주의자들이 그 대안으로서 반강제적으로 여론을 수렴하여 만든 교리에 근거하여 성도들의 공동체를 형성하려고 한 시도를 거부한 것도 신앙의 자원주의적 본질을 포기할 수 없었기 때문이라는 것이다.

침례교회의 회의에서는 참석자들의 자발성이 잘 발현되는 방향으로 진행되어야 한다. 교회 회의에 참석한 교인들이 단순히 '거수기'로 전락되지 않도록 특별히 조심해야 한다. 즉 특정인의 의견을 회의라는 형식적 틀 속에서 인준되도록 하기 위해 교회 회의에 동원하려고 해서는 안 된다는 것이다.

(2) 다양성이 아름답게 조화를 이루는 방향: 오스카 로모(Oscar I. Romo)는 "침례교의 다양성이 곧 능력"이라고 하였다. 물론 그는 미국적 다양성을 염두에 두고 이 말을 하였지만, 위에서 언급한 침례교 신앙에 담긴 자발성의 중요성을 염두에 둔다면, 이 다양성에 대한 존중 전통은 당연한 것이라 할 수 있다. 신자의 자발적 믿음에 기초하여 생긴 교회라면, 그 속에 다양한 빛깔의 신자들이 공존하는 것은 자연스러운 것이다. 물론 여기서의 다양성은 그리스도 안에서의 다양성이다. 침례교회는 그리스도를 믿는 신앙으로 중생한 신자들의 모임이기 때문이다. 이 점을 염두에 둔다면 다원주의로 전락할 것을 염려하여 다양성에 대한 존중을 경시하려는 것은 어리석은 태도라 할 것이다.

침례교회는 다양성을 존중하면서 동시에 연대를 실현하려는 모색과 노력을 꾸준히 해왔다. 캐롤린 블레빈스(Carolyn D. Blevins)의 표현을 빌리자면, "침례교인들은 개교회의 독립성(independence)을 고수하면서도, 상호의존(interdependence)의 필요성을 인정하고" 있는 사람들이다. 이것은 개별 교회에서도 적용된다. 즉 침례교인은 개인 신앙의 독립성뿐 아니라 그 신앙의 상호의존적 성격도 중요시하는 전통을 가진 사람들이라고 할 수 있다.

　침례교회가 가지고 있는 이러한 성격은 교회 회의에서 다양성이 아름답게 조화를 이루는 방향으로 나타나야 한다. 그렇게 되기 위해서는 "획일성은 질서를 낳고, 다양성은 혼란을 낳는다"는 그릇된 생각이 교회 회의 때 암암리에 영향을 미치지 않도록 주의해야 한다. 그 대신, 오늘의 획일성은 내일의 혼란을 키우는 씨앗이 될 수 있다는 사실을 교회적으로 합의하고 교회 회의를 진행하는 것이 바람직하다. 따라서 교회 회의의 특정 안건이 진지한 토론이 제대로 수반되지 않은 채 만장일치나 압도적 표 차이로 가결되는 것은, 침례교 정신에 비춰볼 때 그리 바람직하지 않은 현상이라는 인식이 교회에 안착될 수 있도록 교육하는 것이 필요하다.

　교회 회의에서 두 가지 입장이 팽팽하게 맞서고 있는 것도 그리 바람직한 것은 아니다. 그것은 획일화가 둘로 나누어져 나타난 현상일 가능성이 많기 때문이다. 획일화된 진영 논리가 교회 회의의 분위기를 장악한 데서 나타나는 것이라고도 볼 수 있다.

　위와 같은 두 가지 유형의 획일화가 교회 회의에서 배제되고, 다양성이 아름답게 조화를 이루는 교회 회의가 되기 위해서는 두 가지 풍토가 교회 안에 형성되어야 한다. 교회 안에 언론의 자유 및 정확한 정보의 유통이 보장되는 풍토와 성도들 간의 신뢰가 구축되는 풍토가 그것이다.

　(3) 정보의 공유와 언론의 자유가 구가되는 방향: 마르브 낙스(Marv Knoxx)는 "언론의 자유가 보장되어야 침례교 신앙의 정체성이 확립된다"고 주장한다. 그는 언론의 자유가 전신자 제사장의 원리에 신학적 기초를 두고 있으며 "이 원리에 근거해서 지역교회의 자치권과 침례교인들의 자원주의라는 침례교 신앙의 특징이 연유하였다"라고 주장한다. 그리고 이 자유가 회중적이고 민주적인 교회 정치로 표현될 때 가장 아름다운 열매를 맺을 수 있다고 본다.

　교회에서 특정 안건을 다루는 회의를 열고자 할 때 제일 먼저 점검해보아야 할 것은 그 회의의 참석자들에게 그 안건과 관련한 필요한 정보들이 온전히 전달되었는가 하는 점이다. 정확한 정보가 전달되지 않은 상태에서 열린 회의는, 비록 본의는 아니라 하더라도 참석자들을 '거수기'로 전락시킨 결과를 낳기 쉽다. 따라서 교회에서 회의를 주관하는 책임자는 해당 안건과 관련하여 자료 또는 정보를 제시할 때 아래 네 가지 원칙을 준수하는 것이 좋다. 첫째, 정직하게 제공하여야 한다. 정보의 왜곡이나 자료의 변조 등이 없어야 한다. 둘째, 빠짐없이 제공하여야 한다. 그 자료나 정보가 교회에 유리한 것이든 불리한 것이든 상관없이 필요한 것은 모두 제공하여야 한다. 셋째, 참석자들이 그 정보나 자료를 검토할 수 있는 시간을 충분히 주어야 한다. 넷째, 자료와 정보를 참석자들이 이해할 수 있도록 제공하여야 한다. 필요하다면, 전문 용어 같은 것은 해설을 덧붙이고, 복잡한 수치 같은 것은 한 눈에 쉽게 파악할 수 있도록 도표나 그림으로 제시하는 것이 좋다.

언론의 자유 문제는 회의장에서는 표현의 자유문제와 관계된다. 회의장에서 참석자들은 해당 안건과 관련한 자신의 생각을 아무런 두려움 없이—그러나 질서는 지키며—말할 수 있어야 한다. 이것은 참석자의 능동성 문제이기도 하지만, 교회의 평상시 풍토나 회의장 분위기의 문제이기도 하다. 교회의 평소 풍토나 회의장 분위기가 성도들의 의사 표시를 "영적인 이유로" 머뭇거리게 하거나 억압하는 풍토라면, 아무리 능동적인 성도라도 교회 회의에서 적극적으로 자기 생각을 표현하기가 쉽지 않을 것이기 때문이다. 실제로 사회생활에서는 매우 적극적으로 자기 의사 표현을 하지만, 교회에서는 거의 자기 생각을 표현하지 않고 교회에 다니는 성도들이 적지 않다. 이것은 장기적으로 볼 때 교회의 큰 손실이다. 물론 의사 표현의 자유가 회의의 질서를 훼손하지 않도록 관리되는 것은 필요하다.

고린도전서 14장은 교회로 모였을 때, 성도들이 서로 소통하는 방법과 관련하여 좋은 지침 세 가지를 제시해준다. 첫째, 교회의 덕을 세우는 방향에서 해당 주제에 집중한다. 둘째, 순서를 따라서 말을 한다. 셋째, 다른 사람들이 이해할 수 있게 말을 한다. 이 세 가지 방식으로 교회 회의에서 소통이 이루어지면, 그 회의는 "품위 있고 질서 있는" 회의가 될 것이다. (고전 14:40)

(4) 교회에 신뢰의 풍토가 뿌리내리는 계기가 되도록 하는 방향: 토마스 홀부르크스(G. Thomas Halbrooks)는 "신뢰(trust)는 침례교인들이 기독교 신앙을 이해함에 있어서 가장 기본적인 것"이라고 주장한다. 침례교인들에 있어서 이 신뢰는 1차적으로는 하나님께 대한 신뢰이고, 2차적으로는

교단 및 교회의 지도자들과 성도들에 대한 신뢰로 나타났다고 홀부르크스는 설명한다.

교회의 회의는 교회 안에 신뢰의 풍토를 형성하는 데 도움을 주기 위한 하나님의 도구 역할을 한다. 우리는 이 사실을 사도행전 15장에 나오는 예루살렘 교회 회의를 통해 확인할 수 있다. 그 회의의 결과는 네 가지로 정리될 수 있다. 첫째, 바울 일행과 율법주의 크리스천 사이에 이방인 크리스천의 할례 문제와 관련하여 심한 다툼이 해소되었다. 둘째, 베드로와 야고보가 가졌던 지도력이 더욱 신뢰를 받게 되었다. 셋째, 바울에 대한 교회의 신뢰가 공적으로 확보되는 계기가 되었다. 넷째, 복음이 이방인 교회에 온전히 뿌리내리는 계기가 되었다. 말하자면, 예루살렘 교회 회의를 통해서 교회는 복음에 대한 신뢰를 확보해내고, 베드로나 야고보와 같은 기존의 지도자에 대한 신뢰를 확인할 수 있게 되었으며, 바울과 같은 새로운 지도력이 교회의 신뢰를 확보하게 된 것이다.

물론 교회의 회의가 이와 같이 교회 안에 신뢰를 구축하는 하나님의 도구로 온전히 사용되기 위해서는 앞에서 제시했던 교회 회의의 세 가지 방향성—성도들의 자발성을 고양하는 방향, 성도들의 다양성이 아름답게 드러나는 방향, 정보의 공유와 언론의 자유가 구가되는 방향—이 보장되어야 한다는 것은 당연한 조건이다.

2. 교회 회의에 대한 기본적 이해

1) 교회 회의(會議)의 정의
교회 회의란, 교회의 운영과 관련한 사항을 그 교회의 구성원들이 모여 의견을 교환하고 의논하는 것 또는 그 모임을 말한다.

2) 교회 회의의 목적
교회 회의는 교회의 운영과 관련한 문제를 해결하기 위하여 교회 구성원의 지혜를 모아 결론을 얻는 데 목적이 있다. 이 목적을 좀더 구체화하면 세 가지로 나눠질 수 있다. 첫째, 당면한 문제를 해결하기 위해 교회 회의를 여는 경우이다. 둘째, 업무 및 책임을 분배하기 위해 교회 회의를 여는 경우이다. 교회 구성원에게 자원하는 마음과 은사에 따라 업무 및 책임을 나누기 위해서 교회 회의를 열 수 있다. 셋째, 교회의 활동을 평가하고 새로운 전망을 모색하기 위해서 교회 회의를 열 수 있다.

3) 교회 회의가 주는 유익

교회 회의는, 서로 다른 의견을 가진 교회 구성원들이 "성령의 하나되게 하심을 힘써 지키"기 위한 훈련 및 실천의 장이 될 뿐 아니라, "하나되게 하심"을 실제적으로 체험할 수 있는 기회를 준다는 점에서 교회에 큰 유익이 된다. 교회 구성원들은 교회 회의를 통해 다른 사람의 생각을 경청함으로써 배울 수 있다. 또한 교회 회의를 통하여 자신의 의견을 다른 사람의 의견과 조율하여 더 나은 견해로 발전시켜 나가는 경험을 함으로써 자기 계발 및 발전을 도모할 수 있다. 이런 유익은 민주 시민의 역량을 강화하는 데 큰 기여를 한다. 동독이 공산체제 아래 있을 때, 동독 교회가 동독 시민들로 하여금 민주주의를 경험하고 훈련하게 하는 유일한 기관이 되었다는 평가는 이러한 교회 회의의 유익을 잘 드러내준다.

4) 교회 회의의 기본 원칙

교회 회의의 목적을 성취하고, 교회 회의가 주는 유익을 최대화하기 위해서는 기본적으로 세 가지 원칙 – 의사 결정의 원칙, 회의 진행의 공정성 원칙, 회의 진행의 효율성 원칙 – 을 교회 구성원들이 준수하여야 한다.

(1) 의사 결정의 원칙: 개교회는 교회 회의에서 의사 결정을 하기 위한 원칙을 교회의 규약에 명시해두고, 그 원칙을 준수하여야 한다. 거기에는 최소한 의사정족수(議事定足數)와 의결정족수(議決定足數)가 포함되어야 한다.

    a. 의사정족수: 의사정족수란 "합의제 기관이 의사를 진행하는 데 필요한 구성원의 출석 인원수"를 말한다. 교회는 교회에서 진행하는 모든 회의의 의사정족수를 교회의 규약에 명시해 두어야 한다. 의사정족수를 정하는 데는 두 가지 방법이 있다.
      ① 분수(分數) 규정: 재적 인원의 몇 분의 몇이 참석하면 개회가 된다는 식으로 규정하는 것을 의미한다.

② 정수(定數) 규정: 몇 명이 참석하면 개회가 가능하다는 식으로 규정하는 것을 의미한다.
b. 의결정족수: 의결정족수란 "합의체 기관의 의결이 성립하는 데 필요한 구성원의 찬성표 수"를 의미한다. 교회는 교회에서 진행하는 모든 회의의 의결정족수를 교회의 규약에 명시해 두어야 한다. 일반적으로 다수결의 원칙이 적용되는데, 다수결의 원칙에는 과반수 찬성의 원칙, 2/3 찬성의 원칙, 3/4 찬성의 원칙 등이 있다. 교회의 규약에는 안건에 따라 어떤 원칙을 적용하는지에 대한 내용이 명시되어 있어야 한다.

(2) 회의 진행의 공정성 원칙: 교회 회의가 교회 안에 또 다른 불만이나 분쟁의 불씨를 낳는 것이 되지 않기 위해서는 회의 진행에서 공정성이 확보되어야 한다. 이를 위해서는 다음의 세 가지 원칙이 충실하게 시행되어야 한다.

a. 회의 공개의 원칙: 불가피한 사유가 없는 한, 교회 회의는 공개되어야 한다. 어떤 교회 구성원이, 특정 구성원에게만 참석권이 있는 교회 회의에 방청 의사를 밝혔을 때는, 방청권을 주어야 한다.
b. 공평한 회의 진행의 원칙: "회의를 주재하고 그 회의의 집행부를 대표하는 사람"을 의장(議長)이라고 한다. 의장은 회의를 공평하게 주재하여야 한다.
c. 참석자의 평등한 권리 원칙: 교회 회의에 참석한 회원은 교회에서의 직분에 상관없이 동등한 발언권과 투표권을 행사할 수 있어야 한다.

(3) 회의 진행의 효율성 원칙: 교회 회의의 목적을 성취하고, 교회 회의의 유익을 최대화하기 위해서 교회 회의는 효율적으로 진행되어야 한다. 효율성 때문에 교회 회의의 목적이 침해되어서는 안 되지만, 교회 회의에서 효율성이 간과되어서도 안 된다. 왜냐하면 효율성이 간과된 교회 회의가 반복되다 보면, 교인들 사이에서는 교회 회의에 대한 무관심이나 교회 회의 무용론이 기본 정서로 깔리기 쉽기 때문이다. 교회 회의의 효율적인

진행을 위해서는 다음과 같은 원칙을 준수하는 것이 필요하다.

   a. 의제(議題) 사전 공고의 원칙: 회의에서 다루어야 할 의안이 무엇인지를 사전에 교회 회의에 참석할 회원들에게 분명하게 알려줌으로써, 대상 회원들이 그 의안과 관련하여 미리 자료를 조사하고, 생각을 정리할 수 있도록 돕는 것이 필요하다.
   b. 한 번에 한 의제씩만 다루는 원칙: 하나의 의제가 상정되면, 그 의제가 표결에 의해 종결될 때까지 다른 의제를 상정하지 않음으로써 회의 진행을 원활하게 할 수 있다.
   c. 일사부재의(一事不再議)의 원칙: 회의에서 한 번 부결된 안건을 같은 회의에서 다시 상정하지 못하게 함으로써 회의가 신속하게 진행되게 할 수 있다.
   d. 의안 불계속의 원칙: 회의에 상정된 안건들 중 어떤 안건이 그 회의에서 처리되지 못하였을 때, 자동적으로 다음 회의에 넘겨지지 못하게 함으로써, 안건을 다루는 시간의 배분을 지혜롭게 하도록 유도할 수 있다.

3. 교회 회의의 실제

교회 회의는 일반적으로 먼저 개회 예배를 가진 후, 본회의 즉 회무처리 시간을 갖는다. 여기서는 개회 예배에 대한 설명은 생략하고, 회무 처리의 순서와 각 순서에서 사용되는 용어 및 주의사항을 중심으로 설명하고자 한다.

1) 회의에서 자주 사용하는 용어 해설
(1) 의사정족수: 의사를 진행하는 데 필요한 구성원의 출석 인원수
(2) 의결정족수: 의결이 성립하는 데 필요한 구성원의 찬성표 수
(3) 발언권(發言權): 줄여서 언권(言權)이라고도 하는데, 회의에서 회원들은 누구나 발언권을 갖지만, 그 발언권을 행사하기 위해서는 일반적으로 의장의 허락을 받아야 함
(4) 의제(議題): 회의에서 의논할 문제. 안건 또는 의안(議案)이라고도 함

(5) 동의(動議): 회의 중에 토의할 안건을 제기하는 것 또는 제기한 안건. 사전적 의미에서 보자면, 의안과 동의는 중첩되는 점이 있지만, 일반적으로 의안이 동의보다 큰 개념으로 사용된다. 즉 교회 회의에서 동의의 지위는 제출된 의제 또는 의안을 처리하는 한 방편으로 활용되기도 한다.
(6) 개의(改議): 동의를 고쳐서 제의하는 것 또는 고쳐서 제의한 의견
(7) 재개의(再改議): 개의에 대하여 다시 수정하거나 동의하는 것. 또는 그런 의견
(8) 재청(再請): 다른 사람의 동의나 개의 또는 재개의에 찬성하여 자기도 그와 같이 청함을 이르는 말
(9) 상정(上程): 동의나 개의 또는 재개의에 재청이 있은 후, 의장이 그 의견을 회의에서 토론할 수 있도록 내어놓는 것을 의미함. 사회자가 "–하자는 동의(개의, 재개의)와 재청이 들어왔습니다"라는 말로 동의(개의, 재개의)가 상정된다. 이렇게 하여 동의가 상정이 되면, 동의자는 재청자의 찬동이 없이 자신의 동의를 수정하거나 철회할 수 없다. 말하자면, 상정된 동의는 회의에서 동의자의 손을 떠나 객관적 지위를 확보한 의견이라 할 수 있다.
(10) 제안설명(提案說明): 상정된 의안을 설명함
(11) 토론: 동의의 처리를 위하여 회원들을 설득시킬 목적으로 그 동의의 가치에 대해 자신의 의견을 발표하는 것을 의미한다. 이 토론은 제안 설명, 질의응답, 찬반토론, 수정과정을 묶어서 표현하는 토의(Discussion)와 구별된다.
(12) 가결(可決)과 부결(否決): 회의에서 제출된 의안을 받아들이기로 결정한 것을 가결이라고 하며, 받아들이지 아니하기로 결정한 것을 부결이라고 한다. 사회자는 회의에서 다루는 의안과 관련하여 일반적으로 "–안이 가결되었다" 또는 "–안이 부결되었다"라는 식의 표현을 쓴다. 단 선거와 관련해서는 "○○○회원이 본 회의의 ○○으로 당선되었다"는 표현을 쓴다.
(13) 규칙 발언: 의장이 회의 진행법에 어긋나게 회의를 진행할 때 회원은 누구나 규칙 발언을 통해 시정을 요구할 수 있다. 규칙 발언을 할 때는 발언권 없이 일어서서 "의장, 규칙입니다"라고 하면 의장

이 "규칙 위반에 대해 말씀하여 주십시오"라고 답해야 한다. 이때는 재청이 필요 없고, 토론도 하지 않는다. 의장이 규칙 발언을 수용하지 않으면, 회원은 그 문제에 대해 공소(公訴, appeal)를 제기할 수 있다.
(14) 공소(公訴): 의장이 회원의 규칙 발언을 받아들이지 않고, 부당한 결정을 하거나 그릇된 의사 진행을 강행할 때, 의장의 결정에 대해 전체 회원에게 의견을 물어줄 것을 공개적으로 요청하는 것을 공소라고 한다.

2) 교회 회의의 일반적 순서: 교회 회의는 일반적으로 다음과 같은 순서에 따라 진행된다.
(1) 인사말: 사회자가 참석자들에게 자리에 앉기를 부탁하면서 "이제부터 ○○○회의를 진행하겠습니다"라고 말한다.
(2) 회원 점명: 의사정족수(議事定足數)가 충족되었는지를 확인하기 위해서 사회자자 "○○○서기가 회원을 점명하겠습니다"라고 말한다.
(3) 서기의 회원 점명 결과 보고: 서기는 "재적 회원 ○○명 중 ○○명이 참석하였습니다"라고 보고한다.
(4) 개회 선언: 사회자는 "서기가 보고한 대로 재적 회원 ○○명 중 ○○명이 참석하였기에 회칙 ○조 ○항에 규정된 의사정족수 요건을 충족하였습니다. 이에 개회된 것을 선언합니다"라고 말한다.
(5) 회순 채택(통과): 개회 선언이 되었으면, 회의 순서를 결정해야 한다. 일반적으로 원활한 회의 진행을 위해 회의를 준비하는 측에서 회순 복안을 준비하여 회원들에게 제시한 후, 그 회순을 통과시키는 방법을 취한다. 이때는 사회자가 "회순을 결정하겠습니다. 유인물에 기재된 회순에 대하여 회원 여러분의 의견을 말씀해주시기 바랍니다"라고 말한다.
(6) 전 회의록 낭독 및 채택: 채택된 회순에는 일반적으로 전 회의록 낭독이 제일 먼저 들어간다. 따라서 사회자는 그 회순에 따라 서기에게 전 회의록 낭독을 시킨 후, 회원의 뜻을 물어 통과시킨다.
(7) 사업 보고 또는 부서별 보고: 채택된 회순에 따라 사회자는 담당자에게 사업을 보고할 시간을 주고, 그 보고 내용에 대해 동의와 재청을

받아 통과시킨다.
(8) 재정 보고: 사업 보고가 통과된 후에, 사회자는 "○○○회계가 나와서 재정 보고를 하겠습니다"라고 말한다. 이때 연례 재정 보고인 경우에는 그 보고 내용을 감사(監査)한 감사의 보고가 회의에 제출되어 승인을 받아야 한다. 감사받지 않은 회계의 보고 자체에 대하여는, 전체 회의가 이를 감사에게 위임하여 감사토록 하자는 결의를 한다.
(9) 안건 토의: 재정 보고가 회의에서 통과된 후 사회자는 "이제 안건을 토의하겠습니다"라고 말한 후, 회순에 기입된 안건 순서에 따라 토의를 진행하고 가부 결정을 하도록 인도한다.
(10) 새 안건 토의: 사전에 공고된 안건 토의가 끝난 후, 의장은 "새 안건이 있습니까?"라고 물었을 때, 회원 중에서 새 안건을 동의하고 재청이 나오면, 그것을 새 안건으로 상정한 후 토의한다.
(11) 폐회 동의: 안건 토의가 끝나면, 사회자는 회원들로부터 폐회 동의와 재청을 받고 가부를 묻는다.
(12) 회의록 낭독 및 채택: 폐회 동의가 가결되면, 사회자는 "이제 예정된 회무가 다 처리되었으므로 폐회를 하기 위해 ○○○서기가 회의록을 낭독하겠습니다"라고 말한다. 그리고 그 회의록에 착오나 가감할 내용이 있는지를 물은 후, 회의록 채택 여부를 동의와 재청을 받아 가결한다.
(13) 폐회 기도 및 폐회 선언: 회의록이 채택되면, 사회자는 폐회 기도를 본인이 직접 하거나 회원들 중 한 명에게 시킨 후, 폐회 선언을 한다.

3) 회의와 관련하여 자주 제기되는 질문
(1) 의사정족수가 충족되지 않았을 때 사회자는 어떻게 해야 하는가?
☞ 사회자는 회원들의 양해를 구한 후 유회(流會: 회의가 성립되지 아니하여 다음으로 연기하는 것)를 잠깐 미룰 수 있다. 이때 사회자는 다음과 같이 말한다: "회원 점명을 한 서기의 보고에 따르면, 현재 의사정족수 ○○중 ○명이 부족하기에 유회를 선언할 수밖에 없습니다. 그러나 여러분이 양해해주신다면 약 ○○분을 더 기다렸다가 다시 점명한 후 그때에도 정족수 미달이 되면 유회를 선언할까 합니다. 여러분, 양해해주시겠습니까?" 구두로 허락하는 소리가 들리면,

사회자는 "감사합니다. 그러면 ○○분 후에 개회할 테니 자리를 뜨지 마시고 기다려주시기 바랍니다"라고 말한다.
☞ 양해를 얻은 ○○분이 지난 후 다시 점명하였으나 여전히 의사정족수 미달일 경우에는 사회자가 "오늘 회의는 의사정족수 미달로 유회됨을 선언합니다"라고 말한다.

(2) 의사정족수가 한 번 성립되면, 회의 도중에 아무리 많은 회원들이 퇴장하였더라도 중요한 안건은 다룰 수 있는가?
☞ 안 된다. 한 번 정족수가 성립되어 회의가 시작되면, 의장이나 다른 회원이 정족수가 모자란다는 사실을 발견하기까지는 정족수가 성립된 것으로 간주한다. 그러나 회의 진행 중 의장이 정족수 미달을 발견하였을 때는, 적어도 투표하기 전 또는 새로운 원 동의를 상정하기 전에 그 사실을 회원들에게 알려야 한다. 의장이 모르고 있었는데, 회원 중 하나가 그 사실을 알게 되었을 때는 규칙 발언을 통해 이 사실을 알려서 정족수가 성립된 이후에 결정이나 안건 처리를 하도록 하여야 한다.

(3) 서기의 전 회의록 낭독 중 수정해야 할 사항이 발견되었을 때는 어떻게 해야 하는가?
☞ 위에서 제시한 '교회 회의의 일반적 순서'에 따르면, 회순 채택 후 '전 회의록 낭독 및 채택'이 있고, 폐회 선언 직전에 행하는 '회의록 낭독 및 채택'이 있다. 만약 교회의 회의가 이런 순서로 늘 진행된다면, 서기가 낭독한 전 회의록을—이때 낭독된 '전 회의록'은 이전 회의의 폐회 선언 직전에 이미 통과된 '회의록'이기 때문에—과반수 찬성만으로는 수정할 수 없다.
☞ 이때는 참석 회원의 2/3 이상의 찬성을 얻거나, 표결권이 있는 전 재적 회원의 과반수 찬성을 얻어서 수정해야 한다. 이때 이 두 가지 표결 방법 중 수가 적을 쪽을 택할 수 있다. 그러나 만약 '전 회의록'에 오류가 있음을 사전에 알고 그것을 수정할 것에 대한 사전 통고가 되었을 경우에는 일반적 동의를 처리하는 방식에 따라 출석 회원 과반수의 찬성으로 수정할 수 있다.

(4) 회의의 의장이 행한 유권해석이나 다른 어떤 결정에 대해서 참석 회원이 공소(公訴, appeal) 즉 공개적으로 문제 제기를 하려면 어떻게 해야 하는가?
☞ 공소는 의장의 결정에 대해서 문제가 있다고 판단하여 그 결정을 참석한 전체 회원에게 물어서 번복하여 주기를 요청하는 동의(動議)이다. 따라서 회원 중 한 명이 "의장, 저는 의장의 결정에 대하여 공소합니다"라고 말하였을 때—이때는 의장으로부터 발언권을 얻지 않아도 된다—다른 회원이 "재청합니다"라고 하면, 의장은 "의장의 결정에 대하여 공소가 제기되었습니다. 이제 우리가 결정해야 할 문제는, '의장의 결정이 옳은가 하는 것입니다'라고 하면서 토론에 붙인다. 이때 회원들은 단 한 번밖에 발언할 수 없으나, 의장은 두 번 발언할 수 있으며, 두 번째 발언은 토론을 종결하는 최종적인 반론이어야 한다.

(5) 회의록을 상세하게 기록하기 위하여 회의에서 토론된 내용을 요약하여 적어놓을 필요가 있는가?
☞ 회의록에는 회의에서 토론한 내용을 적을 필요가 없다. 회의록이란 회의에서 무엇이 결정되었는지를 적어 놓는 기록이지, 무슨 말이 오고갔는지를 적어놓는 기록이 아니기 때문이다.

(6) 의장은 가부 동수가 되었을 때만 투표에 참석할 수 있는가?
☞ 아니다. 의장은 무기명 투표를 할 때 다른 회원들과 동시에 투표한다. 그리고 무기명 투표 대신 거수 표결이나 기립 표결을 시행할 경우에는 의장은 투표하지 않고 있다가, 의장의 한 표가 투표 결과에 영향을 줄 수 있을 때 의장은 가표(可票) 또는 부표(否票)를 던져서 투표 결과를 변경시킬 수 있다. "의장이 캐스팅보트(casting vote)를 쥔다"는 말은 이것을 의미한다. 그러나 의장은 회의 진행과 관련하여 가능한 한 중립적인 입장을 지켜야 할 의무가 있다. 이를 위해서 의장은 토론에 참여하지는 않는 것이 좋다. 물론 특별한 경우에, 해당 안건을 모두 처리할 때까지 의장석을 양보하고 토론에 참여할 수는 있지만, 이런 경우는 지극히 예외적이어야 한다.

(7) 회원들은 회의에서 발언을 하기 위해서는 항상 의장으로부터 발언권을 얻어야 하는가?
☞ 일반적으로 회원들은 의장으로부터 발언권을 얻은 후 발언을 하여야 한다. 그러나 다음과 같은 발언은 발언권을 얻지 않고 말할 수 있다: "의장! 그 안건과 관련하여 질문이 있습니다,"(안건과 관련한 정보 요청의 경우) "의장! 의사진행에 관하여 질문이 있습니다,"(의사 진행과 관련한 문의의 경우) "의장! 규칙입니다,"(의장이 회의 규칙에 어긋나게 회의를 진행한다고 판단한 경우) "의장! 저는 의장의 결정에 대하여 공소합니다"(의장의 결정의 부당성과 관련하여 참석 회원 전체에게 의견을 물을 필요가 있을 경우).

(8) 의장이 동의와 재청을 받은 후 토론을 거치지 않고 바로 표결에 들어갈 수 있는 동의에는 무엇이 있습니까?
☞ 다음과 같은 동의에는 토론을 거치지 않는다: 규칙(내규 또는 의사진행 규칙) 일시 정지 동의, 토론 종결 동의, 토론 제한 및 연장, 폐회 동의, 표결 방법에 대한 동의들, 휴게 동의. 이중에서 의사 진행 규칙 동의, 토론 종결 동의, 폐회 동의는 수정안을 받지 않고 바로 표결하여야 한다. 나머지 동의들은 수정안을 받을 수 있다.

(9) 가결을 위한 표결 수가 회칙에 명시되어 있지 않은 동의 중 일반적으로 3분의 2 찬성이 필요한 동의에는 무엇이 있는가?
☞ 대표적인 경우가 의사진행 규칙 일시 정지 동의, 토론 종결 동의, 토론 제한 또는 연장 동의가 있다.

5) 교회에서 회의를 활성화시키기 위한 실제적 지침
(1) 교회 회의가 성령님께서 교회를 인도하시는 중요한 방법 중 하나라는 사실을 목사는 교인들에게 자주 가르치는 것이 좋다. 사도행전 15장은 예루살렘 회의 내용을 상세하게 묘사하고 있다. 그 회의 과정에서 성령님의 초자연적인 역사 같은 것은 전혀 언급되지 않고, 찬반 토론에 대한 언급만 나온다. 그러나 그렇게 한 회의에서 내린 결정 사항을 언급할 때는 "성령님과 우리는"이라는 표현을 쓴다(행 15:

28). 이는 교회의 회의 그 자체가 성령의 역사임을 보여주는 명백한 증거이다. 따라서 교회에서 수시로 이 사실을 교인들에게 주지시켜서 교회 회의의 중요성을 인식시킬 필요가 있다.

(2) 특히 침례교회는 회중정치 제도를 채택하고 있기 때문에, 교회 회의의 활성화가 교회 운영에 매우 중요한 역할을 한다는 점을 교인들에게 주지시킬 필요가 있다. 그리고 위에서 언급했던 "침례교 정신의 발현으로서의 교회 회의"에 대한 내용을 교인들에게 주기적으로 교육하는 것이 필요하다.

(3) 교회 회의의 실제와 관련된 기본 내용을 교회의 새신자 훈련이나 지도자 훈련 커리큘럼에 필수 과목으로 포함시키면 좋다. 그렇게 하여 교회의 지도자는 회의 진행법을, 그리고 교인들은 회의에 참여하는 방법을 숙지하도록 도와야 한다. 교회의 지도자가 회의 진행법을 아무리 잘 알고 있더라도, 참석한 교인들이 회의에 적극적으로 참여하는 방식을 잘 모르면, 회의가 제대로 진행되지 않기 때문이다.

(4) 여기서 언급하지 못한 내용들에 대해서는 「회의진행법 입문: 개정 로버트의 의사규칙 개요」를 참조하면 도움이 된다. 이 입문서의 원본인 「개정 로버트의 의사규칙」은 전 세계의 국제적인 회의에서 그 진행법규의 모체로 인정받고 있다. 말하자면 이 책은 "만국통상 회의법"으로 인정받고 있기 때문이다.

참고 자료

박병진. 「敎會會議法」. 서울: 성광문화사, 1991.
박성기, 송길원. 「회의진행법: 각종 토의 기법」. 서울: 도서출판 영문, 1994.
변택우. 「회의진행 가이드」. 서울: 엘맨출판사, 2006.
임택진. 「회의진행의 이론과 실제: 만국통상회의법」. 서울: 한국문서선교회, 1997.
Deweese, Charles W. 「21세기 속의 1세기 신앙: 침례교 신앙 정의하기: 21세기를 위한 안내서」. 김승진 역. 대전: 침례신학대학교출판부, 2005.
Robert, Henly M. III. 「회의진행법 입문: 개정 로버트의 의사규칙 개요」. 김찬희 역. 서울: 대한기독교서회, 2009.

침례교회 목회 매뉴얼

발 행 인	김광수
발 행 일	2014년 5월 22일
2쇄발행	2022년 12월 15일
등록번호	출판 제6호(1979.9.22)
발 행 처	한국침례신학대학교 출판부(하기서원)
주 소	대전광역시 유성구 북유성대로 190(34098)
전 화	(042)828-3257
팩 스	(042)828-3256
홈페이지	http://www.kbtus.ac.kr
이 메 일	public@kbtus.ac.kr

〈값 22,000원〉
ISBN 978-89-93630-56-5   93230